男孩，青春期
你要懂的事儿
身体篇

苏星宁 —— 著

北京理工大学出版社
BEIJING INSTITUTE OF TECHNOLOGY PRESS

版权专有　侵权必究

图书在版编目（CIP）数据

男孩，青春期你要懂的事儿. 身体篇 / 苏星宁著. —北京：北京理工大学出版社，2024.7
ISBN 978-7-5763-4135-5

Ⅰ.①男… Ⅱ.①苏… Ⅲ.①男性—青春期—家庭教育 Ⅳ.①G782

中国国家版本馆 CIP 数据核字（2024）第112320号

责任编辑：李慧智　王晓莉	**文案编辑**：杜　枝
责任校对：刘亚男	**责任印制**：施胜娟

出版发行	/ 北京理工大学出版社有限责任公司
社　　址	/ 北京市丰台区四合庄路6号
邮　　编	/ 100070
电　　话	/（010）68944451（大众售后服务热线）
	（010）68912824（大众售后服务热线）
网　　址	/ http://www.bitpress.com.cn

版 印 次	/ 2024年7月第1版第1次印刷
印　　刷	/ 唐山富达印务有限公司
开　　本	/ 880 mm × 1230 mm　1/32
印　　张	/ 4.375
字　　数	/ 77千字
定　　价	/ 168.00元（全6册）

图书出现印装质量问题，请拨打售后服务热线，负责调换

目录
· CONTENTS ·

第一部分 PART 1　青春期"大变身"

1. 青春期会让男孩发生什么变化？　/003
2. 到了变声期，声音就像感冒了一样，怎么办？　/010
3. 感觉自己的喉结变大了，看起来很别扭，怎么办？　/017
4. 烦人的胡子长出来了，怎么办？　/021

第二部分 PART 2　更加关注自己的形象

5. 脸上长了星星点点的青春痘，怎么办？　/029
6. 最烦同学给我起"麻秆"的外号了，怎么办？　/036
7. 因为长得矮而特别自卑，怎么办？　/042
8. 在异性面前，我总是感觉很害羞，怎么办？　/049

第三部分 PART 3　身体不适与健康问题

9. 脸上容易出油，对此我很不满意，怎么办？　/057
10. 晚上睡眠总是不太好，白天没精神，怎么办？　/063
11. 眼睛快要高度近视了，怎么办？　/069

12. 因为打架牙齿掉了一角，不敢露齿笑了，怎么办？ /076

第四部分 PART 4　提高健康的自我认知

13. 体重下不来被体育老师暗讽，我应该怎么减肥？ /085
14. 从小爱吃快餐，体检中查出了脂肪肝，怎么办？ /092
15. 疯狂刷题到深夜，熬夜太多，感觉自己很虚弱，怎么办？ /098
16. 书桌前放着蛋糕，晚上10点多了，我到底吃还是不吃？ /105

第五部分 PART 5　学会保护好自己

17. 同学之间互相聊身体变化，我该怎样保护自己的身体隐私？ /113
18. 看到有同学偷偷吸烟，我也想试试，怎么办？ /120
19. 不小心看到网络上的不良信息，我该怎么办？ /123
20. 妈妈嘱咐我没熟的"涩"苹果一定不能吃，我却很好奇，怎么办？ /130

第一部分

01

NAN HAI, QING CHUN QI NI YAO DONG DE SHIER

青春期"大变身"

第一部分 青春期"大变身"

1 青春期会让男孩发生什么变化？

今年我和爸爸妈妈回老家跟爷爷奶奶一起过年。老家的亲戚见到我后，都特别惊讶："啊呀，几年不见，我们以前的小可爱长成大小伙子了！变化太大了！要不是跟你们回来，我都认不出来啦！"我妈笑着打趣道："可不是嘛，以前小模样白白净净的，现在都长成'糙汉子'了！"听妈妈这样说，我内心一阵尴尬：老妈这样说让我太没面子了……

其实，我自己也感觉出来了，尤其是升入初一后，我的身体开始以不可思议的速度生长着，身高也在一年内突飞猛进，手脚渐渐伸展开来，不再是那个小巧玲珑的模样。而且声音也开始变得沙哑，甚至感觉有点厚重，这点我倒是挺喜欢的。但是脸上皮肤没有那么好，不仅出油严重，还时不时冒出痘痘，因此我总是想抠掉。

这一切的改变，让我既惊讶又兴奋。原本大大咧咧的自己开始变得有些敏感了，有时候爸爸妈妈的一句话都让我心里特别难受，忍不住跟他们犟几句嘴。有时候，我也会因为一件小事感到莫名的焦虑或者沮丧。再加上从初一刚开始，我就觉得学习压力有点大了，作业根本做不完，周末连痛痛快快玩的时间都没有了。有时候,感觉整个人都很急躁,有些力不从心。

这就是传说中的青春期吗？我感觉自己都没有做好迎接青春期的准备呢……

——郭小杰

一、青春期，是成长的标志

青春期，是生命历程中的一个自然阶段，标志着一个人从稚嫩的儿童逐渐步入成熟的成人。在这个阶段，男孩们会经历一系列的生理变化，这些变化都是生命自然进化的痕迹。

首先，就像小杰一样，身高会快速增长，这源于骨骼的生长和身体内荷尔蒙的调节，特别是生长激素的作用。

其次，声音也会发生变化，由童声变为低沉的男声，这是因为喉部的结构改变和声带长度的增加。除此之外，体毛也会发展，腋下、腿部、面部等地方开始长出细软或粗硬的毛发，这是由于体内雄性激素的分泌增加所致。这些变化可能会让你们感到困惑，但别慌，这些都是生命的奇迹，是从孩童走向成熟的重要阶段。

再次，在青春期的生理变化中，心理和情绪的波动也如影随形。这个阶段的青少年会经历自我意识的增强，开始更深入地思考自我身份和存在的意义，对自我价值有了更深的认识和追求。这种自我意识的增强，使得你们开始追求独立性，不再满足于依赖父母或者成年人，而是希望能够独立思考，独立解决问题。在这个过程中，你们会体验到各种情绪的波动，快乐、悲伤、愤怒、恐惧、混乱，这些情绪交织在一起，构成了丰富而复杂的内心世界。

同时，与同龄人建立关系的重要性也在这个阶段凸显出来。青春期的孩子开始寻求朋友的认可，希望能够被接纳，希望能够在他人中找到属于自己的位置。在与同龄人的互动中，学习如何建立和维护人际关系，如何理解和尊重他人，如何处理冲突和矛盾。这些经验，对你们未来的社会生活具有重要影响。

对于青春期的变化，每个孩子的反应也不尽相同。但是不管怎样，希望大家都能做好全面的理解和准备，能够更好地迎接这些变化，以更健康、积极的心态面对成长的挑战，享受青春的美好。

二、运用恰当的方式与身体连接

青春期就像一场充满挑战和变化的冒险，除了身体的变化外，情绪的起伏像一只顽皮的小精灵。所以，自我觉察的刻意练习就变得比较重要了。"身体扫描冥想"犹如一位心灵导航员，可以帮助我们更好地与自己的身体建立联系并培养对它的觉察和放松。

那么，如何进行身体扫描冥想呢？下面是一些简单的步骤，可以指引我们探索：

首先，找一个宁静的场所，就像一个远离喧嚣的秘密基地。确保你有足够的私人空间，可以全神贯注地进行冥想。

其次，采用舒适的姿势，你可以交叉双腿或者盘腿坐在上面，找到最适合自己的姿势，以便在冥想过程中不会感到不适。

开始深呼吸，慢慢地吸气，再慢慢地呼气。专注于呼吸的过程，感受气息进入和离开身体的感觉。让呼吸变得平稳而自然。

开始身体扫描，就像一位探险家逐渐揭开神秘面纱。从头部开始，逐渐扫描整个身体。感受头皮、额头、眉毛、眼睛、鼻子、嘴巴等部位的感觉。然后逐渐向下扫描，关注颈部、肩膀、胸部、背部、腹部、腰部、臀部、大腿、小腿和脚部。

注意身体的接触感、温度、紧张度或者任何其他的感觉。不要评判或者试图改变身体的感觉,只是单纯地观察和接受。

保持专注和耐心,当你的思绪开始漫游时,轻柔地将注意力带回到身体扫描上。这需要一些专注和耐心,但随着时间的推移,你会发现自己越来越能够集中注意力。

结束冥想,在完成身体扫描后,慢慢地将注意力带回到呼吸上。再次深呼吸几次,然后缓缓地睁开眼睛,回到日常的感知中。

身体扫描冥想就像一种培养身体觉察和放松的魔法技巧。通过持续地练习,你可以更好地与自己的身体建立联结,并在日常生活中受益。

三、爱自己,为自己的健康成长打下坚实基础

在青春期,尽管你们会面临身心的变化、学业压力变大、情感困惑等一系列的挑战,但是要记住,爱自己是一种态度和信念。不管别人如何,一定要相信自己的价值,不要被别人的评价左右。

认识和接纳自己是爱自己的基础。每个个体都是独一无二的存在,青春期的男孩应该学会欣赏自己的独特之处,而

不是盲目追求与他人相同。接纳自己的情绪波动、兴趣爱好以及身体的变化,这是成长过程中必须经历的阶段,不必为此感到羞愧或困惑。

  健康的生活习惯是自我关爱的表现。饮食均衡,保证足够的营养摄入对青春期的男孩尤为重要。同时,适量的体育锻炼不仅有助于身体的发育,还能释放压力,保持心情愉快。充足的睡眠也是不可忽视的,它关系到第二天的精力和学习效率。

  积极的心态是成长道路上的重要推动力。面对学习上的困难和挑战,需要培养解决问题的能力,而不是逃避。学会从失败中吸取教训,并将其视为前进的动力。

  探索自我是青春期重要的成长任务。尝试不同的活动,发现自己的兴趣和擅长的领域,这有助于自我认知的提升,也有利于未来的职业选择。同时,通过阅读书籍、观看纪录片等方式拓宽视野,了解世界的多样性,培养包容和理解他人的能力。

  当然,面对外界的压力和诱惑,青春期的男孩需要学会自我保护。避免接触不健康的信息和环境,比如网络上的不良信息、吸烟酗酒等行为,这些都可能对身心造成不良影响。学会说"不",为自己建立起一道防线,保护自己不受伤害。

  青春期的你们,正在蓬勃生长着,在经历中学习,在挫折中坚强,在挑战中成熟。这一阶段的每一次挑战都是一次机会,每一次困惑都是成长的催化剂,每一次尝试都是自我塑造的过程。

亲爱的男孩们,愿你们都能积极面对并准备好迎接青春期的挑战,这将会使你们在人生的道路上更加坚定和自信,为未来的生活奠定坚实的基础。

2 到了变声期,声音就像感冒了一样,怎么办?

你能想象吗?在变声期前我可是个小小歌唱家,而现在,我的嗓音成了名副其实的"公鸭嗓"。

最近一段时间,我说话的声音就像得了感冒时一样沙哑。变声期是怎么回事呢?我曾经好奇地问过爸爸,他告诉我这是男孩子成长的自然过程,声音将会发生巨大的变化。

我曾经非常期待变声期的到来,认为自己会成为一个声如洪钟的大人。可是现实与我想象的差距却太大了。

有位同学说他的变声期来得很突然,很惊喜,他甚至用歌词来表达:"也没有一丝顾虑,你就这样出现在我的世界里,带给我惊喜,情不自已。"

可我的变声期带给我的却不是惊喜!记得那天,我被老师选中去代表学校参加朗诵比赛。我认为这是一个展示自己嗓音好、有才华的好机会。可没想到,当我走上讲台,一开口,尖细而嘶哑的声音出现了,听起来就像是我喉咙里藏着一只猫。我感到羞愧极了。

从此,声音这个问题就开始困扰我了。我无法在课堂上积极回答问题,因为怕别人听到我的声音而嘲笑我。

我是一个将近一米八的大男孩,现在却因为自己的声音而变得内向,甚至不敢大声说话了。我该怎么办?

——15岁的小阳

一、想要战胜怪物,就要了解成为怪物的过程

尼采说:想要战胜怪物就要了解成为怪物的过程;当你回望无底深渊的时候,无底深渊也在回望着你。

记得小时候曾听老人们说过,20岁的男人跟10岁的男孩之间只隔着一个变声期的距离。

那什么是变声期?

儿童期,男生和女生发出的声音区别不大,这时的声音称为童音或童声。

到了变声期,声带就会发生变化,男生的声带渐渐变得粗大,女生的声带则相对细小。声带发生变化了,声音自

然会发生变化。这种由童声转变为成人声音的过程叫作变声期。

所谓"变声期",就是指男孩的声音,从原本稚嫩的童音,变成成熟男性的声音,音色会变得低沉浑厚。

青春期激素水平的变化会导致喉部结构发生变化,尤其是对于男孩子来讲,由于喉结的形成,声带会拉长变薄,声音由清脆高调的童声逐渐转变为低沉有力的成年男性嗓音。

通常情况下,初中三年的时间,是变声的关键时期。

一般来说,男孩比较晚熟,初中时刚好处于12~15岁,恰好是青春期阶段。

变声期可能会长达一年左右,也就是说在一年的时间里,我们的说话嗓音还没有完全成型,到17岁左右,我们的嗓音才算定型。

在这之前,有些男孩可能会变成"公鸭嗓",有可能说话声音嘶哑,有可能音域会变窄……总之,会出现很多变声问题。

青春期,就像一朵盛开的花,它以自己独有的方式成长着。

青春期是每个人必须经历的阶段,而变声期则是男孩独有的体验,正如开放大门的春天永远是独一无二的一样。

二、不想成为"公鸭嗓",这些事情要做好

很多男孩不明白:明明都是变声期,为何其他男孩好好的,而自己成了"公鸭嗓"呢?

原因很简单,是因为我们在变声期间,没有好好保护嗓子。

简单来说,很可能是我们没有及时发现自己的声音变化,家人也没有给予正确的指导。

当声带受损肿胀后,发音就会变得疲惫无力,就连音调也会发生不同程度的改变。

而"公鸭嗓",就是用嗓过度时,最为严重的后遗症。此时,需要引起我们的重视。

前不久,新闻报道了一个因不恰当的发音方式导致声带损伤的案例。

南宁市民廖女士的儿子小辉(化名)开始进入变声期,当从前清亮的声音变得低沉,13岁的小辉一时无法接受,于是他在平时说话时开始故意捏着嗓子,希望回到之前更为尖细的声音。

因为一时无法适应嗓音的变化,小辉总是捏着嗓子说话,时间长了,就出现了喉咙疼痛的情况。

变声期我们需要怎么做呢?

1. 不过度用嗓子

想要更好地保护嗓子,一定要做到不过度使用,避免给嗓子带来太多的负担。

有些喜欢音乐、喜欢唱歌的同学,在变声期间要暂时停止学习唱歌,让嗓子得到充分休息,这是保护嗓子的好方法。

尤其是大声嘶吼的行为,在变声期是绝对的禁忌,因为这种行为对声带的伤害太大。

2. 远离刺激食物

远离油炸、麻辣、烧烤等食物,这些食物的刺激性极大,对声带和嗓子的伤害也很大。

3. 注意多保护嗓子

平时多喝温水,让嗓子保持湿润的状态,这样有助于保护嗓子。

夏天的时候,为了保证嗓子健康,空调温度尽量不要开得太低,避免嗓子受凉发炎。

三、好声音,从做好嗓音保健"11条"开启

俗话说得好,"未见其人先闻其声""歌声似磬韵还幽",动听的嗓音让我们在人群中更能脱颖而出并令人记忆

深刻,声音比我们想象中还要重要。

在某音乐竞技节目中,某位周姓男歌手因为一首《达拉崩吧》艳惊四座,他一人分饰多角,小女孩、少年、国王的声音说变就变,游刃有余。

就因为这一首歌,直接让这个男孩子火出圈!因为他的声音介于女声和童声之间,再仔细听,其实是很多配音演员口里的"少年音"。这位歌手一开口,清澈的嗓音便直击听众的内心,很多人都说:"这就是老天爷赏饭吃。"

谁不想拥有好的声音呢?在青春期这个特殊的时期,我们更应该保护好自己的嗓子。

首先,保护好自己的嗓子,离不开健康的饮食和优质的睡眠。

一般来说,我们每天都应该保证 8 个小时的睡眠时间,睡眠不足会导致肌肉疲劳不易消除,喉部那些非常细小与精细的肌肉更要如此,否则可能会造成声音嘶哑。

其次,变声期也需要特别注意饮食,多吃有利于声带发育的食物,减少对声带发育有损害、刺激性食物的摄入。

再次,做好嗓音保健"11 条",有助于开启好声音。

(1)不要大声说话、喊叫、争吵、发脾气。

(2)不要模拟怪声说话。

(3)不要长时间用耳语说话,即说悄悄话。

(4)克服总是清嗓子的坏习惯。

（5）在嘈杂的环境中少说话或不说话。

（6）感冒、身体疲劳时少说话。

（7）说话时间不要太长；说话时的响度和速度要适当。

（8）禁止挤、卡、压自己的喉咙说话。

（9）忌烟酒；少喝含咖啡因的饮料，如咖啡、茶、可乐等。

（10）睡觉前3小时要空腹，避免返流性喉炎所致的不适。

（11）尽量回避吸烟、污染、干燥、嘈杂的环境。

另外，声音转变的过程，也是我们成长、发展和接纳自我的旅程。多加注意，放平心态，定可以平稳、顺利地度过变声期。

3 感觉自己的喉结变大了，看起来很别扭，怎么办？

我是一名13岁的初中一年级新生。我向来喜欢大声表达自己，但最近我开始对自己身体的变化感到困惑。

在一次体育课上，我们一群男生在篮球场上尽情奔跑。比赛正激烈时，我不慎被对手撞到喉部，瞬间感到一阵剧痛，咽喉仿佛被紧紧掐住。我下意识地捂住脖子，虽然痛感很快消失，但我感觉到喉结处变得异常敏感。

同学们关切地围了过来，其中一个朋友细心地指出："雨辰，你的喉结似乎变明显了。"我用手摸了摸，确实感觉它比以前更加突出了。

课后，我带着不安的心情前往医务室。医生检查后告诉我，这是青春期正常的生理现象，并提醒我要注意保护喉部，避免受到冲击。医生的话让我稍感宽慰，但仍有些疑虑。

课间，我和几个好友讨论了我们各自身体的变化。我鼓起勇气，提到了自己喉结的变化和声音的低沉。朋友们纷纷表示他们也经历了类似的变化，有的声音变得沙哑，有的喉结越来越明显。

我半开玩笑地说:"我们是不是都变老了?"但话一出口,我就意识到自己语气中的不安和焦虑,对于这些突如其来的变化,我感到不知所措。

——王雨辰

一、青春期男孩喉结变大,是一个自然的生理反应

青春期是男孩生长发育的关键时期,喉结的增大是男性第二性征之一,也是自然的生理过程。喉结,医学上称为甲状软骨,位于颈部前方,由两块甲状软骨板组成,形状类似盾牌,中间由韧带相连。它的主要功能是保护喉腔内的声带,并参与发声。

随着青春期的到来,雄性激素分泌增加,喉结逐渐增大,声带也随之变长、变厚,导致声音频率降低,声音变得更加低沉。这是男性青春期发育的一个重要标志。

面对这一变化,我们可能会感到困惑或不安。重要的是

要接受和理解这一变化,认识到它是成长的自然部分,而非异常或疾病。

二、掌握应对喉结变化的策略

面对青春期喉结的变化,我们可以采取以下措施:

1. 保护喉咙:避免过度使用声带,如大声喊叫或长时间唱歌,并保护喉部不受外伤或撞击。

2. 良好饮食:摄入足够的维生素和矿物质,促进喉部软骨的健康发育。

3. 避免不良生活习惯:吸烟、饮酒等不良习惯会对喉部健康造成损害。养成良好的生活习惯,避免这些可能伤害喉咙的行为。

4. 及时应对异常:如果喉结增大过程中出现疼痛、肿胀或呼吸困难等异常情况,应及时就医,并可寻求心理咨询师的帮助。

三、喉结变化可能带来的心理影响

青春期的喉结变化,虽然是一个自然的生理过程,但也

可能给青春期男孩带来一些心理层面的挑战:

自我意识增强:随着喉结的变大,青少年可能会更加关注自己的身体变化,开始思考自己在他人眼中的形象。

社交互动的适应:声音的变化可能会让青少年在与同龄人交流时感到不自在,担心自己的声音会受人嘲笑或引起注意。

情绪波动:青春期时情绪波动较大,喉结的变化可能会加剧这些波动,使青少年在某些时候感到更加敏感或不安。

针对这些心理层面的变化,男孩可以阅读相关的生理知识,知晓喉结变化是正常的成长过程,减少对此的误解和担忧。另外,保持积极心态,看到身体变化带来的积极方面,比如更成熟的声音可能使你在某些社交场合中更有自信。还可以多和同龄人交流,与朋友或同学讨论这些变化,了解他们也有类似的经历,可以减少孤立感,增加归属感。

青春期的喉结变化只是成长旅程中的一小步。让我们勇敢地迎接每一个挑战,共同书写青春的华章。

第一部分 青春期"大变身"

4 烦人的胡子长出来了，怎么办？

自从上高中以后，我就一直很在意自己的外表。

最近，我开始为自己的新问题而困扰：胡子不停地长！按理说，胡子在长说明我也在长，我该高兴才是。可是，每天早上起床，看着镜中的自己：那些毛茸茸的东西出现在下巴上，我用手摸来摸去，却怎么也高兴不起来。而且更让我烦心的是，我发现其他同学都没有这个问题，他们要么还没长，要么已经剃掉了。

每次课间，我总是拼命摸自己的脸，看看那些胡须有没有长出来，若是长出来了就会感到十分尴尬和焦虑。

我偷偷拿了爸爸的剃须刀，想试着把它们剃掉。然而，我撕扯着自己的下巴，却并没有勇气完成这个任务。

爸爸回到家看到我拿剃须刀的那一刻，竟然笑着说："你这胡子长得并不丑，甚至有点成熟的味道呢！"

可我却很烦恼啊，胡子长出来了，我觉得自己很邋遢。我该怎么办？

——南一

一、人类进化中保留了胡子

你知道吗?世界最长胡子纪录的保持者是美国人汉斯·朗赛斯,他在 1927 年去世时胡须已长达 5.33 米,都快有两层楼高了。而且,至今没有人打破他的纪录。

一个人的信念不应该建立在恐惧上,而应该建立在知识的基础上。

关于胡子,烦恼的同时,你了解多少?

青少年长胡须属于青春期发育过程中的正常生理现象,胡子的生长主要是雄性激素控制的结果,男生在 11 岁之前体内的雄性激素水平还不够高,所以长胡子的极少,11 岁迈入青春期之后,随着雄性激素分泌水平的提高,自然而然就长胡子了,所以不必为之担心。

一般来说,胡子的生长顺序通常是从上唇(小胡子)开始,然后逐渐延伸到脸颊、下巴和颈部。每个人的生长速度和顺序可能会有所不同。

有些男孩在青春期早期就开始长胡子,而另一些人可能要等到青春期后期才会有明显的胡须。

完全成熟的胡须通常出现在 18~25 岁,但也有些人需要更长的时间。

那胡须的存在有何道理呢?人类在进化过程中为何保留了胡子呢?

国外专家研究发现，胡子具有吸附多种有害气体和重金属颗粒等有害物质的功效，并且可以御寒。

加拿大心理学家保罗·瓦西和澳大利亚生态学家巴纳比·狄克森曾经做了一个有趣的实验，他们事先准备好同一名男子有胡子时发怒的照片，以及刮掉胡子后发怒的照片，然后将这些照片展示给200多位志愿者，让他们来判断哪张照片更加具有攻击性。

实验结果表明，绝大多数志愿者都认为，这个男人有胡子时发怒的表情更让人感觉到威胁。由此可见，胡子可以让一个男人更加具有威势。

也就是说，在远古时期，男人的胡子可以起到一定程度的恐吓对手的作用，从而达到"不战而屈人之兵"的效果。

然而这并不是重点，因为男人的胡子更重要的作用是，它能够让远古时期的男人有更好的机会繁衍后代。

为什么这么说呢？

"孔雀开屏"是我们都喜闻乐见的，我们知道，只有雄性的孔雀才能表演"孔雀开屏"，然而雄性孔雀美丽的大尾巴却是一种沉重的负担，除了让它们行动不便之外，还让它们更容易成为捕猎者的目标。那么为什么雄性孔雀会进化出这种累赘呢？

答案只有一个，那就是吸引雌性孔雀的目光，当一只雄性孔雀得意地炫耀大尾巴的时候，也就清楚地向雌性孔雀传达了一个信息,即它的身体足够强壮,完全可以驾驭这个美丽的累赘,这样就会更容易获得对方的青睐。

科学家据此推测,虽然满脸的胡子对于远古时期的男人来说是一种累赘,但是他们却可以通过炫耀自己的胡子来吸引异性,或许正因如此,人类在进化过程中才保留了胡子。

二、胡子可以刮,但最好不要拔

在人类进化史中,我们知道了胡子对男人的重要性很明显,这是因为胡子是男人的第二性征,它标志着一个男人的成熟和健康。

自秦汉三国时起,胡子便是男性的标配,如《续汉书》中讲,东汉灵帝时巨鹿郡太守司马直,洁白,美须髯,容貌俨然,乡间奉之如神。再者有历经三朝的西汉大臣霍光,也是因为他的漂亮胡子,成为当时有名的美男子。

由此可见,胡子也是男性魅力的一部分。它可以让我们看起来成熟和有男子气概。胡子是一种人自身的成长表现。在特定的时期,一些女性也会因为自身的激素不稳定而长出胡须,这是一种与生俱来的生长体系。

如果胡子太长我们可以刮掉或拔掉吗?

胡子并非不可以刮,只是青春期的男生的胡子还较少且较柔软，如果选择刮掉，以后要经常刮才行，所以个人要视具体情况来选择是否刮掉。

但是，胡子最好不要拔掉。

因为用剃须刀剃除胡子还好，最多就是让胡子长得更硬更多，不会对身体造成什么伤害，但是拔掉胡子的方式则很可能损害毛囊，诱发毛囊炎。毛囊炎虽然可以治愈但是会留下永久性瘢痕，更严重的甚至可能引发败血症，所以最好不要拔胡子。

三、做好形象管理，培养自信

面对胡子问题的困扰，让我们来思考一个问题：人们为什么会对自己的外貌产生如此大的焦虑和自卑感？

这是因为目前社会上很多人过度强调外貌，外表往往被视为判断一个人的标准。然而，我们知道，真正重要的是人的内涵和品质。

当然，也有很多人认为，只要自己内在优秀，外表就不重要了。

殊不知，颓靡的神态、潦草的形象，会成为一个人的减分项。

试想，如果一个面试者穿着邋遢、头发油腻、胡子脏乱，即使他的简历再出色，也很难让面试官对他产生好感。

相反，一个穿着得体、形象端庄的人，往往能够给人留下良好的第一印象。

研究表明，一个人的形象给予其他人的第一印象大多是由视觉信息决定的。因此，通过正确的护理和修饰，可以让自己看起来更加整洁和有型。

外表形象的管理不仅是为了给别人留下好印象，更是对自己的尊重和投资。

需要注意的是，中学生的胡子发育还处在早期阶段，不一定需要过多的护理。护理胡子更重要的是培养良好的卫生习惯和自我形象意识。

注重外在形象的维护，保持良好的仪态和自然的微笑，塑造积极乐观、自信大方的形象，这将对自己和他人产生积极影响。

那么有哪些比较好的做法呢？

（1）注意着装和细节，保持整洁、得体，增强自信心。

（2）练习积极、自然的微笑，这不仅能让自己感到快乐，也能给他人留下良好的印象。

（3）培养良好的姿势和身体语言，走路时自信挺胸、步伐坚定，有助于塑造自信的形象。

就像杨澜所说："没有人有义务必须透过连你自己都毫不在意的邋遢外表去发现你优秀的内在。"

把自己干净整洁的一面展现出来，这不仅是对自己负责，也是对别人的尊重。

第二部分 02

NAN HAI, QING CHUN QI NI YAO DONG DE SHI ER

更加关注自己的形象

5 脸上长了星星点点的青春痘，怎么办？

最近，有一个问题让我很困扰，那就是我的脸上长了星星点点的青春痘。

每天早上，我都会花费大量的时间在镜子前，试图遮盖住这些痘痘。它们就像扎在我心头的刺，让我感到自卑和不安。

有一次，在学校组织的运动会上，我报名参加了百米比赛。当我站在起跑线上准备出发时，我注意到旁边的同学都在注视着我的脸。他们的眼神中充满了惊讶和嘲笑。我感到自己的脸仿佛成了一个巨大的标志，让所有人都能看到我的缺陷和弱点。

这样的想法让我内心特别郁闷，脚步变得越来越沉重，呼吸也变得越来越急促，在终点线前的最后几步，我被其他同学超过了，只获得了第五名。

当我走出赛场时，我感到自己的心情已经跌入了谷底。我觉得是青春痘让我输掉了比赛，让我失去了自信和勇气。

这满脸的痘痘，让我不敢和女孩子交流，不敢参加聚会和活动，甚至，别人多看我一眼，我都很不自在。

真希望有一天，我能够摆脱这些痘痘的束缚，重新拥有自信和勇气。

——黄奕

一、了解青春痘形成的主要因素，才能从根源上积极应对

青春痘是一种常见的皮肤问题，也称为痤疮，通常在青春期时出现，但也可能在成年期或更晚的时候出现。它主要是由于毛囊和皮脂腺过度活跃，导致多余的油脂和死皮堵塞毛孔，引发细菌感染，进而产生炎症反应所致。这些炎症反应会导致皮肤红肿，并长出粉刺、丘疹、脓疱等，严重时甚至会留下疤痕。

青春痘可以分为不同的类型，包括粉刺、黑头、白头、囊肿和结节等。每种类型的痘痘都有不同的表现和治疗方法。

具体来说，以下是导致青春痘的几个主要因素：

（1）激素变化：青春期，雄性激素（如睾酮）蓬勃上升，就像是一支威风凛凛的军队，激发了皮脂腺的狂热分泌。这些激素所引发的过度皮脂洪流，堵塞了毛孔，从而孕育了青春痘的种子。

（2）毛孔堵塞：皮脂与角质的双重堆积，好似一道不可逾越的障碍，阻塞了毛孔的通路。当毛孔闷声不吭时，恶劣的细菌便会滋生、感染毛囊，制造炎症和青春痘的威胁。

（3）细菌感染：痤疮丙酸杆菌这位常客，一旦闯入毛囊的领地，便会在那里纵横驰骋，并引发战火。这种细菌感染

成就了青春痘的诞生。

（4）遗传因素：命运的红线也可以以遗传的形式牵扯进青春痘的故事。如果你的父母或近亲在青春期同样面对青春痘的折磨，那么你很可能也会成为它的追随者。

（5）生活习惯：不良的生活习惯（如暴饮暴食、懒散不动、睡眠不足等）也可能在青春痘的舞台上扮演一定的角色。

尽管青春痘是一位常见的问题缔造者，但通过精心的皮肤护理和健康的生活方式，我们可以减轻并预防它的到来。保持面容清新如镜，避免频繁触碰脸颊，选择适合的洗面奶和护肤产品，享用均衡的美食大餐，喝上一杯清泉甘露，规律作息，适度运动，这些都将助你消除青春痘，驱散心中的乌云。

二、科学地面对青春痘，用勇气和智慧战胜它

青春痘是很多人在成长过程中都会面临的问题，它不仅给我们带来身体上的困扰，还可能对我们的自我认同产生负面影响。

其实，我们并不孤单，有很多方法可以帮助我们有效地预防和治疗青春痘。我们可以通过积极的自我认同或者获得

家人和朋友的支持，克服青春痘带来的消极情绪，重新焕发青春，绽放生命活力。

首先，保持良好的卫生习惯是预防青春痘的最佳方法。使用温和的洁面产品清除多余的油脂和死皮细胞，让肌肤呼吸畅快，远离细菌的侵扰。

此外，保湿也很重要，使用轻盈且保湿的乳液或面霜，滋润肌肤，使其柔软水嫩，防止清洁过度导致的皮脂分泌增加。

除了保持良好的卫生习惯和选择合适的治疗方法外，饮食对预防青春痘也非常重要。过多的油脂和糖分会刺激皮脂腺分泌增加，导致长出更多的痘痘。

相反，多摄入蛋白质和纤维素等营养物质，就像给我们的肌肤提供了充足的营养，可以让它焕发出健康的光彩。

除了以上措施，良好的生活方式也非常重要。规律的作息、适度的运动和减少压力都有助于控制青春痘的生长。

当我们对自己的外貌不满意时，就会产生负面的自我认同感。这种负面的自我认同感可能会导致我们采取不健康的行为，例如过度减肥或者过度依赖化妆品等，以弥补自己对外貌的不满。青春痘的出现让我们产生了负面的自我认同，从而影响了自信心和自尊心。

心理学家认为，积极的自我认同可以帮助我们克服这种消极情绪。积极的自我认同是指认识到自己的价值和优点，

并以此为基础来建立自信心和自尊心。

我们还可以通过培养自己的兴趣爱好和才华,提升个人魅力,从而提高自己的自尊心和自信心。

同时,与那些有着相似经历的人交流,分享彼此的困扰和应对方法,也能为我们带来更多的力量和启示。

三、超越外貌束缚,建立自信心和自尊心

贾斯汀·比伯少年成名,但他也和其他青少年一样,面对着青春期的烦恼——青春痘。刚出道时,媒体和观众总是盯着他的外貌,讨论他脸上的青春痘。

然而,这些外界的批评并没有动摇比伯的自信心和音乐梦想。他坚持用音乐展现自己的才华和独特魅力。随着他的音乐走红,粉丝团也越来越壮大。

时间过去了,青春痘问题渐渐减少,更重要的是,比伯凭借坚定的自信和积极的态度,成为备受尊敬和令人崇拜的音乐人。他的成功告诉我们,外貌困扰不会成为事业成功的障碍,我们要展现出自己的内在价值。

比伯的例子还告诉我们,青春痘只是生活中的一小部分。通过培养内在品质、坚定自信心,并专注于自己的才华和独特魅力,我们可以超越外貌的束缚,实现自己的梦想和目标。

由青春痘引起的困惑是一个常见的问题，但我们必须认识到外貌只是人的一部分，人更重要的是内在品质和个性。

"你的思维方式决定了你的生活方式"这句话告诉我们，如果我们将注意力集中在自己的优点和价值上，积极地看待自己，就能够建立起强大的自信心和自尊心。

我们可以通过改变自己的思维方式来提升自己面对问题的能力，我们要多用上旋式思维方式来积极看待问题，而不是用下旋式思维方式来消极应对。

那么，什么是上旋式思维方式呢？

上旋式思维方式是指以积极、乐观、开放的心态来看待问题和处理事情，着重寻找、关注和发挥自己和他人的优点与价值，充分发掘和利用资源，争取最佳结果的思考方式。

在上旋式思维方式下，人们会更加注重寻找解决问题的办法，而不是沉浸于问题本身带来的困惑和消极情绪之中。

相对于下旋式思维方式（消极、悲观、关闭），上旋式思维方式更有助于提升个人的自信心和自尊心，增强个人的生产力和创造力，进而实现个人的成长和成功。

具体来说，我们可以用上旋式思维方式经常问自己：我应该怎么做才能解决这个问题？或者我能够为此做些什么？

而下旋式的思维方式经常会问自己：为什么是我？怎么又是我？

总之，面对青春痘带来的困惑，通过培养积极的心态，多问自己：我应该怎么做才能解决这个问题，并多关注自己的优点和价值，必要的时候寻求支持和交流，相信我们一定能够克服困难，建立起强大的自信心和自尊心。

真正的美丽来自内心的善良和自信。让我们相信自己的独特之处，超越外貌的束缚，成为真正自信和成功的人。

6 最烦同学给我起"麻秆"的外号了，怎么办？

我是一所中学的新生，在文学方面比较出众，这也让我成为同学们关注的焦点。然而，某一天，我的生活发生了变化。

我们班的一个同学给我起了一个外号——"麻秆"。这个外号源自我纤瘦的身材，但对我来说，它充满了嘲笑和伤害。从那一刻起，我的内心开始动荡不安。

在校园里，同学们开始称呼我为"麻秆"。每当我经过那些调皮捣蛋的同学时，他们总是大声喊叫，笑声传遍整个走廊。我努力忍受着这一切，试图不让外界的嘲笑影响到我。

然而，内心的冲突逐渐积聚，我开始怀疑自己的身体和外貌。我担心自己是否真的像一个"麻秆"一样，这让我感到困惑和痛苦。每当我看到镜子中那个瘦弱的身影，我的心情就变得非常沉重。

我渴望改变，渴望找到解决这个问题的方法。然而，我感到束手无策，不知道该如何应对。

——李易峰

一、摒弃不良情绪，建立良好的自尊

乐观情绪，如阳光明媚。信念坚定，绽放希望之花。

虽然，被起外号确实会对自尊心造成伤害，但是，我们不能让这个外号束缚住自己的心灵和价值。因为你是一个聪明、有才华、优秀的学生，你的价值不应该被外表所决定。

尝试将自己放在同学的角度来看待这个外号，或许他们并没有恶意，只是想要通过幽默的方式表达关注和亲近。同时，也不要忘记那些支持和欣赏你的人，他们的存在可以让你更加坚强和自信。

在面对困境时，与父母、老师或者好友进行沟通，寻求帮助和建议是很有必要的。他们能够给予你支持和理解，帮助你找到正确的方法，摆脱心理困扰。

我们要相信每个人都有独特的身体形态和外貌，这是我们与众不同的标志，值得被尊重和接纳。让我们敞开心扉，接纳自己的外貌和身体状态，认识到我们每个人都有独特的气质和无可估量的价值。我们要将关注点放在挖掘和发展自身潜力上，重新构建对自己的积极认知。

庄子曾说："君子之交淡如水，小人之交甘若醴。"这句话告诉我们，要与那些真正理解和支持我们的人交往，并远离那些负面影响。在面对困难和挑战时，我们可以找到信任的人,分享自己的感受和困扰,获得情感上的支持和建议。

心理学家也告诉我们,接受自己是建立健康自尊心的关键。我们需要学会欣赏自己的优点和价值,接受自己的外貌和身体状况,并认识到每个人都有自己的特点和价值。只有当我们接受自己,才能真正从内心让自己变得强大。

那么,具体应该怎么办呢?我们可以这样做:

(1)转化为正能量:将这个外号转化为正能量,例如你可以把"麻秆"解释为坚韧不拔、顽强不屈,这样可以增强自信心和自尊心。

(2)接纳自己:就像是接纳一个正在成长的小树苗,接受自己的缺点和不足,并从中寻找改进的机会和方向。

(3)自我赞扬:每天给自己写一份自我表扬单,列出自己的优点、成就和长处。这样可以提升自信心和自尊心。

(4)反思自己的成长历程:回顾自己的成长历程,评估自己的成长和进步,认识到自己的努力和付出,从而更加自信和自尊。

总之,建立健康的自尊心是一个需要不断努力的过程。通过创新的方法和策略,你可以更好地面对同学给你起的外号,并建立健康的自尊心,从而更好地享受人生。

二、转换思维，困境变机遇

灵活应对，智者方能胜；转换思维，困境变机遇。

在现实生活中，我们往往会遇到那些喜欢给人贴标签的人，他们的言辞往往伤人并挫败我们的积极性。

如何应对这样的情况呢？

心理弹性可以帮我们解决这个问题，心理弹性就像是一面坚固的盾牌，可以帮助你在面对挫折和困难时，保持积极向上的心态，不被打倒。具体来说，我们可以采取以下几种策略：

（1）调整心态：就像是换一种眼光看待问题，采用积极乐观的心态，看到问题的积极面和成长机会，并从中吸取经验和教训。

（2）幽默自嘲：我们可以主动利用这个外号来制造一些幽默感，例如我们可以回应说："没错，我就是传说中的'麻秆'，细细长长，能稳住任何场面！"通过幽默化解尴尬，让别人知道我们并不在意。

（3）转变观念：将这个外号视为一个机会，视为他人对我们的特点的认可。我们可以积极地看待这个外号，并尝试从中找到积极的一面，发掘出我们与众不同的特点和优势。

（4）创造性回应：我们可以回应别人的外号，同时给予他们一个创造性而有趣的称呼。例如，我们可以说："好的,那你就叫我'魔术棒'吧,因为我总能在困境中带来意想不到的变化!"这样既能适当回应,又能调节气氛。

现实生活中,许多名人都经历过被人诋毁的阶段。他们像黎明前的星星一样,坚定地闪耀着属于自己的光芒,鼓舞着无数人勇往直前。

让我们记住,在面对他人给自己添标签时,可以运用"心理弹性"来转移负面的想法,永远要相信自己的价值和能力,并坚持追求自己的梦想和目标。让我们用坚定的信念和热情,向着心中的明灯前行,让自己的光芒照亮整个世界。

三、掌握情绪调节技巧,积极应对外界评价

冷静反应,智者不惊;深呼吸,心如止水。

当面对别人给自己起的"外号"时,可能会触发负面情绪,如愤怒、尴尬或伤心。在心理学领域,我们可以通过情绪管理,更好地理解自己的情感和思维方式,并在面对负面评价时保护自己。下面是一些具体可行的步骤和方法,可以帮助你进行情绪调节:

在面对他人给你起的"外号"时,我们需要像一位聪明的旅行家一样,冷静应对。就像是在远离家乡的旅途中,遇到了陌生的风景,不要惊慌失措,而是要先仔细观察,再做

出合适的决策。

深呼吸就像是在旅途中休息的一种方式，可以让我们放松身心，重新焕发活力。就像是在山林间行走时，停下来呼吸新鲜的空气，感受大自然的美好。

试着从别人的角度来看待这个"外号"，这就好比戴上一副与众不同的眼镜，看到了不一样的世界。这个"外号"所体现的或许只是别人的无知和不成熟，而并不影响你的真实价值。

寻求支持就像是在旅途中，有一位可靠的导游带领我们前行。与信任的朋友、家人或导师交流，分享自己的感受和困扰，从中获得理解和支持，从而让自己重新建立自信。

设定健康的界限就像是在旅途中，保护自己的安全和权益。如果这个"外号"来自不值得信任或消极的人，学会保持距离，并设定健康的界限。不要让这些人的评价影响到自己的情绪和生活。掌握情绪调节技巧可以帮助我们控制负面情绪，如焦虑和抑郁。

周恩来在革命战争年代，一次次化险为夷，带领人民取得了重要的胜利。他的精神鼓舞了一代又一代中国人，这说明即使在困难时期，我们也可以坚定自己的信念、追求自己的梦想。

无论何时，我们都可能面临困难和挑战；但重要的是，我们要坚信自己的价值和能力，通过积极应对和寻找适当的支持，重新找回自信和笑容。

7 因为长得矮而特别自卑，怎么办？

每天早晨，当我站在镜子前，看着自己那不足一米七的身高，心情就很沉重，胸口像压着一块巨石一样。我总是感到自卑，因为我的同学们大都很高大，而我总是被他们的身高所掩盖。

有一天，学校举办了篮球比赛，我收到了通知。我曾经喜欢篮球，但因为身高的限制，我从未考虑过参加比赛。这次我感到内心很矛盾。我想要挑战自己，证明自己的价值，但同时也担心自己的身高会成为失败的绊脚石。

比赛的日子终于来了。我走进体育馆，看到其他参赛者个个高大威猛，我不禁感到更加自卑。当我听到观众们的窃窃私语时，我觉得自己仿佛成了一个笑柄。

比赛开始了，我努力地投篮、奔跑和防守。尽管我全力以赴，但我的身高仍然限制了我的表现。我看着其他参赛者轻松地扣篮，心中充满了挫败感。

比赛结束后，我躲在更衣室里，默默地流下了眼泪。我对自己的身高感到十分失望和无助。我难过极了，我不知道该怎么办。

——范伟

一、了解影响身高的因素，接纳自己的独一无二

身高，就像一个人的外貌特征，成为评判他人的标尺之一。然而，随着社会的进步和文化的多元化，人们对身高的关注逐渐减少。越来越多的人开始意识到，个子高矮并不能决定一个人的命运和价值，每个人都应该被平等对待和尊重。

那么，为什么有些人长得矮呢？原因多种多样，就像大自然赋予我们的个性一样丰富多彩。

一是遗传因素，它像一位神秘的基因工程师，密谋着我们身高的命运。如果家族中的成员都很娇小，那么孩子可能也会继承这一特点。遗传因素在身高上扮演着重要的角色。

二是营养问题。如果我们摄入的营养不足或不均衡，就可能对生长发育产生阻碍。缺乏蛋白质、维生素和矿物质等营养素，特别是在儿童和青少年时期，可能会使身高增长受限。

三是激素问题，它们像身高的守护神，维持着我们成长的秩序。如果某人的生长激素水平异常低或分泌出现问题，就可能导致身高增长受限。

四是疾病或健康问题。它们也可能是潜在的"捣蛋鬼"。比如甲状腺问题、骨骼发育异常、慢性疾病等，都可能对身高产生影响。

此外,生活习惯和环境因素也会发挥作用。不良的生活习惯就像顽皮的小淘气,比如缺乏锻炼、不规律的作息时间和睡眠不足等,可能会对生长发育造成负面影响。而环境因素,比如营养状况和生活条件,也可能在身高的舞台上扮演重要角色。

需要注意的是,每个人的生长发育过程都是独一无二的,就像每朵花都有它自己的绽放时刻。有些人在高中时期可能相对较矮,但在之后的发育阶段可能会经历身高的突飞猛进。

二、摆脱负面情绪,为自己赋能

有些人可能因为个子娇小而感到自卑,但他们可能拥有其他的闪光点,比如智慧、创造力或社交能力。所以,让我们从自己的优点出发,认识自己的价值和潜力,就像花朵在阳光下绽放一样,每个人都有自己独特的魅力。

那么我们如何才能克服因身高产生的自卑情绪呢?我们可以运用心理学上的"6R 法",具体步骤如下:

重新定位,就像一位聪明的导游,我们带领自己重新走近身高这座高塔,但这次我们透过不同的窗户来观察。我们可以告诉自己,身高虽然重要,但并不是评判个人英勇程度

第二部分 更加关注自己的形象

的唯一标准,就像大海中的鱼儿有各自独特的美丽一样。

自省反思,让我们想象一下,我们站在湖边的树下,静静地倾听着树叶的低语。在这宁静的时刻,我们开始反思自己内心的波澜,将感受和思想化为文字的浪花。

翻转情绪,就像一个奇妙的魔术师,我们麻醉了自己内心的自卑情绪,然后将其变成了一束充满活力和勇气的魔法花束。我们提醒自己,身高较矮也意味着更灵活,就像矮人在迷宫中穿梭自如,展现出无限的魅力和机智。

重塑行动,让我们将自己比作一只勇敢的小鸟,它正蓄势待发地准备从高山上翱翔而下。我们鼓励自己通过积极改变行为,挑战自己的极限,去实现自己的梦想,展翅高飞。

建立支持,就像一位贴心的朋友,我们伸出友爱之手,陪伴自己走过自卑情绪的黑暗森林。我们提醒自己,身边总有人愿意为我们撑起一片天空,给予我们情感上的温暖和实用的帮助。

回顾经验,让我们把时间的车轮转到过去的一页,回顾我们曾取得的成功和胜利。就像一位审视历史的学者,我们仔细观察成功的线索,并揭示其中的奥秘。这样的回顾能够让我们发现自己的潜力和独特之处,为我们的自信心增添璀璨的色彩。

通过"6R 法",能够激发我们的想象力和兴趣,让我们更加享受解决问题的过程,并逐渐摆脱自卑情绪,焕发出自己的光彩。

一旦因为身高感到自卑，我们可以运用"6R 法"帮助自己解决自卑的问题，逐步接纳自我和塑造积极的自我形象。

法国时装设计师卡尔·拉格斐曾说过："时尚并不是关于身高的问题，而是关于态度的问题。"他的话提醒我们，一个人的外在形象并不是由身高决定的，而是由个人的态度和气质决定的。

他本人也是一个身材矮小的人，但是他通过自己的才华和努力，成为世界著名的时装设计师。他注重自己的仪表和形象，常常穿着黑色西装、戴着墨镜出现在公众面前，展现出自己的品位和风格。他的成功告诉我们，一个人的形象不仅仅取决于身高，还与个人的气质、风格和品位有关。

三、聚焦优势，通过自身努力展现独特才华

从古至今，人们一直在追求自己的天赋和特长。无论是古代的文人墨客还是现代的科学家、艺术家，他们通过发展和展示自己的才华，留下了千古流传的作品和贡献。这些人的成功不仅仅在于他们的天赋和才华，还在于他们对自己优势的深入挖掘和持之以恒地努力。

在经济学中，有一个叫作"比较优势原理"的概念。它

告诉我们，应该专注于自己最擅长的领域，将有限的资源和时间用在最有效的地方。通过专注于自己的优势，我们能够在特定领域取得更大的成就，并为社会创造更多的价值。

我们还可以运用"系统脱敏法"来逐步解决因身高产生的自卑问题。"系统脱敏法"是一种心理干预方法，通过逐步暴露自己于让自己感到不安的刺激物，并在这个过程中逐渐减少焦虑和恐惧的反应。对于青少年来说，因为身高产生自卑感，可以考虑通过以下方法来运用系统脱敏法：

首先，我们要明白身高并不是成功的唯一因素。无论身高如何，都可以通过努力和才华实现自己的目标。

其次，培养积极心态和自我价值。培养自己积极的心态，相信自己的价值和能力。树立正确的自我认知，明确自己的优点和潜力，并将精力集中在发展自己的兴趣爱好和才能上。

身高不是决定一个人智慧和领导能力的唯一因素，重要的是培养积极的心态，相信自己的价值，并将精力集中在自己的优点和潜力上。无论身高如何，每个人都有机会通过努力和才华，在自己擅长的领域取得成功，并为社会做出卓越的贡献。

范伟，我知道身高问题可能让你感到自卑，但请记住，身高只是你独特价值的一个方面。重要的是培养积极的心态，相信自己的价值，并将精力集中在自己的优点和潜力上。

所以，请不要放弃，坚持自己的信念和努力，相信自己的潜力和价值。无论你的身高如何，你都有机会通过努力展现自己的才华，在擅长的领域取得成功，并为社会做出卓越的贡献。

8 在异性面前,我总是感觉很害羞,怎么办?

我是一个文静害羞的男生。每当看到周围的男生自信地与女孩交流、谈笑风生时,我就感到自己身处在孤独的角落里。

前几天,学校举办了一场社交活动。会场布置得十分热闹,美丽的花朵和灿烂的彩灯装点着整个场地。现场欢声笑语,热闹非凡。这时,一个美丽的女孩走向我,微笑着与我搭话。我的内心顿时一阵紧张,说话都有点磕巴,手心也都出汗了。

当我努力让自己平静下来,找话题跟对方聊天时,一阵热闹的音乐响起,大家纷纷跑到舞池中跳起舞来。女孩也被另一个男生邀请去跳舞了。我看着他们跳着欢快的舞步,心中又是嫉妒又是羡慕。我真的很渴望能够像那个男生一样自信、大胆地表达自己。

我明白自己需要改变,需要摆脱这种内心的羞涩和害怕。可是,每次我都无法跨出这一步,无法战胜内心的恐惧和紧张。我内心很困惑,不知道该怎么办。

——吴修泽

一、接纳自我，展现真实的自己

面对异性时，总是感到紧张和自卑。其实，这种害羞的情绪是很正常的，几乎每个人都会或多或少地体验到。那么，害羞到底是什么感觉呢？

害羞就是一种在社交场合或者和他人互动时，因为担心自己的外貌、言行或能力而感到不安或担忧的情绪。

比如，你可能会觉得自己的发型太傻，或者担心自己说错话、做错事。这种情绪让你在和人交往时感到不自在，甚至想要躲起来。

害羞可能源自很多因素。或许是你的性格比较内向，或许是你曾经在社交场合遭遇过尴尬或批评。

还可能是因为你太在乎别人的看法，对自己的要求过高。

但不管原因是什么，我们都不应该因此自卑。因为每个人都有自己的短板，而克服害羞、提升自信是一个长期的过程。

首先要接纳自己的不足。不要过于苛求自己，而是通过培养兴趣爱好来提升自己的自信心和社交技能。

另外，要记住"比较是万恶之源"。不要总想着和别人比较，因为每个人都有自己的优点和缺点。我们应该学会欣赏自己，提高自己的价值，这样才能吸引更多人的关注。

在社交场合，我们要勇于表达自己的想法和观点。不要害怕说错话或者被人嘲笑，因为每个人都会犯错。只要我们能够勇敢地表达自己，就能够赢得别人的尊重和欣赏。

最后，要相信自己的价值。不要因为害羞而自卑，因为每个人都有自己的闪光点。只要我们肯努力，就一定能够克服害羞、提升自信，成为一个更加优秀的人。

二、学会放松，成为更自信的自己

对于内向、害羞的我们来说，这种情况可能更加明显。我们可以通过一些方法来改变这种状况，变得更加自信和从容。

首先，要明白每个人都是独一无二的，都有自己的魅力和价值。不要总是模仿别人，要学会发掘和展示自己独特的优点。也许你的笑容很温暖，也许你的眼睛很明亮，这些都是你的魅力所在。所以，要相信自己，勇敢地展现出真实的自己。

其次，要学会放松自己，不要给自己太大的压力。有时候，我们会对自己要求过高，导致在异性面前紧张和自卑。这时，可以试着放下那些过高的期待，告诉自己："我很好，我足够优秀。"同时，可以通过深呼吸、冥想等方式来放松自己，让自己的心情变得更加平静和自信。

另外，可以主动参加一些社交活动，多与异性交流。可以加入学校的社团，增加与异性接触的机会。在交流中，可以学习如何与人沟通、如何表达自己的想法和观点，这些都能提高自己的社交技巧和自信心。

在与异性交流的过程中，可以思考自己的表现如何、有哪些不足之处、如何改进等。这样能够让自己不断成长和进步，变得更加成熟和自信。

最后，要记住坚持就是胜利。改变自己的习惯需要时间和耐心，不要轻易放弃。

相信自己，相信未来，我们一定能够摆脱自卑和紧张，展现出自信和魅力。

三、放下比较和完美心理，是成长的必经之路

最近的一项心理学研究让人们大开眼界，它揭示了社交媒体对青少年身份认同和自信心的影响。研究者们深入挖掘了数千名青少年的社交媒体活动，发现了一些有趣的现象。

那些喜欢频繁与他人比较的青少年，或者总是追求完美形象的青少年，常常会感到紧张和自卑。他们在社交媒体上花费大量时间，不断审视自己的形象，与他人比较，希望自

己能够达到某种理想的标准。这种追求完美的心态让他们在现实中更加紧张和自卑，害怕自己不够好，害怕被别人评价。

相反，那些能够保持积极心态、敢于表达真实想法的青少年，在社交互动中表现得更加自信和自如。他们不怕展示真实的自己，不拘泥于别人的评价，敢于冒险尝试新事物。这种自信和自在的态度让他们在社交中更加受欢迎，也更容易获得成功。

那么，如何成为一个自信的人呢？

首先，我们需要从小事做起，逐渐扩大自己的社交圈子。参加一些社交活动，结交新朋友，提高自己的社交技巧。

同时，我们也要学会保持积极的心态，不轻易放弃。即使遇到挫折和困难，也要勇敢面对，从中吸取经验教训。

此外，通过练习自我对话来提高自信心。每天花些时间静下心来与自己对话，鼓励自己、赞美自己的努力和成就。同时也要接纳自己的不足之处，告诉自己"我正在学习和成长"。这样的积极对话可以帮助我们增强自信和积极性。

当我们感到紧张或自卑时，可以尝试用深呼吸、冥想等方式来放松自己。

同时也要给予自己足够的肯定和鼓励，告诉自己"我足够优秀""我可以做到"。

这样的积极态度可以帮助我们在异性面前更加自信和自如。

最后,记住要给自己时间,要学会宽容。成为自信的人需要时间和实践,所以不要急于求成。

慢慢地,你会发现自己变得更加自信,与异性交流也会变得更加自如。相信自己,你一定可以成为那个在异性面前自信而从容的人!

第三部分

03

身体不适与健康问题

9 脸上容易出油，对此我很不满意，怎么办？

以前的我特别喜欢照镜子，皮肤白皙，整个人都很清爽，觉得自己帅帅的。可是从去年开始，我特别不想照镜子了，看到镜子就想躲。因为每当照镜子时，我就总能看到自己脸上发亮，还时不时出一些硬硬的红痘痘。

我每天也有好好洗脸啊，怎么还是会出很多油呢？我曾尝试过很多方法，比如用吸油纸、控油产品等，但效果都不尽如人意。

爸爸告诉我是因为青春期激素的原因，但是我的好朋友皮肤看起来干净而清爽，而我却总是油光满面。

我开始对自己的外貌失去信心，感觉自己没有以前那么吸引人了，也不想跟别人交流，尽量避免参加社交活动，生怕别人会嘲笑我。更可气的事，爸爸妈妈觉得我有些夸张了，说过了这个年纪自然就好了，还有些责怪我太过于注意外在形象了，还说什么内在美才是真的美！哼！可是我真的感觉又尴尬又烦恼。我该怎么办呢？

——陈鹏

一、油光难堪,运动来帮忙

每天晨跑一圈,油光自然无踪。
骑车逍遥去放飞,油光消失皮肤佳。
踢球打篮乐无边,油光不见满脸鲜。
打羽毛球身心愉,油光减少笑容收。

如果说我们的脸是一幅画,那油光就像是一位不速之客,它悄悄闯入画面,让整幅作品失去了清晰和光泽。这种油光不仅让人感到不自信,更可能让皮肤问题愈加严重,就如同画布上的污点,让原本完美的画作变得扭曲模糊。

那么什么是面部出油呢?

青少年时期是人体发育和生理变化最为显著的阶段之一。雄性激素的分泌增加,可导致皮脂腺分泌过多油脂,从而使我们的面部出油。

面部出油就是皮肤分泌的油脂过多,导致脸上油腻、泛亮光和容易冒痘痘。油光问题在青少年中很常见,因为在这个时候,体内荷尔蒙水平变化使皮脂腺变得活跃。

根据皮肤油脂分泌程度的不同,皮肤分为以下几种类型:健康型油性皮肤、混合型油性皮肤、痤疮型油性皮肤和粗糙型油性皮肤。

对于青春期男孩来说,由于性激素水平的增加,容易产生痘痘和油光问题。

面部出油如同引发了一场"青春痘狂欢派对",炎症、红肿和疼痛等不适感就像是邀请函上的刺痛字样,给我们的心理和情绪添加了一抹灰色。

我们可以通过运动来改善,下面是一些具体的建议:

青春期本身就是一个情绪波动较大的时期,适当的运动可以释放心理压力,缓解紧张情绪,有助于平衡荷尔蒙分泌,从而减轻对皮肤的不良影响。

运动可以促进身体的新陈代谢,帮助身体排出毒素,保持身体内外的健康平衡,有利于改善皮肤状态。

适当的运动可以帮助调节荷尔蒙水平,提高身体对胰岛素的敏感度,有助于控制荷尔蒙的平衡,减少皮脂分泌过多。

适当的运动可以促进身体出汗,排出毒素,有助于清洁毛孔,减轻油光问题。

青春期男孩每周进行适量的有氧运动,如慢跑、游泳、骑车等,每次持续30分钟以上,有助于维持皮肤的健康状态。

二、控制油脂分泌,让肌肤保持清爽

我们每个人都希望自己拥有一张清爽自信的脸,可油光问题让我们备受困扰。

黄博因为脸上的油光问题感到困扰。有一次,黄博向一位皮肤科医生寻求建议,医生告诉黄博:"洁面是护肤的第一步,选择适合油性皮肤的温和洗面产品非常重要。千万不要过度摩擦和刺激,这只会让油脂问题变得更糟哦。"这些建议对黄博很有帮助。之后黄博开始注重选择温和的洗面产品,并在早晚使用。果然,几周后,黄博发现脸上的油光问题有了明显改善。

控制油脂是减少油光问题的关键。

选择柔和无刺激的护肤品,可以让我们的肌肤焕发自然的光彩。

温和地护理对肌肤很重要,选择温和无刺激的护肤品,并避免过度使用刺激性化妆品。

良好的饮食习惯和规律的作息时间对皮肤健康至关重要。

减少高糖、高油脂和加工食品的摄入,增加新鲜水果、蔬菜和富含纤维的食物,喝足够的水来保持肌肤水分平衡。

避免频繁触碰脸部,让我们的肌肤保持清洁与完美。

尽量避免用手触摸脸部、摩擦或挤压痘痘等行为,这样只会刺激皮脂腺分泌更多油脂,并可能引起感染和炎症。

相信我们通过正确的护肤方法、调整生活习惯,并及时寻求专业医学帮助,就能拥有一张持久清爽的肌肤。就像画家细心地呵护画布一样,让我们轻柔地拂去脸上的油光,迎接自信和美丽的新篇章吧!

三、健康的睡眠，重新焕发自信

脸上油光如画布，轻轻拭去更清爽。选择温和护肤品，如画家选用温柔颜料。

为了更好地摆脱油光问题并重新焕发自信，我们需要注意日常生活中的细节。

睡眠对皮肤健康也起到了重要作用。经常熬夜或睡眠不足会对肌肤带来负面影响。

下面是睡眠不足与青春期皮肤出油的关系：

（1）睡眠不足会导致激素失衡，使皮脂腺分泌过多油脂，从而使皮肤更容易出现油光和痘痘。

（2）睡眠是细胞修复和新陈代谢的重要时段。睡眠不足会导致皮肤的修复能力下降，使皮肤容易受到外界刺激，并增加油脂分泌。

（3）睡眠不足会增加压力和焦虑感，这些情绪状态也可能导致激素失衡，进而影响皮肤的健康状况。

因此，为了减少青春期皮肤出油问题，保持良好的睡眠是非常重要的。建议保持充足的睡眠时间，每晚 7~9 小时。

保持规律的作息时间，尽量避免熬夜；注意放松自己，减少压力和焦虑。

合理饮食，摄入适量的营养物质，有助于维持皮肤的健康。

同时,选择适合自己肌肤类型的护肤品进行清洁和保湿,也有助于改善皮肤的油光问题。

保持健康的肌肤还需要我们注意合理的作息时间和饮食习惯。

因此,让我们从日常生活细节着手,选择合适的护肤品和食物,并且保证充足的睡眠,从而帮助我们改善脸上的出油问题。

有这样一句话:"最重要的不是看起来漂亮,而是自己感觉良好。"当我们拥有一个健康、自信的外表时,内心也会更加愉悦。

王凯是有严重皮肤出油问题的男孩。他尝试了多种护肤品和治疗方法,但效果不理想。

直到有一天,他遇到了一位专业的皮肤科医生,医生告诉他:"睡眠是保持皮肤健康的关键,要注意保持足够的睡眠时间和规律的作息。"

王凯听从了医生的建议,改善了自己的睡眠习惯,并注重选择适合自己肌肤类型的护肤品进行清洁和保湿。几周后,他发现自己的皮肤油光问题得到了改善。

第二部分 身体不适与健康问题

10 晚上睡眠总是不太好,白天没精神,怎么办?

最近,我发现我的睡眠质量似乎有些问题。

晚上,躺在床上,盖好被子,闭上了眼睛,准备睡觉。然而,我的大脑似乎并不买账,它充满了忧虑和杂念,像一群嘈杂的小鸟,不停地叽叽喳喳。我试图让自己放松下来,但每次闭上眼睛,心中的焦虑就会如潮水般涌来,让我无法入睡。

白天,我的身体变得疲惫无力,眼皮越来越沉重。同学们的笑声在耳边响起,而我却无法融入他们愉快的氛围。我曾试图通过饮用咖啡和能量饮料来提振精神,但效果并不持久,很快我又回到了倦怠的状态。

我无法专注于课堂上的讲解,错过了很多关键的知识点。课后的作业成了噩梦,简单的题目也让我费尽心思。我变得容易发脾气,对身边的人也缺乏耐心。

我试过喝热牛奶、听舒缓的音乐,甚至尝试过冥想和深呼吸,但都不怎么管用。我感到沮丧和迷茫,不知道该如何摆脱这个困境。

——王宇超

一、失眠的根源，改善睡眠习惯

睡眠，是一份珍贵的礼物，它在寂静中托起了疲惫的身心，让我们在清晨迎接新的一天时充满能量和活力。

建立良好的睡眠习惯，就如同为自己打造一个绿洲，让我们的身心得到充分的休息和恢复。

失眠会让你在夜深人静时辗转反侧、翻来覆去，怎么也睡不着。

导致失眠的原因有很多，可能来自生理变化、心理压力、使用电子设备、不良睡眠习惯、心理健康问题等。

首先，生理变化是导致青少年失眠的一大罪魁祸首。青春期的荷尔蒙分泌波动、身体发育速度加快等因素可能会对睡眠产生影响，让青少年的睡眠模式发生变化。

其次，心理压力也是一个常见的导致失眠的元凶，就像是一条毒蛇潜藏在心中。学业压力、社交压力、家庭问题等都可能对青少年的心理健康产生影响，进而导致失眠。

考试压力、人际关系困扰、自我认同问题等都是常见的青少年面临的挑战。

此外，电子设备也是一个不可忽视的因素，它们中的蓝光会干扰褪黑激素的分泌，影响睡眠质量。过度使用电子设备也会引发兴奋和注意力分散，导致难以入睡。

不良睡眠习惯更是容易让失眠大军盘踞于你的床上。

不规律的作息时间、午睡过长、饮食不当等也可能导致失眠。

最后,心理健康问题也是一个常见的导致失眠的元凶,就像是一只蚂蚁慢慢地啃噬你的心灵。

一些青少年可能面临焦虑、抑郁、压力过大等心理健康问题,这些问题会对睡眠产生负面影响。

心理健康问题与失眠之间相互影响,形成恶性循环,就像是一个漩涡,把你的身心拉入深渊。

培养良好的睡眠习惯、减少使用电子设备的时间、保持适当的运动和放松,都有助于改善睡眠质量。

二、良好的睡眠,从饮食和运动开始

有位名人曾经说:"适度的运动可以增加我们身体的能量和神经系统的稳定性,大大改善我们的情绪、睡眠和工作效率。"

饮食和运动与睡眠质量密切相关,它们是我们调整睡眠的关键。通过科学合理的饮食和适度的运动,我们可以改善睡眠问题,提高精力和注意力。

晚餐时要避免过饱或摄入过多的咖啡因和糖分。这些因素会对我们的睡眠产生负面影响。而适度的身体运动则能促进血液循环和新陈代谢,提高睡眠质量。

就如同一位智者所言:"调整饮食和运动,不仅是养身之道,更是培养良好睡眠的关键所在。"

心理学领域已经证明,运动对心理健康具有积极的影响。它能释放压力和焦虑,让我们远离疲劳和消沉的状态,从而有助于提升睡眠质量。

适量摄入富含维生素 B、镁和色氨酸的食物。例如,瘦肉、坚果和燕麦等都有助于促进睡眠。

避免在晚间过度进食,特别是含有咖啡因和糖分的食物或饮料,如咖啡、巧克力和碳酸饮料等。

进行适度的运动,可以选择慢跑、游泳、瑜伽等有氧运动。这些活动能够消耗能量和释放压力,提高睡眠质量。

注意运动时间的安排,不要在睡前进行剧烈运动,以免激发身体的兴奋状态。

在忙碌的学习生活中,调整饮食和运动可以让我们更好地管理睡眠问题。

均衡饮食、避免过度进食、适度运动、恰当安排运动时间,这些都是我们调整饮食和运动的关键步骤。

让我们以迈克尔·菲尔普斯为例。这位伟大的奥运游泳冠军表示,每天坚持运动,尤其是游泳,能够缓解身体的疲劳和焦虑感,从而提高睡眠质量。

三、改善睡眠方法,拥有高质量的睡眠

睡眠问题宛如一面反映我们身心健康的镜子,只有当我们察觉并正视此问题时,才能采取相应措施来解决。

哈佛大学的一项研究表明,高质量的睡眠与个人的学习表现密切相关。好的睡眠可以提高我们的学习效率、创造力和判断力,使我们在学习中获得更好的表现。

有这样一句话:"一个幸福的人就是一个睡得好的人。"良好的睡眠习惯让我们追求幸福的道路更加平坦,让我们在这一段奇妙的人生旅程中拥抱每一个美梦。

美国的一位总统,为了维持良好的睡眠状态,制定了严谨的作息规律。他每天晚上 10 点前入睡,早晨 5 点起床,即便在忙碌的工作中也始终坚持这一规律。这位总统便是富兰克林·罗斯福。

下面是一些具体的改善睡眠的方法和建议:

首先,制订一个固定的睡前准备计划,或许是一段轻柔的音乐,或许是一次深呼吸、冥想之旅。

其次,避免电子设备的诱惑。黑暗的窗帘轻轻拉上,舒适的床铺完美贴合你的身体,犹如一双温柔的手,将你带入无忧无虑的梦乡。

而当你面对无数杂念和纷扰时,正念冥想将成为你最可靠的护身符。用心感受每一次呼吸,专注于身体的感受,杂

念渐行渐远,焦虑逐渐消散。

当然,无论如何,不要强迫自己进入睡眠的怀抱。

相反,起床,做些让自己放松的事情,直到你的眼皮沉甸甸地落下。然后,将自己送回温柔的床榻,再次尝试与美梦相遇。

因为良好的睡眠习惯,不仅是我们养身的法宝,更是陶冶心灵、疗愈心境的良药。

第三部分 身体不适与健康问题

11 眼睛快要高度近视了，怎么办？

结束了艰辛的小升初之旅，我如愿地考上了父母很满意的学校。爸爸妈妈为了奖励我，送给我一部手机，更是破天荒地让我玩一个暑假，不用做任何作业！

妈妈说："让你一个月玩个够，玩到你想吐，玩到开学不想再玩！"我简直是太开心了！"英雄联盟"，我又来了！

开学后，我却没有了玩时的那份豪情壮志，我发现自己的视力越来越模糊，经常感到眼睛干涩、疲劳，而且近视度数也在迅速增加，这让我很担心。

以前上生物实验课用显微镜，我都是裸眼就能看清。这次我却发现即使戴着眼镜穿越目镜和物镜，我看得也是一团模糊。有时眼镜还会不小心碰到显微镜上，我太讨厌这种"镜中镜"的生活了！

妈妈带我去看医生，结果我的视力竟然飙升到了 400 度。我现在感到非常沮丧和无助，要是高度近视可就麻烦了！

一方面我后悔当初沉迷游戏，另一方面我又不知道怎么办才好。

——小志

一、知己知彼,才能心中不慌

常有同学有这样的困惑:"上课时,我看不清老师的板书了。"

也有同学说:"常有人说我架子大,不主动和别人打招呼,其实我根本看不清对面来的人是谁!"

眼睛是心灵的窗户,眼睛近视会给我们的学习、工作和生活带来诸多困扰。

医学上对近视的准确定义是:在调节放松状态下,平行光线经眼球屈光系统后聚焦在视网膜之前,称为近视。

就像我们用相机拍照,如果相机的对焦系统出了故障,就无法正确对焦,那么,呈现在底片上的画面就变得模糊了。

眼睛近视问题不能掉以轻心,而高度近视就更要引起重视了。

高度近视,即近视度数超过 600 度,是一种常见的眼科疾病。

由于眼球形态的显著改变,眼轴增长,高度近视的人通常会面临比普通人更高的眼部健康风险,比如,有可能引起并发症,如白内障、青光眼、飞蚊症、视网膜剥离、黄斑出血等。

此外,高度近视的人往往会出现视疲劳。长时间用眼或使用电子设备会使眼睛处于紧张状态，会加剧视疲劳。

而关于高度近视的形成原因，则主要有遗传和环境两方面因素。

环境因素中，过度近距离用眼是导致度数加深的主要因素。

我们的眼睛在看距离 5 米以外的物体时，基本无须动用睫状肌调节，眼睛处于相对放松的状态。

但在看近处的物体时，就需要通过睫状肌的收缩调节，用眼距离越近，睫状肌收缩程度就越强，相应的负担就越重。过度近距离用眼会导致睫状肌痉挛，容易引起近视。

青少年时期，由于学习生活需要大量近距离用眼，所以更容易发生近视。

二、保护视力，才算聪明

如果让你用一个词语来激发我们保护眼睛的决心，那会是哪个词语呢？

进入初中后，当我们看到有这么多同学戴上了眼镜，甚至戴上了高度近视眼镜，脸上的笑容一天天在变少，眼中的光也在厚厚的镜片之后显得暗淡，心里是否很不是滋味？

想到这里，我们的脑海里突然蹦出一个词语"聪明"，不是说现在的人都很"聪明"吗?那"聪明"到底是什么意思,视力如果很差了,还能算"聪明"吗?

当我们去查资料,才发现:"聪"是指听力好,"明"是指视力好。

耳聪目明,是为聪明。

如果我们视力下降、高度近视、看不清东西,能不能算聪明了?

当然不能,最多只能算聪。

数一数,班里有多少同学戴着眼镜?又有多少同学戴着高度近视眼镜?

假如答案是 50%,那如果我们保护好视力,形成良好的用眼习惯,是不是意味着,我们在这方面会超越班里这 50% 的同学呢?这是不是会激发我们改善视力、保护视力的决心?

"聪明聪明,耳聪目明;保护视力,才算聪明。"

是的,朝着"聪明"出发,我们动力增强,那具体可以怎么做呢?

(1)控制近距离用眼时间:学习和使用电子产品每 40 分钟休息 5~10 分钟,眺望远处放松。长时间用眼后可以滴一些缓解眼疲劳的眼药水。

(2)增加户外活动:每天至少 2 小时,或每周至少 14 小时。户外的自然光线可以刺激多巴胺的分泌,对控制眼轴增长有积极作用。

（3）定期进行医学验光和眼底检查，正确佩戴眼镜：定期进行医学验光和眼底检查，有助于及时发现眼底病变的风险。

（4）注意营养：饮食均衡对眼睛健康也很重要。富含维生素A和维生素C的食物，如胡萝卜、菠菜、蛋黄和深海鱼等，有助于保护眼睛健康。

三、远离手机游戏，调整自己的心态

关于手机游戏，有位同学在作文中是这样写的：

上个月我们一家给哥哥过生日，生日会上十一二个人当中，竟然有九个人都戴着眼镜在玩手机游戏。吃饭了，他们都没有过来，只盯着手机玩，我大声地喊："别玩了，饭菜都凉了！"

可谁知只有三四个人边玩手机边回答："快了快了，再等一下，马上就好。"其他人都不听我的劝告，那若无其事的样子简直令人愤怒。

有多少次我们在扮演这个手机游戏者，又有多少次我们会像这位同学一样也有如此的愤怒？

不得不说，过度地玩手机游戏，是我们用眼的一大"杀手"。

对于近视的预防和治疗,还有一个重要的方法就是远离手机游戏,并调整自己的心态。

过度使用手机游戏对眼睛的损害非常大。

手机屏幕的蓝光会损害眼睛的视网膜,而长时间盯着手机屏幕玩游戏也会加重眼睛疲劳,使近视度数增长。

前中国职业篮球运动员、教练员刘玉栋,曾为中国篮球获得了多项荣誉,包括代表八一男篮获得多项全国冠军以及代表中国男篮参加多项国际比赛并获得荣誉。

他从小就养成了良好的用眼习惯,很少长时间盯着手机或电脑屏幕玩游戏或看电影。

此外,他经常进行户外活动,保持身体健康,并注重眼部保健。这些良好的生活习惯使他在年近50岁的时候仍然拥有良好的视力,成为一名"零近视"的代表。

那么,小志应该如何远离手机游戏呢?

一方面,可以设置手机屏幕时间,限制每天花在手机上的时间。

另一方面,可以通过参加户外活动、阅读纸质书籍等方式来替代手机游戏,从而减少眼睛对手机屏幕的依赖。

此外,学会放松自己,调整心态,释放压力也是保护眼睛的重要措施之一。

小志可以尝试一些放松心情的方法,如听音乐、做运动、与朋友交流等,这些都有助于缓解学习和生活的压力,

第三部分 身体不适与健康问题

也可以让眼睛更加放松。

一双明眸,观天下;两扇心窗,察秋毫!

你是我的眼,带我领略四季的变换;

你是我的眼,带我穿越拥挤的人潮;

你是我的眼,带我阅读浩瀚的书海;

因为你是我的眼,

让我看见这世界,

就在我眼前……

眼睛,是我们最珍贵的礼物,是我们内心的索引,是我们智慧的精灵,让我们看到世界的美好!

12 因为打架牙齿掉了一角,不敢露齿笑了,怎么办?

我是一个普通的中学生,平凡而又善良。然而,一场突如其来的打架事件,却让我总是在半夜惊醒。

那天中午,我走在学校操场上,偶然看到了几个同学在吵架。我知道这不好,于是忍不住跑过去劝架。就在我靠近他们时,其中一个人突然冲过来,一拳打在了我的脸上。我当时感觉头晕目眩,头痛不已。但更让我感到难以承受的是,我摔倒的时候,我的前排门牙被撞碎了一块。

那段时间虽然妈妈带我去做了牙齿修复,但我依然感觉难看。

在学校里,每一次看到同学们开心地哈哈大笑,我都会悄悄转过头,生怕别人看到我的不完美。在家里,我也经常会心有不甘、愤愤不平,要是哪天晚上做噩梦了,第二天早晨,我会面对着镜子发呆好一会儿。

难道我注定就不能再像以前那样自信地笑了吗?我到底该怎么办呢?

——新明

一、接受自己的不完美，并自我肯定

想象一下，如果我们活在一个完美的世界里，没有任何缺陷和挑战，那将是多么乏味和单调的人生啊！

很多人往往在自己的不完美中，找到了成功的秘诀。

英国著名作家狄更斯，年少时曾受到他人虐待，但他没有被这些阴影打败，通过写作和社会活动，他最终成为世界文学巨匠。

莎士比亚是一个剧作家和诗人，在外貌上有些缺陷，例如略微驼背，但这并没有阻止他成为成功的人物。

当然，并不是只有名人才能在不完美中找到成功。

每个人都可以通过接纳自己、培养自我肯定感以及积极心态来克服挑战。

就像古人所言："人之所以能，是相信能。"

一个人是自己做事的总和，我们不能仅仅通过外表来定义自己的价值，而是应该根据我们的行为和努力来评估自己。

智者告诉我们："如果你想拥有快乐与成功，那就接受自己的不足和短处。"接受自己的不足，正是我们成长和进步的关键。

接纳，这是后天重新塑造自信的一个秘诀。

接纳一切发生，并不是放任自己沦为被动的接受者，而是在这个过程中寻找内心的平静。正如大树在风中摇摆,但树心依然安宁。

(1)学会慢、长、细、匀、深的呼吸法,保持内心的宁静。

(2)遇到困难时,告诉自己"这也会过去的"并专注于解决问题。

(3)坚持每天进行一次自我肯定的练习,每天找到自己进步的一点或者两点,感受内心的力量。

生活,就如同一场舞蹈,而接纳,会让我们在其中自由舞动。

二、展现自我优势,从小事开始累积成就感

格莱美奖获得者莉佐天生就患有肥胖症,她曾为此消沉,也为此加入减肥大军,与饥饿和脂肪作斗争,寻求与大众审美的平衡。

最后,她脸上的笑容越来越少,难耐的折磨让她放弃了。

如果无法改变,为什么不努力欣赏自己,不好好地爱自己呢?最终,她放弃迎合大众审美,决定自我欣赏和爱自己,展现自己的优势。

第二部分　身体不适与健康问题

接纳了自己的莉佐美得卓越自然，站在舞台上的她穿着美丽的表演服唱跳自如，用自己独特的魅力嗨翻全场，她用自己的歌声重新收获自信，展示自我价值。

她说："从小到大我都在和各种偏见作斗争，这些偏见从未停止，每天醒来，我都要继续斗争。我想用自己的作品告诉所有人，一切都会没事的，你值得最好的生活。"

正如莉佐一样，接纳自己的不足之处后，重塑自信，展现自我优势，人生一样很精彩。

古希腊哲学家苏格拉底曾说过，人最重要的任务就是"认识自己"。

通过不断探索内心，我们可以更好地了解自己的优点和局限，并找到改变和成长的方法。

在我们内心深处，有一面镜子，它映照着我们真正的自我。当我们发现并相信自己的价值时，镜子中的影像将变得光彩夺目。

人的自信，可以从一件小事上失去，也可以从一件小事上捡回来。

人其实可以用各种不同的方式使自己有信心，比如，我虽然很矮，可是我在另一方面很高大，可能是在心灵方面，或者学习方面，或者在某一方面有特殊技能，这都可以给人带来自信。每个人都有自己的长处和优势，相貌不佳的人可能心地好，学习平平的人可能是家务好手。

问问自己：哪些事情能最大限度地让自己获得成就感？

那就去做那些事情。重要的不是这些事情本身，而是建立获得成就感的一个连锁反应，滚雪球一般地让信心越滚越大。

三、善用幽默"橡皮擦"，发现无与伦比的美丽

卓别林说过："幽默感就是存在感"，有的时候，幽默感是在我们尴尬和低谷时唯一的存在感。

生活就像一扇门，它时而敞开，时而紧闭。

美国第 26 任总统西奥多·罗斯福有一次走进家门，看到家里被偷了很多东西，他的朋友听说了这件事，写信安慰他，他给朋友回信道："亲爱的朋友，谢谢你的安慰，我现在很平静，我感谢上帝，因为：第一，盗贼偷走的是我的东西，而没有偷去我的生命；第二，贼偷去的只是我一部分的东西，而不是全部；第三，最值得庆幸的是，做贼的是他，而不是我。"

这封信后来被传为佳话，人们纷纷赞扬罗斯福的智慧和遇到危机时坦荡平静的内心。

研究表明，幽默感可以帮助我们缓解压力，减轻心理负担。

当我们学会以积极的态度去看待困境，我们就能够更有

信心地面对人生中的各种挑战,并且能够更快地从挫折中走出来。

我们都知道,随着我们获得某种东西的数量越来越多,它带给我们的满足感会越来越少。

相反,当我们把重心放在与他人分享快乐时,我们将会获得更持久、更强烈的喜悦。

金·凯瑞主演过《变相怪杰》《阿呆和阿瓜》《楚门的世界》等很多经典的喜剧电影。他私底下其实是个很内向的人,甚至曾患有严重的抑郁症。

据说他小时候父亲经商破产,家庭经济条件很不好,而母亲又身患重病,长期卧床,他常常模仿各种夸张的动作和面部表情来逗母亲开心。

这种勇敢而温情的喜剧方式后来一直延续了他的整个演艺生涯,使他成为一代喜剧大师。

"笑一下子使你的生命延长5分钟,那就来吧,多笑几年!"

橡皮可以擦除笔迹,但有时候我们还需要"擦掉"自己的消极情绪和焦虑情绪。而幽默感就像是我们内心的一块块橡皮擦,在我们面对挑战时,它可以帮助我们轻松去除消极情绪,让我们重新回到积极的状态。

快乐是一种品质、一种智慧、一种神圣的道德素质。

何不善用幽默这块橡皮擦呢?

你会发现,自己的心灵才是无与伦比的美丽。

第四部分

提高健康的自我认知

第四部分 提高健康的自我认知

13 体重下不来被体育老师暗讽，我应该怎么减肥？

那天，阳光透过树叶的空隙洒在操场上，我站在一旁望着同学们投篮、跑步、打羽毛球。突然，一个声音打破了我内心的宁静，"嘿，小胖墩，跑步时要不要换成拖拉机啊？"是体育老师的声音，他看了看我的身材，笑容中带着挖苦。我感到一阵尴尬和难堪，心里五味杂陈。

事实上，我一直在努力减肥，但效果并不明显。我曾试过很多方法，可是最终都没有成功。我开始怀疑自己是否永远都减不下来了。

每次在体育课上，我总是感到额外紧张。不仅仅是因为肥胖的身体会让我更容易出汗、气喘吁吁，更是因为老师和同学们的眼光。我感觉他们在观察我、评判我，甚至耻笑我。这种感觉让我倍感无助，仿佛无论我怎么努力也无法改变别人对我的看法。

在家里，我也曾向父母倾诉肥胖带来的这种情绪，却遭到了他们的责备："快200斤[①]了，你再这样下去，以后怎么见人？"

---

① 1斤=500克。

> 我渴望有一个可以真正倾听我的人,一个能够理解我困惑和痛苦的人,或者一个可以给我一些鼓励和建议的人,让我找到属于自己的减肥之路。
>
> ——洋洋

一、肥胖问题,值得重视

2019年有一则新闻报道,湖南省长沙市的15岁男孩小熊回到学校长沙市某中专报到。但是开学第一天,小熊却被学校劝退了,原因竟然是他太胖了。

医院诊断证实小熊患有病态肥胖、呼吸睡眠暂停综合征等疾病,尽管医院诊断建议继续上学,但校方认为,出于安全考虑,暂时不要让他入学上课,怕他在学校出什么意外。

肥胖不仅给小熊带来了健康威胁,也让他的生活和学习充满了各种不便,甚至不能正常上学,由此可见肥胖的危害正在渗透我们生活的方方面面。

第四部分 提高健康的自我认知

中国疾控中心的数据显示，中国青少年超重及肥胖率已达20%，这是一个惊人的数字，意味着每五个青少年中，就有一个可能面临肥胖问题。

研究显示，如果父母双方都肥胖，孩子出生后的肥胖风险高达七到八成。这如同在生命的起跑线上，孩子就已经背负了沉重的包袱。

而生活中的小习惯，却能在日积月累中改变一个青少年的体重。有些青少年偏爱零食，有些则是不吃早餐，这些看似微不足道的生活习惯，却如同一颗颗定时炸弹，随时可能引爆肥胖的危机。

当体重不断增加，运动的乐趣也就逐渐被压力和疲惫取代。长时间沉浸在电脑、电视、游戏的世界里，使许多青少年缺乏必要的运动，体重也就在不知不觉中不断增加。

篮球明星巴克利戎马一生，绰号等身，除了耳熟能详的"巴爵爷"外，其余绰号还有"比萨王子""庞然大物""食物世界"等。

1984年，新秀巴克利是带着137千克的体重进入费城训练营的，当时球队第六人鲍比·杰克逊见状就问J博士："这小孩儿的背和膝盖能吃得消吗？"

巴克利刚入行的时候就是这么胖，实际上也是因为肥胖，他一开始在球队中并未得到太多机会。直到后来，摩西给巴克利提供帮助，他才在2年内减掉了23千克。此后，巴克利职业生涯巅峰期基本上就将体重维持在 114 千克这个水平。

科学的数据显示，肥胖对青少年的身体健康造成了严重的影响，从血脂紊乱到脂肪肝，从尿酸高到心血管疾病，这些如影随形的风险都可能成为青少年未来生活的阴影。

因此，对于青少年来说，预防和控制肥胖不仅是追求美观的需要，更是保障未来健康的关键。

二、寻找专业支持，走向健康之路

每个人都期盼着拥有健康的身体。然而，在这个快节奏的时代背景下，我们往往被繁重的学业任务所困扰，健康的理想被渐渐遗忘。

"成功的路上，总会有一个人指引你方向。"当我们面对减肥这样艰巨的任务时，寻找专业的支持和指导就显得尤为重要。在这个旅程中，专业的营养师和健身教练将会成为你的向导，帮助你制订科学的饮食和运动计划。

心理学告诉我们，人们在面对挑战时往往需要外部的支持与引导。

专业的指导可以帮助我们更加科学地控制摄入的热量，选择适宜的运动方式，并且获得针对性的建议。这种专业支持不仅能够提高减肥计划的效果,更能够让我们在过程中拥有更多的自信和动力。

人们常说,"投资自己,从来不亏"。寻求专业支持虽然需要一定的成本投入,但从长远来看,这笔投资将为我们的健康和幸福带来更大的回报。

传说中的希腊神话英雄赫尔墨斯因聪明才智而备受尊崇。然而,即便是他也需要得到宙斯的指引和支持。

在现实生活中,我们同样需要营养师和健身教练这样的专业人士来引领我们踏上健康之路。

当谈到专业指导前后的变化,许多名人案例都能够展现出私人教练的力量。其中,著名演员克里斯·海姆斯沃斯就是一个很好的例子。在准备出演《雷神》系列电影时,海姆斯沃斯通过私人教练的专业指导进行了严格的体能训练和营养管理,从一个相对普通的身材转变成了一个强健、肌肉发达的超级英雄形象。

另一个突出的案例来自体育界,就是篮球巨星勒布朗·詹姆斯。作为 NBA 的超级巨星,詹姆斯一直注重专业的训练和体能管理。

他与私人教练密切合作,通过科学的训练计划和个性化的指导,不仅在比赛中表现出色,还在职业生涯中保持了卓越的身体状态和竞技水平。

人生犹如一段旅程,而健康就是我们前行的目标。在这个旅途中,专业的支持就如同明灯,为我们指引前行的道路。愿你我能够抓住这一缕光明,坚定地走向健康、自信的明天。

三、保持阳光心态,不因肥胖而自暴自弃

美国《纽约时报》有过一则报道。研究人员调查了不同国家的上千名成年人,问他们一个父母都在关心的问题:孩子被欺负的最主要原因是什么?

调查的最终结果显示:不是种族、不是宗教,也不是身体残疾或者性别取向,而是超重。

近3/4的受访者认为,因为肥胖被欺凌的行为,已经达到了"严重",甚至"很严重"的程度。

在人生的舞台上,肥胖并非我们立足之所,而是一个新的起点。面对生活中的挑战和压力,我们必须以坚定的内心和积极的态度去迎接,以此来改变自己。

"自爱是自信心的基石。"这句话深刻地指出了自我接纳对于积极的心态和自信心的重要性。因此,即便身处肥胖之中,我们也要学会接纳自己,并培养积极阳光的心态。

美国喜剧演员梅丽莎·麦卡锡就在接受采访时坦言自己曾因肥胖问题饱受困扰,但她最终依靠坚定的内心和积极的

态度，通过努力和毅力走出了困境，成为备受瞩目的明星。

"内心的坚定，胜过千军万马。"学会自我接纳，让内心更加坚强，是我们在减肥过程中需要持之以恒修炼的，也是我们在生活中需要不断提升的品质。

通过坚定的内心和积极的态度，我们能够应对肥胖问题，走向更加充实和洒满阳光的人生道路。

14 从小爱吃快餐，体检中查出了脂肪肝，怎么办？

每天忙碌的学习结束后，我总会来到快餐店，享受那份独有的快乐。我喜爱汉堡包、炸鸡、薯条，每当我打开快餐店的门，仿佛所有的烦恼都消失了。

然而，有一天，医生的话却让我惊呆了。我在体检中查出了脂肪肝。我无法相信自己的耳朵，怎么可能？我这么年轻，怎么可能得脂肪肝呢？

"脂肪肝？我怎么会有脂肪肝呢？"我心中充满了困惑和恐惧。

我开始陷入深深的自责，每天大吃大喝，经常熬夜学习，缺乏运动，我意识到这些不良习惯已经给我的身体带来了严重的负担。我开始痛恨自己的无知和放纵。

每天放学后，我不再像以前那样愉快地走进快餐店，而是垂头丧气地回家，面对着母亲准备的健康饮食。我吃着那些蔬菜和水果，味同嚼蜡。我怀念快餐店的味道，却又恐惧那种不健康的感觉。

我不想听到妈妈给医生打电话，我害怕面对这个问题。

第四部分 提高健康的自我认知

> 我害怕自己的身体状况越来越差,妈妈让我去医生那里,我却想要拒绝。我陷入了深深的困惑和恐惧中,不知道该怎么办才好。
>
> ——高浩

一、重视饮食,制订个性化健康饮食计划

俗话说:"病从口入。"不健康的饮食习惯是导致现代许多疾病的罪魁祸首,尤其是年轻人易患的脂肪肝等疾病。因此,我们要重视饮食健康,对自己的身体负责,对未来负责。

根据马斯洛需求层次理论,饮食作为基本生理需求之一,与我们的身心健康息息相关。不健康的饮食习惯不仅不能满足基本生理需求,还可能引发一系列健康问题,进而影响我们的学习和生活。

被称为"常青树""不老男神"的刘德华可以说是家喻户晓的明星了,好多人都是看着他的电影长大的,媒体点评他

品学兼优、集正能量品质于一身，堪称娱乐圈艺人的典范。

然而，能够成为"不老男神"，除了工作努力认真之外，刘天王更是非常注意自己饮食的健康。

想要健康的身体，我们应该远离不健康的饮食习惯，从点滴做起。制订个性化的健康饮食计划是解决不健康饮食习惯的关键，具体可行的解决方法如下：

首先，我们要了解自己的身体状况和需求，确定每天所需的营养和能量摄入量。

其次，合理安排饮食时间，定时定量地进食，避免暴饮暴食和过度饮酒。此外，要选择健康食品，适量摄入蛋白质、维生素和矿物质等营养成分，减少高热量、高脂肪、高盐等不健康食品的摄入，增加蔬菜、水果、全谷类等健康食品的摄入。

最后，坚持适量的运动也是保持身体健康的重要因素。

通过关注自己的饮食习惯和身体状况，选择健康食品和适量的运动，我们可以让自己更加健康、快乐地成长和学习。

二、生命在于运动，建立健康的生活方式

健康的生活方式是每个人都追求的目标。那如何建立健康的生活方式呢？锻炼身体是其中一个重要的方面。

古语"生命在于运动"就为我们指明了方向。而选择喜欢的运动方式则能够让我们的锻炼变得更加愉悦和持久。

"流水不腐,户枢不蠹",这句话出自《吕氏春秋》。意思是流动的水不会发臭,经常转动的门轴不会被虫蛀。

这句话形象地说明了"动"的重大意义:身体健康在于多运动,聪明智慧在于多动脑,宇宙间万事万物都在运动,没有运动就没有世界。

比如,大自然中的日月交辉、昼夜交替、冬去春来、寒来暑往。人类社会发展中的旧貌新颜、日新月异、更新迭代、兴衰成败,等等,都体现在一个"动"字。

古人的智慧告诉我们,只有保持运动,才能让身体保持活力和健康。运动不仅有助于消耗多余的脂肪和热量,还可以促进新陈代谢,使我们更有活力。

在清晨的阳光下,你穿上跑鞋,踏上宁静的小路。快节奏的音乐响起,你开始慢跑,感觉脂肪在体内燃烧,随着汗水流淌而排出多余的脂肪和热量,这种锻炼方式能够促进新陈代谢,提高身体素质,让我们更加健康。

当然,除了慢跑,跳舞、游泳等运动方式也同样有效。只要坚持每周三到五次,每次 30 分钟以上,同时保持充足的睡眠和健康的心理状态,我们就能够建立起一个健康的生活方式。

锻炼不仅有助于身体健康,还有助于心理健康。运动可以释放内啡肽,这是一种天然的快乐荷尔蒙,可以让我们感到快乐和放松。此外,运动还可以提高自我控制力和适应性,帮助我们更好地应对生活中的挑战和压力。

在心理学中,我们知道,压力和焦虑是影响身体健康的因素之一。因此,尽可能避免这些负面情绪,有助于提高自我控制力和适应性。此外,我们还可以采取一些深呼吸和冥想的技巧来缓解。同时,与亲朋好友进行交流和分享,寻找一些喜欢的爱好和活动,让自己远离压力源,也能够减轻我们的负担。

通过锻炼,我们可以更好地理解生活的意义和价值,感受到生命的活力和魅力。

三、鼓起勇气,寻求专业人士的帮助

在生活中,我们经常会遇到各种问题和挑战。有时候,这些问题可能超出我们自身的能力范围,需要专业人士的帮助来解决。我们在解决一个问题之前,必须先了解这个问题。

当我们面临困境时,就好像是迷失在茫茫大海中。我们需要一个指南针来指引方向。而这枚指南针就是专业人士,如医生、营养师和心理咨询师等。

首先,我们可以去看医生。他们是我们身体健康的守护者,能够为我们提供准确的诊断和治疗方案。

接下来,我们可以让父母带我们去找营养师咨询。他们了解食物对我们身体的影响,并能够根据我们的需求提供个性化的饮食建议。

正如古语所说:"食补不如药补。"正确的饮食习惯对我们的身体健康至关重要。通过寻求营养师的帮助,我们可以更好地掌握食物的营养价值和搭配原则,保持健康的身体。

除了身体健康,心理健康也同样重要。

这时候,心理咨询师就是我们的贴心人。他们倾听我们的烦恼和困惑,给予我们专业的建议和支持。

有人曾说,心理咨询师就像是我们的导航仪,帮助我们找到内心的平衡和解决问题的方法。

在寻求专业帮助的过程中,我们不仅能够解决眼前的问题,还能够深入了解自己。经历一次心理咨询或者医学检查,我们可能会发现一些隐藏在内心深处的情感和需求。这是一个让我们更加了解自己、成长和发展的机会。

生活的意义不在于解决所有问题,而在于我们在解决问题的过程中所获得的成长。

让我们鼓起勇气,踏上寻求专业帮助的旅程吧!

15 疯狂刷题到深夜,熬夜太多,感觉自己很虚弱,怎么办?

我是一名初三的学生,最近考试压力越来越大,为了能在考试中取得好成绩,我每天都在疯狂地刷题。从下午放学一直到晚上11点,我一直都在做题,即使到了深夜,我也不肯停下来。

每次看到同学们在玩耍、聊天,我就会想:我不能落后他们,必须比他们更努力,才能取得好的成绩!于是,我一遍又一遍地做题,直到深夜。

白天,我一进教室,就被一堆的试卷和课本淹没。晚上,我熬夜刷题,试图在考试之前掌握所有的知识点。

渐渐地,我感到自己的思维变得越来越迟钝。每当我试图集中精力,脑海里就会响起一片混乱的声音,让我无法安心学习。

有时候,我甚至会出现头晕、手发抖等症状,仿佛一场大病即将来袭。我的脸色越来越差,精神也越来越萎靡,我非常担心自己的健康状况。

"我不想再熬夜,但又害怕自己跟不上课堂上的内容!"我感到自己的压力越来越大,仿佛被困在一个无法逃脱的漩涡之中。

我不知道该怎么办才能既保证自己的健康,又能在考试中取得好的成绩。

有时候,我甚至会觉得自己的生活已经失去了意义,只剩下一成不变的学习和刷题。我到底该怎么办?

——华华

一、借助番茄钟,提升时间管理能力

所谓不积跬步,无以至千里;不积小流,无以成江海,解锁学习的成功之门,我们需要打造一把对应的金钥匙。而制订合理的学习计划便是通向知识殿堂的金钥匙。

在我们学习的旅程中,我们要有目标、有规划,才能在有限的时间内取得事半功倍的效果。

评估自己的学习目标和时间限制,是制订学习计划的第一步。

"每个人都应该确切知道自己想要什么,然后坚决去追求。"我们应该明确自己的学习目标,是要提高数学成绩还是加强英语口语能力?同时,我们也要充分考虑时间的限制，合理安排每个科目的学习时间，给予重要科目更多的关注和时间投入。

我们都知道时间就是金钱。时间管理策略也是学习计划中不可或缺的一环。那作为中学生，面对繁重的学业，我们应该如何提升自己的时间管理能力呢？

有一种被广泛认可的时间管理策略是番茄工作法。这种方法将学习时间分为 25 分钟的学习阶段和 5 分钟短暂的休息时间，让我们在高效学习的同时，避免长时间的疲劳和注意力涣散。

如果你能在 25 分钟内专注做一件事，并且不受打扰，这将是一个美好的开始。如果你能坚持无数个这样的 25 分钟，那么你几乎可以做成所有的事，也可以拍着胸脯告诉自己：这些时间你都没有虚度。

想象一下，当你专注地坐在书桌前，每个番茄钟都代表着你与知识的亲密接触。你投入全部精力，在短暂的 25 分钟内，追寻着知识的光芒。然后，当休息时间到来时，你可以伸个懒腰、泡杯香浓的咖啡，让思绪在书架上飘游，为下一个番茄钟做准备。

心理学告诉我们，这种循环式的学习方式有助于提高专注力和学习效率。番茄工作法不仅能让我们在较短时间内完成更多的任务，还能帮助我们避免枯燥乏味的学习过程。

当然，针对番茄钟的使用也会因人而异，因事情而调整,比如,复习试卷和题目,我们可设置 25 + 5 的小番茄钟,在语文写作等难度较大的作业上设置 50 + 10 的大番茄钟。

借助番茄钟,可以让我们在时间的框架内自由地探索和成长,当我们能自如地驾驭时间时,我们也就能更好地驾驭自己的未来。

二、注重身体健康,调整心理状态

叔本华曾说过:"在所有的幸福中,健康所带来的幸福要胜过其他任何幸福,我们甚至可以说,一个身体健康的乞丐所拥有的幸福要比一位疾病缠身的国王多得多。一副健康的体魄造就的性情平静安宁、自身感受愉悦、头脑清醒、思想活跃、洞明世事、心性纯良,都是出身和财富无法弥补和代替的。"

一个拥有着健康身体的人,是这个世界上幸福感最大的人。

青春岁月如同繁花盛开,但只有健康的身心才能让这朵花绚烂绽放。规律的作息时间,就像是为这朵花提供充足的阳光和水分,让它在学业和生活的挑战中茁壮成长。

睡眠是记忆和学习的重要环节。科学研究显示,缺乏睡眠会影响大脑的学习和记忆功能，导致学习效果下降，甚至影响身心健康。如果你每天晚上睡觉前像过电影一样回顾当天的重要知识，就等于给了大脑一个暗示："兄弟，这知识很重要！你可别删了。"大脑轻轻一笑，以此把记忆强化了。

蒂姆·库克（Tim Cook）是苹果公司的现任首席执行官。他在接任这个职位之前，就已经在苹果公司担任高级领导职务，对于如何管理时间和制订计划有着深入的理解。

据报道，库克每天都会早早起床，然后开始他的健身训练。他坚信健康的生活习惯能够提高工作效率和创造力。在锻炼之后，他会花时间阅读和思考，为一天的工作做好准备。

在工作日，库克会严格按照时间表来工作。他每天的工作时间通常会从早上9点开始，一直持续到晚上9点。在这段时间里，他会参加各种会议、谈判和产品审查。尽管工作繁忙，但他仍然会抽出时间进行休息和放松。

在制订计划方面，库克非常注重细节和优先级。他会将工作任务分解成小的部分，并安排好每个任务的时间表。此外，他还会利用日历和提醒工具来帮助自己跟踪时间和任务。

除了时间管理，库克还强调了平衡工作和生活的重要性。他会经常在周末和假期抽出时间与家人和朋友相聚，享受休闲和放松的时光。

身体和心理的状态直接影响到我们的学习和生活。保持良好的生活习惯和心态,可以让我们更有效地应对挑战和压力。

三、寻求帮助,并建立有效的学习支持系统

在学习的道路上,我们时常会遇到各种挑战和困难。但是,与其一味地苦苦挣扎,不如向身边的人寻求帮助和支持。正如这句话所说:"我们需要彼此,以便成为我们自己。"

当你面临知识难题或者情感问题时,老师、家长和同学都可以成为你的支持系统。老师不仅可以传授知识,更可以帮助你理解复杂的概念和思维方式。家长则能够给予你情感上的关心和支持,让你充满自信地面对学习中的挑战。同学之间也可以相互促进和监督,建立一个有趣、愉悦、友好的学习环境。

同时,建立一个有效的学习支持系统也是非常重要的。

在积极的支持系统中,我们的内心深处可以获得更多温暖、爱、归属和安全感。

我们可以与一些志同道合的同学组成学习小组,相互讨

论、分享学习经验和解答疑惑。这样的学习环境可以提供积极的动力和互相监督，让我们更容易应对考试压力，更好地实现自我价值。

据《史记》记载，刘邦在争夺天下的过程中，得到了张良、萧何、韩信等众多人才的帮助。这些人才为刘邦出谋划策，协助他取得了战争的胜利，并建立了大汉王朝。

在寻求帮助和建立有效的学习支持系统的同时，我们也需要注意选择。在选择学习小组的时候，需考虑投入时间与学习成绩提升之间的变化，确保投入的时间和精力能最大化地提升自己。

通过与老师、家长和同学分享我们的困惑和挑战，选择加入适合的学习小组，相信我们一定能够更好地掌握学习方法，实现自我价值。

16 书桌前放着蛋糕，晚上10点多了，我到底吃还是不吃？

上了初中以后，学习压力很大，我也经常会让妈妈给我买甜食，尤其是做完作业以后，我总是忍不住再吃一些甜食。

今天是周末，妈妈特意给我买了块蛋糕，上面涂了一层厚厚的巧克力酱，还撒了一些彩色糖珠，非常诱人。

然而，现在已经是晚上10点多，马上到睡觉的时间了。我已经吃了不少零食了，如果再吃蛋糕，可能会摄入过多的能量和糖分，让本来就胖的我更长肉了。

如果我吃了那块蛋糕，我会感到满足和幸福，同时也会为自己的健康和体重感到焦虑和担忧。

如果不吃，我会感到有些失落和遗憾，但同时也会为自己的控制力和意志力感到自豪和满足。

好矛盾啊，吃还是不吃？

——小齐

一、合理饮食，健康之基

有人说，一个充满活力的清晨，阳光洒在餐桌上，餐桌上摆着丰盛早餐，鸡蛋、全麦面包、新鲜水果和一杯热腾腾的豆浆，这就是健康的开始。

最新的研究表明，合理的饮食对青少年健康成长至关重要。根据《美国医学会杂志》的一项研究，青少年时期的饮食与成年后的健康状况密切相关。"食物是身体的燃料"，我们选择新鲜、多样化的食物，会为身体提供充足的能量和营养。

据乔治·沃什顿大学的研究，青少年时期养成良好的饮食习惯，如坚持吃早餐、多种食物搭配食用和足够的水分摄入，可以显著降低成年后患心脏病、糖尿病和肥胖症的风险。

一项发表在《美国医学会杂志》上的研究表明，青少年长期大量摄入糖分与肥胖、糖尿病、高脂血症等健康问题密切相关。另一项发表在《口腔医学研究》杂志上的研究表明，过度摄入糖分会导致龋齿的风险增加。

为什么不建议过多地吃甜食呢？

中医认为，摄入过量甜食会导致脾胃湿热，影响食物的消化和吸收。此外，甜食还可能滞留痰湿，导致体内湿气过重，不利于身体健康。从营养学角度来看，过量的糖分摄入可能导致血糖波动,进而影响睡眠质量。

合理的饮食是对自我身体的尊重和关爱;良好的饮食习惯可以降低医疗保健支出;合理的饮食还有助于提高身体和心理的健康水平。

为了养成合理的饮食习惯,我们应每天保证摄入足够的水分和食物,包括蔬菜、水果、全谷类和蛋白质,避免过度饮酒和暴饮暴食,保持适度的饮食节奏。

二、睡前饮食,危害健康

从中医的角度来看,摄入过量甜食和睡前吃东西对身体都有害。中医认为"甘入脾",即甜食对脾胃有滋养作用。然而,"甘"在适量的情况下才能起到补益作用,一旦过量则可能产生副作用。晚上睡前吃东西则可能影响脾胃的运化功能,导致一系列问题,比如:

1. 消化系统问题

晚上吃东西,特别是油腻、难以消化的食物,会给消化系统带来很大的负担。由于晚上身体处于休息状态,消化速度会变慢,这可能导致食物在胃里堆积,引起腹胀、腹泻、便秘等问题。

2. 内分泌系统问题

晚上吃东西还可能影响内分泌系统。晚上是身体进行修复和调整的重要时期，过量的食物摄入可能会干扰身体的正常代谢，导致激素水平异常，进而影响生长发育。

3. 神经系统问题

晚上吃东西，特别是含咖啡因或糖分较高的食物，可能会刺激神经系统，导致失眠、多梦、易醒等问题，影响睡眠质量，而充足的睡眠对身体和智力发展至关重要。

中医认为，睡前吃东西可能加重脾胃负担，导致食物消化不良。晚上是身体修复和调整的重要时期，过量的食物摄入可能会干扰身体的正常代谢，导致激素水平异常，进而影响生长发育。此外，睡前吃东西还可能引起腹胀、腹泻等消化系统问题，影响睡眠质量。

相关研究数据：一项发表在《中华中医药杂志》上的研究表明，摄入过量甜食可能导致脾胃湿热、影响食物消化和吸收；另一项发表在《中国儿童保健杂志》上的研究表明，晚上吃东西可能影响青少年的睡眠质量和生长发育。

睡眠是健康的保障。拥有充足的睡眠对于身体和大脑的健康至关重要。

因此，为了拥有健康的身体，我们在睡觉前应尽量避免吃东西，这也是对自己的健康负责。

三、适度运动，健康之本

我们经常会看到这样的画面：阳光洒满大地，少年踏上绿意盎然的跑道。他的步伐轻盈，呼吸均匀，仿佛与大自然共同呼吸，适度的运动让他感受到了生命的力量和活力。

"生命在于运动。"这句话强调了运动对于生命的重要性，提醒我们要爱惜身体，通过运动增强体质和保持健康。

适度的运动是保持身体健康的关键因素之一。运动可以增强身体的免疫力、心肺功能和肌肉力量，还可以缓解压力和改善心情。

中国著名的科学家邓稼先，他在科研领域取得了卓越的成就。除了用脑之外，邓稼先还非常注重身体锻炼。

他每天都会进行适度的运动，包括晨跑、游泳和打太极拳等。这些运动帮助他保持健康的身体和清晰的思维，为他的科研工作提供了坚实的基础。

研究表明，适度的运动可以改善身体健康状况并降低患病风险。

近期一项发表在《中华预防医学杂志》上的研究显示，与不运动的青少年相比，参加适度运动的青少年在身体组成、心肺功能、肌肉力量和心理健康方面都有显著改善。

适度的运动是一种对自我身体的探索和锻炼；适度的运动有助于促进身体和心理的健康并提升自信心。

为了养成适度运动的习惯，我们每周至少应进行 150 分钟的中等强度有氧运动或 75 分钟的高强度有氧运动；同时进行力量训练以增强肌肉力量和耐力；在运动前进行适当的热身活动以降低受伤风险；尽量减少久坐时间并且每小时起身活动一下，以减轻身体的疲劳感和促进血液循环。

青少年时期是养成健康饮食习惯的关键时期，保持合理的饮食结构和适度的运动会让我们一生受益。

05

第五部分

NAN HAI, QING CHUN QI NI YAO DONG DE SHIER

学会保护好自己

第五部分 学会保护好自己

17 同学之间互相聊身体变化,我该怎样保护自己的身体隐私?

昨晚,我和几个同学在寄宿学校的寝室里聊天。谈话的主题从学习压力到课外活动,最后转向了身体的变化和青春期的困扰。我感到有点不自在,因为我的身体正经历着许多奇怪的变化,内心充满了困惑和痛苦。

当我的同学们开始谈论他们自己的体验时,我忽然感到一种深深的焦虑。有的人讲述了关于遗精的尴尬经历,有的人谈论了声音变低和长出胡须,而我却默默地坐在那里,心中充满了无助。

在寝室里,我感觉自己的身体像是一个无法控制的秘密,被别人肆意讨论,而我却无法表达自己的感受。我开始对自己的身体感到羞愧和尴尬,甚至有些排斥它。我害怕同学们会发现我也有类似的经历,于是我选择了保持沉默。

"嘿,你怎么了?"我的好朋友阿祥走过来,关切地问道。我试图回避他的目光,但他察觉到了我的压抑和焦虑。"如果你有什么烦恼,可以跟我说说。"他轻轻地拍了拍我的肩膀,仿佛知道我的心事。

我张了张嘴,想说些什么,却无法开口。内心的挣扎和混乱让我感到窒息,我害怕别人会嘲笑我或者觉得我很奇怪。我认为自己需要保护好身体隐私,但又不知道应该如何去做。

这时,寝室里突然传来了谈笑声,一切又恢复了平静。我深深地吸了口气,暗下决心要找到一种方式,让自己能够勇敢地面对身体变化,保护好自己的隐私,同时也不再为此感到羞愧和无助。

——黄浩

一、接纳情绪,化解尴尬的情绪

尴尬的情绪就像是一个喜剧表演中的"小丑"。当我们在某些场合感到不适、不安或手足无措时,这位"小丑"就会悄悄闯入我们的心房,引发尴尬的情绪。

这位"小丑"的出现通常有几个导火索:当我们说错话、做出让人误解或不太得体的举止,或者在不太恰当的时机做出尴尬的行为时。

过分关注我们的外表、言谈举止或他人对我们的评价，容易使我们感到紧张和不自在。

尴尬的情绪常常伴随着一种不安和紧张感，仿佛我们被困在了一出早已预演好的糟剧中，而我们渴望尽快逃离这场尴尬的表演。

尴尬情绪其实是一种正常的情感反应，每个人都会体验到。关键在于如何与这位"小丑"相处，以及如何在面对尴尬时保持冷静和自信。

可以尝试以下方法：

首先，接受并认可尴尬，每个人都会经历这样的情绪，不必过分苛责自己。

其次，在感到尴尬时，努力保持冷静和思考，通过深呼吸来平复紧张的情绪。

当你吸气时，使腹部膨胀，吐气时收缩腹部。腹式呼吸可以增加肺部的氧气摄取量，帮助放松身体和减轻压力。

用幽默和轻松的方式来化解尴尬的气氛，笑一笑、适当调侃自己或情境，帮助缓解紧张感。

转移注意力，摆脱尴尬的情绪，尝试专注于其他事物，例如聊天、参与活动或关注周围的环境。

如果你的行为引发了尴尬，适时道歉并尽量修正错误，真诚地向他人道歉，承认自己的过错，并表达改正的意愿。

尴尬情绪是正常的，关键在于如何积极面对。

学会接纳自己与众不同的地方，并明白身体变化是成长的一部分，这有助于更好地接纳自己的身体变化。接纳自己的独特之处，是帮助自己建立自信的最好方式。

青春期如同一幅抽象的油画，色彩斑斓且变幻莫测，而身体变化则是其中一笔意想不到的色彩。

二、尊重生命成长，保护身体隐私

曾经有一位思想家说过："了解自己，是智慧的开端。"这句话深刻地指出了人类在面对身体变化时进行自我认知和保护的重要性。特别是在青春期这个充满挑战和变化的阶段。

了解自己的身体变化，同时也要学会拒绝那些不尊重自己的谈话。

身体，是我们存在于世上的根基，也是我们灵魂的容器。它承载着我们成长的烙印，记录着青春的涟漪。每一寸肌肤都是生命的交响，每一次微妙的变化都是岁月的琴音。

在面对同学间关于身体变化的讨论时，我们该怎么办呢？

第五部分 学会保护好自己

首先,学会表达自己的意见是非常重要的。如果感到困惑或不安,坚定地表达自己的感受非常重要,这有助于帮助自己建立边界感,并维护自己的隐私权。

我们可以试着说:"我不太愿意讨论这个话题"或者"这个话题对我来说有些敏感"。

其次,把握好自己的选择权,选择性参与谈话是完全可以的。不要感到被迫加入讨论,你有权利选择不参与或者选择性地参与。如果你觉得这个话题让你感到不舒服,可以委婉地表示自己不愿意讨论。

此外,学会拒绝那些不尊重你隐私和感受的言论,你有权利选择不参与或者表达自己的立场,无论是通过直接回应还是转移话题。

身体变化是自然规律的表现,每个人都需要面对并逐渐接纳这一过程。

这种肉体的蜕变,是我们成长的必经之路,我们需要以平和的心态对待自己的身体。

如同四季更迭,我们要接受自己生命中的春夏秋冬,才能真正感受到生命的丰盈。

在青春期,身体的变化如同万物的轮回,它让我们逐渐成长,也让我们更好地认识自己。

三、建立边界,保护自己的需求

有这样一句话:"界限是自我尊重的堡垒,也是内心自由的绿洲。"

身体是我们最私密的领域,记录着我们的成长和变化。当我们与同学交流时,我们需要像珍惜一本文学珍品一样珍惜自己的身体隐私。

从心理学的角度出发,保护个人隐私就像是满足安全需求和被尊重需求的守护神。

首先,保护我们的个人隐私是满足安全需求的一部分,它能让我们在日常生活中感受到更多的安全和保护。保护个人隐私给予我们的是一种内心深处的平静和安宁。

其次,保护个人隐私也是在追求被尊重的需求。当我们能够守护好自己的个人隐私时,我们更容易在社交互动中获得他人的尊重和认可。

通过保护个人隐私培养自尊心,让我们对自己的价值和尊严有更清晰的认识。

因此,根据自我需求理论,我们保护个人隐私,旨在满足安全需求和被尊重的需求,进而让我们在青春期的变化中更加健康、自信和满意。

建立个人边界也至关重要,就像在大海中筑起一道坚实的防线。当同学们过分侵犯我们的隐私时,我们可以毫不犹豫地告诉他们我们的边界，并坚定地守护自己的隐私空间。清晰地表达自己的态度是保护隐私的有效方式。

建立自己的界限感，就像是为自己的身体、情感等方面的变化树立起一座坚实的灯塔。

我们都知道："坚守自己的底线，是维护内心平静的最好方式。"在追求建立界限感的旅途中，我们需要像一位智者般洞察自己的内心，明晰哪些是我们不愿与他人分享的秘密，哪些是可以毫无保留地与他人分享的珍宝。

当有人蓄意践踏我们的隐私边界时，以礼貌的口吻，让对方领略到我们界限的轮廓，明了我们的不满与期许。

学会拒绝无礼的询问。用一种委婉的语气，坚决地回应他们不合时宜的问题，让他们无处窥探我们的私密。

在保护自己隐私的同时，也要学会尊重他人的隐私。通过自身的行径，展现出对他人隐私的呵护之情。

在人际交往中，通过保护个人隐私，我们不仅能塑造出最真实的自我形象，更能赢得他人的理解与敬重，从而构筑一座健康和谐的人际桥梁。

18 看到有同学偷偷吸烟，我也想试试，怎么办？

最近我感到有些困惑。在校园的隐蔽角落，我目睹了一些同学偷偷吸烟，他们的动作似乎散发着一种难以言喻的魅力，看起来有点酷。我心中也涌起一股难以抑制的冲动，想要体验那种被烟雾缭绕的感觉。

上周一，我偶然在卫生间遇到了非常要好的朋友小波，他正和几位同学"分享"一包烟。小波递给我一支烟，说："明，来尝一口，你就知道滋味了。"其他同学也在一旁起哄："不吸烟怎么能算真正的男子汉呢？"我被这股烟雾所吸引，感受到了前所未有的压力，仿佛不吸烟就意味着我不够成熟，不够酷。然而，我清楚地知道吸烟的危害，对烟味也并无好感。我担心，如果盲目追随，我会上瘾，会失去自我。

在他们的嘲笑声中，我选择了离开。虽然错过了"那次机会"，但我仍时常被冲动驱使，想要尝试吸烟。更让我忧虑的是，我拒绝了小波递来的烟，他会不会因此看不起我，甚至从此远离我。

——李明

一、远离不良习惯,保护自我健康

青少年尝试吸烟的原因多种多样,但吸烟并不能代表成熟,它只是一种有害健康的习惯。吸烟对健康的危害是多方面的,尤其是对呼吸系统的损害,它可能导致喉炎、气管炎、肺气肿等疾病。此外,我们也应该避免吸入"二手烟",因为其危害同样严重。

远离吸烟,保护自己免受"二手烟"的危害,才是真正的自我保护。与其因一时冲动而对未来造成不可逆的伤害,不如从一开始就坚定拒绝。

真正的成熟不是盲目从众,而是有勇气拒绝不良诱惑,有智慧选择健康的生活方式。这需要我们具备坚定的意志力和对健康生活的认知。我们可以通过阅读相关资料,了解吸烟的具体危害,增强自我保护意识。

二、坚持原则,塑造独立人格

在人生的旅途中,我们不可避免地会遇到各种诱惑和挑战。朋友之间的影响尤为显著,因为他们的言行往往能够深刻地触动我们的内心。

然而,真正的朋友不会引导我们走向错误的道路。他们理解并尊重我们的选择,即使这些选择与他们不同。真正的友谊是建立在相互尊重和支持的基础上,而不是通过共同的不良习惯来维系。

我们坚持自己的原则,不仅能够保护自己,也能赢得他人的尊重。《菜根谭》中提到:"教弟子如养闺女,最要严出入、谨交游。"这句话告诉我们,在选择朋友和生活方式时,我们应该谨慎,避免被不良习惯所影响。

坚持原则,即使在面对诱惑时也不放纵自己,是一种难能可贵的品质。我们应当学会说"不",学会选择对自己和他人都有益的生活方式。这样,我们才能在人生的旅途中,走得更远,更稳。

三、积极沟通,建立理解桥梁

当你的朋友试图影响你做出不健康选择时,尝试与他们进行积极的沟通。表达你的担忧,解释你的立场,同时也倾听他们的观点。理解与尊重是任何关系中的重要元素,通过沟通,你们可以更好地了解彼此,也许还能找到共同点。

记住,每个人都有自己的生活方式和选择,我们无法控制别人,但我们可以控制自己。选择健康,选择尊重,选择一个有意义的生活,这是我们每个人都能够做到的。

19 不小心看到网络上的不良信息,我该怎么办?

一天,我在家里上网看视频,突然弹出来一个小窗口。我本能地想关闭它,但是那个小窗口上的图片和文字吸引了我。我犹豫了一下,但还是决定点击进去看看。

我没有想到的是,那里面充满了不良的信息。那些图片、文字,都在描述一些令人不适的内容。我惊呆了,心里充满了困惑和恐惧。我赶紧关掉了那个窗口,但是那些内容却已经深深地印在了我的脑海里。我试图忘记那些内容,但它们总是不断地在我的脑海中浮现。

我不能向我的父母说,因为他们可能会生气或者失望。我也不能向我的朋友们说,因为他们可能会认为我是一个奇怪的人。我感到非常孤独和无助。

而且我现在每次上网都会有心理阴影,内心非常害怕,万一又弹出了小窗口怎么办?万一我又不小心点进去看了怎么办?

——齐欢

一、增强认知，学会识别网上的低质信息

《中国互联网络发展状况统计报告》的数据显示，截至 2018 年 12 月，我国网民规模达 8.29 亿，而 18 岁以下青少年网民约占全体网民的 1/3。

但是，网络上充斥着各种暴力、造谣、诈骗等违反法律、违反道德的内容信息，这已成为威胁青少年网络安全的主要因素。

在互联网的海洋中，我们该如何保护自己，以免受到不良信息的影响呢？

人的心理有一种"确认偏误"，即倾向于寻找和解读那些符合自己观点的信息，而忽视那些与自己观点不符的信息。这使人们在互联网上更容易受到特定信息的影响，因此，我们需要擦亮眼睛，理性对待各种信息。

在互联网世界中，信息的价值与真实性往往难以判断。一些低俗、媚俗、庸俗的信息往往更能吸引人们的眼球，获得更高的点击率。

然而，这些信息缺乏营养，甚至会误导人们的世界观和价值观。因此，我们需要学会识别这些"低质信息"，并坚决回避它们。

识别网上低质信息的方法有以下几种：

（1）观察信息来源：低质信息往往来源于不可靠或质量不高的网站或平台。观察信息的来源，如果发现信息来自不可靠或质量不高的网站或平台，那么这些信息很可能是低质的。

（2）检查信息的完整性：低质信息往往内容不完整，缺乏必要的细节和背景信息。检查信息的内容是否完整，如果发现信息缺乏必要的细节和背景信息，那么这些信息很可能是低质的。

（3）注意信息的语言和结构：低质信息往往语言质量不高，结构混乱。注意信息的语言和结构，如果发现信息的语言质量不高，结构混乱，那么这些信息很可能是低质的。

（4）避免盲目相信权威：权威并不一定可信。在接受任何信息之前，不要盲目相信权威，而是要进行独立的判断和验证。

（5）运用批判性思维：对任何信息都保持怀疑和批判的态度，不轻易接受或传播未经证实的信息。

（6）寻求多方面的观点和证据：在接受任何信息之前，要尝试从多方面的观点和证据来评估其可信度和质量。

通过以上方法，我们可以更好地识别网上的低质信息，避免受到其不良影响。

二、学会控制注意力,远离明显的网络不良信息

在互联网的海洋中,我们时常会遇到一些显而易见的网络不良信息。这些信息往往以图片、动图以及小视频等形式出现。对于那些显而易见的网络不良信息,我们要学会说"不"。

网络不良信息的危害非常多。

1. 影响青少年的学业

每个人的精力、时间都是有限的,作为青少年,如果我们迷恋上网络中的不良信息,必定会耗费学习精力、占用学习时间,最终荒废学业。

2. 扭曲我们的人生观、价值观,甚至会导致我们走上犯罪道路

许多网络不良信息的图片、视频与文字宣扬的是"畸形的行为"。青少年如果长期接收此类信息,不利于形成正确的人生观和价值观,甚至会对身心健康产生破坏性的影响。

3. 危及我们的人身安全

社会上一些不法分子利用QQ、微信等社交软件或直播软件与青少年学生进行"网恋""网婚",打着谈恋爱的幌子,诱骗未成年人,这对青少年的人身安全已构成直接的威胁。

想象一下,你正漫步在宁静的沙滩上,突然间,一股浪

潮带着海藻和泡沫冲到你脚下。这如同我们在浏览网页时，一些显而易见的网络不良信息突然闯入我们的视线。我们应该迅速反应，坚决回避，而不是沉浸其中，让自己被这些信息所迷惑。

在网络的海洋中航行，我们需要保持清醒的头脑和坚定的原则。

三、擦亮眼睛，小心网络上隐藏起来的不良信息

《西游记》中孙悟空有一双火眼金睛，能将妖怪认出来。在现实生活中，我们也要练就一双慧眼，擦亮眼睛来看人看事。

曾国藩是晚清"第一中兴名臣"，被后世尊称为"半个圣人"。没有人生来顺遂，曾国藩的人生之路也是诸多坎坷。然而深厚的自我修养，最终成就了曾国藩。他能够取得成功，离不开埋头做事、擦亮眼睛看人这两件至关重要的事情。

俗话说得好：宁可不识字，不可不识人。

相传他识人有术，三千步内就能看出一个人的才能与品行。

曾国藩在京城做官时，结识了一个名叫江忠源的人。此

人放荡不羁，很是惹人非议。曾国藩却与江忠源一见如故，结为好友，并且预言江忠源"必立功名于天下，然当以节义死"。别人问他有何根据，曾国藩回答："凡人言行，如青天白日，毫无文饰者，必成大器。"曾国藩看出江忠源虽然有着放荡不羁的行为，本质却是一个有血性的忠义之人。

曾国藩曾说："与好利人共事，己必受累。"而江忠源历来视钱财为身外之物。友人在京城去世，江忠源典当衣物也要将友人灵柩护送回乡。这种侠义之举，哪怕在当下也是极为难得的。

人品好的人，必然有真性情。或许有缺点，却绝对不虚伪。这样的人未必会让你处处开心、时时舒服，却能在危难之时为你挺身而出。

人要择善而交、择真而交，不能以貌取人，更不该被表象蒙蔽。

中国古代有句谚语："明枪易躲，暗箭难防。"

"看透这个世界，有时候需要一双明亮的眼睛。"我们需要时刻保持警惕，远离这些隐藏的不良信息。

那我们应该如何抵制不良信息呢？

1. 使用未成年人保护工具

在父母的帮忙下，下载安全且适合青少年的应用程序，或开启青少年模式。

2. 谨慎点开不明链接

不轻易点击自动弹出的窗口、不明网络链接、邮件、附件等，以免其中含有不良信息。

3. 向可信的成年人寻求帮助

上网时，遇到让自己感到不舒服的信息或者陌生人，请马上关掉网络并及时向家长和老师寻求帮助。

对于那些隐藏的不良信息，我们应该坚定地说"不"，这不仅是对自己的保护，也是对他人的尊重。

20 妈妈嘱咐我没熟的"涩"苹果一定不能吃,我却很好奇,怎么办?

上周,我们学校发放了"中学生青春期健康教育问卷调查表",我和同学认真地填了这个表,其中一个问题是:是否发生过亲密行为?我填的是没有,其实我对这种行为没有什么概念,平时主要是通过网络,以及和同学、朋友之间闲谈等来了解一些相关的知识,并不是很懂。

晚上回到家,我和妈妈聊起了这个话题,"妈妈,我觉得我对我们这份问卷的很多问题都不是很理解。亲密行为是人类的正常需求,还是不正常的、难以启齿的呢?"

妈妈当时正在叠衣服,突然听到我问的问题,赶紧转身离开了。过了大约5分钟,妈妈回来和我说:"不管你是不懂,还是很好奇,我要告诉你的就是没熟的涩苹果一定不能吃!"

"没熟的涩苹果?那什么才是成熟的苹果呢?我真的很好奇!"晚上我一个人躺在床上想着妈妈和我说的话。

我自己一个人的时候,也上网查过这方面的知识,可是我一直懵懵懂懂的,不知道谁讲得对。我该去问谁?

——小文

一、依靠科学，正确认识亲密行为

随着信息来源渠道越来越广泛和传播速度的加快，青少年对于亲密行为的了解已经比过去的同龄人更加深入。

然而，我们也要明白，对于亲密行为的认知并不仅仅是关于生理的，它还涉及心理、情感、思想和社会道德等多个层面。尽管我们可以从各种渠道获取关于这方面的信息，但这并不意味着我们已经完全了解它。

人类的亲密行为是一个深奥而复杂的主题，它需要我们从多个角度去理解和探索。

从科学的角度来看，它是生物界普遍存在的现象。它是生物体在进化过程中逐渐形成的一种生殖方式。最早的生物机体结构非常简单，它们通过一分为二的生殖方式进行繁殖，然而，随着生物的进化和发展，它的形式和功能也变得越来越复杂。

在我们的生活中，亲密行为不仅仅是一种生理需求，它还涉及我们的情感、价值观和道德观念。

在生物进化的长河中，这种亲密行为的存在如同宇宙的奥秘，既神秘又深邃。从最简单的生物机体到复杂的生物种群，它的力量如同生命的脉搏，推动着生物的演化与繁荣。

亲密行为，是人类为了满足自身的需求而进行的行为，包括亲密的接触，如拥抱等。这些行为是人类生理和心理需求的体现，它们满足了人类对于感情的追求，同时也是人类繁衍后代的重要方式。

亲密行为并非简单的生理反应，它是生理、心理、情感、伦理、精神及各种社会因素的综合体现。

小文妈妈说没熟的涩苹果一定不能碰，在妈妈的比喻当中，没熟的涩苹果就是指不健康或不成熟的亲密关系，她是在告诉小文，在自己没有做好准备或者成熟之前，是不可以轻易尝试亲密行为的。我们要知道，只有在符合伦理道德的基础上，在双方自愿的前提下，并且是受婚姻法保护的夫妻之间进行这种亲密行为才是合法的。

总的来说，我们需要了解有关方面的内容，并用此指导自己的行为，坚守自己的原则底线，这样就不会迷失方向。

二、慎重对待，别迷失自己

在生命的长河中，亲密行为作为人类生物本能和精神表达的交会点，被赋予了丰富的内涵。当我们揭开它的神秘面纱，会发现它由三个主要类型构成：核心亲密行为、边缘亲密行为和类亲密行为。

（1）核心亲密行为，是同性或异性间寻求共享的亲密行为。它不仅满足了生物层面的需求，更在精神层面达到了合一。

（2）边缘亲密行为，通常包含接吻、拥抱、爱抚等。然而，它的表现形式往往含蓄隐晦，如眼神交流、微笑示意或其他身体动作等。

（3）类亲密行为，是指类似获得亲密快感，实现亲密满足的行为。这些行为包括不良的幻想等。

有这样一则报道，16岁的男孩和14岁的女孩谈起了恋爱，他们只想着亲密行为一时的快感，却没有想到其"附赠"的怀孕、生子。女孩不得不辍学，住到外婆家独自在卫生间生下一名女婴，却因为怕邻居听见孩子的哭声，而将卫生纸塞进孩子的嘴里，还用手掐婴儿，最终导致婴儿死亡。

青春灿烂的年华，却因没有克制自己的冲动，在错误的时间产生错误的念头并付诸实施，最终承受了生命中难以承受之痛。所以在亲密行为这件事上，我们必须学会克制冲动，学会按下暂停键。

作为青春期的男孩，很多人可能会在亲密关系的旋涡中迷失。我们要知道，亲密行为并非随心所欲的冲动，而是一种受到法律和道德约束的社会行为。在踏入婚姻的殿堂之前，请学会等待，不能随意进行婚前核心亲密行为，而要把它视为一份珍贵的礼物，慎重对待。

三、面对困扰，选择不逃避

我们要知道的是，亲密行为带来的生理和心理上的快感都是短暂的，经过这些快感之后一些困扰也会接踵而来，可能让我们陷入痛苦当中，无心学习。

面对亲密行为的困扰时，我们不要选择逃避。早些解开这些困扰，会让自己更加成熟、健康地面对生活。

一方面，我们要提升自我控制能力。

如果有一天你想成为顶天立地的男子汉，那就要学会鼓励自己，不要被欲望冲动所打倒，积极学习各种应对办法，认真地听取老师和父母的建议，努力克制自己的冲动。

这样的自控能力是健康的，可以避免手淫和不良幻想。我们既要学会锻炼自己的忍耐力和专注力，也要学会转换自己的思想，用更积极健康的方式来帮助自己，远离对亲密行为的过度关注，让自己自然地走出这种困扰。

另一方面，我们要学会与父母坦诚交流，他们会用自己的经验教训为我们指引方向。

处在青春期的男孩，若觉得与母亲交流难以启齿，可以选择与父亲沟通。如果需要更专业的帮助，可以寻求生理卫生老师或校医的建议，他们能为我们提供更准确、恰当的建议。如果觉得不够稳妥，直接去医院看医生也是很好的选择。

青春期出现亲密行为方面的困扰是一件很正常的事情，只要我们尽早地面对这些困扰，就不会因为各种困惑产生心理负担。

男孩，青春期
你要懂的事儿
心理篇

苏星宁 —— 著

北京理工大学出版社

版权专有　侵权必究

图书在版编目(ＣＩＰ)数据

男孩，青春期你要懂的事儿. 心理篇 / 苏星宁著.
— 北京：北京理工大学出版社，2024.7
　　ISBN 978-7-5763-4135-5

Ⅰ.①男… Ⅱ.①苏… Ⅲ.①男性－青春期－家庭教育 Ⅳ.①G782

中国国家版本馆 CIP 数据核字（2024）第112322号

| 责任编辑：李慧智　王晓莉 | 文案编辑：王晓莉 |
| 责任校对：周瑞红 | 责任印制：施胜娟 |

出版发行 ／ 北京理工大学出版社有限责任公司
社　　址 ／ 北京市丰台区四合庄路6号
邮　　编 ／ 100070
电　　话 ／（010）68944451（大众售后服务热线）
　　　　　　（010）68912824（大众售后服务热线）
网　　址 ／ http://www.bitpress.com.cn

版 印 次 ／ 2024年7月第1版第1次印刷
印　　刷 ／ 唐山富达印务有限公司
开　　本 ／ 880 mm × 1230 mm　1／32
印　　张 ／ 4.125
字　　数 ／ 75千字
定　　价 ／ 168.00元（全6册）

图书出现印装质量问题，请拨打售后服务热线，负责调换

目 录
· CONTENTS ·

第一部分 PART 1　青春的孤独与哀伤

1. 心里很自卑，没有自信怎么办　/003
2. 自己总是感觉闷闷不乐，怎么办　/008
3. 我智力平平，未来会成功吗　/012
4. 觉得自己的内心特别虚荣，怎么办　/017
5. 感觉自己不如其他人有创造力，怎么办　/022

第二部分 PART 2　情感情愫在萌芽

6. 喜欢在女孩面前表现自己，怎么办　/029
7. 分不清喜欢和爱的区别，怎么办　/034
8. 暗恋一个女孩，心里很压抑，怎么办　/039
9. 和女生在一起我就会很不自在，怎么办　/044

第三部分 PART 3　情绪烦恼需重视

10. 心里很容易烦躁，怎么办　/053
11. 控制不了自己的情绪，怎么办　/057

12. 有时候觉得一切都不如意，怎么办　/062

13. 中考结束后，我的性格变得更加孤僻了，怎么办　/067

14. 我做事特别武断，总是事后才知道后悔，怎么办　/072

第四部分 PART 4　了解各种"瘾"的需求

15. 每次看广告，都很容易被吸引到心动，怎么办　/079

16. 心里控制不住地想花钱，怎么办　/084

17. 经常会胡思乱想，怎么办　/089

18. 一打游戏我就能忘了吃饭、睡觉，怎么办　/094

第五部分 PART 5　学会面对人生的不如意

19. 没有理想就没有未来吗　/101

20. 我总想掩饰自己的家庭，怎么办　/106

21. 爷爷去世了，我没有见到他最后一面，怎么办　/112

22. 在篮球场上，面对强手时，我常以失败而告终，很苦闷，怎么办　/117

23. 想找个朋友述说烦恼，但朋友却不理解，我该怎么办　/122

NAN HAI, QING CHUN QI NI YAO DONG DE SHIER

01

第一部分

青春的孤独与哀伤

1 心里很自卑，没有自信怎么办

我是一个性格内向、脾气急躁的男孩子，平时总是跟不上班级的学习进度，也因此经常被同学们嘲笑或排斥，这让我心里非常难受。

虽然我也有一颗想学好的心，但总感觉心里有什么事，让我无法安心学习。每次考试成绩下来，看见同学们一个个喜悦的表情，我既羡慕又无奈，感觉自己无论怎么努力都不行，因此，我越来越自卑，情绪也越来越低落，甚至还怀疑是不是自己智商有问题。

为了提高学习成绩，我经常利用课间的时间学习。可当我遇到不懂的问题请教同学时，同学非但不教我，还说"这么简单的题目都不会"，并且嘲讽我是"学渣"。

我长得不好看，个子也不高，同桌也因此经常嘲笑我。这些经历导致我无法自信地面对每一天的学习。

渐渐地，上课时我只是默默听课，再也不愿表达自己的想法了。再加上我很怕被别人笑话或嘲讽，因此从来不主动参加班级活动和团体活动。

在同学关系上,我经常会因一点点小事就让自己陷入困境和不良情绪当中,也很容易与同学发生冲突,老师或者同学的一句批评可以让我思来想去好几天,因此我觉得自己从未拥有过一段真正的友谊。

我非常想改变这种状况,我该怎么办?

——吴杰

一、重拾自信,走出自卑阴影

自卑感的滋生通常来源于童年经历、社会环境、个人遭遇或者他人评价等多种因素。

负面评价的过度积累往往会让当事人产生对自身能力的怀疑,进而过分关注自己的缺点和错误,选择性地忽视自身的优点、潜能和成就。这个过程中,自卑感就像一位阴影使者,悄悄降临,给当事人的思维、情感和行为投下消极的阴霾,使其难以建立与他人之间健康、平衡的互动关系。尤其对于青少年来说，他们更加在意外界的看法和评价，因此自卑感对其产生的负面影响更大。

人们常说："你必须相信你自己，尽管整个世界都在否定你。"这句话道出了一个关于自信的哲理。

想要克服自卑，增强自信，提升自我认知是关键。放下与别人进行比较的执念，转而把现在的自己与过去的自己进行比较，了解自己的长处和短处，在发扬优势的同时接纳自己的不足，才是正确且健康的成长方式。

首先，青少年要学会自我反思，发掘自己的优点和潜力。自我反思也有助于青少年认识到自己的行为和情绪之间的联系，从而更好地掌握自己的情绪状态。

其次，青少年要学会制订清晰的学习目标和计划，深入了解自己的学习需求和存在的问题，这是成长的重要途径和步骤。

再次，青少年要加强体育锻炼。运动不仅能强身健体，还能有效释放负面情绪，增强自信之翼。建议每周进行2～3次，每次30分钟以上的体育锻炼，如跑步、游泳、踢足球、打篮球等。

最后，青少年要学会寻求他人的帮助，如父母、教师、朋友等。他们可以帮助青少年更好地认识自己、管理情绪和释放压力。

二、运用"五感学习法",提升学习效能

对于青少年来说,提升学习效能就像给自我认知之花浇上滋润的雨露,助其茁壮成长。

"五感学习法"是一种以人体的五种感觉(视觉、听觉、触觉、嗅觉、味觉)为基础的学习方法。科学认识大脑的结构与功能,通过多种感觉刺激大脑皮层的不同区域,以提高学习效果并增强记忆力。

"五感学习法"的核心理念是将学习与感觉经验巧妙地编织在 起,这种多重刺激增加了大脑对信息的接收和处理程度,从而提高了学习效能。

三、勇敢迎接挑战,建立积极的思维方式

每个人都有自我提升的愿望,而改变自己的思维方式是自我提升不可或缺的一步。

稻盛和夫在《活法》中写道:"改变'思维方式'人生将发生180°转变。"这里有一个非常重要的公式:人生和工作的结果=思维方式(-100~100)×努力(0~100)×能力(0~100),这里最值得注意的地方是思维方式有正向和负向之分,由此可以看出一个积极的思维方式的重要性。

积极的思维方式就像点燃的火堆,在困境里驱散痛苦和迷茫,给我们带来温暖和舒适。

那么,该如何培养积极的思维方式呢?

首先,要以正向的角度看待自己和周围的事物,同时保持好奇心,不断探索新的领域和知识。

其次,要学会积极思考,在面对困难时,更多地专注于如何改善困境和解决问题,而非自己的情绪。

再次,要积极主动地采取行动,并且培养快速适应变化的能力。当我们面对困境时,可以这样问自己:"我怎么做才能更好地解决目前的问题?"或者"我能为解决这个问题做出什么改变?"

积极的思维方式可以帮助我们增强自信心,改善自卑的心态。青少年尤其应学会积极地思考,构建一个良好的自我认知形象。

2 自己总是感觉闷闷不乐，怎么办

我是一名初中生，最近一直处于情绪低落的状态。上课时，我总是感觉提不起精神来，而且难以集中注意力。虽然我每天花费大量的时间学习，但是学习效果却并不理想，在最近几次模拟考试中成绩甚至下降了，我备感疲惫和失望。

放学后回到家，妈妈问我在学校一天的情况，我总是随便应和一声就回自己的房间了。不仅如此，最近我还变得易怒，看见自己的书桌乱了，或者早上起床有点晚了，就忍不住向妈妈发脾气，有时甚至会无故摔东西。与妈妈的交流也产生了很多的冲突。

夜晚准备入睡时，我发现黑暗的房间让我的思绪纷乱，根本无法获得良好的睡眠，这也影响了我第二天的学习状态。

随着备考中考压力的增加，我越发感到身心疲惫，情绪低落，闷闷不乐。我非常渴望改变目前的状况，但不知道怎么办。

——王晓懂

一、运动可以治愈身体,改变生命状态

学业压力让青少年背负着沉重的负担,难以释放自己的情绪;在学习中所面临的挑战也给青少年带来了诸多困惑。如果长期处于情绪低谷中,那么学习状态必然会受到影响。

运动是一个改变生命状态的绝佳选择。运动可以释放压力,分散注意力,从而放松身体和大脑,减轻焦虑感。此外,运动还可以增强新陈代谢,改善精神面貌。迈克尔·乔丹曾说:"当我感到低落时,运动是唯一能够改善心情的事情。它给了我力量、自信和希望。"

心理学家也表示,运动有助于改变情绪状态。如杰出的政治家和军事家丘吉尔,为了应对挫折和艰难,他会尽可能地在忙碌的工作日程中安排时间参加自己钟爱的马术和室内网球活动来放松身心,调整情绪。

二、让自己放松下来,改善睡眠质量

放松自己,改善睡眠质量,是日常生活中许多人都非常关注的事情。那么具体该怎么做呢?

首先,学会向别人倾诉。无论是对家人、朋友,还是其他可以信任的人,倾诉心事总能让我们感到放松和舒适。

其次,保持规律的作息时间、均衡的饮食状况、充足的睡眠时间等。

最后,选择合适的放松训练方法。以下是一些具体的方法介绍。

(1)深呼吸。坐下或躺下,闭上眼睛,深吸一口气,然后缓慢地呼气。专注地感受气息进入身体和离开身体的过程,以放松情绪并舒展身体。

(2)逐步放松肌肉。从头部开始,逐步放松身体各个部位的肌肉。集中注意力,有意识地感受每块肌肉放松的感觉,从头到脚依次进行。

(3)感官体验。专注于感官体验。例如,闭上眼睛,聆听周围的声音,感受空气的温度和触感。

(4)想象放松场景。想象一个令你感到宁静和放松的场景,如海滩、森林或花园。在想象中,注意细节并尽量参与其中,体验场景带来的舒适感。

(5)聆听轻柔音乐。选择一些轻柔、舒缓的音乐,闭上眼睛,专注地聆听,让它带你进入放松和平静的状态。

三、运用"第一性原理",找到自己的人生目标

当我们怀揣梦想时,便有了前进的方向。在现实的学习

生活中,许多人没有梦想,没有明确的目标和前进的方向,他们或许有些愿望,但很快又会被其他事物牵绊,最终回到原点。那么要如何找到自己的人生目标?

马斯克曾提到"第一性原理"。广义上来说,它可以理解为每个领域或每个系统都存在一个本质上正确,无须证明的最底层的真理。学会运用"第一性原理"可以帮助我们找到人生目标。

首先,通过自我分析,深入挖掘自己的兴趣爱好、价值观,探寻隐藏在内心深处的宝藏。只有了解自己真正的需求和愿望,才能找到通向人生目标的宝贵线索。

接着,运用"第一性原理"的思维方式,设定个人人生目标。这个目标根植于自己的内在需求和价值,由此便可绘制出前进的航线。

然后,制订出实际可行的行动计划。这个计划就像是一张宝藏地图,它会告诉你该如何一步步靠近目标,同时也提醒你可能会遇到的困难和挑战。

在这个过程中,需要不断进行反思和调整,并审视自己的行动和进展。如果发现偏离了航线,就要及时调整,以便更好地适应内在需求和外部环境的动态变化 。

3 我智力平平，未来会成功吗

有一天，我的数学老师给全班出了一道极难的题目。几乎全班同学都选择放弃，但是我的同桌却决定尝试一下。他认真思考了很久，尝试了各种解题方法，终于成功地解出了这道题目，对此我深感佩服和羡慕。

我发现我的同桌每次面对困难时，总能找到各种方法去解决困难。老师常常表扬他，并鼓励我们向他学习。但我觉得他之所以能如此优秀是因为他智力超群。

现在已经快到初三了，我们即将面临中考。成绩优秀的同学可以升入重点高中或普通高中继续深造，而成绩一般的同学则只能选择职业高中或技校。我的学习成绩在班级处于中等位置，但我非常希望自己能考上理想的高中。

看到其他同学都充满了学习的热情，我感受到了巨大的学习压力。即使我比其他人更努力，也依然不可能达到同桌的成绩水平。

虽然我渴望进步，但总觉得自己智力一般，无法与同桌相比。于是我开始担心，像我这样一个智力平平的人，未来是否能够取得成功。

——徐泽华

一、智力是通往成功的通行证,但并非唯一

有这样一句话:"智力并非是取得成功的唯一关键,但它是通向成功的一张通行证。"这句话深刻地指出了智力在成功中的作用。

智力是指生物一般性的精神能力,是人认识、理解客观事物并运用知识和经验解决问题的能力,包括记忆、观察、想象、思考、判断和推理等。智力的定义也可以概括为通过改变自我、改变环境进而有效地适应环境的能力。

美国心理学家雷蒙德·卡特尔根据人的智力的功能不同,将人的智力分为流体智力和晶体智力。流体智力是以生理为基础的认知能力,会随着岁月流逝渐渐减弱;而晶体智力是指在实践中以习得的经验为基础的认知能力,会随着年龄和阅历的增长而增长,终生不息。

据此不难看出,智力的形成和发展受到诸多因素的影响。

首先,遗传因素如同一支画笔,描绘出智力的基础,从而决定了智力的最初形态。

其次,良好的学习环境、高质量的教育引领我们攀登智力的高峰。

最后,社会互动和社交经验也在不断塑造我们的智力样貌。

实际上,智力是一座错综复杂的迷宫,受到多种因素的

综合影响。每个人都拥有独特的优势和潜力，只有充分利用这些优势，发掘这些潜力，才能让一个人创造出令人瞩目的成就，这与智力分值高低没有必然关系。

二、找到天赋所在，建立积极的信念系统

美国教育学家和心理学家加德纳提出了多元智能理论，该理论认为，智能是解决某一问题或创造某种产品的能力，而这一问题或这种产品在某一特定文化或特定环境中被认为是有价值的。就基本结构来说，智能是多元的，每个人身上至少存在七项智能。多元智能理论告诉我们，每个人都有多种智能之花，各自散发着独特的光芒。我们可以通过多元智能的指南针找出自己的天赋所在，并不断对其进行强化和提升。

例如，祥斯是一个高中生，曾以为自己在学业上的表现平平无奇。然而，一次英语演讲比赛让他发现了自己内心隐藏的勇士，并取得了成功。从那刻起，他对学习充满了自信，整体成绩也大幅提高。

每个人都有属于自己的璀璨时刻，只要找到天赋所在，勇敢地挑战自我，就能用自己的才华点亮自信之火。

建立积极的信念系统可以帮助我们挖掘自己的天赋，以

下是一些行动步骤和方法。

首先,察觉自身的消极信念,并记录下对自己、他人或未来的消极信念。深入分析这些消极信念的源头,认识到这些消极信念是如何影响我们的思维模式和情绪反应的。

其次,将消极信念化作积极信念,比如,把"我无法成功"的消极信念转变为"我拥有追求并取得成功的能力"的积极信念。

再次,制订行动计划,在日常生活中实践这个积极信念。通过与他人互动、自我强化陈述等方式,让这个积极信念在心中扎根生长。

最后,重复这个积极信念,让它融入日常,真正影响和指导我们的生活和学习。

三、面对逆境,拥有逆商思维很重要

逆境是指不利的处境,它是生活赠予我们的珍贵礼物。逆境不仅能磨炼意志,更能点燃潜能的火种,照亮前方的黑暗。

美国职业培训师保罗·史托兹提出了逆商的概念,它是指人们面对逆境时的反应方式,即面对挫折、摆脱困境和超越困难的能力。逆商思维强调积极面对困境,通过提升个人心理素质找到应对策略,更好地适应和克服逆境。让我们一同探索拥有逆商思维的方法吧!

首先,培养良好的自我认知能力,探索自己的内心世界,了解自身情绪的起伏和反应方式。

其次,面对躁动的情绪,使用镇定的手势和平静的声音,让情绪渐渐平息。

最后,采用包容和合作的方式,培养将困难转变为垫脚石的能力,珍惜每一个磨炼机会,不断收获现实与心智的有效成长。

李涵在学生时代成绩平平,也没有什么特别出色的才艺或技能。然而,他有一个优点,就是非常努力和坚持。当他发现自己对市场营销非常感兴趣之后,便通过阅读、实践和咨询请教,逐渐掌握了市场营销的技巧和知识并开始尝试着为一些小公司做市场营销策划,慢慢地积累了一定的经验。经过几年的努力,李涵成立了自己的市场营销公司。他的公司虽然不大,但是客户口碑极佳,业务不断增长,这份坚持和努力终于得到了回报。

李涵的成功让我们看到,即使成绩甚至智力平平,只要拥有逆商思维,努力坚持在正确的道路上前进,最终也能够取得成功。

4 觉得自己的内心特别虚荣，怎么办

我是一名高中生，还算俊俏聪明。然而，在这光鲜外表的背后，隐藏着一颗异常虚荣的心。

每当有人赞美，我的自尊心便会膨胀起来，变得目空一切。在学校里，我总是喜欢炫耀成绩和容貌，企图通过这些获取他人的赞许和认可。我还很少顾及他人的感受，只看重自身的形象与地位，常常不自觉地将自己的长处与他人进行比较，努力保持自己在这场无休止的竞争中的优势地位。

炎热的午后，我参加了一场乒乓球比赛。优越的天赋使我在比赛中出类拔萃，然而，仅需一局失利，我的内心便会充满不安。虚荣自负告诉我，这只是我的一个失误，我本就出色，对手不可能比我优秀。

我的好友小芳成绩优秀，平易近人，经常帮助其他同学整理领带、衣领等。我也渴望像她一样，能帮助别人，成为受欢迎的人。

然而，当真正面对需要帮助的同学时，我却总是难以低下那虚荣的头，我该怎么办呢？

——李哲铭

一、虚荣心，双刃剑还是陷阱

心理学揭示了"虚荣效应"，它是以不适当的方式来保护自尊心的一种心理状态，是为了取得荣誉和引起普遍注意而表现出来的一种不正常的社会情感。心理学研究发现，过度虚荣的人往往过于关注外界的赞许和肯定，而忽视了内在的价值和真正重要的事物。

在我们生活的世界里，虚荣心有时候像是一个闪耀的光环，让我们在人群中脱颖而出；但有时候又像一个看不见的枷锁，束缚真实与自在的我们。

在学校里因为穿着最新潮的服装、拿着最炫酷的电子产品而被羡慕、被崇拜的感觉真的很棒，对吧？这就是虚荣心带给我们的"光环效应"。它让我们觉得高人一等，与众不同。但这种光环实际上是一个一戳就破的泡泡。真正的价值并非来自外在的装饰，而是来自我们内心的修炼与成长。

虚荣心就像一个完美的陷阱，让我们陷入无尽的自我审查中。为了得到别人的赞许和认可，我们可能会盲目地追求各种表面的标签，如名牌、地位等。曾经有一个年轻人为了买名牌产品而省吃俭用，结果身体垮掉了。这就是虚荣心导致的悲剧。

当然，虚荣心并不总是坏的。它也可以成为我们前进的动力，促使我们为了成为更好的自己而努力。关键在于，这种努力应该是基于自我成长的渴望,而不是为了得到别人的赞许。

要想真正走出虚荣的怪圈,我们需要学会关注自己的内心世界,了解自己真正想要的是什么,当你面对选择时,不妨问自己:这个选项真的是我想要的吗?还是为了满足虚荣心?只有当我们真正明白自己的内心需求,才能活出真实的自己。

二、建立内在的自信,超越虚荣心

有这样一句俗语:"好谷不见穗,好麦不见叶。"这句话告诉我们,过分虚荣自满的人可能在外表上光鲜亮丽,但内心却常常缺乏真正的安全感和满足感。

伟大哲学家尼采认为,只有当我们意识到自己的存在是上帝所赋予的时候,才能摆脱虚荣的束缚。

那么,如何解决过度虚荣的问题呢?

首先,我们需要认识到虚荣心的存在,并承认它对自己造成了困扰;然后,我们还需要认识到追求虚荣所带来的虚假满足感并不持久,只有内在的成长和个人价值才是真正需要追求的目标。

作为高中生的我们更应该专注于个人成长和学习,建立真正的自信和内在价值感，摆脱对外界的赞许和肯定的依赖。建立自信的具体方法如下。

（1）记录自己的优点和成就，给自己正面的肯定和鼓励。

（2）培养自己的爱好和兴趣，发掘自己的潜力和价值。

（3）给自己制定可行的目标，逐步实现自我成长和提升。

（4）学会静下心来，深入反思和探索自己的内心世界。

让我们逐步摆脱虚荣心的束缚，建立一个更加真实、自信和有意义的内心世界，找到真正的自我。

三、培养谦逊和同理心

那些过于追求虚荣的人往往无法真正认可他人的成就和优点，因此，培养谦逊和同理心对于修正虚荣心问题同样重要。从内心敬畏他人的成就和优点能让我们自然而然地放下身段，摆脱枷锁，敢于暴露真实的自己。

培养谦虚和同理心是一个持续的过程，需要我们不断地自我反思并积极实践，以下是一些实用的方法。

（1）意识到每个人都有自己的局限性和不足之处，接受自己的不完美。

（2）保持开放的心态，尊重他人的观点和感受，学会倾听他人的想法。

（3）定期进行自我反思。通过自我反思，可以更好地认识自己，发现问题，并积极改进。

（4）关注他人的情感和需求。我们要学会察言观色，留意他人的情绪变化，尽量理解他们的感受和需求，通过不断的学习和实践来培养谦虚和同理心。

有一位学生曾深陷困境，但因为害怕暴露自己的不足，一直不肯向家人和朋友求助。在一次班级活动中，他偶然发现另一位同学遇到了与自己类似的问题。他没有鄙夷或嘲讽，而是主动询问对方的情况并竭尽所能地给予了帮助。通过这一过程，他不仅解决了自身的问题，还结交了新朋友，建立了信任关系。这个例子生动展现了谦逊和同理心的力量与价值。

5 感觉自己不如其他人有创造力，怎么办

我是一名初中学生，上课认真听讲，作业复习等规划得也很好，学业成绩一直名列前茅，但我一直备受困扰：总觉得自己缺乏创造力。

我不太喜欢新鲜的事物，也不太喜欢尝试新的活动。每当学校有新活动，即便报名了，我内心也是有些抗拒的，不像其他同学那样，那么有激情。

我也很怕老师给我们布置创意作业，不知道该如何开展创新的思考和表达；硬着头皮做出来后，我也不愿意将自己的想法和创意展示给大家，生怕别人说不好。每当看到其他同学大放异彩，我的内心就会涌起一股莫名的困惑和迷茫。

这种思维受限，无法像其他同学那样自由发挥的感觉真是太难受了，我好渴望找到属于自己的创造力，却不知道该如何寻找。

——初二的夏斌

一、永保好奇心，学会举一反三，激发创造力

创造力是内在潜能的释放和表达，是将想象力、思维和情感融合并转化为具体形式的能力。它能够激励我们探索未知领域，挑战现有的框架和局限，创造新的思想、作品和商业模式等。

好奇心是创造力的源泉。我们可以把好奇心喻为探索未知世界的钥匙，触摸它，就像摸到了未知世界的神秘面纱。

要成为一个有创造力的人，首先就要成为一个充满好奇心的人。来自不同领域的知识就像一块块丰富多彩的拼图，而好奇心则是将这些拼图碎片组合起来的动力。

那么，如何提升好奇心呢？

首先，要保持开放的思维，接受新观点和信息，摆脱成见和偏见。正如爱因斯坦所说："知道得越多，你就会发现自己知道得越少。"

其次，善于提问。要明白：没有愚蠢的问题，只有愚蠢的沉默。

最后，保持学习的渴望和动力，不断追求知识和新的经验。

要真正培养好奇心，还要在生活和学习中不断实践与探索。通过亲身体验来感受事物，更深入地了解事物的本质，只有在思考和探究的过程中，才能够激发自己的想象力和创

造力,从而拓宽认知边界。保持积极的态度,从每次挫折中学习和成长,就像拓荒者开垦新土地一样,只要有耐心和毅力,就一定能收获一片肥沃的认知土地。

二、通过创造性思维训练,开启创造之门

每个人内心都蕴藏着无限的创造潜能,只需巧用思维的工具和技巧,便能唤起这股潜能的涌动。拥有创造性思维方式至关重要。创造性思维训练应该成为我们日常生活的一部分,持之以恒地进行和实践。

(1)设定一个挑战,在逆境中探索,以逆向思维挑战常规思维,从相反的角度思考问题,寻找与常规思维相悖的解决方案,这种方式能够打破常规思维,拓展认知视角。

(2)借助图表、图像和思维导图等可视化手段,将复杂问题直观地呈现出来,促进创造性理解和思考。

(3)进行故事创作也是一种锻炼想象力和创造性思维的好方法。

(4)跨学科学习能够从多个领域获取灵感和信息,培养综合思维能力。

(5)团队合作是创造性思维训练中不可或缺的一环。团队合作能够共同解决问题,集思广益,激发彼此的灵感。

每一次创造性思维训练后，通过反思和评估，我们可以不断改进自己的思维方式，提升创造力。也只有这样，我们才能开启创造之门，展现与众不同的魅力所在。

三、发现自己的个人优势

从长远看，一个人的优势可以分为核心优势和成长性优势。

核心优势，主要是指一个人最为突出或者重要的优势，代表一个人在特定领域或者活动中具备的独特的才能、技能或者特点。核心优势通常与个人的天赋和兴趣紧密相关，比如，音乐、舞蹈、书法等艺术类的天赋；对于数字、空间、逻辑比较敏感的优势；乐观、勇敢的性格特点；等等。

如果你具备这样的优势，那么恭喜你，你本来就极具创新潜力。如果你能够更好地利用这些优势，明确自己的定位和目标，并将精力和资源集中在相关方向，坚持不懈地努力，定能取得不错的成就！

成长性优势，是指那些可以通过努力、学习和经验提高的个人能力和潜力，它不是固定的，而是可以不断发展和改进的。

案例中的夏斌同学，其实本就具备这种成长型优势，在学习任务艰巨的初中时期,能把自己的学习安排妥当,而且成绩优异,说明其人具备很强的执行力和自律性。如果还想提升自己的创造能力,那么用心去参与、刻意去体验。当抱着积极的心态去做事时,肯定能体会其中的乐趣和意义。而当你能够找到快乐和价值感的时候,创造力也会随之绽放。

第二部分

02

NAN HAI, QING CHUN QI NI YAO DONG DE SHIER

情感情愫在萌芽

6 喜欢在女孩面前表现自己,怎么办

我是一名高中生,每当女孩出现在视野中时,我总会感觉紧张或者兴奋,总是想要在女孩面前表现自己。

在教室里,我常常不由自主地试图引起女孩子们的注意。我会特意打理下头发,照照镜子,希望能在她们心里留个好印象。

每当经过女孩子们的聚集处,我也总是下意识地注意自己的姿态和表情,担心她们嘲笑我,也担心她们对我视而不见。同时,我又会忍不住思考自己会不会显得特别刻意和做作。

比较熟悉的几个女孩都喜欢画画,而为了在美术课上展示自己的绘画技巧,我也开始用课余时间研究画画,并试图通过画一些高级的风景或肖像画来吸引她们的注意。但画画需要真功夫,短时间内我的作品不可能好到足以示人。

我真希望自己能够变得自信而大方,不用再刻意地去表现什么,我该怎么办呢?

——王郦卫

一、爱表现的背后，是对认可和赞赏的渴望

想吸引女孩的注意，想展示自己的优点、特长或魅力，对青春期的男孩来说是很正常的现象，首先不必对此大惊小怪。从脑科学原理出发，当男孩得到女孩的注意和好感时，大脑会释放让人愉悦的激素，如多巴胺，这是人体正常的奖励机制。

但如果只有在得到女孩的肯定和赞美时，情绪才会变好，才能与女孩正常互动，那就可能说明当事人的内心不够自信。

心理学家们说，要接受自己的特点和不足，并相信自己有其他优秀的特质和能力。这样，我们才能更好地与他人建立真实的联系。所以，与其总想着怎么表现自己来获得别人的认可，不如多关注自己的成长和发展。这样，我们不仅能获得内心的平静，还能更好地与他人相处，拥有更加真实和有意义的人际关系。具体说来，不妨从以下几点开始做起。

（1）自我接受很重要，它可以帮助我们更好地认识自己、增强自信，提升自我价值感。

（2）养成反思和写日记的习惯。反思可以更好地了解自己，找到自己的优点和不足；写日记可以帮助我们记录生活、审视自己的内心世界。

（3）学会表扬和肯定自己，这样可以增强自信。从一件

小事开始，如每天做的一件好事或者完成的一项任务，在日记中给予自己明确的表扬和赞美。

记住，勇敢地接受自己、展示真实的自己才是最重要的。只有这样，我们才能真正地被他人接受和认可。

二、坚持放松训练，放松身心

心理学家艾伦·洛克曾经提醒我们，自我接受不仅仅是表面的表现，更关乎我们真实的内心感受。当我们和女孩交流时，会产生一些紧张感，这是很正常的反应，不必为此惶恐不安。

学会放松和减压，保持冷静、自然的状态，才能建立更加真实和有意义的社交联结。

以下是身体放松训练的具体步骤。

（1）选择一个安静、舒适、光线柔和的房间或空间，也可以在户外找一个安静的地方。

（2）采用深呼吸法，闭上眼睛，慢慢地吸气，让胸部膨胀，然后慢慢地呼气，让胸部缩小。每次呼吸持续5～10秒钟。重复这个过程5～10次。

（3）逐个放松肌肉组，可以从头部开始，依次放松面部、颈部、肩膀、手臂、手指、胸部、背部、腹部、臀部、大腿、小腿、脚部和脚趾的肌肉组。针对每个肌肉组,先用力收紧肌肉,保持 5 秒钟,然后再放松肌肉,保持 10 秒钟。重复这个过程 2～3 次。

(4)专注于自己的呼吸、身体感受和思维。当你的思想产生漂移时,不要强迫自己专注于某个事物,而是接受这种思维的流动。保持这种状态 10 分钟左右。

或者想象自己在一片安静的海滩上,身体感觉温暖、轻盈和舒适。尝试感受阳光、海风和沙子的触感。保持这种想象状态 10～15 分钟。

(5)结束训练,慢慢地睁开眼睛,深呼吸几次,回到现实世界。可以缓慢地起身,伸展身体,感受身体的柔软和轻盈。

这些放松训练可以有效地缓解身体和心理的压力。建议坚持每天练习,以获得最佳效果。

三、提升沟通技巧,让友谊真实的呈现

对很多同学来说,与异性交往,就像走进一个满是陌生人的房间,难免紧张和害怕。掌握适当的沟通技巧可以帮助我们更好地与他人相处。

良好的沟通就像跳舞一样,不仅要有优美的动作,还要

有合适的节奏。想象一下你在异性面前，保持优雅的姿态，微笑着与其互动，那么她/他自然会感受到你的自信和友好。沟通技巧包含以下几个方面。

（1）说话的方式。礼貌、友好的语言就像悦耳的歌，让人感到舒适，而挖苦或嘲笑就像刺耳的噪声，让人浑身不自在。所以，我们应当时刻注意自己的言辞。

（2）学会倾听。认真聆听别人的想法和感受。回应对方时，也要注意自己的言辞，让交流更加和谐。

（3）尊重对方的感受和经历。用心去理解他人的观点和情绪，不要批评或无视他人的想法，试着站在他人的角度思考问题。

（4）保持真实和真诚。不要自视甚高，也不要为了取悦别人而改变自己。勇敢展示真实的自己，每个人自有不同的光芒。我们应该珍惜和欣赏彼此的独特之处，这样我们才能一起构建一个多姿多彩的世界。不要怀疑，只要掌握了合适的沟通技巧，就一定能与异性建立适当的社交联结。

7 分不清喜欢和爱的区别，怎么办

作为一名普通的高中生，大量的课业任务常常让我焦头烂额，每天都过着忙碌而充实的生活。

在校园里，我与同学们共度了许多愉快而充实的日子。然而，有一天，一位同学向我倾诉他收到了一个女生的表白，他不知道应该如何回应。"喜欢和爱有什么区别？"面对他的疑惑，我也感到爱莫能助。

有一次，在校园里偶遇隔壁班一位非常独特的女生，我顿时感到害怕和紧张，心脏怦怦乱跳。我不知道自己是怎么了，无法准确地表达自己的感受。这种感觉让我不安和困扰。

从那以后，我常常在心里与自己对话，试图厘清喜欢和爱的区别。然而，这个问题并不是那么容易回答的，我努力让自己明白，喜欢是一种简单的情感，而爱则更加深沉和持久。可每次思考都只会让我更加困惑。我真的不知道应该怎样面对这个问题。

——王浩

一、理解喜欢和爱是两种不同的感受

喜欢和爱,听起来好像很难分辨,但其实它们之间的区别很简单。

喜欢,就是当你看到一个好看的东西或者遇到一个有趣的人而产生的愉悦情绪。你可能会想要多看几眼,或者多跟这个人玩一会儿。但是,这种喜欢不会持续很久,也不会让你特别关心这个人或这个东西。

而爱,就是你特别在乎一个人,想要一直跟他在一起的感觉。你会关心他、挂念他,愿意为他做很多事情。这种情怀会让你觉得温暖,而且会持续很长时间。

简单来说,喜欢只是一时的好感,而爱是长久的关心和挂念。

当然,有时候我们可能会分不清喜欢和爱,因为它们带来的情绪体验确实有相似之处。比如,你一开始觉得爱一个人,但后来发现其实只是喜欢而已。

不管是喜欢还是爱,都是我们内心的一种感觉,而且这种感觉会随着时间和经历的变化而变化。

所以,我们不需要太担心自己是不是真的喜欢或爱一个人,重要的是珍惜当下的感觉,并且尊重他人的感觉。

许多中国古代的经典故事和案例也可以帮助我们更好地理解喜欢和爱之间的关系。比如,《红楼梦》里的林黛玉和贾宝玉，他们之间既有喜欢，也有爱。林黛玉心中的爱是无法放下的执念；而贾宝玉的爱则是无私的奉献。他们的故事告诉我们，感情需要经过时间的考验，才能够升华为真正的爱。

二、放下对"喜欢"和"爱"的执着

我们总想用定义、标准来厘清自己的情感，却忽略了最关键的一点：喜欢和爱都是自然而然的情感流露，无法用任何尺子去衡量。

当我们喜欢一个人时，可能只是被其外貌、性格或特长吸引。这种喜欢可能只是昙花一现，没有在心里生根发芽。而当我们爱一个人时，我们与他/她之间就建立了一种无形却牢固的纽带，将彼此紧紧缠绕、捆绑。诚然，爱比喜欢更加稳定和持久。但是，真的有必要在现阶段就将二者分析透彻并进行严格区分吗？

作为学生，学业才是当下最重要的问题，相比于喜欢或爱，友谊才是学业的助推器。在相互支持与共同成长中，你不仅会取得更好的成绩，还会收获宝贵的社交技巧和情感智慧。想象一下，你和朋友一起复习，互相提醒重要考点；共同制订学习计划，协调时间，一同攻克难题；当遇到课业压力时，朋友间的鼓励和支持就像一盏明灯，驱散孤独和焦虑；你们还可以互相分享知识和经验，填补彼此知识领域的空白，共同进步。

三、破解情感迷宫，保持界限

青春期的你，身体像一颗刚刚发芽的种子，充满了无限的可能。在这个阶段，友谊就像阳光雨露，能滋养你茁壮成长。

在与同学和朋友的交往中，不妨多多注意以下几个方面。

（1）尊重对方，避免说出让人不舒服的话。

（2）平等、真诚地对待每一个人，不抱有特别的目的。你真诚地对待每一个人，自然也会收获他人真诚的友谊。

（3）保持真实，不需要刻意伪装或改变。只有真实的你才能吸引到真正欣赏你的人。

（4）保持适度的接触和距离会让社交关系更加美好。一定的私人空间可以避免不必要的误会，就像一幅美丽的山水画离不开恰到好处的留白一样。

（5）了解自己的感受。有时候，你可能会对某个异性同学产生特别的感觉，这很正常，不过，别让这些感觉阻挡了你前行的步伐。如果某个异性同学对你发出了进一步发展的邀约,不要犹豫,及时沟通,在互相尊重的基础上明确界限,只有这样,你们的友谊才不会蒙上阴影。毕竟当下,学业第一。

8 暗恋一个女孩,心里很压抑,怎么办

我是一名高中生。在一次学校的文艺活动中,我第一次见到了她。她穿着一件粉色连衣裙,脸上带着灿烂的笑容,就像是个小太阳,似乎全世界的光都集中在了她的身上。从那一刻起,我对她有了一种特别的感觉。

但这个感觉真的让我很痛苦、很压抑。每次在校园里看到她,我的心都会跳得飞快,却又不知道该如何接近她,也不敢和她说话,只能默默地看着。而每次看到她和别的男生在一起开心地聊天,我心里都会有种说不出的痛。

有一次,我在学校的图书馆里遇到了她,偷瞄了她几眼,没想到被她发现了。她朝我笑了笑,然后走过来坐在了我旁边。那一刻,我的心都快要蹦出来了。我张了张嘴,却不知道该说什么。结果我们都陷入了沉默,我真的好后悔,为什么我就不能勇敢地说些什么呢?

类似这样的情况发生了好多次,每次我都想刻意逃开,可是又舍不得和她待在一起的机会。

对她的这份喜欢让我很痛苦,我知道这是自己的问题,所以很想改变现状,但是不知道该怎么办。

——王浩

一、学会换位思考,走出暗恋误区

暗恋,就像心里装了一个小宇宙,总是充满各种复杂的情绪。看到她,就能感到阳光明媚,喜悦非常。但同时,她的一举一动、一颦一笑都成了可以轻易扰动你心神的开关,让你患得患失,不知所措。

暗恋的滋味真的不好受,常常伴随着焦虑和不安,害怕被人发现,又怕没人会发现,这种纠结和挣扎,真的让人心力交瘁。更令人难受的是,当你发现她对自己没有同样的感觉时,那种失落感就像心里突然被掏空了一样。但即使这样,你还是会忍不住地幻想和她在一起的美好场景。

面对这样复杂的暗恋情绪,最合适的处理方式是什么呢?

(1)学会观察。通过观察对方的行为和说话方式,可以更好地了解其喜好和价值观,这样可以帮助你更好地与之交流和相处。

(2)换位思考。想象一下你的行为会给对方带来什么样的影响,这种思考有助于你理解而负责任地处理自己的情感问题。

总之,暗恋并非洪水猛兽,只要你能始终保持冷静和理智,就一定能妥善处理这种问题。

二、勇敢地突破自我，开启自信之旅

自信就像一盏明灯，照亮你前行的道路，让你无所畏惧，勇往直前。自信就像一顶华丽的皇冠，让你优雅从容地站上生活的舞台。

展现出自信的态度和行为，你就能吸引更多人的关注和支持，这种正向反馈还会进一步增强你的自信心，形成良性循环。

为了建立自信，你可以采用积极的思维方式，正视自己的优点和成就。相信自己有着独特的价值和能力，你就能逐渐建立起自信心。具体可以从以下几个方面做起。

（1）给自己一些积极的暗示，肯定自己的优点和进步，久而久之，你会自然而然地变得积极乐观。

（2）了解和接受自己的优点和缺点，不要过分苛求自己。写下自己的优点，每天读一遍，逐渐增加自我认同感。

（3）运动能够缓解和释放压力，有利于自信心的提高。可以尝试每天坚持跑步、打球等运动，让自己更有活力。此外，勇敢地表达自己的想法和感受，也是成长和幸福的必经之路。

（4）当你感到迷茫时，与亲人和好友分享你的问题和困惑。他们的支持和建议有助于你找到前进的方向。此外，勇敢地表达自己的想法和感受，也是成长和幸福的必经之路。

（5）勇敢地面对生活中的挑战，相信自己内心的力量。让自信成为你追求幸福和成功的助力。

让我们一起踏上自信之旅，用微笑和勇气迎接每一个挑战。

三、放下期待，走向新的征程

青春期是恋爱的萌芽阶段，但此时，我们还没有完全独立，无法完全为自己的行为承担后果，很多事情都要依赖父母，所以我们需要把握好自己的原则和底线。

暗恋的确让人很苦恼，但别担心，肯定存在一些方法，能让你从困境中走出来，找回生活的重心。

首先，要明白暗恋不一定会有结果。这并不是说你不够好，只是时机不对。试着找点新的事情做或者参加一些社交活动，结交新朋友，认识更多的人，就会有新的事物分散你的注意力。

其次，培养兴趣爱好。无论音乐、绘画，还是运动，只要喜欢，就放开手脚去做。这样不仅可以让你更快乐，还能让你变得更有魅力。

再次，保持健康的生活习惯。多运动、少熬夜，保持充足的睡眠和营养。这样，你的心情会更好，生活和学习也会更顺利。

最后,我想说,未来的路还很长,我们都有机会创造属于自己的美好生活。不要因为一时的困境而放弃希望,要保持乐观的心态,勇往直前。

让我们一起努力,从暗恋的困境中走出来,迎接新的征程。相信自己,相信未来,我们一定能够找到属于自己的幸福。

9 和女生在一起我就会很不自在,怎么办

我是一个安静内向的少年,总是喜欢沉浸在自己的世界里。每次当有女同学邀请我参加聚会或者一起到图书馆学习时,我总是找借口回绝。因为对我来说,和女生交流是一件很困难的事。

有一天,一个名叫晓米的女生转到了我们班。她是一个活泼开朗的人,脸上总是带着灿烂的笑容。她的座位就在我旁边。

然而,尽管晓米对我态度友好,但每次和她坐在一起,我都会感到浑身僵硬,变得笨拙而紧张,不知道该说些什么。眼看着她和其他同学交谈自如,而自己却像个局外人一样被排除在外,这让我非常苦恼。

在一次班级组织的郊游活动中,我和晓米被分到了同一组,当我和她单独相处时,我的心脏便会狂跳,全身的汗毛似乎都竖了起来。我尝试与她交谈,但说话却结结巴巴,不知道

该如何表达自己的真实想法,害怕自己会出丑。

那一刻,我感到困惑和无助:为什么和女生在一起就会感觉如此不自在？我渴望找到答案,也渴望找到与晓米和其他女同学自在相处的方式。

——来自初二的李刚

一、探索不自在的根源，提升社交技能是关键

在我们青涩的年少时光里，与异性的互动往往充满了绚丽和神秘。至于我们在异性身边会感到紧张的原因，可能在于我们还不够自信，或者社交技巧还不够娴熟。这是一种错误信念：我们必须做得完美，否则就会被嘲笑，这种压力让我们在异性面前显得拘谨。但事实上，我们每个人都是独一无二的，都有自己的闪光点。我们需要接受并珍视自己，并且明白一定有人喜欢真实的自己。

那么，为了解决与异性在一起就觉得不自在的问题，应

该怎么做呢？下面有几个小建议。

首先，进行一次自我询问。问问自己为什么紧张，是觉得自己的外貌不够好，还是担心别人不认同？了解自己的担忧，有助于找到解决问题的方法。

其次，学会爱自己。自爱并不是自恋，而是一种正视自我的勇敢与接纳自我的智慧。你可以试着罗列自己的优点，如善良、幽默等，当你真正爱自己时，你就会发现与别人交往其实很轻松。

再次，提升社交技巧。这并不是要你变成交际花，而是学会与他人自然地交流。你可以观察那些与异性相处自在的人，看看他们是怎么做的，然后试着模仿。你也可以寻求家人、朋友或者老师的帮助。

最后，给自己一些时间和空间成长，不要急于求成。就像一朵花需要时间绽放一样，人的成长也无法一蹴而就。相信自己，只要你持续努力，就一定能找到适合自己的与异性的相处之道。

记住，了解自己和异性的需求是建立友谊的基础。只有真正了解自己和别人，才能在与他人交往时更加自如和自信。所以，不要害怕探索与失败。只要你勇敢地迈出第一步，就会发现其实一切都比你想象的简单。

二、放下对完美的期待，让友谊顺其自然

你是否有过这样的经历？与异性交往时，总会有些紧张，担心自己做错事或者说错话。记住，你不必为了与异性交往而变得完美，因为每个人都有自己的独特之处。比如亚伯拉罕·林肯，他虽然内向，但通过不断的努力和尝试，最终成了一位伟大的领导者。不要怀疑，你一定也可以！

首先，参加各种活动是扩展社交圈子的好方法。不必一开始就期望与所有人成为好朋友，慢慢来，让友谊自然而然地产生。

另外，社交技巧不仅仅限于说话，肢体语言也很重要。当你与异性交谈时，微笑、眼神交流和合适的姿态都能让你看起来更自信、更友好。同时，也要反思那些可能阻碍你与异性交往的消极思想，挑战它们，用积极的自我肯定和乐观的期待来代替它们。

通过不断的努力和积累经验，最终你会发现与异性交往其实是一件轻松又愉快的事，充满了惊喜和温暖。不妨从向晓米简单地打个招呼开始做起，通过这些小事，你与她的相处会越来越轻松自如。

三、勇于向他人学习是良好沟通的捷径

美国的马克·扎克伯格是个超级厉害的企业家，他是Facebook的创始人兼首席执行官。虽然在科技界取得了巨大的成功，但是在与女性交往时，他却总是感到紧张和不安。但他没有退却，而是主动参加各种社交活动，勇敢地与女性同事和朋友交流，学习如何更好地与人沟通。经过一次又一次的尝试和努力，马克·扎克伯格逐渐克服了内心的紧张和不安，学会了用肢体语言、眼神和微笑等交流技巧，让自己看起来更自信、更从容。这种改变也让他的人际关系更为融洽。

这个故事告诉我们，即使一开始跟异性交往时感到紧张和不安，也并不意味着我们终生都要面对这一问题。只要我们勇敢地迈出第一步，积极学习和实践，就一定能够克服困难，解决问题。

对于内向的人来说，提升社交能力可能是一项挑战，但并非是不可能的，以下是一些学习建议。

首先，接受自己的内向性格，不要对自己过于苛求。内向的人通常更细心、更敏锐。发挥自己的优势，不必复刻外向人的交往方式。

其次，练习主动与人交流。可以从问候、谈论共同兴趣开始，逐渐增加交流的时间和深度。

再次，学会倾听他人的观点和故事，并表达关心和理解。同时，适当地表达自己的观点和情感，让他人感受到你的真诚和热情。

最后，通过练习演讲技巧提高自信心和表达能力。可以从自我介绍、短演讲开始，逐渐增加难度和长度。

每一次的尝试和努力都是有价值的，给自己一些时间和耐心，不要轻易放弃。记住，每个人都有自己独特的性格和价值。

第三部分

03

NAN HAI, QING CHUN QI NI YAO DONG DE SHIER

情绪烦恼需重视

10 心里很容易烦躁，怎么办

作为一名高中生，每天早晨的闹钟声音就像是战斗的号角，将我从睡梦中唤醒，我迅速起床、洗漱、换衣、吃饭，然后冲向公交车站，挤进拥挤的车厢中，随着公交车驶向学校的方向。

一走进教室，就要立刻投入一天的繁重学习任务中，除了应对学业，还要处理各种人际关系。有时候，我会感到孤独和烦躁。

每每在考试前夕，紧张和压力会像乌云一样笼罩着我。我担心自己的成绩，害怕未来的不确定性。这些焦虑和担忧像黑暗的旋涡，让我无法挣脱。

在这样的生活中，我渐渐意识到自己的心理出现了问题，疲惫和烦躁的情绪时常困扰着我，甚至有时还会将我按进焦虑和抑郁的泥沼中，让我感到窒息，我该怎么办呢？

——李铭

一、应对青春期烦躁,学会放松练习

烦躁是一种大脑活动过程,由多个区域共同控制。其中,前额叶皮质参与情绪调节和决策制定,边缘系统控制喜怒哀乐的情绪反应,而神经回路则负责传递各种相关信息。

面对烦躁,我们可以尝试深入内心去找到问题并冷静分析;也可以适度运动,释放紧张情绪;还可以通过放松训练让身体和大脑恢复到正常状态。以下是一些放松训练的具体步骤。

(1)身体放松。找一个安静舒适的地方坐下或躺下,闭上眼睛,专注于身体各部位的放松。从头部开始,逐渐向下,放松面部、颈部、肩膀、手臂、背部、腰部、臀部、大腿、小腿和脚部,让每个部位都感到舒展。

(2)深呼吸。深深地吸气,然后缓慢地呼气。尝试使用"4—7—8"呼吸法,即吸气计数到4,屏住呼吸计数到7,然后慢慢呼气计数到8。这种呼吸方法有助于稳定情绪和放松身心。

二、寻找自我价值,改善生命状态

每个人都有独一无二的价值,不依赖外界的评价。当我们烦躁不安时,可能是内心深处的自我怀疑或不满在作祟。

别担心，有很多方法可以帮助我们找到并提升自我价值感。

（1）培养兴趣爱好能让我们更自信。无论运动、艺术，还是学术，只要我们愿意去尝试和努力，都能找到属于自己的舞台。每一种兴趣都是一颗种子，只要用心灌溉，它就会开出美丽的花朵。

（2）积极的自我认知是内心的明灯。每天花点时间总结自己的优点和进步，并用日记记录下来。这样，我们就更能清晰地认识自己，更有信心面对生活的挑战。

（3）与他人交流是提升自我认知的好方法。和家人、朋友分享自己的想法和感受，倾听他们的意见和建议，这会辅助我们从不同的角度看待自己，更全面地认识自己。

（4）正念练习是一个好帮手。找个安静的地方坐下或躺下，专注于呼吸，让思绪自然流动。

通过这些努力，我们将能够更好地发现自己的潜力与价值，成为一个自信、积极、充满希望的青少年。

三、专注于当下，保持平和的心理状态

专注于当下的能力，是保持平和心态的关键。过去的事已成为历史，未来的事尚无定论，最重要的是把握好当下。

然而，在现实生活中，我们往往难以做到只注于当下，

不被过去和未来所困扰。现在，让我们一起探索专注于当下的方法吧。

想象一个让你感到平静和放松的场景，可以是海滩、森林或花园。闭上眼睛，深呼吸，感受那场景的和谐静谧。让心灵沉浸其中，体会身心的轻松和平静。

此外，你还可以尝试冥想。找一个安静的地方坐下，闭上眼睛，集中注意力在呼吸上，专注于每一次吸气和呼气的感觉，让心灵逐渐平静下来。这种练习可以帮助你更好地专注于当下，减少外界干扰。

还有，社交媒体很容易分散我们的注意力。所以，只能适度使用社交媒体，让自己有更多时间去感受现实生活的美好。

最后，定期进行放松训练和正念练习。这些练习可以帮助你缓解压力和焦虑感，促进身心的健康发展。

这些训练都可以帮助我们主动缓解烦躁情绪，提高情绪管理能力。相信通过这些方法，我们可以让生活充满乐趣和意义，让心灵变得更加平静和强大！

11 控制不了自己的情绪，怎么办

我是一名初中生，性格开朗，与同学相处融洽，是班上的数学课代表，数学成绩一直名列前茅。但是，最近我变得特别情绪化，一点点不顺心的事情都能让我烦躁不已。

有一天晚自习，我正在努力做一道复杂的数学题，却始终解不出答案，于是一下子变得烦躁起来，感觉内心就像有一头无法控制的野兽，我甚至想把书扔掉，干脆放弃算了。为了不打扰教室里同学们的复习，我走到教室外面，想找个地方冷静一下。

最近考试成绩也一直不理想，我感觉压力很大，焦虑和不安的情绪时刻困扰着我。老师注意到了我的变化，找我谈了几次话，并给了我一些建议，希望我能调整好心态。尽管我尝试了多次，然而始终无法克服内心的烦躁情绪，它就像一个不定时炸弹，随时都有可能爆炸。

周末在家的时候，我也经常因为一点小事和妈妈争吵。父母平时工作都很忙，我也不想这样，每次发脾气之后我又会后悔。

这种莫名的情绪化不仅影响了我的学习，还影响到我与家人之间的关系。那个曾经乖巧懂事的男孩变得越来越暴躁，妈妈也察觉到了我的变化,几次提议带我去医院检查,都被我坚决拒绝了。

当情绪来袭时,我就像一只无头苍蝇一样无法控制自己的行为。我真的不知道该怎么办才好。

——李小黎

一、接纳情绪:疏导而非控制

作为青少年,我们的情绪变幻莫测。有时候,可能会因为一点小事而大发雷霆;有时候,又可能会因为一句话而黯然神伤。这都是因为我们的身心正在经历着巨大的改变。

情绪都有场景性和易变性,引起情绪的情景一旦改变,相应的情绪一般也会消失。有的情绪来去匆匆,像闪电一样短暂而强烈;但有的情绪却会长久地萦绕于心,甚至将人困在原地。

我们要了解自己为什么会有某种情绪,找到那个隐藏在情绪背后的真正原因。

至于如何应对这些情绪波动，下面有几点建议。

（1）当你的心情烦躁时，试试深呼吸。找一个安静的地方坐下来，闭上眼睛，缓慢地吸气、呼气，专注于空气进出身体的感觉，让心情逐渐平静下来。

（2）和好朋友倾诉是个不错的选择。朋友可以给你一些鼓励和支持，帮你找到解决问题的办法。当然，如果你觉得情况严重的话，也可以考虑找专业人士帮忙。

（3）当情绪来袭时，尝试分析它的来源。是什么让你感到烦躁或不安？找到问题的根源有助于你更好地处理情绪。

（4）将你的感受和思考记录下来。写日记可以帮助你整理思绪，更好地认识自己的情绪和内心世界。

记住，每个人都有自己的情绪世界，关键是如何去认识、理解和应对它。只有这样，我们才能真正成为自己情绪的主人。

二、练习腹式呼吸，放松身心

腹式呼吸是一种简单有效的情绪调节方法，可以帮助我们在情绪受到冲击时快速平静下来。

腹式呼吸不仅能让身体得到放松，也能让思维变得更加清晰。每一次腹式呼吸，都像是给身心进行的一次充电，让我们能以更加积极良好的状态面对生活中的挑战。

腹式呼吸的具体步骤如下。

首先，找一个安静的地方坐下或躺下，慢慢地闭上眼睛，让自己远离外界的干扰。

其次，用鼻子缓慢地吸气，让气息流入你的腹部，感觉腹部微微隆起，同时让胸部慢慢膨胀。

然后，停留几秒钟，感受气息在身体里流动。

最后，缓慢地呼气，尽可能地排空你的肺部，同时放松腹部及胸部。

重复上述步骤，每次呼吸时间保持一致。

这种方法，可以帮助我们有效放松身心、减轻压力，从而改善情绪和身体状态。

卡内基曾说："放松是有智慧的人们的最高艺术。"当我们调整好状态，学习效率自然会有所提高。

三、关注情感需要，释放积极情绪力量

约翰·泰勒曾说："每个人在世界上都有一份独特的工作，那就是发现自己内心深处的需求并去满足它。"

情感代表的是感情的内容,即感情的体验和感受。与情绪相比,情感更深刻,具有更强的稳定性和持久性。情绪和情感密不可分,情感是通过情绪来表现的,离开情绪,情感就无法正确表达了。

有时候,情感需求就像是一只调皮的小猴子,跳来跳去,让我们感到困惑和不安。但如果我们拒绝了解它,它就会变成一个彻头彻尾的捣蛋鬼,搅得我们无法安宁。所以,我们需要静下心来,听一听内心的声音。

当情绪低落时,不妨停下来,深呼吸几次,观察自己胸腹的起伏和变化,这样做不仅可以帮助我们平静下来,还可以让我们更好地理解当下的情感需求。

另外,我们也可以寻找情绪产生的根源。当我们感到焦虑或愤怒时,不妨停下来思考:是什么让我们感到不满?是什么让我们感到害怕?找到问题的答案可以帮助我们更好地处理问题,让我们的心灵恢复平静和自由。

我们还可以像艺术家一样,用各种方式来释放情绪或表达情感,如画画、写作、弹唱、跳舞等。

成长必然需要体验不同的情绪、情感和挑战。所以,不要害怕面对自己的情感需求和情绪变化。只要坦然而勇敢地面对它们,学会自我调节和处理,我们就能真正地理解自己,成为一个内心强大且自信的人。

12 有时候觉得一切都不如意，怎么办

我刚升入高中，本来充满了憧憬和期待，但这个新环境却给我带来了一系列不如意的事情，让我感到困惑和痛苦。

在学习方面，各学科的知识变得越来越难以理解，我学得越来越吃力；在社交方面，我无法融入同学们的圈子；在家庭方面，父母对我所寄予的厚望让我备感压力。这一切都让我觉得自己不够好，一切都不如意。

一天晚上，我躺在床上反复思考着如何面对自己的困境，内心充满了挣扎和无助。突然，一条短信的提示声打破了寂静。我拿起手机，看到是一个陌生号码发来的信息："你好，新同学！我是李伟，明天一起上学怎么样？"

第二天早上，我早早地来到学校门口等待。然后，一个声音在身后响起："嗨，我是李伟。"我转过头，看到一个阳光开朗的男孩子正朝我微笑。

我们开始聊天，他分享了自己高中生活的忐忑和不安，这让我感到一种奇妙的安慰，仿佛找到了一个可以倾诉的朋友。尽管有了他的陪伴，我仍然时不时觉得生活充满了不如意。每次看到李伟能够乐观地看待问题，我都很羡慕。我多么希望自己也能像他一样，可我到底该怎么办呢？

——黄浩

一、挑战是机遇，是成长的礼物

当我们在人生的旅途中遇到挫折和困难时，不知所措是正常现象。那些不如意的事情，就像一片片乌云，让人心情沉重。失落、挫败和迷茫总是在不经意间跳出来捣乱。但是我们要知道，即使在黑暗中，也有光明的种子等待发芽。爱迪生经历了无数次的失败却从未放弃，最终为世界带来了光明。他的故事告诉我们：困境并不是终点，而是通往成功必须翻越的一个关卡。

不要因暂时的挫折而定义自己是个失败者。每个人都有跌倒的时候，重要的是能不能站起来，继续前进。把眼光放长远些，不要只盯着脚下的困难。每一朵花在绽放之前，都要挨过寒冷的冬季。

当遇到不如意的事情时，最重要的是接纳自己、善待自己，相信自己有能力克服困难。培养自信心，保持积极的心态，勇往直前，这样我们才能更好地面对挑战。

二、点亮智慧之光，探索无限可能

每个人都有自己的不完美之处，但这并不意味着我们就是失败者。要知道，正是这些不完美，让我们变得独特和不可替代。接受自己的不完美，不抛弃、不放弃，人生才会处处有惊喜。心理学家卡尔·罗杰斯曾说："接纳自己是最深刻、最重要的成长。"只有当我们真正认识并接纳自己时，才能更好地面对生活中的挑战。

如何应对学习和生活中的困难呢？以下是几方面建议。

（1）培养积极的思维方式，从小事做起。比如，每次遇到困难时，试着从中找到积极的一面。这并不是否认自己的感受，而是学会换个角度看问题。此外，每天对自己说些鼓励的话，让自己保持信心满满的状态。

（2）找到一个学习榜样。无论是历史上的伟人，还是身边的朋友，每个人都有值得学习的地方，正所谓"三人行，必有我师"。读伟人的故事，听同学朋友的经历，你会发现：没有谁的人生一帆风顺。所有人都是闯过了风雨，才成了今天的自己。而你也可以像他们一样，克服困难，成为更好的自己！

（3）学校生活也不只有学习，你可以参加社团、运动会、音乐会等活动，发现有共同兴趣爱好的朋友。与他们分享交流各自的经历和想法，你会发现原来世界如此多姿多彩。

（4）家庭是最重要的支持系统。找个时间和父母说说心里话，告诉他们你的压力和困惑。你会发现，其实父母比你想象得更理解你。

人生就像一场冒险，充满了未知和挑战。但只要我们勇敢而坚定地迈出每一步，我们就一定能发现那些隐藏在困境中的力量和真谛。

三、克服困难的策略

挑战是成长的催化剂。美国通用汽车公司管理顾问查尔斯·吉德林提出的吉德林法则告诉我们："把难题清清楚楚地写出来，便已经解决了一半。"试试看，当你面对困难和挑战时，把它们都写下来，然后好好地和它们"对话"。

首先，你要清楚地知道你面对的是什么问题。把它写下来，或者画出来，让问题变得可视化。

其次，要深入地思考。问问自己："为什么会这样？""我之前有没有遇到过类似的问题？"这样可以帮助你更好地理解问题的本质。

再次，一旦发现问题的关键，就可以着手制定解决方案了。有没有一些小技巧、方法或资源可以帮助你？制订一个明确、可行的计划，并大胆去尝试吧！不要害怕失败，每一次尝试都是宝贵的经验。

最后，总结与反思。当你克服了困难，记得回头看看整个过程。哪些方法有效？哪些不太行？这样，下次再遇到类似的问题时,你就有了更多的底气。

困难和挑战其实是成长的礼物!当你克服了它们,你会变得更强大、更从容、更有智慧。所以,下次当我们遇到挑战时,记得对自己说:"哇,这个挑战看起来有点大,但我一定能克服它!"然后,勇敢地迎接挑战吧!

13 中考结束后,我的性格变得更加孤僻了,怎么办

中考结束后,我的性格变得更加孤僻了。

以前的我,总是开朗活泼,喜欢和同学们聚在一起玩乐。但自从开始准备中考,我似乎进入了一个孤岛,与外界隔离了。

回忆起中考前的那段时间,我确实经历了太多的压力和焦虑。为了备战考试,我几乎把所有的假期都奉献给了教室和书本。每天的时间表被塞得满满当当,没有丝毫闲暇和娱乐,再加上连日的紧张复习和高强度训练,我身心俱疲。

中考结束后,我原本以为能够迎来解放,然而,现实却给了我沉重的一击。我发现,我已经不再适应和融入原先的社交圈子了。同学们聊天、打闹时我却总是默默地站在一旁,感觉自己无法参与到他们的话题和活动中。

父母也很担忧我这种状态,劝我多和同学们交流,多参加社交活动。可是,我却有一种无法言喻的抵触情绪。或许是因为在中考的那段时间,我习惯了独来独往,也或许是我对社交产生了某种恐惧。

我陷入了一种孤僻的迷茫中,不知道怎么办才能重拾过去的快乐。

——小炜

一、接触新事物,扩展兴趣爱好

在中考之后,我们往往会面临一种孤立和失去方向感的困境,这是正常的情绪补偿现象,因为我们刚刚经历了一个漫长的充满压力和焦虑的时期。但是我们不应该自暴自弃,不应该因此而放弃重拾快乐和重新融入社交圈子的努力。

心理学家已经证明,兴趣爱好对积极情绪和社交融入有着积极影响,这意味着,当我们通过接触新事物而发现自己真正的兴趣时,我们会更加乐观、自信,同时也更容易、更愿意和他人交流。

如伟大的物理学家爱因斯坦,除了研究物理学,还热衷于演奏小提琴,因此他曾多次与各种乐队或专业人士合作演奏,无形之中,这个业余爱好大大拓展了他的社交范围,丰富了他的研究生活。

日常生活中,我们可以尝试参加各种兴趣小组或社区活动,结识志同道合的朋友,一起学习音乐、绘画、运动、舞蹈等技能,这些经历不仅能够丰富生活,更能增强自信心并改善消极情绪,帮助我们融入社交圈并乐在其中。

有人说,尝试新事物可能会带来一些不适,但如果我们不去尝试,就永远无法得知能否获得积极的反馈。只有摆脱过去的自我限制并尝试接触新事物时,我们才会为自己打开新的世界。

二、建立小团体，追求共同目标

在巴黎公社时期，梯也尔、毕加索等一些富有才华的艺术家们形成了一个紧密的小团体。他们通过共同创作和相互支持，在困难和动荡的环境中保持了凝聚力和创造力。这个小团体为他们提供了一个安全的空间，使他们可以自由地表达观点和创意。正是这种彼此之间的支持和鼓励，才让这些艺术家们在困境中不断突破自我，为艺术界带来了一次又一次的革命。

小团体就像一朵盛开的花，每个成员都是花瓣，共同的目标或观点让他们凝聚在一起。成员之间的关系也像花瓣与花瓣的相互依存、相互衬托。在小团体中，每个人都能找到自己的位置，发挥自己的优势，同时也能从其他人那里获得启发和支持。

在人生的旅途中，如果能与志同道合的人们组成一个小团体，共同追求一个目标，我们将收获一股强大的团队力量和归属感。

当我们与团队中人分享共同的目标和使命时，我们会感到被理解，被支持。这种情感联系和归属感可以减轻孤独和焦虑感，促进积极情绪的产生。

小团体不仅能帮助我们打破孤立和迷茫的困境，更能帮助我们逐渐恢复与他人合作交流的能力。

如何为自己创造志同道合的小团体体验？具体可以采取以下几个步骤。

（1）明确自己的兴趣和价值观。首先需要明确自己感兴趣的领域或活动，并思考自己的价值观和目标。

（2）主动参与相关社群或组织。积极参与与自己兴趣相关的社群或组织，如俱乐部、社团或志愿者团队等。

（3）利用社交媒体平台。在社交媒体平台上，通过关注和参与那些与自己兴趣相关的账号或群组，扩大社交圈子并结识志同道合的人。

（4）培养和维护关系。一旦找到志同道合的人，就要积极培养和维护这些关系。保持联络，定期聚会或组织活动，共同分享和探讨感兴趣的话题，互相支持和帮助。

小团体是凝聚力的象征，让我们从中找到归属感；小团体是一座桥梁，连接我们与他人的情感；小团体是一片绿洲，给我们的心灵一片世外桃源。

三、寻求专业帮助，进行心理咨询

当我们感到困扰和恐惧时，寻求心理咨询师的帮助是一种积极的应对方法。通过专业人士的指导，我们能够充分了解自己，找到合适的调节方法，最终实现内心的平衡和成长。

　　心理咨询师通过倾听和分析，可以为我们提供专业的建议和指导，帮助我们重塑精神世界，找回自信和坚韧。

14 我做事特别武断，总是事后才知道后悔，怎么办

我是一名高中生，朋友们都说我很自信、很果断。但其实，我知道自己有个大问题。每次面临选择，我都没有耐心去思考，也不想听取别人的意见，仅凭个人感觉就一头扎进去。结果呢？多半是后悔和自责。

有一次文学比赛，我没听同学的建议，想当然地提交了自认为最棒的作品，结果却让我大失所望。那一刻，我才明白自己当时的决定有多么武断。评委的批评像一记记重拳，让我无法招架。他们说我的作品缺乏深度，情感表达也不够丰富，而更严重的是，我的作品和比赛主题并不相符，这让我失去了继续比赛的机会。

我的好友小张曾经半开玩笑地对我说："你总是事后才知道可能错了。"我知道他只是说说而已，但我也明白，这个习惯真的让我失去了很多。

这个问题一直困扰着我，我真的想改变，但每次一到抉择的时刻，我又会重蹈覆辙。我该怎么办？怎样才能在做决策时避免武断呢？

——李明泽

一、学会积极思考,让选择更慎重

温斯顿·丘吉尔曾说:"悲观主义者在每一个机会里看到困难,乐观主义者在每一个困难中看到机会。"对于青少年来说,学会在困难中寻找机会、学会慎重决策更是成长路上不可或缺的一课。

作为青少年,在面临各种选择时,可能会因为一时冲动或过于自信而草率做出决定,结果也常常不如预期。出现这种情况的主要原因如下。

首先,大脑发育尚未完全成熟是青少年客观存在的一个关键问题。大脑前额叶皮质是负责推理和决策的区域,它的不完全成熟导致青少年在做决定时可能缺乏深思熟虑,容易受到外界影响。

其次,为了提高信息传递效率,神经回路会不断优化,在这个过程中,难免会出现一些小故障。

最后,青少年的风险评估和奖励感受系统也正处于"青春期",容易只关注即时奖励,而忽视长远结果。

青少年时期是人生中第二个身体快速生长发育的时期,同样地,我们的情绪调节和自控能力也会在这个阶段剧烈变化,慢慢成熟。为了更加慎重,我们可以从以下几个方面入手来应对青春期的武断和冲动。

首先,学会主动思考是关键。面对选择时,不妨多问自己几个问题,全面了解每个选项的利弊。比如选科时,可以思考课程内容、未来发展前景等。

其次,不要害怕寻求他人的建议,这就像向老师请教问题一样正常而自然。

最后,培养决断力也很重要。快速且明智地做出决定是成长的重要一环。

总之,随着年龄的增长和大脑的进一步发育,我们的决策能力会逐渐成熟。但在这之前,我们需要学会慎重对待每一次选择。只有这样,我们才能在人生的舞台上走得更远、更稳。

二、学会反向思考

青春的探索之旅,虽然会让人感到迷茫和困惑,但不可否认,每一次选择,都是一次独特的成长体验。

当答案并不明显时,我们需要换个角度看问题,进行反向思考。想象一下,如果做出了相反的选择,结果会怎样?这样我们就能更全面地了解问题。

举个例子。假如你现在需要选择是否参加一个活动,那么,如何进行反向思考呢?

首先,我们可以思考如果参加了这个活动,会发生什么，然后反过来问，如果没有参加，又会怎样？这样的思考更全面。

接着，列出参加与不参加活动的利与弊。如参加活动可能会带来新的体验和挑战，但也可能意味着更多的责任和压力。

然后，再试着从别人的角度看问题。家人、老师或朋友会怎么想？他们的观点可能会给我们提供新的视角。

最后，评估影响。想象选择的结果会对自己和周围人产生怎样的影响。这样一番权衡下来，相信你一定可以找到最适合自己的答案。

在最终做决定时，我们也要警惕盲目跟随他人的意见。我们考量多方观点是为了形成自己的判断。只有这样，我们才能真正成长和发展。

三、扬帆起航，探索人生的星辰大海

面对选择，我们可能会犹豫、迷茫，但要知道，每一次选择都是一场全新的冒险！每一场冒险都会让我们的生活更加精彩！

我们要明确自己的目的地，那是我们前行的方向。思考一下自己的价值观，才能知道自己应该驶向哪个港口。

当然，航行中难免会遇到风浪。但不要害怕，这些挑战只会让我们变得更加勇敢和坚强。真正的航海家都成就于风雨。

在航行的过程中，我们需要一位好伙伴，那就是"反思"。每当结束一段旅程，坐下来与自己聊聊吧。比如："我在这次实践中学到了什么？""下次应该怎样做得更好？"这样，我们的航海之旅会变得更加有趣和充实。

在反思的过程中，我们可以试着将发生的事情或经历写下来。不需要写很多，只需要记录下关键的信息和感受。然后，花一些时间思考这些事情，分析其中的因果关系、决策的得失及情绪反应的合理性等。思考让这些经历变得更有意义。将这些经验教训总结起来，明确自己从中学到了什么，并有意识地将这些经验应用到未来的生活和学习中。

别忘了欣赏沿途的风景。人生不仅是为了到达目的地，更是为了享受旅途中的每一刻。所以，放慢脚步，欣赏那浩瀚的海面、绚丽的日落和神秘的岛屿吧！

第四部分 04

NAN HAI, QING CHUN QI NI YAO DONG DE SHIER

了解各种"瘾"的需求

15 每次看广告,都很容易被吸引到心动,怎么办

我是一名中学生,总会被各种各样的广告产品吸引,难以自拔。这个问题已经困扰了我很久。

就在前几天,我正在家里专心做作业,突然客厅中的电视里传来了令人心动的音乐声,我出去一看,屏幕上正展示着一款全新的游戏机。广告中的演示视频和震撼音效将我吸引住了,我的内心充满了对这款游戏机的渴望。

我无法抵挡诱惑,完全沉浸在广告中,脑海里充满了各种精彩的游戏画面。我开始幻想自己与朋友们一同玩游戏的场景,仿佛自己已然成了游戏高手。

就在这时,厨房传来了妈妈唤我吃饭的声音,弟弟正在帮妈妈摆放晚餐的桌子。我的情绪顿时冷却,明白自己不能继续沉迷在游戏机的广告中了。

"我真的需要这个游戏机吗?我已经有其他娱乐方式了,为什么还想花钱买它?"我听到了心里斗争的声音,那就是物质诱惑和内心需求之间的冲突。

就在这时,弟弟满脸笑容地走到我面前说:"哥哥,晚餐

已经准备好了,我们一起来吃饭吧。"而广告词始终在我脑海中挥之不去。

好几次因为我说想买广告里的东西而被妈妈批评了。这让我感到非常痛苦,因为这不仅耽误了我的学习,还影响了我和家人的关系。我该怎么办?

——李阳

一、改变生活环境,明确优先选项

欲望是驱使我们去追求、去努力的原动力,但也是一把双刃剑,如果控制得当,它会成为我们前进的引擎;如果控制不住,它会牵着我们的鼻子走,让我们成为它的奴隶。

如果你总是觉得"我想要那个玩具""我想买那个游戏机",但又不想通过努力去获得,那就是欲望在作祟。欲望有时候会蒙蔽心神,让我们忘记自己真正想要的是什么。

那么,如何控制欲望呢?不妨试试这几种方法。

(1)观察周围的环境,是不是有什么东西总是在诱惑你？当你意识到这些东西的存在时，你就可以有意识地避开它们。

（2）培养自己的兴趣爱好。当你有了真正喜欢做的事情时，那些物质的欲望就会被淡化。比如，你可以尝试画画、做运动或者学习一门乐器，这些都能让你找到真正的快乐。

（3）明确自己的目标。一个人知道自己真正想要的是什么，就不会被那些物质欲望迷惑。你可以写下自己的长期和短期目标，每当你感到迷茫或者被欲望驱使时，就看看自己的目标，提醒自己不要偏离方向。

（4）创造一些健康的替代选择，用来分散注意力。需要明确的是，替代选项能帮助我们更好地掌控自己的欲望，但也要注意合理适度。

通过学习和思考来培养正确的意识和理性判断力，从而更好地管理自己的欲望和消费行为，实现生活和学习的平衡，追求真正的幸福与满足。

二、提升内在富足感，有效降低欲望

青春期是大脑发育的关键时期，会影响孩子对风险和奖励的认知，同时也会对情感和记忆产生影响，进而影响他们对欲望的控制与把握。

大脑皮层的前额叶和颞叶在对欲望的控制中扮演着重要角色。前额叶就像一位情绪大管家,管理我们的行为和决策,负责奖励和惩罚。而颞叶则是处理记忆和情感的巨匠,它的作用也不可小觑,特别是在控制欲望方面。

我们之所以会被购物欲望困扰,可能是因为我们的基本需求没有得到满足。当我们感到孤独、无助或空虚时,购物就成了我们逃避现实的"零食"。

现代社会中,电视和游戏机等设备只是娱乐的一种选择,且这些不能取代真正的人际交流和情感沟通,也不能带来长久的幸福感,幸福并非来源于物质的积累,而是源于内心深处的满足感和价值感。

自我管理可以帮助我们在面对购物欲望时,保持理智、控制冲动。

此外,还可以采取一些放松和平衡心态的方式来缓解欲望,如深呼吸、放松训练、运动等。

三、超越物质追求,找到真正的快乐和满足

曾经有这样一个小镇,居民们大多是退休老人,生活俭朴却充满着乐趣,他们有着一个共同的爱好,即手造玩具。这些玩具并非商家所生产的塑料玩具,而是由居民们自己用

柴棍、布头、面粉等材料手工制作的。他们在制作玩具时享受到了制作的乐趣和创造的成就感。这样的生活方式让他们充满了幸福感，不会因为外界的诱惑而患得患失。

如今的社会，广告铺天盖地，消费主义文化让我们不断地购买商品。我们的欲望在膨胀，却失去了真正的快乐和幸福感。

培养理性消费意识能够帮助我们掌控购物欲望，重获内心的平静和幸福。那么，如何培养理性消费意识呢？

（1）分清需求与欲望。需求是满足基本生活所必需的东西，而欲望则是非必要的。

（2）建立储蓄习惯也很重要。将一部分资金用于储蓄，培养存钱的习惯。

（3）与他人分享消费经验，并从他们那里借鉴一些智慧。

（4）在日常生活中，寻找和发现更多美好的事物，可以帮助我们转移注意力，从而减少购物欲望。

审视自己的需求，面对各种广告时，做出明智的选择。让我们谨记，真正的快乐和满足来自内心的成长和现实中的情感交流。

16 心里控制不住地想花钱,怎么办

我是一名普通的初中生,有一个特别不好的毛病——总是大手大脚地花钱,我的零花钱总是在不经意间就花光了,总是不够用,而且我从未学会管理财务。

这个毛病让我陷入了困扰和焦虑。我开始回想自己的消费行为,从吃零食到参加各种活动、购买漫画书和手游装备等,我发现我无法控制自己的消费欲望。每次付钱时,我总是毫不犹豫,甚至把过年的压岁钱都花光了。看着身边同学的储蓄越来越多,我感到无所适从。

我决定向我的好朋友求助,好朋友分享了他的理财小技巧,比如,如何理性地购物、如何利用二手市场和如何节约开支等。

听了好朋友的建议后,我决定尝试一下。我开始制订预算,规划开支和储蓄,把每个月的零花钱分成几部分,分别用于不同的开支项目,如生活费、娱乐费和储蓄等。我也尝试过利用二手市场节约开支。然而,过了几天,我又回到了原来的样子。

我该如何战胜自己的消费欲望呢?

——14岁的泽维

第四部分 了解各种"瘾"的需求

一、降低欲望，学会理性消费

有时，我们可能会觉得，如果拥有了某样东西，自己就会快乐。但实际上，真的得到之后，那种快乐很快就会消失。

多数情况下，我们的消费行为都是被广告、社交媒体等外在因素催生的。比如，看到朋友圈里大家都晒了新鞋、新衣服，自己可能就会想同样买来晒一晒，但这种消费能带来的只是短暂而虚假的满足。

那么，如何才能不被欲望驱使，真正做到理性消费呢？

首先，试着找出自己真正的需求。比如，如果你真的很喜欢画画，那么买一个质量好的画笔和纸就是有意义的。但如果你只是因为看到别人有而想跟风，那就没必要了。

其次，学会控制自己的欲望。有时候，我们的内心会有两个小人在打架，一个说要买这个、那个，另一个说其实并不需要这些东西。这时，我们要学会听从理智的小人的建议，而不要被欲望的小人驱使。

然后，尝试用其他方式来满足自己的需求。比如，如果你觉得孤独，与其花大钱买一堆没用的东西，不如约朋友一起玩或聊天。这样不仅能增进感情，还能让自己感到真正的快乐。

最后，要明白一个道理：真正的幸福和满足并不来自物质的堆积，而是来自精神的富足。当我们学会控制自己的消费欲望，真正明白自己需要什么、不需要什么时，我们的生活就会变得更加简单而充实。

让我们做理智的消费者，成为自己生活的主人。

二、学会理财，合理分配零花钱

理财，对于中学生来说，可是一门大学问。它就像一个贴心的朋友，帮你打理零花钱，为未来的梦想积累资本。

沃伦·巴菲特曾经说过："不要把所有的鸡蛋放在一个篮子里。"这句话告诉我们，理财的时候要分散投资，零花钱要分放在不同的"篮子"里。

但有时候，我们可能会受到一些心理因素的影响，做出不明智的理财决策。

比如，有个叫小明的中学生，特别喜欢买新衣服和电子设备。每次看到广告或者同学们有了新玩意儿，他就忍不住想买。长此以往，他便忽视了真正的需求和长期的目标。

我们可以采取一些策略，来避免这样的心理陷阱。

首先，尝试多角度思考。比如，买一件衣服时，除了考虑款式和流行度，还可以想想它是否真的符合自己的风格和需求。

其次，学会理性判断。不要光凭感觉或一时的冲动做决定。我们可以收集一些数据，比较不同商品的价格和性能。

然后，可以向家长、老师或理财专家寻求帮助。他们都能提供宝贵的建议和指导。

接着，学会权衡机会成本。这就好比在超市选零食的时候，放弃某样东西选择更健康的食品一样。我们在做决定时也要考虑机会成本，确保自己的选择是最合适的。

最后，制订理财计划，并把零花钱分配到多个地方，学会合理支配每一分钱。理财虽然复杂，但只要我们学会理性思考，并坚持执行计划，就一定能成为理财高手！

三、培养长远的眼光和延迟满足的能力

当我们手里握着一点零花钱，自然会想要买买这、玩玩那，这是正常的，只不过需要理智来应对和管理。

首先，我们要认识到那些难以抵抗的诱惑和冲动。是不是经常想吃零食、刷社交媒体？这些都是需要克制的不良爱好。

抵抗不良诱惑和冲动的绝佳方式便是培养长远眼光和延迟满足的能力。

（1）一切都要从小事做起。我们可以从规定自己每天只

吃一颗糖果开始，慢慢地学会延长满足感。同样地，也可以设定一些小目标，比如每天阅读1章书、运动10分钟，然后逐步增加时间或任务量。这样不仅能帮助我们提高自控力，还能培养出良好的自律习惯。

（2）尝试一些特别的方法来更好地控制自己，如冥想和正念练习。这样，面对诱惑时，我们就能更加冷静地做出判断。

（3）和家人一起制订一些简单的规则。每当我们完成一个小任务，比如做完作业或帮忙打扫了房间，就可以得到一个小奖励或代币。这样既能让我们学会等待和积累，同时也给了我们向目标努力的动力。

（4）通过健康的生活方式来降低自己的欲望。如果我们通过运动、阅读和与朋友交流来充实自己，就不会总是想着买东西了，而且，这些活动还能提升我们的身体素质和知识水平。

只要我们愿意从小事做起，用长远的眼光来看待欲望与物质，未来一定会更加美好！

17 经常会胡思乱想，怎么办

有时候，我的脑子就像一部疯狂的电影放映机，停不下来。上课的时候，我也难以集中注意力，思绪会时不时地游离。自习课的时候也是，没有老师的监督，我就会陷入自己的幻想世界中，想着长大以后如何如何。

上个周末，原本计划和好友们聚会狂欢，但堆积如山的作业就像一个巨大的怪兽挡在我面前，我只能留在家里写作业。

我知道一味畅享自己以后会怎样是没有意义的，应该安下心来面对学习，但是学不了多久，就会觉得学习很难，心情也越来越沉重，感觉自己的生活越来越没有色彩。

尤其是每次看到考试成绩时，我都会告诉自己，不能一直这样下去。我试图思考问题所在，却始终不得要领。我不知道自己该怎么做才好。

——赵小黎

一、静下来梳理思绪，掌控想象力

你是不是常常感到自己的大脑像一团乱麻，总是思绪满天飞？别担心，这很正常。想象力能让我们看到别人看不到的风景。

当然，长期的胡思乱想会让人困扰，这时，我们就需要梳理思绪，试着找出胡思乱想的原因。是学习压力太大了，还是情感上有些小波动？只有找到问题的根源才能更好地解决它。

（1）面对学习压力，可以试着调整自己的学习方法。制订一个合理的学习计划，分阶段完成任务，这样可以减轻压力。同时，保持积极的心态。尝试用一些积极的语句来激励自己，比如"我能行""我很棒"等。

（2）情感问题也是导致胡思乱想的一个重要原因。当遇到情感问题时，可以试着冷静下来，理性地进行分析。如果感到困惑，不妨找家人、朋友讨论一下，或许他们能给出不错的建议。

另外，要认识到想象力的重要性。想象力的确是一切创造力的源泉。有了它，才可以打破常规，跳出思维定式，创造出令人惊叹的东西。只要学会掌控，想象力的力量就是无穷的，它可以让我们在脑海中构建出全新的世界。如何让想象力更丰富呢？

（1）对周围的事物保持好奇，愿意去探索、去尝试新事物，这样我们的思维就会更加活跃，想象力也会更加丰富。

（2）通过培养兴趣爱好来丰富想象力，如学习绘画、音乐、写作等艺术类课程，这些课程可以激发创造力，帮助我们掌控想象力。

（3）通过阅读来拓展自己的想象力。我们生活的现实世界毕竟有限，而文字的世界却无边无际。积累知识就像给想象力插上翅膀，它可以带你穿梭古今，遨游寰宇。

二、专注当下，停止内耗，释放创造力

人一旦陷入胡思乱想的旋涡中，就会消耗大量精力，并产生消极情绪和行为。这种精神内耗会悄悄磨灭我们的意志和创造力。这时，不妨停下来，借助一些方法，找回自己的方向。

首先，制订一个明确的目标，用绘制思维导图或者写下目标的方式，将大目标分解成小目标，逐步去实现。同时，设定一些小奖励，激励自己不断前行。

其次，尝试进行深呼吸、冥想或者瑜伽等放松身心的活动。这些活动可以帮助我们缓解压力，让我们的思维更加清晰。

接着，学会专注当下。这并不意味着我们不需要规划未来或反思过去，而是要在规划与反思中找到平衡。积极心理学奠基人米哈里·契克森米哈赖认为，在专注于当前任务时，人们会进入"心流"状态，即全神贯注、投入其中的状态。"心流"可以帮助我们提高学习效率，收获更大的满足感、充实感和自我价值感，进而减少胡思乱想的情况。

然后，在学习的过程中，尝试使用番茄工作法或者时间管理工具来帮助自己集中注意力。也可以采用多种感官参与的方式，如用彩色笔画重点等，进一步提高学习效率。

最后，学会合理安排时间，给自己留出一些休息和娱乐的时间，让自己的生活更加平衡和丰富。

总之，停止内耗、释放创造力是一个需要不断努力和实践的过程。只要我们掌握了正确的方法，一定能够将漫天飞舞的思绪转换为丰富的想象力和创造力。

三、接纳不完美，改变思维方式

被各种思绪困扰可能与我们追求完美的心理状态有关。追求完美本身不是坏事，但物极必反，过分追求完美则会给我们带来不必要的压力，我们可能会因此而变得过于严谨和刻板。如何能解决这个问题呢？

首先,要调整自己的期望值,不要对自己和他人要求过高。具体做法是:把大目标分解成小目标,然后一步一步去实现,不要想着一下子就达到完美。

其次,要学会放松自己。每当感到压力和疲惫时,就去尝试一些放松的活动。

然后,建立积极的人际关系。与家人、朋友和同学保持良好的关系,相互支持和理解。这样我们才能更好地应对挑战和压力,共同收获幸福。

接着,制定具体可行的目标,适度挑战自己,提高自己的能力和素质。保持耐心,相信自己的能力,不断努力追求梦想。

最后,学会接纳自己的缺点和不完美。不要害怕失败和挫折,每一次失败都是一次宝贵的体验,要学会从中吸取教训、总结经验,不断成长和进步。

总之,当你感到被各种思绪困扰时,不必过于焦虑和担心。只要调整期望值,放松自己,建立积极的人际关系,我们就能走出思维与情绪的迷宫,与自我和解。

18 — 打游戏我就能忘了吃饭、睡觉，怎么办

我是一名高中生，近来我发现自己对游戏越来越着迷，沉迷于其中难以自拔。

每当打游戏时，我就会忘记时间，忘记吃饭，忘记睡觉。

这种情况开始出现在我初中三年级的时候。那时，我整日沉浸在游戏中，因为玩得太投入，常常拖到最后一刻才开始做作业，甚至还会找各种理由逃避学校的考试。最后，父母发现了我的问题，对我进行了严厉的批评和管制，我因此不得不暂时放弃游戏，努力学习。

可是，随着高中的来临，我又开始重新沉迷于游戏之中。

最近一次，我在玩游戏时忘了吃饭，妈妈生气地说："别再这样了！你每次都沉迷在游戏中，不仅影响了学习，还会影响身体健康。"我明白妈妈的话，却控制不住自己。当手握游戏手柄、观看屏幕中精彩的场景时，我就会忘记一切，包括吃饭、睡觉。

这次家长会后，爸爸也开始重视我打游戏的问题了，"今天，你们班主任的话让我意识到了问题的严重性，打游戏严重

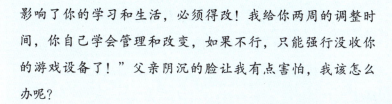

影响了你的学习和生活,必须得改!我给你两周的调整时间,你自己学会管理和改变,如果不行,只能强行没收你的游戏设备了!"父亲阴沉的脸让我有点害怕,我该怎么办呢?

——楚云

一、了解沉迷游戏的机制,在学习上先猛攻一科

　　游戏已经成为现代社会中不可或缺的一部分。伟大的军事家孙子曾经说过:"知己知彼,百战不殆。"对于战胜沉迷游戏这一"对手",深入了解沉迷游戏的心理机制是第一步。

　　在心理学中,有一个理论叫作强化理论,它解释了游戏如何通过奖励系统来让人上瘾。当我们获得游戏中的奖励和成就感时,大脑会释放多巴胺等快乐激素,使我们产生愉悦的感觉,从而加深对游戏的沉迷。

　　简单来说,游戏让人上瘾的机制是及时奖励,在游戏

中,游戏者可以轻松且快速地获得刺激、成就感和满足感。这种感觉让人欲罢不能。

那么这种感觉能否在其他地方获得呢?

中考第一和打赢游戏的感觉本质上是一样的。由此可见,学习中若是能够得到这种体验,沉迷游戏的问题自然有解了。

至于在学习中获得这种成功的快感,一个简便方法便是集中精力攻下一个学科。选择让自己花了时间就可以快速提分的某一科,花上一周时间,猛攻相关知识,得到赢的体验后,自然有更多的积极性去主动学习其他科目了。

二、有目标的人生,才能更加充实和有意义

西方有句谚语:"如果你不知道要到哪儿去,那通常你哪儿也去不了。"寻找能够给自己带来成就感的事物,将成为我们摆脱游戏沉迷的力量源泉。

摆脱游戏沉迷,需要给自己确立一个成才目标。

爱因斯坦说:"一个人对社会的价值首先取决于他的感情、思想和行动对增进人类利益有多大作用。"这就是说,一个人活着,不能只想着向社会索取,更应该关注自己能为社会做出的贡献。

微软全球副总裁李开复曾说:"人生只有一次,我认为最重要的就是要有最大的影响力,能够帮助自己,帮助家庭,帮助国家,帮助世界,帮助后人,能够让他们的日子过得更好,更有效率,能够为他们带来幸福和快乐。"

迈克尔·菲尔普斯是历史上最成功的奥运游泳选手之一。他拥有 28 枚奥运会奖牌,其中 23 枚是金牌。当他还是一个孩子时,就立下了成为一名伟大的游泳选手的目标,并为此付出了巨大的努力。他的毅力、专注和奋斗精神帮助他成为一个游泳传奇。

只有拥有明确的目标指引,才能将梦想变成现实,并把未来塑造成自己想要的样子。静下心来想一想,让你一直心动的目标是什么?你愿意为之努力和奋斗的目标是什么?找准目标,人生才能更加充实和有意义。

三、设立奖励,建立健康的生活习惯

据新闻报道,一个小伙子阿荣因连续几日通宵打游戏,突然一侧身体动不了……家属及时将其送到医院抢救,一查竟是急性脑梗,俗称"中风",幸好总算是捡回一条命。

远离游戏的诱惑,健康的生活习惯和良好的时间管理是至关重要的。可以说,健康的生活习惯和良好的时间管理是

摆脱游戏沉迷的基础。

（1）建立固定的作息时间。设定好睡眠闹钟，尽量在每天相同的时间上床睡觉，养成规律的作息习惯。这种固定的时间表可以让我们的身体建立生物钟，帮助我们准时休息。

（2）设定奖励机制。为自己设定小的奖励来激励自己坚持良好的生活习惯和时间管理。奖励可以是物质奖励或精神奖励。

（3）规划第二天的事务。睡前写下第二天的计划和任务清单，为大脑提供放松信号。

只有拥有良好的生活习惯，合理安排学习与休息，才能更好地平衡生活和学习，从而摆脱游戏的诱惑，收获身心健康。

第五部分

学会面对人生的不如意

19 没有理想就没有未来吗

我是一名很普通的中学生,长相普通,才艺平平。而我的父母都是名校毕业,他们总是期望我能成为一个优秀的人。

于是乎,我的周末被各种才艺班填满,生活中,学校、才艺班和家庭作业压得我喘不过气来。我常常问自己,这些努力值得吗?我为什么要去追求那些我并不感兴趣的东西?

有一次,学校组织了一个职业规划讲座。听完之后,大家都沸腾了起来,纷纷表示要成为医生、科学家、音乐家或者演员等,而我却感到无力和落寞。我没有什么特长,也没有明确的理想,对未来也没有方向、没有目标。

我的未来在哪里?生命的灯塔又会在何时将我照亮?

坐在书桌前,妈妈像往常一样送来一杯温水,拍了拍我的肩膀告诉我要加油!我也想专心读书,可是困惑和不安萦绕于心,挥之不去,我知道自己现在还没有找到方向和梦想,难道这就注定我没有未来吗?

——浩初

一、勇敢前行，为未来积蓄力量

网上有人提问，一个人没有理想会怎样？有人如此回答：没有理想的人，他的生活如荒凉的戈壁，冷冷清清，没有活力；没有理想的人，他的生活如无舵的航船，颠颠簸簸，没有方向；没有理想的人，他的生活如漫漫的黑夜，昏昏暗暗，没有光亮；没有理想的人，他的生活如断线的风筝，摇摇摆摆，不知归宿。

可以说，理想是一个人生活和学习的导航，指引我们该去的方向。

是否有人在青少年时期就找到了自己的真正理想呢？当然有，但是不会很多。这是因为青少年的三观远未成熟定型，本身就处于身心剧烈动荡的时期。

著名科学家钱学森在这个年纪时也是被父亲带着到处找老师补课，但他最后找到了科学救国的梦想，荣获"两弹一星"功勋奖章，并被称为"中国火箭之父"。

由此可见，在青春时期遭遇迷茫、困顿、坎坷并不可怕，只要勇敢前行，为未来积蓄知识、智慧、能力、精神、品格、体魄，最终都能找到人生的定位，实现生命的价值。

第五部分　学会面对人生的不如意

二、是楠木的种子，就会长成参天大树

寂静法师在《让世界因我而美丽》中说过这样一段话："如果我是一粒小草的种子，天地就会帮助我成为一株小草；如果我是一粒鲜花的种子，天地就会帮助我开出一朵鲜花；如果我是一粒楠木的种子，天地就会帮助我成为参天大树。"

一个听说过楠木的农人在春天里种下了一颗楠木的种子，那时芦苇也才刚刚发芽。

过了一个月，楠木长出了嫩苗，而芦苇已经很高了。农人想：楠木怎么不如芦苇呢？

又过了三个月，楠木虽然长高了些，可还是小小的。相比之下，芦苇就不一样了，已经一米多高了。

农人开始怀疑，难道楠木参天的传说是假的？

就这样，农人忍受了一年，楠木终于长到两尺①多高了，可是芦苇却已经长到两米多了。农人彻底失望了。

可农人不曾想到：三十年后，芦苇还是芦苇，楠木已成了一棵大树；五百年后，芦苇还是芦苇，而楠木呢？已是参天古木了。

《大学》有言："古之欲明明德于天下者，先治其国；欲治其国者，先齐其家；欲齐其家者，先修其身；欲修其身

---

①　1 尺 = 0.33 米。

者，先正其心；欲正其心者，先诚其意；欲诚其意者，先致其知；致知在格物。"

在一块墓碑上刻着这样的一段话：

"当我年轻的时候，我的想象力从没有受到过限制，我梦想改变这个世界。当我成熟以后，我发现我不能改变这个世界，我将目光缩短了些，决定只改变我的国家。

"当我进入暮年后，我发现我不能改变我的国家，我的最后愿望仅仅是改变一下我的家庭。但是，这也不可能。当我躺在床上，行将就木时，我突然意识到：如果一开始我仅仅去改变我自己，然后作为一个榜样，我可能改变我的家庭；在家人的帮助和鼓励下，我可能为国家做一些事情。然后谁知道呢？我甚至可能改变这个世界。"

这段话铭刻着一个人关于生命的思考，他穷其一生才明白：改变始于自己。

既然生命自有它的种子，何不从身边力所能及的小事做起，用心去找寻那颗种子呢？这或许正是人生最深刻的意义所在。

三、榜样如炬，追光前行

关于榜样，塞内加说过这样一句话："教诲是条漫长的道路,榜样是条捷径。"

晚清名臣左宗棠说,"少年择高处而立""人之有志,如树之有根",在青少年阶段,我们要志存高远,立下远大的理想与抱负,这样的根基与信念会不断激励我们前行。

榜样如火炬,照亮我们的人生路,通过主动去了解、追随、模仿那些闪耀的人类群星,可以改变我们的一生。17岁女孩李依庭,就是在她7岁时听说了袁隆平爷爷的故事后,立志要成为他那样的人。十年间,她不仅成为"跨界"学霸,还获得了世界顶尖科学协会"优秀小科学家"称号。大山里的孩子桂海潮,高二那年在校园广播里听到了航天员杨利伟的事迹,于是找到了一生的奋斗目标,现在已经成为"神十六"的航天员。

一个好榜样,胜过100个好老师。选择合适的成功人士作为榜样,深入研究他们的经历和思维方式,聆听他们的演讲,阅读他们的传记,去了解他们寻找并实现自己理想的过程,从他们的经历中,汲取宝贵的经验和智慧,为开启属于自己的未来之旅做好准备。

人生,如同一部史诗,每一个人都在塑造着属于自己的传奇。追随榜样,能让我们更快地找到自己的人生航向。

20 我总想掩饰自己的家庭，怎么办

我是一名外表阳光、开朗的高中生，但我的内心藏着一个阴暗的角落：我总是试图掩饰自己的家庭。

每当同学们谈起家庭时，我总是躲避。我害怕他们知道自己的家境并不优越，担心被同学们嘲笑或歧视。我害怕自己会成为别人眼中的"丑小鸭"，得不到尊重和关注。

我很羡慕其他同学能与父母在放学后欢快地聊天，而我的父母因为工作繁忙，经常回家很晚，很多时候根本无法陪伴我。我渴望得到父母更多的关注和关爱，却又不愿承认他们无法陪伴我的这个残酷现实。

我不希望别人知道我的家庭缺乏关爱和陪伴，因为这样会暴露我内心的脆弱。

有一次，学校邀请家长来参加学生活动。同学们都争先恐后地打电话给家长，而我却感到一阵矛盾和失落。既担心父母可能因工作繁忙而不能过来，又担心一旦他们出现，同学们可能会发现我的家庭是困难的，从而贬低或嘲笑我。

"我该怎么办？连家长都羞于让别人知道。"这个疑问在我内心挥之不去。我告诉自己要坚强，要学会独立，但

> 孤独和无助总是困扰着我。这些情绪使我变得越来越封闭,甚至偶尔陷入抑郁之中。
>
> 我害怕面对别人的评判和贬低,害怕暴露自己的家庭,我该怎么办?
>
> ——李晓峰

一、接纳自己和家庭,家庭是坚强的后盾

掩饰自己的家庭,是一种非常复杂的情绪,交织着羞耻、担忧、不安、孤独和压力。

青少年面对无法选择的家庭背景时,常会产生复杂的情绪,这是正常的,我们要做的就是需要勇敢地接纳它,并积极地面对现实。具体该怎么办呢?

首先,深入了解家庭的真实状况。想要更好地接纳家庭,就需要理解家庭成员的内心世界。走进他们的处境,感受他们曾经历过的困难和挑战。只有这样,通过建立对家庭成员的同理心,学会换位思考,我们才能更好地理解他们的

行为和选择。

其次，学会培养积极的生活态度。我们可以选择将注意力聚焦在家庭中美好的过往和瞬间，这能帮助我们改善对家庭的看法，使我们更能接受其中的不完美之处。

然后，我们应该学会接纳自己的情感和经历，承认自己的强项或者不足，给予自己宽容和赞赏，停止对自己的苛责，真正地接纳自我也会让你更容易接纳家庭。

注意，时刻保持内心的平衡和稳定，是接纳家庭的重要支点。

最后，努力建立属于自己的事业。我们要去追求自己的兴趣爱好，发展特长，创造属于自己的生活轨迹。

给自己一些时间和空间，毕竟这是一个渐进的过程。最重要的是，保持开放的心态，要勇于面对自己与家人，并寻找适合自己的方式来处理家庭的问题。

法国作家罗曼·罗兰的小说《约翰·克利斯朵夫》中的主人公虽然出身于贫困的家庭，但他就如同一棵蓬勃生长的小草，在逆境中坚韧不拔，永不言弃。这个故事告诉我们，无论身处何种环境，只要我们愿意付出努力，就有可能改变自己的命运，开创美好的未来。

二、用行动超越过去,点亮未来

每个人的成长过程都承袭了来自他人的"人生剧本",这里的他人主要是指我们的家人,甚至包括我们的祖先,所以更确切地说我们是在改写人生剧本,而不是编写它。思维消极的时候,我们可以选择积极主动地在学习和生活中寻求改变。具体该怎么做呢?

首先,需要明白家庭背景不代表全部。认识到每个人都有不同的过去和家庭状况,这样可以更好地理解自己,然后为自己设定积极的目标。

其次,每个人都有机会通过自身的努力和能力来改变命运。尽管我们可能受制于家庭背景,但通过学习和职业选择,就有机会摆脱困境,铺就自己的成功之路。

最后,通过处理内心的矛盾和困惑,建立自信,选择正面面对困难的态度,相信自己通过努力可以弥补家庭背景中的不足,从而更好地应对各种挑战。

王明是一个青少年,来自一个经济困难的家庭,但他积极面对挑战,通过努力学习,取得了优异的成绩,并获得了一份奖学金,进入了梦想中的大学。

这个例子告诉我们,通过改变思维方式,建立积极的心态和行动,我们就可以改变自己的现状。

三、学会积极沟通,构建关爱之桥

家庭是每个人成长的摇篮,也是情感寄托的港湾。在家庭中,寻求关注和支持是人类的基本需求之一。

有时候,父母作为大人可能并不了解青少年的需求,或者他们也正在面对自己的困难。这种情况下,青少年更要积极主动地与父母沟通,增进对彼此的了解,找到改善家庭关系的方式。

诚实、坦率的沟通是构建和睦关系的桥梁。我们需要与家人进行坦诚的对话,表达自己的需求和感受。

此外,还可以培养积极的自我认同和自尊心,寻求外界的支持和友谊,进而弥补家庭中缺失的关爱和陪伴。如参加社交活动、结识新朋友,这些可以为你提供额外的社会支持和情感联结。

关于如何培养积极的自我认同,以下是一些具体建议。

(1)学会尊重自己的感受和需求。

(2)学会自我接纳,接纳自己的优点和缺点。这种自我接纳可以帮助你建立内在的价值感和稳定感。

(3)培养兴趣和爱好,这样可以更好地发展个人潜能,增强自我认同。

(4)明确自己的人生目标和价值观,这可以让我们更加自信地面对生活中的各种挑战,并且在家庭关系中传递积极的能量。

（5）自我成长和学习，不断追求进步的态度能够增强我们的自信心和自尊感。

（6）积极的自我认同可以帮助我们更好地理解和尊重自己，进而更好地理解和尊重家人。

（7）学会倾听与尊重。不仅要表达自己的需求和感受，还要多一些耐心，倾听家人的声音，并尊重他们的需求和感受。

在面对家庭背景的问题时，我们可以通过接纳自己、建立支持系统，来积极应对当下的挑战。无论家庭背景如何，每个人的成功都离不开自己的努力，过分强调家庭背景只能说明你的心智尚未成熟。让我们以积极的态度迎接生活的挑战，实现个人的成长和发展。

21 爷爷去世了,我没有见到他最后一面,怎么办

那是冬天的一个晚上,我正沉浸在书的世界里,突然,妈妈的电话打来,告诉我一个无法接受的消息:爷爷离世了!那一刻,我仿佛被重锤击中,整个世界都静止了。我无法相信这是真的。在我心中,爷爷一直很强大,是我成长的陪伴者和引路人,我们一起度过了很多的快乐时光。

那天晚上,我躺在床上,泪水打湿了枕头,不住地想起爷爷慈祥的面容和他为我讲过的故事。他总是鼓励我追求自己的梦想,告诉我生活中没有什么是不可能的……他的每一句话、每一个微笑都成了我心中最珍贵的回忆。

第二天,我们全家驱车前往爷爷家。当我走进他的房间时,我只看到了那张熟悉的画像,而床上已经空无一人。那种空荡荡的感觉让我心如刀绞。

我跪坐在地上,泪水不断地滑落。妈妈轻轻地拍着我的背,安慰我说:"孩子,你爷爷走得很安详,他希望你能够快乐。"这些话让我更加难过,因为我知道爷爷是多么疼我。

我控制不住地去设想爷爷的最后时刻,他会不会疼?会

第五部分 学会面对人生的不如意

不会怕？这种想象让我心如刀割。我多么希望当时陪伴在他身边，给他带去一丝温暖和安慰。

如今，爷爷已经离开，但他的教诲和关爱将永远伴随我成长。我会努力实现爷爷的期望，让他的教诲成为我前行的力量。只是，每每想到未能见到爷爷最后一面，我就忍不住想象他最后一刻的孤独无助，这让我陷入了无尽的悲伤和自责。

——桓桓

一、释放负面情绪，走出失去的阴霾

生活就像一辆长途客车，途中会不断有人上车，有人下车。当面对失去亲人的痛苦时，我们需要学会释放情绪，并给予自己足够的时间和空间来疗愈。或许，我们可以借鉴大自然的智慧，让情绪如同江河一般自由流淌；又或许，我们可以学习古树的坚忍，寻求宽广的天空来宣泄内心的压力。

孔子曾在《论语》中教导我们"哀而不伤"，这句话是说当我们遇到悲伤的事情时，不能被情绪牵着走，而是应保

持冷静和理智,不过分沉湎于悲伤、痛苦的深渊。

以下是一些具体可行的建议,可以帮助我们释放内心的痛苦。

(1)倾诉。找一个信任的人,倾诉我们的感受和内心的痛苦。

(2)接受悲伤。允许自己感到悲伤和痛苦,不要压抑或者否认这些情绪。接受它们的存在,让它们自然流淌出来,并尽量不要对自己加以评判。

(3)留出时间和空间。不要急于摆脱悲伤,缓慢地去适应和面对这个新的现实。

(4)创作纪念作品。这个过程可以帮助你缓解内心的痛苦。将无形的思念化作有形的纪念,一定可以带给你些许慰藉。

(5)关注自身需求。照顾好自己的身体和心理,保持良好的饮食习惯、规律的睡眠和适度的运动,这样有助于缓解压力和焦虑。

生离死别是人生的必修课。愿你在面对失去亲人的悲痛时,能学会释放负面情绪,勇敢地面对事实和痛苦,找回心灵的平静与安定。

二、了解"悲伤"的五个阶段

失去宛如人生旅途中无法回避的阵痛。如果不能妥善化解这种阵痛，它便可能演变为抑郁的魔鬼。

美国著名精神病学家伊丽莎白·库伯勒·罗斯在《论死亡与临终》中提出了悲伤的五个阶段反应模型，可以帮助我们更好地理解自己内心的变化。

第一阶段："否认/隔离"。在这个阶段，我们可能会觉得难以相信亲人或朋友已经离开了我们，甚至会不断地回忆他们生前的事情，希望一切都只是一个梦。

第二阶段："愤怒"。在这个阶段，我们可能会对离去的人产生愤怒，甚至会对周围的人或环境产生敌意，恨自己无能为力。

第三阶段："讨价还价"。在这个阶段，我们会试图挽救，比如开始和"佛祖"或"上帝"进行讨价还价，以为只要改变某个做法，就能改变已经发生的事实。

第四阶段："抑郁"。在这个阶段，我们可能会感到沮丧和失落，变得无比痛苦和脆弱，这时我们应该向亲朋好友倾诉自己的感觉，或者寻求专业的心理帮助。

第五阶段："接受"。在这个阶段，我们开始逐渐接受失去的现实，慢慢学会放下过去，重新整装出发。

总之，接受失去是一个复杂而漫长的过程，我们需要给自己足够的时间和空间来适应这个变化，只有这样，我们才能真正走出失去的阴霾，重新快乐地生活和学习。

三、继承亲人的精神和信仰

虽然亲人已经离我们而去，但我们可以永远珍藏那些美好的回忆，让它们化作我们内心的力量和指引。这种力量可以让我们更好地面对生活中的挑战和困难。其实亲人永远活在我们心中，他们的爱和力量将一直支持着我们前行。

我们深刻感知亲人的爱与关怀，感恩他们曾经在我们生命中的存在。除了回忆美好时光，我们还可以继承亲人的精神和信仰，学习他们的品质和价值观，从他们的生平和言行中汲取智慧和力量来指导我们的人生，让他们永远活在我们心中。

此外，我们还可以通过积极的生活态度来纪念亲人，努力让自己变得更优秀、更出色，让亲人为我们感到骄傲。同时，也可以用积极的方式去帮助别人、回馈社会，让亲人的精神在我们的行动中得到传承和发扬。

最后，让我们在已逝亲人的爱和力量的陪伴下，勇敢地面对未来，成为更好的自己。

第五部分　学会面对人生的不如意

22 在篮球场上，面对强手时，我常以失败而告终，很苦闷，怎么办

我是一名爱打篮球的高中生，无比羡慕队友们可以自信、从容地投篮进球，羡慕他们可以收获场下观众的欢呼，而我却始终无法加入胜利者的行列。

我对篮球充满了热爱，也曾努力训练，提高技巧，但每当比赛开始时，我仍然心情紧张，掌心满是汗水——仿佛这个篮球场已经成为我的心理战场。有很多次，对手的速度和技术让我感到自卑，他们能轻松突破我的防守，而队友们默契的配合也让我显得格格不入，而且别人的投篮命中率远高于我。一旦因为我的过失而导致比赛失利时，我就无法原谅自己，感觉自己陷入了苦闷的旋涡。

我是不是太过于在乎自己在比赛中的表现和结果的输赢了？我想要突破自己，我该怎么办？

——小欧

一、改变思维模式,关注过程而非结果

成功往往需要经历无数失败的磨砺。正如著名的英国政治家丘吉尔所说:"成功就是不断失败,不失信心。"这句话不仅对政坛之中的丘吉尔有深刻的启示,同样也适用于我们的日常生活和篮球场。

在篮球场上,我们常常过于关注比赛的结果,而忽略了比赛的过程。这种思维模式往往使我们陷入紧张和压力之中,无法发挥出正常的水平。

那么,何不试着改变这种思维模式,转而关注比赛过程而非结果呢?

知名美剧《绝命毒师》中饰演主角的布莱恩·克兰斯顿在他的自传中描述了自己的心路历程。

"在我的职业生涯早期,我一直很忙,像疯了一般接广告、客串角色及参加试演。生活得还算体面……但我感觉自己像是备选队员一样。我想知道自己是否进入了停滞期。之后,我的导师建议我更关注过程而不是结果。

"我去参加试演不是为了得到一份工作、赚钱,抑或得到认可。我也不是要去与其他人竞争。我是要去付出一些东西,是要做好一份工作,是进行一次表演。如果我关注结果,那么我就让自己有了一种期待,最终期待可能会落空。我的工作是要令人信服。抓住眼前的机遇,享受过程。"

他又写道:"一旦我做出了改变,不管我走进哪一间试演室,我都拥有一定的控制权。""这意味着我可以放轻松。我是自由的。"

不久之后,布莱恩·克兰斯顿就拿到了知名电视剧《马尔柯姆的一家》里的一个角色,后来他因为这个角色提名三项艾美奖。如今,他已是全球备受尊重的知名演员之一。

普通人关注结果,而优秀的人关注过程,这便是后者取得如此多成就的原因。

在篮球场上,每次投篮、防守、传球等动作都是一次学习的机会,这个过程本身很重要。通过将关注点从个人表现和结果转移到过程中,去关注每次动作的细节和改进,从而减少对个人表现的担忧和对失败的恐惧感,进而提升自己的技能。

二、建立自信,克服自卑感

自卑是成功的大敌,只有克服自卑,才能释放出无限的潜力。

在篮球场上,面对速度和技术优于自己的对手时,我们很容易陷入自卑的情绪中。这时,我们需要认识到,每个人都有自己的优势和潜力,只要我们积极发掘、不断练习,就能够逐渐克服自卑感，建立自信心。

首先，了解自己的优势和潜力。在篮球场上，我们可以从多个方面来发掘自身的优势，如出色的耐力、敏锐的观察力或卓越的战术理解能力等。这种认知不仅可以帮助我们在比赛中取得优势，还可以增强我们的自信心。

其次，通过不断练习来积累信心并逐渐克服自卑感。只有通过反复练习和坚持不懈的努力，我们才能激发自己的潜力，并在比赛中发挥出最好的水平。

再次，时刻保持积极的心态和耐心。克服自卑感并不是一蹴而就的过程，需要不断调整自己的心态和情绪。

最后，在遇到挫折和困难时，可以通过放松、冥想等方法来缓解压力和焦虑，同时积极寻求帮助和支持。只有积极应对，我们才能在克服自卑的过程中逐渐建立自信，实现自己的梦想和目标。

美国著名演员、主持人奥普拉·温弗瑞曾因贫困和不利的家庭背景而感到自卑。然而，她通过发掘自身的才华和坚持不懈的努力，最终成为世界著名的成功女性之一。她曾说："我曾经感到自卑，但后来我意识到我必须克服这种情绪，因为这是我成长的障碍。"她的成功告诉我们，只要我们能够积极发掘自己的优势和潜力，克服自卑感并建立自信心，我们就能够实现自己的梦想和目标。

三、团队合作，共同成长

中国有句古话："一个篱笆三个桩，一个好汉三个帮。"在篮球场上，一个球队需要进攻和防守的协调合作，每个球员都需要发挥自己的特长和优势，共同对抗对手。只有通过团队合作，才能让每个球员的潜力得到充分发挥，取得最终的胜利。

在训练和比赛中，我们应该积极参与团队活动并与队友密切配合，也要学会承认和欣赏队友的优点和贡献，通过互相支持和鼓励，激发团队成员的潜力。

试着与队友分享自己的想法和困惑，积极寻求队友的建议和支持，同时也要主动为队友创造机会，共同成长和提高。

正所谓一滴水只有融入大海才会永不干涸，一根筷子只有与其他筷子捆在一起才会坚不可摧，一个团队只有团结协作，才会迸发无穷的力量。

以众人之力起事者，无不成也。合作，是我们人生中的一把钥匙。学会团队合作，共同成长，我们才能开启友谊、智慧和成功的大门。

23 想找个朋友述说烦恼,但朋友却不理解,我该怎么办

我是一名初中生,每天都在忙碌的学习中度过。每当我感到烦躁和孤独时,我总是想找一个朋友倾诉。虽然我周围有很多朋友,但他们却无法真正理解我的感受,要么听了一会儿就不耐烦了,要么干脆不愿意听我说话,或者给我一些不切实际的建议,这种敷衍让我觉得很孤独、很受伤。

最近,我的父母打算离婚了,我感到非常难过和无助。我向朋友们诉苦,但他们似乎并不理解我的痛苦。他们告诉我"一切都会好起来的",或者干脆说"你应该感到庆幸,至少你现在还有一个家庭",这让我感到更加难过和无助。

我知道,这并不是我一个人的问题。也许,许多人都曾有过这种感觉,他们也曾经在寻找真正懂自己的朋友时遭遇了挫折。所以,我不能放弃,我要去寻找一个真正可以倾诉心事的朋友。我一直渴望着,有那么一个人,可以理解我的感受,支持我的决定,陪伴我走过这个糟糕的阶段。可是,一个学期快过去了,我还是没有找到那样一个人。我感觉很烦闷,我该怎么办?

——来自初一的李雷

一、学会换位思考,探索精神世界

古希腊哲学家亚里士多德提出:"从本质上讲,人是一种社会性动物。"作为青少年,我们更加注重跟同伴之间的关系,需要他人的陪伴和支持,但也要明白每个人都有自己的局限性。因此,在朋友无法理解自己的时刻,我们可以尝试换位思考,理解他们的立场。亚里士多德还说过,"了解自己是一切智慧的开端"。有时候,我们需要静下心来思考、了解自己的内心需求和价值观。因为我们只有了解了自己,才能更好地与他人相处,与他人进行沟通和交流。尝试多角度思考问题,培养自己的内在力量,并通过艺术、文字等方式来表达自己的情感。以下是一些具体的方法和建议。

(1)自我反思,花时间反思自己的感受、行为、期望和需求。问问自己为什么感到困惑或烦恼,以及希望朋友理解的是什么。通过自我反思,我们可以更清楚地了解自己的内心世界,并提供更明确的信息给朋友,与之建立更加健康的互动关系。

(2)尝试理解别人的观点和想法,这有助于打开我们的视野,找到更多的新视角和解决方案。

(3)培养自己的兴趣爱好,并从中获得快乐和满足感。

(4)拓宽自己的知识面,增加对世界的理解和认知。这有助于培养批判性思维和解决问题的能力。

（5）通过写作、绘画、音乐等方式表达自己的情感，将内心的感受转化为创造力，并与他人分享。这也有助于释放压力和情绪。

二、学会理解和接受，管理预期

唐代诗人韩愈在《除官赴阙至江州寄鄂岳李大夫》中写道："少年乐新知，衰暮思故友。"这句话表达了少年人对朋友的渴望。不过现实往往不如我们所愿。那么，我们如何才能化解自己的负面情绪呢？

首先，学会接受。在寻找真正可以倾诉的朋友的过程中，难免会遇到挫折和失望，要学会接受和管理自己的预期。

其次，给朋友和自己一些时间和空间。建立真正的友谊是需要时间的，也需要双方的理解和努力。给自己和朋友一些时间和空间，不要着急让友谊自然地发展和成长。

然后，借鉴经济学中的"多元效益"。除了朋友，我们还可以寻求家人、老师、辅导员或心理咨询师等不同角色的帮助，他们能够给予我们更深入的理解和建议。

让我们怀着开放的心态面对友谊，并相信我们一定能够找到理解和支持我们的人。

三、提升自己的能量,每天剧烈运动 20 分钟

当我们找朋友倾诉却得不到理解的时候,感到无助和孤单是正常的情绪反应。有一个能够帮助我们改善这种情况的方法,那就是每天剧烈运动 20 分钟,让能量从身体内部迸发而出。这样不仅促进了多巴胺等神经递质的分泌,让快乐与幸福感油然而生,还抚慰了被焦虑和压力困扰的心灵。

如此坚持一段时间,你就会发现:剧烈运动不仅能塑造强健的体魄,更能构建积极向上的精神世界。

男孩，青春期
你要懂的事儿
社交篇

苏星宁 —— 著

北京理工大学出版社
BEIJING INSTITUTE OF TECHNOLOGY PRESS

版权专有　侵权必究

图书在版编目（CIP）数据

男孩，青春期你要懂的事儿. 社交篇 / 苏星宁著. — 北京：北京理工大学出版社，2024.7
ISBN 978-7-5763-4135-5

Ⅰ. ①男… Ⅱ. ①苏… Ⅲ. ①男性－青春期－家庭教育 Ⅳ. ①G782

中国国家版本馆 CIP 数据核字（2024）第112323号

责任编辑：李慧智　王晓莉	文案编辑：邓　洁
责任校对：刘亚男	责任印制：施胜娟

出版发行 / 北京理工大学出版社有限责任公司
社　　址 / 北京市丰台区四合庄路6号
邮　　编 / 100070
电　　话 / （010）68944451（大众售后服务热线）
　　　　　（010）68912824（大众售后服务热线）
网　　址 / http：//www.bitpress.com.cn

版 印 次 / 2024年7月第1版第1次印刷
印　　刷 / 唐山富达印务有限公司
开　　本 / 880 mm × 1230 mm　1 / 32
印　　张 / 4.5
字　　数 / 86千字
定　　价 / 168.00元（全6册）

图书出现印装质量问题，请拨打售后服务热线，负责调换

目录
· CONTENTS ·

第一部分 PART 1　青春蜕变之路

1. 我一直很宅，想改变怎么办？　/003
2. 觉得自己没有主见，怎么办？　/008
3. 总被人说一根筋，没脑子，怎么办？　/014
4. 一时任性闯了祸，我特别后悔，怎么办？　/019

第二部分 PART 2　人际关系的艺术

5. 我想成为班里受欢迎的人，我该怎么做？　/027
6. 参加同学生日会，不知道准备什么，怎么办？　/031
7. 好朋友参加聚会，总是迟到，我该原谅他吗？　/037
8. 喜欢交新朋友，却不懂维系友谊，怎么办？　/042
9. 很喜欢拥抱，无论对方是男孩还是女孩，怎么办？　/046

第三部分 PART 3　优良品格的培养

10. 同学经常买耐克鞋，我很想买却买不起，怎么办？　/053
11. 性格真的会影响命运吗？　/057

12. 对家庭条件好的同学产生了嫉妒，怎么办？ /063

13. 同桌学习成绩很优异，这却让我讨厌自己，怎么办？ /068

14. 别人一惹我，我就有想打他的冲动，怎么办？ /073

第四部分 PART 4　交友原则不可丢

15. 觉得同桌很会炫富，怎么办？ /079

16. 自己是"好好先生"，不懂拒绝怎么办？ /084

17. 同学间交流的网络语言，我听不懂，怎么办？ /090

18. 很想交几个铁哥们，怎么办？ /096

19. 朋友都是游戏高手，总是拉我一起组队玩，怎么办？ /102

第五部分 PART 5　万事万物皆有"度"

20. 同学多次来找我借钱，我该借给他吗？ /111

21. 自己是课代表，被同学排挤了，怎么办？ /117

22. 几次被同学骗后，感觉对谁都不信任了，怎么办？ /122

23. 妈妈说老师又在家长群批评我了，我很讨厌老师，怎么办？ /128

24. 好朋友做了伤害我的事情，他想和好，我该怎么做？ /133

第一部分

01

NAN HAI, QING CHUN QI NI YAO DONG DE SHIER

青春蜕变之路

1 我一直很宅，想改变怎么办？

在学校里，我总是那个表现得特别出色的学生，但一回到家，我就立刻变成了"宅男"，写完作业就全神贯注地玩游戏或读书，一点儿也不想出门。

有时候，父母会鼓励我下楼去户外活动，呼吸一下新鲜空气，但我总是找各种借口，不愿离开那个让我感到舒适和安逸的家，不愿与他人交往。在家里，我找到了一种独特的舒适感。我可以尽情地沉浸在自己的世界里，享受那份属于自己的自由时光。

然而，妈妈一直觉得我太宅了，希望我能从根本上改变生活方式。她总是积极地鼓励我参加各种课外活动，比如体育、艺术和户外等。她希望通过这些活动，我能结交到更多朋友，提升自己的社交能力。

我尝试着多与外界接触，但每当面对他人时，我总是感到焦虑和有压力。我真的不知道该如何改变现在的状况……

——张晓华

一、该如何来看待"宅"

随着科技的发展和互联网的普及,越来越多的人选择在家中度过休闲时间,享受网络带来的种种便利。这种现象在一定程度上导致了人们的生活方式发生变化,从而产生了"宅"这一概念。尤其是对于年轻人来说,他们能够通过网络获取到几乎所有他们想要的,从视频、游戏到在线教育,从社交媒体到线上会议,从美食外卖到线上购物,等等。众多线上平台为他们提供了一个虚拟世界的入口,让他们可以足不出户地享受生活、学习甚至工作。

实际上,"宅"并不是贬义词,我们需要客观地看待"宅"。宅在家并非全然是坏事,它有其积极的一面。比如,独处可以培养一个人的独立思考能力,阅读和学习能够增长知识,网络社交则可以增进与朋友的联系……这些都是现代社会所需要的技能。

很多成功之人也是通过在家中度过大量时间来发展他们的技能和兴趣的。例如,美国著名作家斯蒂芬·金,他从小就喜欢阅读和写作,经常躲在自己的房间里创作故事。正是这种对写作的热爱和坚持,让他成为一位成功的作家。在回忆他的创作生涯时,他强调道:"写作只需要一个房间,需要房门,需要关上门的决心。"晓华喜欢在家看书、学习,这并不意味着他就是一个宅男。相反,他可以利用这些时间来培养自己的兴趣爱好和技能。

但是,过度的宅是我们所不提倡的,因为这样会导致一系列问题。社交是人类生存和发展的必备技能之一,它能够帮助我们建立人际关系、获得信息和支持等。如果总是宅在家里,不与人交流,社交能力就会逐渐退化;长时间坐着不动会导致肥胖、近视等健康问题;缺乏锻炼则会影响人的身体素质和免疫力。此外,过度宅还可能出现焦虑、抑郁等心理问题。所以,过度的宅,从长远看,可能会影响个人的身体健康和未来的社会适应能力。

所以,晓华应该感受自己的内心深处,分析自己是否真的过度宅了,想一想自己理想的生活状态到底是什么样的。

二、找到适合自己的平衡点

对于大部分人来说,并没有绝对意义上的"宅"。有些人喜欢独处,享受宁静的时光;而有些人则喜欢与他人互动,寻求社交的乐趣。这并不意味着一种生活方式优于另一种,只能说明每个人的生活方式、兴趣爱好、性格特点和生活习惯不尽相同而已。但是,无论我们选择何种生活方式,都应该注重身心健康和人际关系的平衡。只有这样,我们才能在快节奏的生活中找到属于自己的幸福和满足感。

比尔·盖茨青少年时期就是一个典型的"宅男"。他从小酷爱阅读和编程，常常沉浸于书籍和计算机中不能自拔。然而，正是这段深度专注于兴趣的经历，为他后来的成功打下了坚实的基础。但是比尔·盖茨并没有完全拒绝社交和户外活动。他在学校里积极参与辩论队，这不仅锻炼了他的逻辑思维能力，也增强了他的社交技巧。

对于像晓华这样的中学生来说，如果感觉学业压力大，也一定要不断地调整自己的生活方式，学会在忙碌中寻找平衡，让自己的身心得到充分的休息和放松。

三、多一些尝试的机会，多一些不同的精彩

人是社会性动物，我们需要与他人建立联系和互动才能保持心理健康。晓华妈妈也是担心晓华总是待在家中，缺少锻炼和社交，担心晓华越来越"独"。如果晓华对社交发怵，则需要调整自己的心态，试着走出舒适区。我们不能因为害怕面对复杂的社会和人际关系而选择逃避。相反，我们应该勇敢地去面对这些挑战，相信自己有能力克服它们。

作为朝气蓬勃的青少年，有时间给自己多一些尝试的机会，既能让自己的生活丰富起来，同时也能给自己注入新的活力，来应对学习中的压力。所谓改变，也不需要多么宏大

的计划，只需要从很小的事情做起，循序渐进，慢慢让自己体会不同的生活方式。

比如，我们可以每天设定一个固定的外出时间，无论是和爸爸妈妈去公园散步，还是去附近的书店、咖啡馆看书，都可以让我们从"宅"的生活中暂时抽离出来。

比如，邀请朋友来家里玩或者一起出去逛街、打打球、看电影等。与他人的互动，了解不同的人和事物，既增进友谊，又丰富了自己的生活。

比如，假期和家人或朋友相约一起去旅行。看看不同的风景，体验不同的文化，感受不同的风土人情。既要读万卷书，也要行万里路。

正如马克·吐温所说："二十年后，回首往事，你会更为那些你没能去做的事情而懊恼。所以，扬帆起航吧，离开你的安全港，去探索，去追寻你的梦想。"希望大家能够勇敢地迈出自己觉得艰难的第一步，多给自己尝试的机会，让自己的生活变得更加精彩吧！

2 觉得自己没有主见，怎么办？

从小到大，我一直被家人和邻居们视为听话的好孩子。妈妈总是为我精心地安排好一切生活和学习，因此我什么都不用操心，习惯性依赖妈妈。在面对问题时，我总是不敢轻易下决定，而是习惯性地向妈妈寻求建议。

如今，我正处在初三这个关键的阶段，即将面临中考的挑战。看到许多同学已经制订了自己的发展计划，我心里也有些着急。而且我对未来感到非常迷茫，不清楚应该考什么专业、往哪个方向发展。

在课堂上，老师建议我们根据自己的兴趣和特长选择未来的方向。这让我回忆起小时候对街舞的热爱，但由于学业压力，我已经很多年没有练习了。一想到这些，我就又失落又遗憾。然而，我又不敢向家人坦白这份梦想，担心妈妈会批评我不专注于正经学业。

妈妈一直期待我考上重点高中，然后进入省里最好的大学，再接着攻读研究生，拿到更高的学位。但我对从事学术研究并不是很感兴趣，我更喜欢走艺术生的道路，因此感到非常迷茫。

> 我常常陷入困惑：应该如何与妈妈沟通？
> 我渴望改变现状，但却不知道应该怎么办。
>
> ——思明

一、缺乏主见，培养独立的自我意识

其实，个体的自我意识从孩童时期就存在了。在儿童时期我们会经历一个重要的阶段——自我意识敏感期。在这个阶段，我们开始关注自我，并探索身份认同，思考自己是谁，拥有怎样的想法和感受，以及与他人的关系等。这种自我意识的形成对于我们的发展至关重要。

在自我意识敏感期，我们逐渐形成了自己的个性和观点，并勇于表达自己的想法。外界充分的鼓励和支持，有助于培养我们独立思考的能力，进一步增强我们在儿童时期形成的独立意识。

如果我们在做决定时经常受到批评和阻止，就会产生怀疑和无能感。久而久之，我们就会不敢做决定，害怕被责备,害怕承担后果。

慢慢地,我们就会变得不敢表达自己的想法,也无视自己的感受,长此以往,我们就会变得压抑、讨好他人,并在成长后缺乏独立判断和主见。

然而,缺乏主见还与其他多种因素有关。其中包括以下几个方面:

第一,学校教育过于强调纪律性,而忽视了培养青少年自主思考和决策的能力。

第二,青少年生活在注重团队合作的环境中,可能会面临来自团队的不同意见和观点。有的人可能会抑制自己的观点,不敢表达自己的意见,甚至会迎合他人的观点或选择保持沉默。

第三,家长的教育方式和家庭环境也会影响青少年对观点表达的态度。一些家长过于强调孩子听从他们的意见,而忽略了培养孩子独立思考和决策的能力。

第四,缺乏自信,害怕被别人批评、拒绝或嘲笑,或者患有社交恐惧症,不敢在群体中表达自己的观点。

其实,缺乏主见的背后是缺乏独立的自我意识。只有通过积极的努力和适当的培养,我们才能在成长过程中逐渐塑造出独立思考和表达自己观点的能力,更加自信和有主见。

二、放下过度的顾虑，学会独立思考与成长

一个有自己主见的人，首先是一个能独立思考的人。独立思考是一种宝贵的能力。当面对问题时，不妨停下脚步，冷静思考，了解问题的本质和各种可能的解决方法。通过思考来培养自己的判断力和分析能力，更好地应对各种挑战。

明确自己最重要的价值观和对自己最有价值的事物，明确了这两点后，我们就更容易独立做出决策，而不仅仅是考虑他人的期望。

同时，我们还需要明白，独立思考与听取他人意见并不矛盾。以开放的心态聆听他人的见解和建议，并不意味着完全接受他人的评价，这可以帮助我们更全面地思考问题，并找到更好的解决方案。

生活中，还有的人会因为过度依赖或在意他人对自己的评价而失去自我。所以，不要把自己定义为"需要获得他人认可"的人。我们需要接纳自己，分清别人对自己的评价是他自己的看法还是事实存在，并认识到自己的决策和判断并不需要得到每个人的支持。

通过积极行动，我们才能不断进步，提高自己的能力。一旦开始行动，我们会逐渐发现自己能够独立思考，也可以做出自己的决定。

培养独立思考能力是一个人内心的修行旅程。让我们相

信自己，勇敢迈出每一步，去探索更广阔的世界，去发现真正属于自己的道路。

三、不纠结于过去的遗憾，专注于当下

  一个人慢慢变得独立自主是需要一个很长的过程的，这其中受家庭成员和家庭氛围的影响，也与个人自我意识的形成和觉醒有很大的关系。

  案例中的思明，因为妈妈的要求和期待，放弃了自己对街舞的热爱。这个决定其实是思明在年龄小的时候很难与妈妈抗衡的结果，以至于思明到现在想起来都非常遗憾。但是回头想一想，也许自己并没有那么热爱街舞，只是不甘心。其实，真正的热爱也不是一定要在教室里学习一项技能。比如，写完作业，放松的时候看看街舞的比赛，练习好基本功，学学"大神"的招式，对着网上的教学视频自己跳。而且学习累了，跳一段街舞，也不失为一种运动或者放松的方式。

  提到遗憾，不得不面对的一个事实就是：人人都有遗憾，或大或小：因为起得晚了，错过了飞机航班，后悔不已，早知道就早起一会儿了；高考失利，不得以去了技校，觉得自己人生无望，早知道该好好学习；买了这个区的房

子后，没长反跌，觉得自己亏大发了……但是遗憾代表着过去，过去无法改变，那么重点来了，面对遗憾我们到底应该怎么办？

如果仅仅是因为遭遇了些遗憾，而一蹶不振、自暴自弃或随波逐流，那就真是太遗憾了。与遗憾本身相比，面对遗憾的态度和做法对一个人的影响更大。人生本就充满遗憾，但是怎样对待遗憾，才是问题的关键。纠结于过往无济于事，唯有积极面对，继续向前，才能产生新的价值，获得能力上的提升，才能弥补过去的遗憾带来的损失。

所以，希望思明放下过去，放眼当下。进行自我分析，初三阶段转艺考的升学之路，自己需要付出什么样的努力。跟父母或者老师请教需要什么的流程或者途径，待了解了之后，再根据自己的情况分析是不是现实的、切实际的选择。如果答案是否定的，那就审视现阶段的自己，有哪些优秀的能力，有哪些仍需努力的地方，根据优势以及接下来的勤奋努力，确定自己新的方向。

一切的选择都掌握在自己的手中，在问题中思考，在思考中成长，不被过去羁绊，勤奋向前，让青春的热情和朝气浇灌梦想的花朵！

3 总被人说一根筋,没脑子,怎么办?

我是一名初中生,虽然平时在班级里成绩还算不错,但同学们总喜欢嘲笑我是"一根筋",他们觉得我像个倔牛,认定了某个想法,九头牛也拉不回来。

有一天,学校举办了一次班级活动,我被要求上台发言。同桌问我想讲点什么,我说就先自我介绍,再发表点学习感想。同桌建议我的自我介绍可以简单点儿,注意时间,可我觉得我的自我介绍非常好,放弃有点可惜。

当我站在讲台上,全班同学的目光都聚集在我身上,我的心跳声仿佛在耳边炸响。

"大家好,我是胡韦峰。"我颤抖着声音开始介绍自己,"我喜欢阅读和思考,因为它们能让我更好地了解自己和这个世界。我也喜欢聆听音乐和旅行,因为这样可以让我感受到不同的文化和美景……"

我还没有讲完,就看到主持人看着我,指了指他的手表。我看到台下同桌无奈地摇摇头,并和其他同学议论起来。

我真的如同学说的那般一根筋吗?该怎么办才好呢?

——胡韦峰

一、用积极的心态，提升自我认知

当被同学们叫"一根筋"或者"没脑子"时，那种感觉一定很不好。可能你会怀疑自己，甚至有点难过。但这其实是个机会，一个让你更好地认识自己的机会。

有研究表明，如果一个人对一件事已经有了自己的观点，那么他后来接受的一切信心都会用来加强自己的观点。在此基础上，如果接收到不同的意见，固执的人会天然地排斥他人的意见；而思维相对灵活的人，则会对不同意见加以分析、推敲，全面地考虑问题。

胡同学，你有自己的想法，有自己的选择，说明对于一件事，你是能够独立思考的，并不是人云亦云的。因为能够坚持自己想法的人，一般也都是比较自信的。只是有时候自己的想法并不完全正确或者并没有那么全面，就像这次发言，事实并没如自己所想的那样。

对于别人的建议，我们有选择地接纳，哪里是对的，哪里是不对的，我应该如何改正。

学会站在更好的层面审视自己，用更高的要求来约束自己，让自己有更大的提升空间。

二、提升沟通能力,改善朋友间的关系

良好的沟通能力能够帮助我们更好地与他人交流、理解彼此,并有效传递自己的思想。

与人沟通其实就像是一场心灵的舞蹈。我们的语言、表情和动作,都是这场舞蹈的音符。而真正善于沟通的人,他们知道如何用这些音符编织出最美的旋律。

每个人由于成长环境不同、看问题的角度不同,对同一件事物难免产生不同的看法。当别人对自己有不同的意见或反对自己时,不妨放下内心的偏见。

学会倾听。我们不得不承认,有时候会听比会说更重要。真心去听他人的心声,听听别人的关注点和内心想法,他们感受到你的真诚的同时,也能让你心情平静,易于思考他人的观点。

懂得换位思考。在和他人交流中,最重要的是自己输出的信息对方能够接受,那么就要懂得换位思考,给予他人平等交流的机会。

在这个多彩的世界里,沟通是我们与他人建立联系的桥梁。通过不断提升自己的沟通技巧,我们不仅可以更好地与他人交往,还可以为自己的未来铺设坚实的基石。让我们一起努力成为更好的沟通者!

三、练就自己心理的弹性

心理弹性，又称心理韧性，是指一个人应对生活中的挑战和逆境时的适应能力和抗压能力。心理弹性就像是我们内心的弹簧床，能够帮助我们从挫折中快速恢复。心理学家认为，培养心理弹性的关键在于积极心态的培养、自我肯定的练习、学会放松和处理压力的技巧等。

当遇到困难时，你可以对自己说："嘿，我知道这个有点难，但我一定能找到解决的方法！"这样的自我对话，真的可以帮助你更快地走出困境。

如何培养心理弹性：

（1）建立积极思维：积极思维是培养心理弹性的关键。学会看到困境中的机会，培养乐观的态度。实践感恩，每天回顾一些积极的事情，有助于培养积极心态。

（2）接受变化：生活是不断变化的，接受这个事实是培养心理弹性的一部分。努力适应新的情境，寻找变化中的机会，而不是试图抵抗或拒绝它们。

（3）发展自我控制：学会控制情绪和反应是培养心理弹性的重要组成部分。深呼吸、冥想和放松技巧有助于冷静下来，并做出理性的决策。

（4）建立支持系统：与亲友建立互信的关系，有助于应对挑战和逆境。有人可以倾诉，寻求建议和支持对于培养心理弹性至关重要。

（5）学会应对失败：失败是生活的一部分，而不是一种永久性的困境。学会从失败中吸取教训，调整策略，再次努力。

（6）寻求帮助：如果面对压力和逆境感到无法承受，不要害怕寻求专业帮助。心理咨询师和治疗师可以提供支持和指导，帮助你培养心理弹性。

4 一时任性闯了祸，我特别后悔，怎么办？

那个下午，我们班计划举办一个重要的班级活动，需要每个人都积极参与，共同合作完成。然而，我却因为一时地贪玩和任性，没有按照计划进行，导致整个活动几乎因为我而失败。

在活动开始之前，我明明答应了要和其他同学一起合作布置操场的。但那天，看着烦琐的工作步骤，我不知怎么回事突然觉得十分厌烦，不想参与其中。于是，我找了个借口，草草做完了我负责的部分，完全没有顾及是不是能合格。

事后，老师严肃地批评了我。我内心充满了痛苦和自责，我为什么会这么自私和任性？我的行为不仅影响了整个班级的活动，还可能影响到同学们对我的看法。

我该怎么办呢？我真的知道错了，大家还会认可我吗？

——小吉

一、他人的认可，是自信的重要来源

自我认可和他人认可是我们生活中经常遇到的两个问题。自我认可指的是对自己的认同和接纳，是自我肯定的一种表现。而他人认可则是指来自他人的认同和接纳，是社会认可的一种表现。在人的成长和发展中，自我认可和他人认可都非常重要。

在一项针对青少年的研究中，研究人员调查了 1000 名年龄在 12 至 18 岁之间的青少年，探究了他们对自己在社交和学习方面表现的认知和评价。

研究结果显示，约有 60% 的青少年表示，他人的认可是他们成长过程中非常重要的一部分。这些青少年认为，得到他人的认可可以增强他们的自信心和自尊心，同时也可以帮助他们更好地融入社会和学习环境。

此外，研究还发现，青少年对他人认可的需求在不同的年龄段和性别之间存在差异。例如，年龄较小的青少年对他人认可的需求较高，而年龄较大的青少年则更加注重自我评价和自我认同。

同时，男生和女生对他人认可的需求也存在差异，女生更加注重社交方面的认可，而男生则更加注重学习方面的认可。

由此可见，青春期成长的力量确实有很大一部分来自他人的认可。这些认可可以帮助我们建立自信和积极的心态，同时也可以促进我们的社交技能的发展和心理健康。

杰克·吉尔伯特是一位著名的美国演员，他在少年时代就表现出了表演天赋。然而，他的成长经历并不顺利，父母离异后，他与祖母生活在一起，并且他经常遭受同学的嘲笑和排斥。然而，他的祖母一直支持着他，鼓励他去参加学校的戏剧表演。在中学时期，他得到了老师的认可和鼓励，并在学校的戏剧表演中获得了成功。这让他感到自己有天赋并得到了他人的认可，为他日后成为演员打下了基础。

韩信是汉朝的一位著名将领和政治家，他在年轻时便展现出了卓越的才智和勇气。然而，他的成长经历并不顺利。他出身贫寒，生活十分艰苦，常常遭到他人的嘲笑和排挤。有一天，韩信在城外河边看到了一位老翁在水里挣扎，他立刻跳入水中将老翁救上岸。老翁十分感激，认为韩信是个有担当的年轻人，便介绍他去拜访当地的著名学者，希望能学到更多的知识和技能。韩信拜师后，每天勤奋学习、练习武艺。他的老师也对他非常器重，认为他是一个有才华的学生。在学成之后，韩信决定投身反秦起义，为天下苍生谋福利，后来成为西汉的开国功臣，名垂青史。

这两个故事告诉我们，得到他人的认可和支持可以激发我们的潜能和自信，促使我们不断努力追求自己的梦想。同时，这种认可和支持也可以帮助我们克服困难和挑战，坚持不懈地追求目标并取得成功。

二、诚实面对自己，不被错误所束缚

每个人都会面临犯错和失误的时刻，尤其在青少年时期，我们更容易受到情绪和冲动的驱使，做出让自己后悔的选择。尽管犯错是不可避免的，但如何面对错误并重新赢得他人的认可和信任，是一个需要智慧与勇气的过程。

在面对自己的错误之前，我们要保持一种开放的心态，要知道人人都会犯错，不要因为一次错误就给自己贴上负面的标签，因为这个错误而束缚住自己。

错误只是成长过程中的一部分，它以让人难以接受的方式，使我们在学习和生活过程中不得不面对自己的愚蠢、粗心和任性妄为。而人只有认识到自己的不足，才会幡然醒悟。

接下来小吉可以这样做：

（1）诚实面对自己：首先，你需要诚实地面对自己的错误。这是赢得别人认可的第一步。"勇气不是不害怕，而是能够克服恐惧。"要想得到别人的谅解和认可，就需要有勇气去正视自己的过错，毫不畏惧地向前迈进。

（2）道歉并弥补：向那些因为你而受到影响的同学道歉，让他们知道你对自己的错误感到后悔，并承诺以后不会再犯同样的错误。此外，你可以主动提出帮助班级组织下一次活动，并提供积极的建议和贡献，通过实际行动来弥补自己的错误。

每个人都有犯错的时候，重要的是我们从中吸取教训并努力改正。只要你真心诚意地道歉并努力弥补自己的错误，同学们一定会原谅你并重新认可你。

三、保持真诚，用实际行动展示自己

真诚是一个人的本性，不论面对任何人，唯有真诚才能走进彼此的心灵。

在同学当中得到大家的认可是许多青少年心中的追求。然而，要获得他人的认可并不是一件轻而易举的事情。首先要做到的是真诚地对待他人。真诚是最感人的表达方式之一。只有真诚地对待他人，才能真正获得他人的尊重和认可。此外，我们要善于倾听他人的意见和建议，不断改进自己，并在日常交往中展现出自己的价值观和品格。

我们无法决定别人如何看待我们，但我们可以决定自己如何呈现自己。每个人都有自己独特的闪光点，只要用心展现，必能赢得他人的认可。

在以后的日子里，小吉可以通过积极参与班级活动、帮助同学解决问题、主动承担责任等方式来证明自己改正错误的决心，这将有助于重建同学们对自己的信任和认可。

第二部分

02

人际关系的艺术

5 我想成为班里受欢迎的人,我该怎么做?

我是一名初中生,我渴望被同学们接纳和喜欢,希望能在班里成为更受欢迎的人。但我的心中充满了困惑和不安。

记得有一次,我们班转来了一位新同学,大家都很喜欢他,但我却不知道该如何与他交流。我注意到他经常和几个同学一起聊天,于是我试图加入他们的谈话,但我不知道该说什么,只能不断地附和着他们的笑声和评论。然而,我很快发现,这种做法并没有让我变得更受欢迎。

另一次,我们班组织了一次小组讨论会,我被分到了一个我不太熟悉的组。一开始,我试图在讨论中表现自己,但很快我就发现自己与小组的其他成员格格不入。他们似乎已经形成了一个小团体,而我只能在一旁默默地看着。

每天晚上,我都会想象自己自信地与同学们交流,轻松地融入他们的谈话。但是,这种想象只是让我更加沮丧。我觉得自己没有任何优点,没有任何值得别人喜欢的地方。我该怎么办?

——小向

一、培养自我认知，建立自我价值感

在当今的社会中，培养自我认知和自我价值感已成为一种必要的能力。我们需要了解自己，接纳自己，并且在与他人交往时表现出更大的自信和自我价值。那么如何实现这个目标呢？

首先，让我们来看一些有助于促进自我认知的问题。你可以问自己：我喜欢做什么？我擅长做什么？我觉得自己有哪些优点和缺点？通过回答这些问题，你将能够更好地了解自己的兴趣、特长以及自己的个性。

其次，我们需要培养自我价值感。自我价值不足一般分为两种类型：

（1）外向型自我价值不足。故意做一些事情或找一些东西来炫耀，喜欢吹嘘夸大、有错不认，追求物质和世俗成就；做些伤害、破坏、诋毁别人的行为，以为这样可以减少别人的力量；肆意批评否定别人，不愿给人肯定；在人际关系中常常嫉妒怀疑、过度占有欲、过度担心背叛；贪图一些不劳而获的便宜。

（2）内缩型自我价值不足。不断寻求认可和赞许，永远不能放松和享受；自我破坏，对成功心怀恐惧，一直过着失败的生活；强迫自己完成难以实现的完美目标，总觉得还不够好；过度焦虑和胆怯，故步自封，难以接受生活中任何变化；情绪出现问题，易感疲乏、抑郁、焦虑，爱发无名怒火。

提升自我价值，就意味着我们应该给自己一些肯定和赞扬，鼓励自己去展现自我真正的个性和特点。这样做的好处是，我们会变得更加自信，并且不会因为别人的意见而失去自我。

二、积极倾听，学会沟通

倾听是一项重要的技巧。当我们真正倾听他人时，我们给予对方尊重和关注，创造了一个安全的环境，使他们能够真实地表达自己。同时，善于回应别人的观点也是良好沟通的关键。我们可以使用肯定性的语言和非批评性的方式来表达自己的意见，以避免引发冲突。

在交流中，我们应该寻求共赢的解决方案，找到双方都能得到好处的方式，以促进更有效的沟通。

真正的沟通不仅仅是传达信息，更是连接心灵。通过学习积极沟通和交流技巧，我们可以打破沟通的障碍，建立起更加紧密和谐的人际关系。

三、建立主动性，尝试新事物

尝试新事物就像是探险一样，会让你遇到未知和挑战。

但这也是一次探索内心、超越自我的机会。

尝试新事物有助于建立自我意识和主动性。它可以帮助我们了解自己的喜好和价值观，并且让我们更有信心地表达自己。同时，尝试新事物也是一种跨越舒适区的方式，这可以帮助我们更好地适应变化和挑战。当我们接受了新的挑战并取得成功时，我们会感到更加自信、勇敢和强大。

此外，尝试新事物可以带来更多的机会和联结。我们可以通过参加新的活动、加入社团或组织，来扩展自己的社交圈。这些新的关系和联结，有助于我们在学习、工作和生活中更好地发挥自己的优势和潜力。

与此同时，尝试新事物也是一种投资自己的方式，它可以带来更多的经验和知识，让我们更具竞争力。

美国歌手泰勒·斯威夫特曾经是一个不起眼的少女，但她喜欢写歌，开始在咖啡馆演出，并录制了自己的专辑。她不断尝试新的音乐风格和主题，最终成为全球知名的歌手和创作人。这告诉我们，只要我们敢于尝试，坚持不懈地追求自己的梦想，就能取得成功。

通过尝试新事物，我们可以发现自己的潜力和价值，建立起更加自信和主动的人生态度。记住，探索与尝试的过程并不容易，但正是这些挑战和困难，才让我们成长和进步。

6 参加同学生日会，不知道准备什么，怎么办？

那天放学后，同学走到我书桌前，递给我一份红色的卡片："春生，下周六是我的生日，我邀请你来我家里做客，这次我妈妈也想给我好好地举行一次生日会，你一定要来哦！"

打开卡片，我看到这是一份生日派对的邀请函，一份充满了期待和欢乐的邀请。

晚上，回到家，坐在书桌前，捏着邀请函，我却陷入了沉思和困扰。"我应该准备什么呢？是送一份礼物，还是准备一首歌曲，或者是一些特别的表演？"我完全不确定同学会喜欢什么。

那天晚上，我考虑了各种可能性，从流行的玩具到实用的文具，但没有一个让我完全满意的。

平时我就内向，不太善于言辞，更不善于和人打交道。我真的不知道该和他们聊些什么，也不知道如何缓解尴尬的气氛。要是自己说错话或者让人感到不舒服了，那可怎么办？

这些问题像石头一样压住了我，心中难以平静下来，我不知道该怎么办才好。

——春生

一、好的礼物，送到对方心坎上

送礼物是一种表达感激和尊重的方式。它可以传达出你对对方的关心和支持，增强彼此之间的感情和信任。

中华人民共和国成立后，国家领导人第一次出访莫斯科，欣喜地接收了一件由塑料制成的斯大林故居建筑模型礼品。这一礼品也因为斯大林这位国际共产主义领袖的身份而具有了特殊的纪念和象征意义。殊不知，那个时候塑料才刚刚发明问世不久，是一种格外珍稀、贵重的材质，以此制作成的礼品当然造价不菲，弥足珍贵。

宴席的主菜则是传统的中国火锅。摆在斯大林和毛泽东面前的火锅是特制的。这只火锅是从国内带来专门送给斯大林的生日礼物。进餐时，斯大林把生冬笋片直接放进嘴里，并连说："好吃，好吃！"毛泽东夹了一片笋，放在火锅里涮了涮，然后放进嘴里，微笑着说："这样吃，味道会更好些。"斯大林照着毛泽东的样子试了试，说："果然不错，中国菜确实名不虚传！"

根据社会认知理论，人们根据对方给予的礼物来评价对方的态度和意图。如果礼物能够符合对方的需求和期望，那么就能够产生积极的心理影响，增强彼此之间的感情和信任。

一个好的礼物应该是体现了你的用心和思考，能够让对方感受到你的关心和喜爱的。同时,礼物的价值并不是最重要的,而是要符合对方的需求和个性特点。

例如,如果对方喜欢运动,可以选择一份高品质的运动装备。如果对方喜欢文学,可以送一本经典的文学作品。除此之外,你还可以通过附上一封真诚的信件或者亲自制作的礼物来增加礼物的情感价值。

二、寻找相似度,在社交中探索共同兴趣

心理学中有一个概念叫作"相似性原则",意思是人们倾向于与那些与自己有共同兴趣和价值观的人建立联系。因此,了解他人的兴趣和爱好,并寻找相关话题进行交流,能够让彼此建立起更加深入和有趣的交流。

人与人总有一些相似的地方,然而,相似"度"比相似"数"更重要。心理学家对好感和相似性做了专门的调查研究,研究结果表明,不是两个人相似的数量越多,好感度越高,而是相似性越高,相互的好感越高,也就是说相似的"质"比"量"要重要。

外在的兴趣爱好是表象的相似,而对待事物的态度、观点,才是内在的相似性。

通过大量的观察,我们会发现一个现象:人们不仅喜欢

那些跟他们想法一致的人,更喜欢那些跟他们行为一致的人,这是一种由外到内的统一,是高质量的相似。

骨子里是一类人,才算是真正的相似,两个人对待事情的评判标准一致,处理事情的态度一致,价值观一致,就算是遇到有分歧的时候,也会比较容易沟通解决。

因此,社交中,我们可以尝试寻找、发掘自己与对方之间相似的地方,尽可能提高这种相似性的"质",而不是一味追求相似的数量。

尝试多花些时间去了解你的同学,在找到共同之处后,针对这一点与对方多进行交流,相信在这种充分的沟通之下,社交的幸福感会油然而生。

三、倾听与反馈,让自己拥有好社交

在社交活动中,倾听和关心他人是建立良好人际关系的重要因素。

心理学中有一个概念叫作"主动倾听",即专注地倾听他人的言语、情感和需求。当你主动倾听他人时,你就给了对方被听见和被理解的感觉,从而促进了交流和互动。倾听并非仅仅是听到别人的声音,而是用心理解他们的内心。

奥普拉·温弗里作为美国著名的电视主持人和慈善家,

以其出色的倾听技巧而闻名。在她的脱口秀节目中,她总是展现出极大的关心和共情能力,通过聆听嘉宾的故事和经历,向观众传递各种启示和正能量。奥普拉的倾听能力使她成为一个倍受尊敬和受欢迎的公众人物。

那么,良好的倾听包含哪几个要素?

一个好的倾听者应该尊重讲话者的观点和感受,并集中注意力去理解他们的立场和情感。同时,好的倾听者还要适时给予反馈,以表明我们在积极倾听,并避免打断讲话者。你也不能光听对方所讲的内容,有时候听讲的内容并不一定是对方真正想表达的,很多细微的肢体变化会透露出更多信息。你和对方交谈的过程中,如果发现对方的肢体动作从开放变成了封闭,比如双臂交叉,这就说明对方目前内心并不是真正想聊这些。当你捕捉到这些肢体变化后,就可以迅速改变话题,谈论一些对方更感兴趣的事情。

试着采用这样的语句来反馈:

我看到……
我听到……
我感受到……

比如,春生在社交中可以这样和同学沟通:我看到你刚才的笑容很灿烂,听到你聊关于星空的话题,我感受到你是一个知识广博的人,跟你一起玩很开心!如此的反馈,会拉近彼此的距离。

7 好朋友参加聚会，总是迟到，我该原谅他吗？

我和李华是从小一起长大的好朋友，小学时经常在一起上课、玩耍。随着初中学习的日益紧张，我们的生活也变得异常忙碌，有时一周也见不上一次面。

李华哪儿都好，就是有个爱迟到的问题。

上周五晚上，我收到了李华的电话，周六可以约着一起玩会儿。

我知道这是一个难得的机会，能够再次见到多年未见的老朋友，真开心啊。

周六当天，我比约定时间提前20分钟到达约好的地点。

约定时间到了，李华却迟迟不出现。

终于，在等待了将近40分钟之后，李华匆匆忙忙地赶到，满脸歉意地说："对不起，我又迟到了。"

望着他那道歉的眼神，我内心充满了矛盾。为什么他从来不顾及我的感受？我这么兴奋地提前等他，他却并不那么积极热情。这让我们之间仿佛变得疏远了很多。

——宏达

一、换位思考,体谅他人的困境

一头猪、一只绵羊和一头奶牛,被牧人关在同一个畜栏里。有一天,牧人将猪从畜栏里捉了出去,只听猪大声号叫,强烈地反抗。绵羊和奶牛讨厌它的号叫,于是抱怨道:"我们经常被牧人捉去,都没像你这样大呼小叫的。"猪听了回应道:"捉你们和捉我完全是两回事,他捉你们,只是取走你们的毛和乳汁,但是捉住我,却是要我的命啊!"

每个人都有自己的立场,都只能看到自己面临的处境。

伊朗电影《误解》中的男孩因为迟到被老师打手心,老师警告他明天不准迟到,男孩没有辩解,只是默默地回到座位上。第二天男孩居然又迟到了,他小心翼翼地敲了敲门。对于屡次影响自己上课的孩子,老师当然没有好脸色,迎接他的自然又是老师的怒火。

第三天男孩又迟到了,他紧张地敲了敲门,同学们都不忍直视,男孩径直走到老师跟前,主动伸出小手,老师毫不留情地打了下去。回到座位,男孩似乎感觉有些委屈。

隔天,老师骑车上班,发现男孩正小心翼翼地推着轮椅上的父亲。这一刻老师终于明白了什么,他被这一幕深深地打动了,他神色有些复杂,并感觉有些无地自容。原来男孩每天早上都要推着父亲去做理疗,老师看了看表,终于知道了男孩迟到的原因。之后男孩慌张地向学校奔去，他知道自己又迟到了。

看到男孩进来，老师的内心被触动了，男孩依然没有辩解，低着头伸出了小手，但是老师却把尺子交到了男孩手里，并缓缓地伸出了自己的手，老师觉得真正要挨打的应该是自己。男孩有些不知所措，然而下一刻老师就抱住了男孩。

当我们被困扰或者不满时，是否可以换位思考，站在对方的立场来看待问题呢？

换位思考是融洽人与人之间关系的最佳润滑剂。换位思考也叫同理心，它指的是能够从他人的角度去感受和理解他们的情感和经历。

好朋友李华之所以总是迟到，是不是因为他生活中的其他事情很多，导致时间管理上有困难？或者他的学业很忙？或者家庭有一些突发情况需要处理？

但我们并不知道他的具体情况，只是从表象上判断他总是迟到而已。

宽容来自理解，理解来自换位思考。如果每个人都能多一点理解，那么争吵和矛盾就会少很多。

二、珍惜友谊，调整期望并建立沟通

面对自己的不满，智慧的人懂得先从改变自己做起，调整期望。比如，可以和好友进行事前约定，让对方知道我们的时间安排和期望，而对方也可以告诉我们他的时间情况和原因。

比如，在约定时间前五分钟，可以发一条短信或者电话提醒对方，以确保对方能够及时到达，并避免自己等待过久。在确定好友确实无法避免迟到的情况下，可以灵活调整自己的计划，为他留出一些弹性时间。这样一来，即使他迟到了，我们也不会感到过于困扰和不满。

人与人之间的不同远远超过你的想象，有的时候甚至连我们自己也前后不一……如果你对朋友有太高的期望值，你们的友情也绝不可能长久。这就是君子之交淡如水的原因——放低期待，惊喜自然会增加，误会也会少很多。

三、宽容如雨，润人心田

一只脚落在丁香花上，花瓣碎了，它却把花香留在了那脚后跟上。——这便是宽容。

曼德拉曾被关押 27 年，受尽虐待。他就任总统时，邀请了三名曾虐待过他的看守到场。当曼德拉起身恭敬地向看守致敬时，在场所有人乃至整个世界都静了下来。他说："当我走出囚室，迈过通往自由的监狱大门时，我已经清楚，自己若不能把悲痛与怨恨留在身后，那么我仍在狱中。"曼德拉的行为向我们展示了宽容与包容的伟大意义。

雨果说："世界上最宽阔的是海洋，比海洋更宽阔的是天空，比天空更宽阔的是人的胸怀。"是啊，宽容如雨，润人心田；理解如光，照亮心灵。

宽容是一种美德，它像阳光一样照耀着人们的心灵。它不仅给予他人温暖，还可以化解矛盾。古人有云："海纳百川，有容乃大。"宽容是一种博大的胸怀，它能让我们的人生更加丰富多彩。

为什么要对别人宽容呢？因为这给了人改过自新的机会。为什么对自己要有严格的要求呢？因为放松自我约束，可能导致小错误发展成大错误。

在我们的生活中，并不是每个人的宽容都要通过大是大非来体现，在别人犯错后说声"没关系"便可以化解很多不愉快。宽容地对待你的朋友、你的家人和你所爱的人，其实最终还是提高和净化了自己的心灵。

8 喜欢交新朋友,却不懂维系友谊,怎么办?

我是一名初中生,我喜欢交朋友,喜欢倾听他们的故事,同他们分享我的思考和感受。

然而,问题随之而来。我发现自己难以维系长久的友谊。虽然初始时我们能够保持联系,但后来就会渐行渐远。

有一天,我在学校里遇见了一个新同学。我们聊了几句话,他向我展示了他的兴趣爱好。我也毫不吝啬地分享了自己的经历和思考。

我们相互理解,相互鼓励。我觉得我找到了一位真正的朋友,那种契合的感觉就像是心有灵犀。

然而,随着时光的流逝,我们的联系逐渐稀少。我没有及时回复他的信息,也未曾主动邀约他外出玩。我意识到我再次失去了一位好友。

为何我总是这样?为何我不能维系友谊?我觉得自己愚蠢和失败。我意识到我需要进行改变。于是我开始反思,我发现虽然自己热衷于结交新朋友,但缺乏持续的关注和投入。我非常想改变这种情况,可是,我具体应该如何做呢?

——黄博

一、真正的友谊，靠缘分又靠经营

根据心理学家的研究，人们天生就有社交的需求，而友谊正是满足了这一需求的美好形式。它就像是一座心灵的港湾，让我们在波涛汹涌的生活海洋中找到了停靠的地方。每当我们面临压力、困惑或孤独时，朋友的支持和鼓励总能给我们带来力量，让我们重新找回自信和勇气。

亚里士多德曾说："友谊是一颗心灵寄托在两个身体里。"这句话告诉我们，真正的友谊是建立在互相理解和支持的基础上的。所以，要维系友谊，我们需要用一颗真诚的心去经营。

在学习生活中，我们经常会为了成绩和未来而忙碌。但在这个过程中，我们很容易忽视身边的朋友。但实际上，当我们花时间倾听他们的心声、关心他们的感受时，我们不仅能帮助他们解决问题，更能加深彼此之间的情感纽带。

而这种情感的维系并不需要花费太多的时间和精力。有时候，一个简单的问候、一句关心的话语，甚至是一个真心的对话都能让友谊得到滋养。

只要我们用心去经营和维护，友谊之花必定会在我们心中绽放。

二、感受对方的需求,建立友谊的基石

当我们的朋友向我们倾诉他的烦恼时,我们是不是能够真正站在他的角度去理解他的感受呢?了解一个人的最好的方式就是换位思考。

那么,如何做到换位思考呢?

首先,我们要学会倾听。当我们的朋友说话时,我们要全神贯注地听他说什么,而不是一边听一边想自己的事情。这样,我们才能真正理解他的感受。

其次,我们要学会反思。有时候,我们可能觉得我们的朋友对我们不够好,或者我们觉得他有些地方做得不对。这时候,我们不要急着责怪他,而是要反思一下自己是不是也有做得不够好的地方。这样,我们就能更好地理解他的处境和感受。

再次,我们也可以通过共同参与一些活动来加深友谊。比如,我们可以一起参加音乐会、书友会等活动,这样我们就有机会一起分享快乐和悲伤,也能更好地了解彼此。同时,我们也可以通过线上交流来保持联系。即使不能见面,也可以通过社交媒体来交流感情。

最后,友谊是建立在真实和诚实的基础上的。不要做出虚伪的承诺或伪装自己的情感。只有真实和诚实的友谊才能长久。

三、理性看待友情

友谊的发展并不是一帆风顺的。有时，我们会因为一些小事情而产生矛盾和争吵。这时，我们需要以积极的态度去经营和维护友谊。

理性地看待友情，就会减少不必要的失望和烦恼。以下是一些建议：

（1）保持适当的距离：与朋友保持一定的距离可以让你更加理性地看待友情，不会因为太过亲密而对朋友有过高的期望。

（2）不要过度依赖：不要把所有的情感需求都寄托在朋友身上，学会自己独立解决问题。

（3）接受友情的变化：友情关系也会随着时间和生活的变化而发生变化，接受这种变化是正常的。

（4）尊重彼此的私人空间：尊重朋友的隐私和私人空间，不过度干涉或侵入他们的生活。

记住，友情是一种双向的关系，需要双方的努力和付出才能持续发展。如果你觉得自己的期待值过高，可以尝试逐步调整自己的态度和行为，让自己更加理性和平衡。

9 很喜欢拥抱，无论对方是男孩还是女孩，怎么办？

我是一个开朗活泼的男孩，总是对身边的人充满关爱和温暖。然而，自从我进入青春期以来，我发现自己异常喜欢拥抱。无论是男孩还是女孩，只要是与我有一定亲近关系的人，我都忍不住想要拥抱他们。这种冲动始终弥漫在我的心中，成为我内心一股难以控制的力量。

但这给我带来了巨大的困惑和痛苦。我注意到，身边的人开始对我保持距离。曾经亲密的朋友们似乎变得有些拘谨，不再像过去那样主动与我接触了。他们开始回避我的拥抱，甚至有人愤怒地责备我过于喜欢亲密接触。

我也很苦恼，我从未有意伤害过任何人，却总是因为这个问题引发矛盾和误会。我试图告诉自己不再拥抱别人，但每当有关系好的人靠近，我内心的冲动就无法抑制。我不知道自己是怎么了，也不知道该怎么办。

——孙林峰

一、拥抱虽然是一种力量,但要适当

从心理学角度来看,拥抱真的有不可思议的力量。你知道吗?拥抱可以帮我们缓解压力,增加信任感,还能让我们感到非常安全。研究还发现,拥抱能够降低焦虑水平,提升让人感觉幸福的荷尔蒙——催产素。更厉害的是,拥抱还能帮助我们更好地处理人际关系,增强社交能力哦!

在英、法等国家,拥抱、亲吻脸颊是他们见面的一种礼仪,不分同性和异性。在他们看来,这就跟我们的握手一样平常。

但在中国的文化背景或社交习惯中,拥抱可能被认为不是一种适当的交往方式。这并不是对或错的问题,只是展示了不同文化和习惯之间的差异。

对于拥抱的感受,每个个体的体验感都不同,有的人觉得无所谓,有的人可能不习惯,这是因为我们每个人都有属于自己独特的身体边界敏感度。

当然,有些人并不想通过拥抱来表达情感或友谊,或者他们担心被误解,或者感觉被侵犯到个人空间,或者因性别不同而不想过于尴尬,所以更喜欢保持一定的距离。这并不意味着对方不友好或排斥他人,只是每个人的界线和喜好不同。

所以,林峰应该意识到,并不是所有人都喜欢被拥抱或用拥抱表达情感,也无需纠结,应理解并尊重他人的感受。

二、青春期阶段，注意情感表达方式

青春期阶段，不管是男孩还是女孩，身心发展都非常迅速，身体、心理都在发生着急剧的变化。从心理学来说，青春期的孩子会隐隐约约地受性别的影响，知道自己是男性或者女性从而做出符合自己性别特征的行为。也就是说，男孩表现得更有男孩样了，女孩的表现也更有女孩样了。

伴随青春期身心的变化，以及性别意识更加强烈，孩子们对于人际交往方面的困惑就随之而来。通过健康的交往，男生和女生会认识到彼此在心理、生理上的差异，从而淡化或者消除对异性的神秘感和好奇心，而且在适当的引导和精神体验中，他们能够慢慢掌握友谊和爱情的区别，从而更稳妥地把握自己的情感。

青春期孩子在交往的过程中，也会和人有身体上的接触，比如握手、拥抱等。基于林峰对于拥抱的困惑，我们就来谈谈拥抱这一行为。

我们不反对拥抱，但是很多时候拥抱是分场合和对象的。当同学或者好朋友赢得了比赛，大家欢呼着拥抱在一起，那是为了祝贺胜利而拥抱；放学回家，看到妈妈忙碌的身影或者开门见到彼此的喜悦，可以给妈妈一个大大的拥抱；自己情绪低落，悲伤难过的时候，也渴望一个来自朋友或者爸爸妈妈的支持、依靠的拥抱……这些都是没有问题的。

但是正如上面所说的青春期孩子身心的变化，青春期的男孩和女孩还是不建议过多地进行牵手、拥抱等身体接触。建议林峰与异性同学交往时，应注意保持一定的人际距离，而且这也是一种礼貌。如果真的喜欢某位异性同学，想要跟对方走得亲近，也最好不要有拥抱的行为。

其实，除了拥抱，我们还有很多其他方式来表达对朋友的关心和支持。例如一句温暖的问候、一段真心的对话、一份倾听的耐心……我们要学会用多种方式来表达自己的情感，这样才能更好地与他人建立起深厚的联结，才能收获美好的友谊。

三、坦诚以待，互相尊重

孩童时，我们依赖的是家长；进入青春期后，伴随着独立意识增强，这份情感更多地转移到朋友身上。友情很美好，著名作家巴金曾经说过："友情是生命中的一盏明灯，离开它，生命就没了光彩；离开它，生命就不会开花结果。"

建立良好的人际关系是走向正常社会生活的一步，对于青春期的孩子来说，能够交到志同道合的朋友，彼此支持，共同进步，无论时间过去多久，这都是一种幸福和财富。

不妨问一问自己，想要交什么样的朋友？和什么样的同学相处更舒服,更加正向,自己能够进步,或者心情很好?当然,朋友间的友好相处一定不是靠委曲求全或者妥协退让换来的。真诚是交友的重要基石。只有通过朋友间真诚地沟通,才能彼此信任。

在友谊中,尊重和理解是至关重要的因素。我们应该学会尊重朋友的观点、感受和个人边界。"与朋友交,久而敬之。"敬,就是保持距离,防止过分亲昵,所以朋友之间也必须要把握分寸,正所谓"亲密有间"。所以林峰同学即便是想要跟对方做朋友,既然对方不喜欢被拥抱,就要尊重对方,不要把自己的想法和行为强加到对方身上。

不管是与同性还是异性交友,都要做到落落大方,举止文明,做规范的行为,拒绝举止不得体。避免亲密过度,造成不良影响,让同学、老师和家长误会,平添无缘无故的烦恼。

希望大家都能找到志同道合的朋友,共同维护,双向奔赴,让友谊之花常开不败。

第三部分

03

NAN HAI, QING CHUN QI NI YAO DONG DE SHIER

优良品格的培养

10 同学经常买耐克鞋，我很想买却买不起，怎么办？

我是一名普通的高中生，每当同学们聚在一起谈论最新的耐克系列款式时，我总是默默地站在一旁，没有办法参与这个话题。当他们谈论着那些限量款、联名款的设计、舒适至极的鞋垫时，我只能遗憾地望着自己脚上那双不入流也不时尚的运动鞋。

我很清楚，对于我家的情况而言，买这种品牌的鞋是很奢侈的。每次看到心仪的款式出现在商店里，我都会试图假装漠不关心，但内心却难掩对这些帅气鞋子的渴望。我开始怀疑自己，是不是因为我没有名牌鞋，才无法融入他们的圈子？这种被排挤的感觉让我感到痛苦和困惑。

我想这个问题不仅仅是一双鞋子的问题，而是代表了我内心对于同伴认同的渴望。它让我思考着自己的价值和存在意义。我感觉很困惑和无奈，我该怎么办？

——黄雷

一、对物质的追求，是否真的能让人幸福

在这个快节奏的社会里，很多人常常被物质的追求所迷惑，以为拥有更多的物质财富就能幸福。但实际上，物质与幸福并不能画等号。

可能有时候，我们会发现自己渴望某样东西，却因为各种原因无法得到。这时候，我们是不是应该停下来思考一下？是不是应该换个角度看问题？是不是应该接受现实，然后寻找其他的快乐和满足？

真正的幸福并不来自物质的满足，而是来自我们的内心。

精神层面的需求是幸福感的重要来源。我们需要有一个健康的身体和心理状态，拥有积极向上、乐观豁达的心态。阅读、旅行、艺术、音乐等，这些都能让我们的内心得到滋养和满足。

当我们清楚地知道自己想要什么，并且不为外界的浮躁所迷惑时，我们就能找到真正的幸福。

二、不羡慕别人的花园，去拥抱自己的荆棘

我们常常会和别人对比，习惯将别人当成一个标杆，借此来衡量自己所达到的高度。其实，当你将别人的幸福看得

过重时，就会将自己的幸福看轻。所以不要随便羡慕别人的花园。

理性消费，明确自己的真正需求才更有意义，而不是盲目地追求潮流。

每个人的经济状况和背景都是不同的，家庭条件的差异导致了我们物质上的差异，但这并不意味着我们的能力和价值有所区别。

相反，我们应更注重培养自己独特的才能和个性特点，而非对名牌鞋子等外在标志的过度追求。卡尔·尼布尔在《飞越彩虹》中也表达出了类似的观点："不要羡慕别人的花园，去拥抱自己的荆棘。"只有通过发展自己的独特才能和个性特点，我们才能发掘自己的潜力，找到真正属于自己的道路。

同样，我们的价值也不应只取决于外界物质的标志，我们应该清楚地认识到，我们的真正价值更多地取决于我们的品格和内在素养。积极乐观、诚实守信、勤奋努力等美好的品质，才能助力我们走向更加成功和幸福的未来。

接纳自己与他人的不同，活出真实的、内心丰盈的、有价值的自己，无须名牌，你一样可以赢得别人的尊重。因为每一个自尊自爱、积极向上的孩子本身就是珍贵的！

三、树立正确的价值观

古往今来,追求幸福是人类永恒的目标之一。我们现在的物质生活水平逐年提高,但是幸福感水平却不是与日俱增的。青少年物质攀比和盲目追星的例子逐年增多,有的甚至仿效成年人追求奢侈品,对已经拥有的东西视而不见,更在意自己得不到的东西,这都暴露了孩子们或者说整个社会的物质主义价值观的一些问题。

对于青春期孩子而言,"比"是不可缺少的,也是避免不了的。你可以攀比,但是一定要靠自己的实力,要比就比学识和眼界,这才是高层次的优势。而且,请一定不要抱怨家庭、不要埋怨爸妈没能给你优越的物质条件,因为现在他们能给你的一切,已经是在他们能力范围内最好的了。这些朴素的认知,等你长大,经历社会,过起自己的小日子或者有了子女后定能体会得出。

作者柳青曾说:"人生之路是漫长的,但紧要处只有几步,尤其是当人年轻的时候。"孩子,青春期阶段,正是你们自我意识更加强烈的阶段,你们开始思考"自己是谁""自己的意义和价值",你们渴望被认同、被看见,所以这一个时期对你们尤为重要,希望你们都能勤学求知,修德立身,扎扎实实地学习,踏踏实实地做人,用坚韧不拔、百折不挠的精神来灌溉自己的梦想,实现自己的人生价值。

11 性格真的会影响命运吗？

我从小就是个内向的男孩，不太擅长与他人交流，总感觉说话有些吃力，即使想要表达自己的想法也很难做到。然而，我的内心深处充满各种想法，只是不知道如何表达，从而让周围的人理解。

在班上，每次老师提问时，我都没有太大的勇气举手。我害怕被别人注意到，害怕自己的回答被嘲笑或指责。于是，我选择沉默，让自己变得透明起来。

最近，好友小鱼告诉我他加入了一个社团，结识了很多新朋友，并参加了许多有趣的活动。她邀请我一起参加。我坦白地告诉她："我觉得自己很无助，不知道该如何与人交流。"小鱼非常理解我，他告诉我她曾有过同样的经历，但通过与更多的人交流，逐渐变得外向起来。她鼓励我尝试主动与他人交谈，勇敢表达自己的想法和感受。

像我这样内向的人能变得外向吗？要是没法变得外向一些，我以后可怎么办呢？

——孙肖哲

一、内向和外向,只是不同的人对待社会的不同方式

性格由我们的基因、环境、经历和选择共同造就而成。我们每个人的性格都是独一无二的,就像世界上没有两片完全相同的叶子一样。

一直以来,"内向"往往被认为是一种性格缺陷。很多人都习惯把内向看作一种社交障碍,并给内向者贴上"内向者不擅长社会交际"的标签,其实这是一种偏见。甚至,很多内向者总是被要求屈从于偏见,强行改变自己。

心理学家荣格指出,内向型性格和外向型性格的区别就在于这两种性格有着完全不同的能量指向,各有优势,并无优劣之分。外向的人,把生命力指向认识和改造外部世界,从外部获得认可;内向的人,把生命力指向探索和建构内心和谐,从内部获取能量。而且每个人都有内向和外向的两面,只是程度不同,更无好坏之分。

至于,肖哲同学的困扰,更多地来自表达和社交方面的困惑。在社交的舞台上,内向人和外向人展现了截然不同的策略。

外向的人倾向于采用直接和开放的方式与他人交流,他们乐于参与群体活动,通过言语和行为积极展示自己。这种方式使他们在建立新关系和扩大社交网络时占有优势。

相反，内向的人则更倾向于采取谨慎和保守的策略，他们在社交场合中更注重倾听而不是主导对话，宁愿选择深度对话而不是广泛的社交活动。这种策略让他们在维护长期关系和建立深层次的联系方面显得更加得心应手。

不管是哪种社交方式，都有其独特的应用场景和优点，没有绝对的好坏之分，关键在于找到最适合自己的社交状态。

性格就像一把双刃剑。它可以成为我们最强大的武器，也可以成为我们最大的阻碍。关键在于我们如何去理解和把握它。

如果你总是很消极，看待事情总是看到最坏的一面，那么你的生活会不会变得很沉重、很压抑？相反，如果你积极乐观，遇到困难也不怕，那么你的生活是不是会更加阳光、更加美好？

二、培养积极的思维方式，做一个自信的人

思维方式能够体现我们对待生活和面对问题的态度和方式。积极的思维方式是一种积极、乐观和建设性的思考方式，它对我们的心理健康、情绪状态和生活质量都有着重要的影响。那么，怎样才能拥有积极的思维方式，成为自信乐

观的人呢？

（1）学会自我观察。隔一段时间就进行一次自我观察和对比。想一想自己这段时间做出了什么好的改变和进步，任何一点点小的改变都可以。

及时觉察自己的情绪。当你意识到自己的思维转向消极时，就是改变的时候。你可以对自己说："嗯，我现在感觉有点沮丧，但我要试着找到解决办法。"这样，你就把主动权夺回到自己手中。把问题想象成一个谜题，你要努力找到谜底。这样，困难就变成了成长的机会。

（2）用积极的语言来描述事情。比如，不要说"我失败了"，而要说"我也收获了哪些"。这种积极的描述会让你看到事情的另一面，让你更加乐观和自信。

（3）重构负面思维。将原本负面的想法重新建构，从积极的角度去看待，可以防止一直陷在负面的思维中打转，而调整到积极地解决问题的行动上来。例如，我今天考试没考好，说明还有努力的空间。

（4）多看积极心理学的书。推荐积极心理学大师马丁·塞利伯格曼幸福五部曲，《象与骑象人：幸福的假设》《积极情绪力量》等。

这些方法并不是什么高深的科学，它们只是帮助我们更好地理解自己，更好地调整自己的思维和情绪。只要你愿意尝试，你一定可以做到。

三、打开世界的方式，不是性格，而是能力

性格并不是决定一个人能否成功的关键因素。性格只是一个人的特质，它可能会影响一个人的行为方式和处理问题的方法，但它并不能决定一个人的成功与否。一个人是否能够成功，主要取决于他的能力和努力。

能力的培养和个人的努力远比天生的性格更能决定一个人能否打开世界的大门。即使"不善表达"同时也"性格内向"，一样可以有精彩的生活，甚至成为某个领域的佼佼者。

比尔·盖茨以其创立的微软公司影响了全球信息技术的发展，他本人也多次被视作世界上最成功的企业家之一。然而，在许多公开场合中，他给人的印象往往是书卷气十足、稍显笨拙的。盖茨自己也承认，他并不是一个善于言辞、善于社交的人。但是，这并没有阻碍他成为一个伟大的创新者。盖茨的成功，源于他对技术的深刻理解、前瞻性的视野以及不懈的追求。他能够凭借自己对软件和计算机语言的精通，带领微软开发出一系列改变世界的操作系统和应用软件。

著名作家村上春树，他的作品对全世界的读者有着巨大的影响力，可他却坦言，自己是一个绝对的内向者。他不爱说话，跟别人交谈会很拘谨，每次接受采访都令他心力交瘁。他曾坦言，哪怕让他永远闭口不言，他都不会感到丝毫

痛苦。相反,他觉得一个人看看书、听听音乐、跟小猫玩耍则会让他感觉无比轻松惬意。

因此,我们可以看到,即使不是性格外向、口才非凡的人,也能通过自己的专业能力和持续努力,在自己擅长和热爱的领域内取得卓越成就,达到令人敬佩的高度。所以,我们应该鼓励每个人都发挥自己独特的性格优势,不需要去迎合他人,只需要找一件自己喜欢的事情或者找到自己的方向,向深处探索,心无旁骛地去做就好了。慢慢地,我们便会从这样的事情中得到治愈,积攒能量。正如比尔·盖茨和村上春树所展示的那样,最终能够到达成功之岸的,是那些不断学习、勇于探索、不畏挑战的人。

12 对家庭条件好的同学产生了嫉妒，怎么办？

从小我就心思细腻，和同学之间的比较心很重。随着年龄增加，我发现我这种攀比感越来越强烈。

班上的同学热议暑假的旅行计划，我会把手紧紧地攥着，默默地低下头。

哪位同学买了电子新设备，我会远远地看着，即使很好奇，也不让自己凑上去看看，我就一直这么忍着。

有一天，放学后，我走在回家的路上，穿过狭窄的弄堂，洁白的鞋子被路上的积水弄脏了一大片。

看着眼前鞋上的黑点，我心中突然很气愤，"为什么有些同学上学就可以每天车接车送？""为什么他们每个暑假都可以出去旅游？"

一股强大的嫉妒感涌上心头，我不得不承认，一直以来，我对家庭条件好的同学都有一分嫉妒，只是我假装不在乎而已。

我该怎么办呢？

——乐嘉

一、觉察嫉妒，化嫉妒为动力

嫉妒源于我们对他人拥有的某些特质、物品或成就的渴望。当我们感到嫉妒时，我们可能对自己在某些方面的不足感到不满。

在我们的日常生活中，嫉妒是一种常见且难以避免的情绪。在某种程度上，嫉妒可以激发我们的积极性，促使我们追求更好的生活。然而，过度的嫉妒可能导致心理健康问题，影响我们的情绪和人际关系。

同学家庭条件好，是因为他们的父母或许经历了无数个辛勤奋斗的日夜，付出了许多我们看不到的努力。从他们身上获得启发，我们可以更清晰地定义自己的目标，并采取实际行动去追求。

当内心的嫉妒产生时，我们先去"看见"它："哦，刚刚又看到别人比我优秀，同学家条件比我家好，我现在心里不爽，这是我的嫉妒情绪。"

还可以在手腕上戴一个手环或手表，每次嫉妒了，或者因嫉妒产生了不良情绪，就把手环或手表换个位置，提醒自己意识到情绪。

只有觉察到嫉妒情绪，才可能从冷漠、贬低、排斥、敌视等反应中抽离出来。

二、嫉妒止于感恩，培养自己的感恩之情

感恩是治愈嫉妒的灵药。当我们心中充满感激，我们会更愿意欣赏自己的所得，而不是觊觎他人的所有。

有时候，强烈的嫉妒就如同一把匕首，隔断了良知与理性，让人失去了平常心和平静的态度。

倘若我们不想让自己的生活陷入泥潭，那就好好地检视自己的内心，千万不要让自己的心染上嫉妒的烟尘，更不能让嫉妒的烟尘遮蔽了自己的双眼。

历史上，真正功成名就的人都以嫉妒为耻。

欧阳修是北宋文坛的领袖，当年有人对他说："苏轼才情极富，若公识拔此人，只怕十年之后，天下人只知苏轼而不知欧阳修。"欧阳修听了，一笑了之，依旧提拔苏轼。苏轼脱颖而出，欧阳修亦名声不堕。

"感恩是一种最有生产力的情感。"当一个人拥有感恩之心，他会更加珍惜所拥有的，从而更加努力地创造与分享。

选择感恩，意味着选择一种积极向上的生活态度。

培养自己的感恩之情有哪些好方法呢？

（1）感知身边的美好：学会关注身边的小细节和美好，比如朋友间的温暖关怀、老师的指导帮助、家人的支持等，并向他们表达真挚的感谢之情。

（2）感恩日记：有一个专属的感恩日记，每天或定期记录下自己对生活中的感恩之事。

（3）感恩环境提醒：在自己经常待的地方，放置一些小的提醒物品，例如贴纸、照片或标语，提醒我们保持感恩的心。

（4）复盘好事：每天晚上在入睡前，回忆一天中发生的三件好事，并试图描述其中的细节。这会让我们逐渐找到并关注生活中积极的一面。

三、成长与进步是战胜嫉妒的利剑

成功并不仅仅取决于出身，家庭背景并非是限制，而是我们起飞的起点。

真正决定我们未来的是我们自己的努力和能力。

当你感到嫉妒时，不要看向别人，而是看向自己——你还需要提高自己的水平。所以，与其嫉妒，不如想办法让自己变强大，关注自身的成长和进步。

（1）不断学习新知识：多读书、吸收有意义的视听资源，掌握新技能和知识。通过持续地学习可以提高个人素质和自信心，使自己更有竞争力，更有机会取得成功。

（2）常规反思：每天或每周花一些时间来回顾自己的表

现,这样可以及时发现不足之处并采取措施改进。

（3）接受挑战：敢于接受挑战，尝试新的领域，超越自己的舒适区，并且不要害怕犯错误。通过挑战自己，发现自己的潜力和能力，提升自信。

罗翔老师说过："我们一生的成长，其实都是在不断地约束我们内心的幽暗。"

只管走好自己的路，然后拼命地向上成长，一切自然柳暗花明。

13 同桌学习成绩很优异,这却让我讨厌自己,怎么办?

我的同桌是学霸,他看起来总能那么轻松地取得好成绩,每次考试都是全班第一,甚至有时候还会全校第一。

我曾经尝试和他交流,想了解他是不是有什么秘诀。我问他:"你怎么做到的?"他看了看我,轻轻一笑,说:"其实我也有很大的压力,只是你看不出来而已。"

我有些不解:"那你为什么还要表现得这么轻松?"他笑了笑:"因为我相信,只要努力,就一定会有回报。"

我开始怀疑自己,甚至有些讨厌自己。我觉得自己就像一个卑微的小丑,无论如何努力都无法达到他的水平。

然而,我也明白,我必须面对现实。我不能让沮丧占据我的心灵,而是要找到自己的问题所在,努力去克服它们。只有这样,我才能真正地成长和进步。我想知道我可以怎么做呢?

——小孔

一、调整心态，正确认识自己

在学习的道路上，我们常常会遇到挫折和困难。面对同桌的优异成绩，我们可能会感到自卑和沮丧。然而，要记住每个人都有自己的优点和不足，重要的是正确认识自己并调整心态。

在经济学中，有一个概念叫作"比较优势"。这个原理告诉我们，不要与他人直接比较，而是要关注自己的进步和成长。通过发挥自己的优势并不断努力学习，我们可以实现自己的目标并取得成功。

人生这条路很长，压力和迷茫其实会贯穿着我们人生的每个阶段，我们在迷茫中徘徊，在坎坷中成长，难免会暂时迷失方向，不要太焦虑，试着调节好心态慢慢来，水到渠成即是非常自然的事，一切都会变好。

正确认识自己，并发挥自己的优势不懈努力，定能实现目标。比如，篮球巨星迈克尔·乔丹，他并不是速度最快的球员，但他凭借自己的投篮技巧和比赛智慧成为篮球历史上最伟大的球员之一。只有通过发掘自己的优点并不断努力学习，我们才能更好地适应不断变化的环境和挑战。

学会保持积极的心态，并不断追求自己的目标，这样我们就能成为真正成功的人！

二、找到适合自己的学习方法

想一想,如果我们漫步在一片繁茂的森林中,阳光透过树叶洒在我们的脸上。我们尝试着穿越这片森林,但发现路途艰难。此时,我们该怎么办?我们会意识到需要找到一条适合自己的路径。同样地,学习也是如此,我们需要找到适合自己的学习方法,才能轻松愉快地穿越知识的森林。

找到适合自己的学习方法是一个探索和调整的过程,可以通过以下几个步骤来进行:

(1)了解自己的学习偏好和优势。每个人都有不同的学习风格和优势,如有些人更适合阅读,而有些人则更适合通过听讲或实践来学习。了解自己的学习偏好可以帮助你选择合适的学习方法。

(2)针对不同的困境找到不同的方法。例如,觉得自己知识掌握得不牢,除了做习题巩固外,还可以尝试费曼学习法,把知识讲给别人听,自己就会在不知不觉中对知识进行总结、提炼和逻辑化,这样就能加深理解和记忆了。如果你觉得自己时间管理的能力欠缺,可以试试番茄钟学习法。

同时,建议阅读相关的书籍或参加相关的课程,了解各种学习方法的原理和应用,如《成为超级学习者》《博赞学习技巧》等。

(3)进行自我反馈和评估。在学习过程中,关注自己的学习进展和成果，了解自己的不足和优点，调整学习方法和策略。

（4）制订学习计划并坚持执行。找到适合自己的学习方法后，制订合适的学习计划并坚持执行。

（5）自我反思和优化。定期反思自己的学习习惯和效果，不断灵活调整优化，最终找到适合自己的学习路径。

三、寻找合拍的"学习搭子"，互相监督，共同进步

中学时期，学生的学习压力越来越大。一个人独立学习像是在孤军奋战，尤其是对于自律性稍微差一些的学生来说。现在很多人都热衷于寻找"搭子"，比如"吃饭搭子""逛街搭子""健身搭子"……建议小孔也去寻找适合自己的"学习搭子"，一起学习，互相监督，相互鼓励，这样你也就不再是"孤勇者"了，彼此也会更有动力，学习的效率也会更高！那么，如何找到跟自己合拍的学习搭子呢？

首先，确定自己的学习风格和需求。不同的人有不同的学习方法和习惯，了解自己的学习风格有助于找到互补的合作伙伴。例如，如果你是一个喜欢静谧环境的学习者，那么你需要的可能是一个自律性强、能够共同维护安静学习环境

的伙伴。

其次，也可以开放心态，尝试与不同类型的同学进行合作。有时候，与性格或学习方法和你迥异的人搭档，也可能产生意想不到的火花，帮助你突破学习瓶颈。当然，这需要双方都有足够的包容性和适应能力。

最后，还可以利用现有的社交网络来寻找潜在学习搭子。学校的课堂、兴趣小组、社团活动都是结识志同道合的伙伴的好机会。在这些集体活动中，观察他人的学习态度和行为模式，可以帮助你识别是否与他们学习相合拍。

一旦找到可能的学习搭子后，建议先从短期的合作开始，比如一起完成一个小项目或准备一次考试。这样的试验性合作有助于了解彼此的合作默契度。如果双方感觉良好，可以逐渐延长合作时间，直至形成长期稳定的学习伙伴关系。

要记住，任何关系都需要双方的努力和付出。一个好的学习搭子，不仅能够在学业上给予帮助，更能在精神上提供支持。因此，当你在享受合作伙伴带来的帮助时，也别忘了为这段合作关系贡献自己的力量。

如果你还在孤军奋战的话，不妨找个学习搭子吧！相信通过共同努力，你们一定能够取得优异的成绩。加油！

第三部分　优良品格的培养

14 别人一惹我，我就有想打他的冲动，怎么办？

有一次，我和朋友一起去打篮球。当我们在场上比赛时，对方队员故意用肘击中了我的胸口，我立刻感到一阵剧痛。这时，我看到自己的朋友正想上去跟对方评理，我也情不自禁地跑了过去，手指着他们喊道："你们怎么这样？别太过分啊！信不信我揍你们！"我的声音很大，脾气也变得异常暴躁。

朋友急忙拉住我，说："不要那么激动！我们可以用更好的方式来处理这件事。"这时，场上的另一名队员也过来说："对啊，不用打架也能解决问题。"

我能感到自己的情绪有些失控，双手不住地发抖。我知道自己这样的行为是不正确的，可是我就是控制不住自己的情绪。那种"想打人"的冲动像是一只疯狂的野兽一般在我内心咆哮着。

无法控制自己的情绪，这让我很困扰。

——李晓亮

一、学会接纳情绪,知己者智

我们每个人都有情绪,有时候它们像疯狂的野马,难以驾驭;但有时候,它们又像温柔的春风,让人感到舒适和自在。关键在于,我们如何与自己的情绪打交道。

青春期是个神奇又微妙的阶段。有时候,我们就像是被情绪的过山车带到了高空,心跳加速,手心出汗;有时候,又像是被突如其来的冷水浇了个透心凉,整个世界都变得灰暗起来。

这一切,其实都与我们的大脑有关。我们的大脑其实有两个"主人":一个是理智脑,负责理性思考;另一个是动物脑,也就是我们的情感中枢。这两个"主人"有时会打架,导致我们的情绪像坐过山车一样起伏不定。

那么,如何让这两个"主人"和平共处呢?

首先,我们要意识到自己的情绪。只有真正了解自己的情绪,才能与它们和谐相处。当感到愤怒、焦虑或沮丧时,试着坐下来,闭上眼睛,深呼吸几次,问问自己:"我现在感觉如何?"

其次,找个适合自己的方式来表达这些情绪。有些人喜欢写日记,把心里的烦恼和感受倾诉在纸上。有些人则喜欢画画、听音乐或者跑步。找到适合自己的方式,就像是找到了与情绪和平相处的秘诀。

再次，我们还要学会调节情绪。当感觉情绪快要爆发时，试试一些放松技巧，比如深呼吸、默数1、2、3。这样的方法就像是情绪的"调节器"，帮助我们稳定情绪，保持冷静。

最后，我们要学会积极思考。遇到困难时，不要总是想着"我又失败了"，而是换个角度想："这次失败给了我什么教训？我下次应该怎么做？"这样积极的思考方式，会让我们更容易从挫折中站起来。

二、学会换位思考，是处理冲突的秘诀

当陷入冲突时，你是否曾感到自己会被情绪牵着鼻子走，像一头困兽？

其实，处理冲突并不需要动手，而需要智慧。而这种智慧，就藏在我们对待自己和对待他人的态度里。

你和一个朋友因为一个小小的误会而争吵。你们的声音越来越高，言辞越来越激烈。但突然，你停下来，深呼吸一口气，尝试站在他的角度去思考：为什么会这么生气？原来，他最在意的不是那个误会，而是觉得你不够尊重他。或者对方伤到你，却没有真诚地跟你道歉。明白了这一点，也许你就可以心平气和地表达自己，化解这场争吵了。

所以,换位思考是处理冲突的关键。它并不意味着你要放弃自己的立场,而是要理解双方的感受和需求。这样,你就可以找到一个双方都能接受的解决方案,而不是让冲突愈演愈烈。

那么,如何培养换位思考的能力呢?

首先,要学会表达和倾听。当你有需求或有情绪时,用描述事实加自己感受的"我—信息"表达自己,而不是颐指气使或怒气冲冲地指责,对方也就能更清晰地理解你了。当对方表达观点或感受时,不要急着反驳,而是试着去理解他的想法。你可以问一些问题,以更好地了解他的立场。这样,你不仅可以听到他的观点,还可以让他感觉到被尊重和理解。

其次,适当从对方的角度出发。你可以试着想象自己是对方,思考他在那个情境下的感受和需求。这样,你就可以更好地理解对方的立场,找到一个更加合理的解决方案。

最后,适当妥协和退让。虽然我们希望自己的观点被接受,但有时候为了大局考虑,我们需要做出一些妥协。这样不仅可以避免冲突升级,还可以让对方感觉到你的诚意和善意。

在我们的生活中,冲突不可避免。但只要我们掌握了换位思考的技巧,就可以化解许多不必要的争端。

真正的胜利不是打败对方,而是通过理解和沟通找到一个双方都满意的解决方案。所以,下次遇到冲突时,不妨试试换位思考,相信我们会收获更多的友谊和理解!

第四部分

04

NAN HAI, QING CHUN QI NI YAO DONG DE SHIER

交友原则不可丢

15 觉得同桌很会炫富，怎么办？

当我踏入新的高中校园时，心情就像在云端跳舞，又紧张又兴奋。我感受到这里的学习氛围比以前的学校更加浓厚，校园环境也更加优美，让人心生敬畏。

我找到自己的座位，旁边是一位引人注目的同学，他穿着一身品牌服装，时尚又大方，走在潮流的前沿。下课时，他偷偷拿出手机，屏幕上闪烁着各种消息提示，好像全世界都在找他聊天。而我，手机在书包里静静地躺着，仿佛被世界遗忘。我环顾四周，发现这个新环境里，没有几个我熟悉的面孔，心里涌起一种莫名的孤独和焦虑。

吃午饭时，我不经意间瞥见了他手中的餐盒。里面装满了色香味俱佳的美食，看得我口水直流。我忍不住多看了几眼，然后低头看看自己一成不变的午餐。我羡慕地说："你的午餐真丰盛啊！我每天都是吃这些乏味的饭菜。"

从那以后，每次看到同桌炫耀他的午餐，我心里就像被针扎了一下。我努力告诉自己不要在意，但那种羡慕和嫉妒的感觉总是挥之不去。

我开始迷茫,不知道如何面对这一切。高中生活的新篇章就这样在我心中悄然翻开,带着美好的期待,也带着淡淡的忧虑。

——汪子威

一、摆脱嫉妒的情绪,专注自身的成长

嫉妒,那个隐藏在心中的小恶魔,有时候会在我们不经意间冒出头来,让我们心里酸酸的,感觉非常不舒服。你可能也有过这样的经历,看到别人拥有了你想要的,心里就会有一种说不出的难受。

心理学研究发现,过度的嫉妒其实是个负面情绪,它不仅会让你的心情变差,还可能影响你的心理健康。相反,如果你能学会欣赏他人的优点,你的心态会变得更积极,更有自信和动力。

那么,怎样才能把注意力从嫉妒转移到积极的学习和欣赏上呢?这里有一些小技巧,希望能帮到你:

首先，你要珍惜自己拥有的东西，意识到每个人都是独一无二的。试着每天说"谢谢"，感谢自己拥有的生活和取得的成就。这样，你就能更容易地把注意力放在自己的身上，而不是别人的身上。

其次，把优秀的同学当成学习的榜样。不要关注学习以外物质上的种种，这些物质上的攀比，只会让你越来越自卑。关注那些习惯好、学习棒的品学兼优的同学，看看他们是如何做到的，学习他们的经验和方法。这样，你不仅能提升自己，还能发现自己的不足之处，找到进步的方向。

最后，把嫉妒转化为动力。设定目标，制定计划，努力提升自己。

记住，进步不是一蹴而就的，但只要你肯努力，总会有收获的。要保持一颗谦逊的心，因为每个人都有值得学习的地方。

每个人都有自己的梦想和追求。所以，让我们专注于自己的成长，用自己的方式去创造美好的未来吧！

二、超越物质追逐，探索内心宝藏

物物而不物于物，是一种超越了物质的境界，是一种对生活的深层体悟。我们常常被物质所缠绕，却忽略了内心的丰盈。

假如你手中的手机变成了金子做的,你会感到更加幸福吗?或许你会兴奋一会儿,但很快你就会发现,其实金子并不能带给你真正的快乐。因为真正的幸福,它来自内心的满足,而不是物质的追求。

你可能会觉得,拥有更多的东西,就会让自己变得更幸福。但实际上,物质的追求就像一个无底洞,你永远也填不满它。而当你把注意力放在内心时,你会发现,其实我们每个人都是一座宝藏。这个宝藏里装满了我们的梦想、才华和无限的可能性。

那么,如何打开这座内心的宝藏呢?

首先,你可以尝试与身边的人建立良好的关系。想象一下,如果你和朋友们一起分享快乐和难过,一起成长和进步,那将是多么美好的画面啊!

其次,培养自己的兴趣爱好,比如画画、阅读、运动等。当你沉浸在这些活动中时,你会有成就感,而且你的内心也会充满满足和快乐。

还有一种平常得容易被忽视的情况:当你解开一道难题或者取得好成绩时,那种成就感是不是会让你感到非常满足呢?所以,要认真学习,努力思考,让自己的知识不断丰富和深化。

最后,别忘了要保持健康的生活习惯哦!健康的身体是一切的基础，只有身体健康了，你才能更好地追求自己的梦想和目标。

三、保持独立思考，树立正向的价值观

每个人都有自己的信仰和价值观，这些信仰和价值观就像一盏灯，指引我们前进的方向。如果你总是随波逐流，没有自己的想法和信仰，那么你的人生就会像一艘没有舵手的船，任凭风浪摆布。这样的人生，是不是很可怕呢？所以，我们要学会独立思考，坚守自己的信仰和价值观。

面对同学的炫富，我们要坚守自己的信仰，树立正确的价值观，不被物质所迷惑。

那么，我们该如何坚守自己的信仰呢？

首先，我们要明确自己的价值观，明白金钱不是衡量人生价值的唯一标准。

其次，我们要保持内心平静，不轻易被外界所影响。同时，要设定自己的目标，专注于自己的内心成长和进步。

最后，我们要培养感恩心态，珍惜当下所拥有的。

总之，坚守信仰是一个长期的过程，需要不断的努力和实践。只有这样，我们才能真正活出自己的价值和意义。更好地应对同学的炫富行为，保持内心的坚定和从容。

16 自己是"好好先生",不懂拒绝怎么办?

在学校里,别的同学都说我是个乖学生,因为我与人为善,学习也不错。

可是,就是因为这种乖、认真的性格,常常让我陷入困惑和痛苦之中。

一天,我正在图书馆默默地看书,突然一个同学过来问我:"能不能借我你的笔?我忘带了。"我看着她焦急的神情,心里明明不乐意,但是我却说不出口。"好吧,我借给你。"我任由自己的笔被"借"走了。那一瞬间,我就意识到自己的问题所在了——我不懂拒绝!

有时候,朋友们找我组队做实践作业,我虽然很累,也想休息一下,可是看着他们焦急的眼神,我又答应了。结果,我变成了整个组最辛苦的一个,其他同学都分配了自己喜欢的相对轻松的任务,而我只能默默地承担起重活。

这样的事情发生过很多次,每次都是因为不会拒绝而导致自己很疲惫、很憋屈。

第四部分 交友原则不可丢

> 我知道，我之所以这样是害怕拒绝后会失去朋友，害怕别人对我产生不满和厌恶的情绪，我该怎么办呢？
>
> ——源泉

一、正确看待拒绝，不做讨好型人

电视剧《家有儿女》中，有一个三口之家的新邻居搬来，他们的女儿和刘星是同学。这家人特别爱向刘梅家借东西，而且多数有借无还。这给夏东海夫妇带来了很多烦恼，但又碍于面子和邻里关系有苦难言。结果，最后还是小雪、刘星、夏雨三个孩子一起找邻居要回了借走的东西，帮父母摆脱了麻烦。

小雪的父母就是因为面子薄，不好意思拒绝邻居，才会遇到这一系列的麻烦。

我们有的时候不懂拒绝，不是我们学不会拒绝，而是我们不想拒绝。

这是因为，我们害怕拒绝别人会让他人对自己的评价变得不好，连带着其他人也会讨厌我们。只要不去拒绝，就可以和其他人保持良好的社交关系，哪怕是假的，哪怕我们根本不喜欢这样。长此以往，就会变成讨好型人格，会习惯于讨好别人，以别人的需求为中心，牺牲自己，成全别人。

过度的责任感是讨好型人格的一个主要特征。讨好型人格的人总以为如果不能让所有人满意，那就是他们的失败。即使自己并不想这样，也会在表面假装成很高兴帮助他人的样子，可是私下里，他们的内心会充满委屈、愤怒、无力、抑郁，从长远来看，很不利于身心健康发展。

事实上，当我们努力"讨好"别人的时候，当我们以为自己很受欢迎的时候，我们在别人的心里仍然是拥有着负面评价的、不受欢迎的人。

为什么呢？因为别人能轻易感觉出我们是真心帮忙，还是不情愿却不得不帮忙的。

比如，当我们的朋友让我们对他的作品进行评价的时候，我们直接敷衍地夸奖了一下，试想对方看不出来吗？换位思考一下，当别人这样对我们的时候，我们肯定会立刻就察觉出来了。

所以，我们与其做好好先生，不如认真对待，认真地学会拒绝。

二、建立清晰的沟通边界，并提供替代方案

对于拒绝，我们需要改变自己的认知，拒绝和被拒绝都是很正常的一件事情。在与他人交往的过程中，我们要学会建立清晰的沟通边界，我们在拒绝前，要想清楚什么样的人要拒绝，什么样的人需要帮助，更要清楚什么忙该帮，什么忙不该帮。同时，在面对不合理的要求时，一定要拒绝。

如果是我们真正的好朋友提出要自己帮忙，而自己又可以帮上忙，那就去帮他，毕竟最好的朋友平时也没少帮助我们。

其实面对无法帮助别人，需要拒绝的情况，这种表达方式也是适用的。我们要学会用聪明的方式拒绝别人，不会让气氛变得尴尬。《得体》一书中给出了四种表达方式或许对大家有所启发。

第一种是直接说出自己的心情——"太遗憾了"，表达出自己很想赴约或帮忙，但由于自身原因无法做到。

第二种是当行程冲突，或客观原因导致的问题，就回复"真不凑巧"，表达出自己是很想帮助的，因为外部客观或环境原因无法实现，一般人都能接受这种委婉的拒绝方式。

第三种是委婉地拒绝，"您的心意我领了"，这种话语虽然是拒绝，但听起来也会让人感觉比较舒服。

第四种是用道歉的方式拒绝，"没帮上忙，实在不好意

思"，直接表达出自己的心情。对方听到道歉的话语一般也不会强求自己答应，顺利做到了拒绝。

其实做到拒绝很容易，只需要选择对方能够接受的表达方式。学会理性拒绝，珍惜自己的时间和精力，尊重自己，更是尊重他人，让我们的帮助和赴约变得在他人眼里更有价值。

三、避免过度思考，拒绝要有原则和底线

不知道你在生活中，有没有这样的经历：

在与别人的谈话中，对方表现出了一丝冷淡，你就会立即开始反思自己是不是说错了话；在结束了一天的劳累后，躺在床上却无论如何也无法入睡，反复思考着今天发生的事情，反思自己又是哪里没有做好……这种过度思考的消极情况是否会每天都出现在你身上？

众所周知，思考是需要消耗精力的。而在胡思乱想中，负面情绪最消耗精力，例如"焦虑""悲伤""痛苦"等。如果一直消耗"超级加倍"的精力去担心那些莫须有或者未来的事，久而久之就会影响到自己的正常生活。

"不要害怕拒绝他人，如果自己的理由出于正当。"当一个人向我们提出请求时，他的内心早已预料到可能得到两种答案。因此，不论我们给予他哪一个答案，都是他预期中

的结果。

其实，拒绝并没有那么困难，结果也没有那么严重。一切都是因为我们过度思考的结果。所以，没有什么是不能拒绝的事情，只有不懂得拒绝的人。

此外，一旦别人触犯了我们的底线，无论请求是什么，我们都应该坚决拒绝。底线是我们做人做事的警戒线，不能逾越。

在生活中，当我们懂得开口去拒绝别人的时候，我们的人生也会更自由。

17 同学间交流的网络语言,我听不懂,怎么办?

在高中时期,我遭遇了一个让我很烦恼的问题:同学们经常使用网络语言,但我却听不懂。有时候,我总感觉自己像是孤岛上的人,周围的世界变成了另一个世界。每次听到别人说一些奇怪的缩写、词汇或者网络流行语,我都会感到非常迷茫。

一天,我们班上组织了一次课外活动,大家都玩得很开心。中间休息时,大家坐在一起聊天。当听到有人说什么 i 人、e 人时,我则一脸茫然,瞬间接不上话茬了。

"抱歉,我听不懂你们在说什么。"我实话实说。

同学们看着我笑了起来,"哈哈,你真的一点都不懂啊!"

这一天,我心情烦躁,感觉自己好像被排除在了群体之外。我该怎么办?

——小哲

一、接受网络语言这一无法忽视的现象

网络语言在现代社会中已经成为一种无法忽视的现象，对于很多年轻人来说，网络语言已经成为他们生活的一部分。从"233"的笑声到"ORZ"的无奈，从"吃瓜"的旁观到"打 call"的支持，这些网络新词在聊天窗口、评论区和社交媒体上无处不在。它们不仅改变了人们的交流方式，也影响了人们对世界的认识和表达。

如果你觉得对这些新兴的网络语言陌生，甚至听不懂，可能会感到被孤立或难以参与到朋友们的对话中去，这种感觉很正常，但也没有必要过于焦虑。面对这样的困境，我们可以采取一些措施来逐渐适应并融入这个变化多端的网络语境。

要认识到网络语言是语言发展的一种自然现象。语言总是随着社会的发展而不断变化，新的词汇和表达方式会不断涌现。网络语言之所以流行，是因为它简洁、直观，有时还充满幽默感，能够快速传递信息和情感。因此，不要对网络语言有过多的抵触心理，而是要以开放的心态去接受和学习这些新事物。

接下来，可以通过多种途径了解和学习网络语言。比如订阅一些流行的网络文化公众号，浏览热门的社交平台，观看年轻人喜欢的视频内容等。在这些平台上，你会接触到大

量的网络流行语,通过上下文的语境,你可以逐步理解这些词汇的含义和用法。此外,还可以询问熟悉网络语言的同学或者朋友,让他们解释和举例,帮助你更快地掌握这些术语。

不过,有一点需要注意,那就是网络语言的适当使用场合。网络语言虽然活跃和有趣,但并不是在所有情况下都适用。例如,在正式的文书写作、学术交流或职场沟通中,传统的标准语言更为恰当。

其实,每个人都应该有自己独特的语言风格,不必刻意模仿别人,也不必为了迎合潮流而放弃自己的语言习惯。建议小哲可以在保持自己风格的基础上,适当融入一些网络语言元素,这样既能保持个性,又能与时俱进。

二、网络语言并非衡量人际交往的标准

这个问题可以和爸爸妈妈聊一聊,因为他们在像你们这么大的时候,没有智能手机,也没有网络聊天工具,但他们依然可以和小伙伴们玩得开心、聊得火热。这是为什么呢?

现在的孩子生活条件优越了,却似乎失去了那份简单的快乐。其实朋友之间的交流,并不仅仅依靠这些流行的网络

语言，更多的是同学间共同的话题、共同的兴趣和互相的理解与支持。

一个简单的点头或者微笑、一起讨论作业或者难题，彼此分享生活中的小趣事，甚至放学后约着一起打打篮球……这些都是建立深厚友谊的不同方式。

真正的友谊建立在共同的兴趣和相互的理解上，而不是仅仅依赖于几句流行语。我们应该更加注重与同学间的情感交流和沟通，展示出真实的自我。在交流中，即使偶尔出现不了解的词汇，真诚的态度也会让同学们愿意分享和解释。通过这样的互动，不仅能够增进彼此的了解，还可能成为学习新知的契机。

除了适当了解一些流行的网络语言，我们也不应忽略提高自己的语言表达能力。平时可以通过阅读、写作、演讲等方式锻炼自己的语言能力。这样，即使在不了解对方使用的网络语言时，也能通过其他词汇或表达方式进行有效沟通。

语言的本质是沟通的工具。无论是网络语言还是正统的语言，清晰、准确地表达自己的才是沟通的核心。无论网络语言如何变化，只要我们能够准确传达信息、表达情感，就已经达到了沟通的目的。所以，请不要因为不懂网络语言而自卑，更不应将其视为与他人沟通的障碍。

三、调整心态,建立自我认同感

在校园生活中,每个人都可能会遇到感觉自己无法融入同学中的尴尬和困境。这种感觉常常伴随着自卑心态的萌生。通常来说,当我们觉得自己不够好、不够聪明或者不够受欢迎时,就容易产生自卑感。这种情绪可能源于对自己能力的低估,也可能是由于外界评价的影响。因此,首要的任务是了解自己的内心世界,识别自卑情绪的来源。

首先,正面认知自己的价值。每个人都有自己独特的优点和能力。尝试列出自己的优点,包括性格特质、才艺、学习成绩等。比如,虽然我不懂网络语言,但我擅长学习、喜欢阅读,这些都是自己值得自豪的地方。

其次,设置可实现目标。设定短期和长期的可实现目标,然后制订计划并努力达成。每当完成一个目标,都会增加对自己的肯定,从而逐步改变自卑的心态。

再次,学会自我激励。当感到自卑或者沮丧时,可以通过阅读励志书籍、观看正能量视频等方式来激励自己,保持积极向上的心态。

调整自卑心态,提升自我认同感并非一蹴而就的事情,它需要时间和耐心,需要我们不断地实践和探索。在此过程中,可能会遇到挫折和困难,但关键在于坚持不懈地努力,相信自己的价值。

第四部分　交友原则不可丢

　　每个人都是独一无二的，没有必要为了迎合别人而失去自我。尽管掌握流行的网络语言可以帮助我们更容易地融入集体，但真正的友谊和认同感来自个人的品格和内在魅力。因此，在追求融入的同时，也要强化自信心，最终一定能够找到属于自己的位置，与同学们和谐相处，共同成长。

18 很想交几个铁哥们,怎么办?

每天放学后,我总是一个人默默地走回家,一直以来,我似乎也习惯了这种独来独往的生活,直到一次活动,打破了我内心的宁静。

有一次,学校组织了一次户外拓展活动。在这次活动中,我们被分成了几个小组,每个小组都由五个人组成。

活动开始后,我和其他四位同学迅速建立了联系,我们彼此鼓励,共同完成各种任务。在这短暂的时间里,我感受到了朋友之间的默契和友情。

然而,活动结束后,每个人都回到了各自的班级和圈子。我不禁感到一丝失落,那种温暖的感觉瞬间消失得无影无踪。

我开始渴望学校继续举办这种活动,我渴望这种友情和默契。

我要怎么做才能在活动以外的时间和他们做朋友,成为铁哥们呢?

——小路

一、让自己更可爱，更优秀

"物以类聚，人以群分。"这句话表达了人们交友的一个基本原则，也就是说，人们喜欢和自己有相似兴趣、性格、背景等方面的人交往。因为这样的相似性会使得彼此更容易理解、产生共鸣和互相支持。

所以，如果一个人具有优秀的品质，他会吸引同样有着这些品质的人。想成为这样的人，看看以下几个方法是否能给大家些启发。

（1）对自己的行为负责。"靠谱"是一个人真正成长的标志。检验一个人靠不靠谱，就看他能否对自己的行为承担责任。相对于犯错，负责任则更需要勇气，且可能更需要做出牺牲。没有人能一直替一个犯错的人善后，也没有谁会喜欢和总是推卸责任的人打交道。勇于承担责任，能让人感到踏实可靠，也更容易收获真心，获得成长。

（2）保持独立思考。对于一个人来说，没有独立思考的能力意味着内心是空虚的、是没有力量的，这样的人，可能遇事不假思索就去直接照搬别人。独立思考并不代表特立独行，也不代表全然拒绝别人的建议，培养独立思考的能力，才能活出自己想要的模样。

（3）多靠近比自己厉害的人。想要变得优秀，有个好办法就是多靠近比自己厉害的人。当你遭遇挫折时，看到那些厉害的人仍在努力攀登，你自己也会充满力量。你会发现，他们也不是一下就变得很出众，在通往优秀的道路上他们也曾历经千辛万苦。与更好的人同行，才能遇见更好的自己。

二、建立关系银行账户，投资人际关系

关于友情，有人这样说："友情是一种无形的财富，拥有它的人将永远不会变穷。"那么，我们可以建立一个关系银行账户，就像投资银行账户一样，主动积累和投资人际关系。

社会支持理论认为，人际关系的质量和数量对个体的心理健康和幸福感具有重要影响。建立关系银行账户，可以积极投资和维护人际关系，增加社会支持的来源，从而减轻孤独感，增强心理抗压能力。

华特·迪士尼是迪士尼公司的创始人，他以其乐观积极的态度和对人际关系的重视而闻名。迪士尼通过建立广泛的人际网络，与合作伙伴、员工和粉丝们保持密切联系，共同实现了许多梦想和成功。

在《百年孤独》一书中，加西亚·马尔克斯描述了布恩迪亚家族的故事。他们世世代代保持着浓厚的亲情和友情关系，这种关系银行账户的积累使得他们能够在孤独和困难时

第四部分 交友原则不可丢

刻相互支持，共同度过人生的起伏。

从熟悉的人开始，逐渐扩大社交圈子，在关系银行账户不断地存款储蓄，终有一天，这个关系银行账户将成为我们宝贵的心灵财富，给予我们无尽的支持和资源。

以下方法可以让我们的关系银行账户的余额不断增长。

（1）建立信任：要在人际关系银行账户中存款，首先要建立信任。通过真诚的沟通、尊重他人的观点和情感支持，树立自己的良好形象，让别人对自己有信任感。

（2）真诚关怀：将关怀看作是存款的一种方式。时常与朋友、家人交流，询问和倾听他们的需求和困扰，不仅能加深彼此的联系，还能增进情感投资。

（3）共享资源：主动分享自己的知识、经验和资源，帮助他人解决问题或实现目标。无私地提供帮助，使他人受益，这将被视为一种有价值的存款。

三、学会倾听，在沟通中发展自己的友谊

有一首中学生的诗，这样写道：

我要做星星

不愿做太阳

也不愿做月亮

因为，做太阳寂寞

做月亮孤单

做星星

就有无数朋友

将黑夜点缀得更加美丽，漂亮

由此可见，朋友、友谊在我们每个人心中的分量。不得不说，友谊是人生最美好的礼物之一。

沟通是人际交往的重要方式，而友谊的建立和发展常常源于良好的沟通。通过有效的沟通，可以提高人与人之间的理解和信任，促进友谊的发展。

我们要在沟通中发展自己的友谊，首先要倾听对方，通过倾听，我们能更好地理解对方的需求和期待，在倾听中练习自己的同理心，学会反思，并及时给予反馈，这都有助于我们建立真诚的友谊。

希腊哲学家苏格拉底也认为"听"大于"说"：上天赋予了我们一个舌头，却给予了我们一对耳朵，所以我们听到的话比我们说的话多两倍。

学会倾听，是一种礼貌，更是一种智慧。学会倾听，是对别人的尊重，也是一种发自内心地对别人的欣赏。

京剧大师梅兰芳就是一位十分懂得倾听的人。

第四部分 交友原则不可丢

　　他堪称戏曲界一位代表人物,在京剧艺术上造诣很深,却一直怀揣一颗谦卑之心,也从来都不会因为自己是知名演员而自傲。他曾经拜画家齐白石为老师,为齐白石研墨,做一个寻常弟子做的事情。不仅如此,梅兰芳也能虚心接受普通人的建议,懂得倾听他人的意见。

　　在一次他演出京剧《杀惜》的时候,台下迎来的是一片掌声,唯独有一位老先生却说"不怎么好"。梅兰芳并没有因为普通人的否定而感到生气,相反的是他亲自将这位老人接到家中,并尊称老先生为"老师"。他恭敬地向老人请教:"说我在戏剧方面还有不够好的人,就是我的老师。老先生您说我还不够好,一定有所高见,还望您能指出,学生好对照改正。"老先生说:"阎惜娇上楼和下楼的台步,按照梨园规定,应是上七下八,你为何八上八下?"梅兰芳听过老先生的建议之后,恍然大悟,连连道谢。

　　一个常怀一颗谦卑之心的人,就越会懂得倾听,通过倾听他人的意见,也往往会促进自身的进步与完善。

19 朋友都是游戏高手,总是拉我一起组队玩,怎么办?

前段时间,跟我一起玩得很不错的几个朋友迷上了一款网络游戏。课间休息时,他们聚在一起讨论的都是游戏技巧、角色配置等话题,而我却因为对游戏一窍不通,常常插不上话。

他们劝我也一起跟他们玩,说可以组队带我一起打。我其实挺犹豫的,看他们打游戏时候那兴奋劲儿,我很羡慕;但我也知道,初中了,打游戏肯定会影响学习。他们觉得我太不入流了,还说以后不跟我玩了,觉得我很没意思。我只好答应他们,每天我只打一局。刚开始的时候,我觉得打游戏还挺有趣的,也能控制好时间。但很快,我发现自己渐渐控制不住游戏的时间和对游戏的热情了。每当看到游戏中的角色不断升级,我就会有一种成就感,这种感觉让我逐渐沉迷其中。

每天晚上,我总是找各种借口拖延睡觉的时间,只为了多打一会儿游戏。即使是熄灯后,我也会在被窝里偷偷地玩到深夜。导致白天上课时,自己越来越难以集中精力听讲,作业做得也很吃力,有时候就凑合写完,只为更快地玩上游戏。

第四部分 交友原则不可丢

这次考试成绩一落千丈,老师和爸爸妈妈说了我最近的表现,爸爸妈妈也找我谈话,我跟他们坦白了这件事。妈妈生气地说:"看你交的都是什么狐朋狗友,就知道一起打游戏,这下好了!"

我知道我的问题所在,我也想戒掉游戏,但是又怕失去朋友,我该怎么办呢?

——李明

一、那些沉迷游戏不能自拔的背后

青少年游戏上瘾,这是一个社会现象,也是令很多老师和家长都非常头疼的问题。在探索其成因时,我们发现,这背后涉及许多心理和社会因素。

从心理学角度来说,青春期的孩子正处于心智发育的关键期,求知欲、好奇心以及对新鲜事物的探索欲望都十分旺盛。而游戏恰好能满足孩子们的这些需求。

父母陪伴的缺失或者亲子沟通不当,学业及人际关系方面的压力，自身成就感和价值感缺失，等等，都让青春期的孩子们感觉疲惫和无力，甚至不得不选择逃避，而虚拟的游戏世界成了孩子们逃离现实的避风港。而且游戏中的任务完成和角色升级能给玩家即时的满足感，让玩家在游戏的世界中"享受"那虚幻的"成功"。

郭阳能有这样的困扰，说明其自身是有一定的自控力的，能够本能地想要去抵制游戏。只是因为担心自己不玩游戏跟朋友没有共同语言，害怕失去好朋友，才加入游戏队伍中。但是一旦开始玩游戏了，就很容易成瘾。

然而，长时间的游戏会导致视力下降，睡眠质量降低，以及久坐不动引发的各种健康问题。不仅如此，游戏者的心理健康同样会受到冲击，游戏成瘾可能导致焦虑、抑郁等心理问题的产生。此外，家庭关系也会因此变得紧张，由于过度沉迷于游戏，与家人的沟通和交流减少，引发矛盾和冲突在所难免。

因此，戒除游戏的依赖显得尤为重要。只有摆脱了游戏的控制，才能更好地面对生活中的挑战，享受生活的乐趣，发掘自我价值，并实现个人成长，这对于正处于青春期的孩子的长远发展具有重要的意义。

二、是你控制游戏,而不是游戏控制你

其实,游戏本身并非坏事,它是现代科技发展的产物,为人们提供了一种娱乐放松的方式。但是任何事物都应该有度,游戏也不例外。需要明确的是:游戏是为了让我们更好地享受生活,而不是控制我们的生活。

而且,游戏只是生活中娱乐方式的众多选择之一,我们不能让游戏主导我们的生活,而是要学会控制游戏在生活中的比例,保持一个健康、平衡的生活态度。

作为初中生,你们正处在人生的重要阶段,每一分钟都是宝贵的。希望你们都能明智地利用时间,既不要过分沉迷于游戏,也无须对游戏感到恐慌或厌恶。如果真的喜欢玩游戏,那就努力通过合理规划和自我调节,让自己可以在享受游戏的同时,也能够保持学业的稳步前进。

(1)选择其他健康的娱乐方式。除了电子游戏,还有许多其他的娱乐方式可以帮助我们放松心情,如阅读、绘画、运动等。培养自己的兴趣爱好,并坚持下去,让我们的生活更加丰富多彩。

(2)强化学习的动力。例如,设置一些学习目标,完成后给予自己一定的奖励;也可以将学习内容与自己的兴趣相结合,使学习变得更加有趣。当我们在其他方面有了一定的成就感,就不会在虚拟世界中找寻认同感和价值感了。

（3）增强自我控制能力。对于沉迷于游戏的学生来说，提高自我控制能力是非常重要的。学习如何合理安排时间，学会在学习和娱乐之间找到平衡。此外，也可以设定一些规则，如限制每天玩游戏的时间，逐渐摆脱游戏的诱惑。

（4）培养责任感。作为学生，学习是主要责任。将学习视为一种对未来的投资，而不是一种负担。

改变不是一蹴而就的，需要时间和努力。不要因为一时的挫败而放弃，而是要不断尝试，直到找到适合自己的平衡点。

记住，生活不仅仅是眼前的屏幕，还有诗和远方的田野。只有当我们掌握了自我控制的能力，才能够真正地享受游戏带来的乐趣，同时也不会耽误我们追求知识和成长的步伐。

三、真正的友谊是理解与尊重

人是社会性动物，对于归属感有着天生的需求。当我们发现自己的兴趣与群体不同时，可能会感到焦虑和不安。这种感觉是正常的，但重要的是要认识到，个体的差异性是人类社会多样性的基础。我们应该庆祝这种差异，而不是让它成为人际隔阂的源头。

每个人都有自己的兴趣和爱好。打游戏作为一种娱乐方式,并不是每个人都喜欢或适应的。有些人可能更喜欢阅读、运动或是进行其他形式的休闲活动。因此,当面对朋友的邀请时,不愿意参与游戏是一种正常且合理的个人选择。这并不意味着不想打游戏的人不合群,只是彼此的娱乐偏好不同而已。

友谊的基础是相互理解和尊重。真正的朋友会尊重你的选择和喜好,即使他们不能完全理解你的兴趣。如果一个人因为你不参与游戏而疏远你,那么这种关系可能需要重新评估。

真挚的友谊不应仅仅建立在共同的活动上,而是应该基于对彼此个性和选择的尊重。现实中确实存在因为不参与游戏而被边缘化的情况。

李明可以尝试向朋友解释自己不参与游戏的原因,并表达出自己仍然希望与他们保持良好的友谊。同时,也可以提出,虽然不能跟他们一起打游戏,但是可以和他们进行其他的活动,比如一起看电影、聚餐或者参加户外活动。

还有一点非常重要:在选择朋友时要有原则,不能仅仅因为别人的兴趣就盲目跟从。

就像花儿只管开放,自有蝴蝶飞来。兴趣相投的同学都是互相吸引的,只管做好自己喜欢的事情,这样即使自己不打游戏,也能有其他的社交圈子。

第五部分

05

NAN HAI, QING CHUN QI NI YAO DONG DE SHIER

万事万物皆有"度"

第五部分 万事万物皆有"度"

20 同学多次来找我借钱，我该借给他吗？

我的压岁钱和平时的零花钱都是自己保管的，所以，好朋友刘峰前两次跟我借钱时，我很爽快地借给他了。

第一次，他说要为生病的母亲筹集医药费，表达对母亲的爱，我毫不犹豫地借给了他。然而，当我在街头偶遇他，看到他手上的新游戏机时，我的心情变得复杂起来。第二次，他声称是为了交学费，我又一次毫不犹豫地借给了他。然而，当我听到他的成绩一直不理想，而且他并没有表现出对学业的努力时，我开始怀疑他的诚实。

而且，前两次的钱，他都没有还我。昨天，他又向我借钱了。我很困惑，不知道他是真的需要这笔钱，还是为了买他父母不同意的东西而骗我。

我俩虽然不在一个班，但一直关系都挺好的，而且上高中了，有些事也不好跟爸妈说，否则会让对方很没面子。但是我也不知道我是不是应该再借给他钱了。

——杨浩

一、"借钱"是一种敏感的行为

借钱是一种敏感的行为,因为它涉及金钱和人际关系。对于作为未成年的中学生间的借钱行为,更是如此。一方面,朋友之间互相帮助是理所当然的,但另一方面,如果处理不当,借钱可能会对友谊产生负面影响。

首先,借钱可能会导致朋友之间的信任危机。如果一个人向另一个人借钱,而最终未能按时还款,这可能会让借款人感到失望和背叛。

其次,借钱也可能会让朋友之间的关系变得紧张。有时候,一个人可能会觉得他需要借点钱才能渡过难关,但这可能会给另一个朋友带来压力和负担。

最后,借钱还可能会导致朋友之间的疏远。如果一个人经常向朋友借钱,这可能会让朋友感到不舒服或被利用。

因此,在处理朋友之间的借钱问题时,我们需要谨慎。如果需要向朋友借钱,最好能够与朋友坦诚相待,并按时还款。同时,也要尊重朋友的感受,不要利用彼此的友情去获取个人利益。

二、避免自己陷入困境

当我们面对朋友的财务困境时,是否应该伸出援手呢?这真是一个让人纠结的问题。

有一点是没错的:如果你想要帮助别人,首先你必须有能力帮助自己。我们要先确保自己的生活不会受到影响,才能更好地去帮助别人。

每个人心中都存有一份与生俱来的善意,常常会在生活中产生帮助他人的念头,更多时候会通过捐赠财物,帮他人渡过难关;这乍一看是一件好事儿,但古罗马哲学家西塞罗认为:我们的善行不可超越自己的财力;如果盲目地、不加分辨地去帮助他人,甚至帮助那些完全不需要帮助的人,只会使得自己陷入窘境。

有个能听懂动物语言的农夫,一天傍晚,他在农场里听到公牛向驴子抱怨。牛说,每天从早到晚拉犁耕种,几乎没有喘口气的机会,而驴子只需要驮着主人外出就行。要是碰到主人不想出去,驴子就可以舒服地吃着草休息一整天。这待遇,真的是一个天上一个地下。这让公牛气愤不平。

驴子脑筋转得快,它告诉公牛等明天早上奴隶过来套犁时,躺在地上装病。到了早上,公牛果然采纳驴子的建议,奴隶向农夫回话说公牛病了没法拉犁。然而,农夫说,把犁套在驴子身上让他代替牛工作好了。结果,一心想帮助朋友的驴子干了一整天活,疲惫不堪,心中痛苦。真的是自作自受!

从这件事之后,驴子和公牛彼此就再也没有说过话。用现在的话说,友谊的小船说翻就翻了。

这个故事告诉我们,帮助朋友固然是好事,但是不要连累自己。没有什么必要把其他人的负担转移到自己身上。所以,在提供财物时,务必要权衡一下,你需要帮助谁?你帮助的上限是什么?只有理智的帮忙,才是智慧的帮忙,才不会因为做好事儿给自己带来麻烦。

三、友谊与金钱的较量,往往指向的是人性

在日常生活中,我们都可能会遇到和杨浩一样的经历,好心借给朋友钱,却"肉包子打狗——有去无回"。当金钱介入友谊中时,很容易引发矛盾和冲突。这是因为金钱往往会让人暴露出最真实的一面。

杨浩纠结的不仅仅是朋友借钱不还的问题,更多的是他觉得朋友并没有真正尊重自己对他的信任,甚至有种被欺骗的感觉,通俗点说就是觉得自己做了"冤大头"。面对朋友第三次借钱,可以这样做:

首先,以一种平和且开放的态度提出"借钱没还"的

问题。最好采用"我"句式，还要注意采用非指责性的语言，例如："我最近看我的收支记录手账的时候，注意到我们之前的钱还未解决，你能和我谈谈这个吗？"这样的方式有助于降低对方的防备心理，为后续的沟通打下良好基础。

其次，表达自己的感受也是非常关键的一步。我们可以诚实地告诉对方，这种情况给我们的生活带来了一定的困扰和影响。同时，也可以表达出对朋友的理解与支持，强调我们的目的是找到一个双方都能接受的解决方案，而不是单纯地追讨债务。

最后，寻求解决方案是处理这类问题的关键。我们可以提出一些实际的方法，比如制订一个分期还款的计划，或是探讨其他可能的解决方案。等之前的借款问题解决之后再谈后面的事情。

另外，如果自己实在是没有能力帮助对方，当然可以选择适当的方式拒绝对方的请求，例如告诉他自己目前手头紧张或者建议他通过其他途径寻求帮助。

金钱固然重要，但它并不是衡量友情的唯一标准。我们也不能因为害怕金钱和友情之间的矛盾而拒绝帮助朋友。在处理借钱的问题时，我们应该更加注重友谊的价值，而不是仅仅关注金钱本身。毕竟，真正的朋友之间的关系是建立在信任和支持的基础上的，而不是金钱的交易。

希望我们在面对金钱和友情的问题时,能够找到这两者之间的平衡点,既能维护友谊,又能确保自己的利益不受损害。

第五部分 万事万物皆有"度"

21 自己是课代表,被同学排挤了,怎么办?

在这个学期开始后不久,我当选了数学课代表。我感觉我有责任为大家做好榜样,就更刻苦地学习数学,而且对同学们的作业完成情况也抓得特别严。这使得我跟同学们玩的时间越来越少,我感到同学们也都不怎么跟我玩了。

课间休息时,我试图靠近他们,加入他们的谈话,然而我的言语总是被冷漠的眼神和沉默所压制。在这个充满温暖的海洋中,我仿佛是一个孤独的岛屿,默默地漂浮着,无人走近。

有时候,我会默默地观察其他同学之间的互动,看着他们欢笑、互相支持,内心更加羡慕和渴望。

远处传来一阵欢快的笑声,我抬起头,看到几位同学正在愉快地交谈着,他们的身影映衬在阳光下,如此轻松自在。难道我给别人高高在上的感觉了吗?还是他们嫉妒我?

——梁于超

一、面对被排挤,如何转变为成长契机

人无完人,我们每个人都可能面临与他人相处不融洽的情况,但是如何处理这种情况,就需要我们用心去想,用心去行动。

面对被排挤的情况,首先要保持冷静和理智,不要因为情绪波动而做出冲动的行为。以下是一些建议,希望对你有所帮助:

(1)自我反省:首先要审视自己的行为,看看是否有什么地方做得不好,引起了同学们的反感。如果有,要及时改正;如果没有,也要学会与同学沟通,让他们了解你的真实情况。

(2)增进了解:尝试与班里的同学多交流,了解他们的兴趣爱好、性格特点等,找到共同话题,拉近彼此的距离。同时,也要关注他们的需求,尽量帮助他们解决问题,以赢得他们的信任和友谊。

(3)积极参与班级活动:通过参加各种班级活动,可以增加与同学们的互动机会,提高自己的团队协作能力,同时也能让同学们看到你的积极面,改变他们对你的看法。

(4)建立自信:不要因为被排挤而自卑,要相信自己的能力和价值。只有自信的人才能赢得别人的尊重。比如,可以通过提升自己的学习成绩、培养特长等方式增强自信心。

（5）寻求帮助：如果自己无法解决这个问题，可以向老师、家长或者学校心理辅导老师寻求帮助。他们会给你提供专业的建议和支持，帮助你渡过难关。

（6）调整心态：学会调整自己的心态，不要把这件事情看得过于严重。人生总会遇到一些困难和挫折，关键是要学会面对和解决。保持乐观的心态，相信自己能够度过这个阶段。

二、认知重构，积极面对

认知重构可以帮助我们改变负面或不合理的思维模式和态度。我们可以重新审视自己的想法，从而改善情绪、增强自信、调整行为。

首先，意识到自己的负面思维模式，并观察和记录这些思维，了解它们对我们情绪和行为的影响。

其次，识别并分析可能存在的扭曲思维，并挑战和纠正它们。

最后，我们可以尝试采用更积极、合理的思维方式来看待问题，并将新的积极思维方式应用于实际生活中。

认知重构是一个持续不断的过程，需要自我观察和坚持。通过转变思维方式，我们可以更积极地面对困境，提升心理健康水平和生活质量。

于超同学在当了课代表之后对自己要求严格了，课代表这个身份给了他学习和自我管理的动力。如果能以平和、友善的态度表达出自己的想法，希望能带领大家一起进步，同学们一定是不会排斥的。另外，请更多地关注自己，发现并保有自己的"闪光点"。

就像朱熹，他年轻时因其才华横溢而吸引了众多朋友。每个人都有自己擅长的事情，无论是学习、体育还是艺术。找到我们的热情所在，然后全力以赴，在这方面做得越来越好，自然就会有同学被我们的光芒吸引。

三、真诚和友好，是人际关系的核心

其实，不管是现在的求学还是以后的人生旅途中，我们会遇到各种各样的人，如何与他们相处，如何建立深厚的友谊，是我们每个人都必须面对的问题。我认为，真诚和真心是维系人际关系的关键，只有真诚待人，才能与人和谐相处；只有付出真心，才能与他人心灵相通。

真诚是相处的基础。当我们以真诚的态度对待他人时，我们会发现他人也会以同样的态度回报我们。真诚的微笑、真诚的关心、真诚的帮助，都能帮助人们建立起信任和友善

第五部分 万事万物皆有"度"

的关系。记得有一次,一位陌生的同学向我询问学校的一处地点,在我告诉他如何走到那里时,他还是不太明白,于是我毫不犹豫地带他走到那里。后来,我俩成了好朋友,朋友说就是那次简单的帮助让他深刻体会到了真诚的力量。也正是这小小的真诚的举动,让我收获了一份意外的友谊。

真心是人与人之间心灵相通的前提。只有真心付出,才能收获他人的真心回报。当我们以真心对待他人时,就会发现我们的内心会与他人产生共鸣,我们会更容易理解他人的感受和需求。

无论是对待朋友、同事还是家人,我们都应该以诚实、善良的态度去对待他们。当我们遇到困难时,他们会愿意伸出援手;当我们成功时,他们会为我们感到高兴。这样的关系才是健康、长久的人际关系。

22 几次被同学骗后,感觉对谁都不信任了,怎么办?

在班级里,我总是乐于助人。但是,最近发生了几件让我感到沮丧的事情。

几天前,有位同学向我借钱说是急用,结果再也没有还我钱,这让我感到非常失望和伤心。因为我当时觉得可以帮助别人是一件很有意义的事情,没想到却被欺骗了。

另外一件事是,一个我以为很要好的同学向我借了手机,结果还给我手机时,我看到手机的一个角有一块明显的磕碰,并且他一点歉意都没有。这让我感到非常气愤,因为这部手机是我辛苦攒了很久的压岁钱才买到的,我觉得我没有得到应有的尊重和关心。

这一系列的事件让我感到非常困惑和痛苦。我开始怀疑周围的每一个人,包括平时跟我很好的朋友。

这些经历让我觉得我再也无法信任他人了。我感到很迷茫,不知道该怎么办才好。

——小金

一、信任和理解是珍贵的情感纽带

当我们谈到友情时，我们通常会想到快乐、欢笑和支持，但是真正的友谊还需要信任和理解。这两个因素是友谊的基石，没有它们，友谊就像一座没有基础的房子，随时可能倒塌。

信任是一种基于对他人能力、品格的认可和尊重而产生的情感和态度。在友谊中，信任意味着相信朋友会对自己忠诚、坦诚。

理解是维护关系和睦的重要因素。只有真正理解对方的情感和想法，双方才能建立互信。

小金同学，你能借钱和手机给朋友，很显然你是很信任你的朋友的。但他们没有还钱、用坏手机也不道歉，让你觉得自己所付出的信任不值得了，而且自己并没有被尊重、被理解。

这不是你的错，不要过分地纠结。如果因此而不能做好朋友，也并不是你的损失。能够久经岁月沉淀、感情深厚的友谊需要莫大的缘分，得之幸甚。

春秋时，楚国有个叫俞伯牙的人，精通音律，琴艺高超。但他总觉得自己还不能出神入化地表现对各种事物的感受。老师知道后，带他乘船到东海的蓬莱岛上，让他欣赏自然的景色，倾听大海的涛声。伯牙只见波浪汹涌，浪花激溅,海鸟翻飞,鸣声入耳……耳边仿佛响起了大自然和谐动听的音乐。他情不自禁地取琴弹奏,音随意转,把大自然的美妙融进了琴声,但是无人能听懂他的音乐,他感到十分的孤独和寂寞,苦恼无比。

一夜,伯牙乘船游览。面对清风明月,他思绪万千,弹起琴来,琴声悠扬,忽然他感觉到有人在听他的琴声,伯牙见一樵夫站在岸边,即请樵夫上船,伯牙弹起赞美高山的曲调,樵夫道:"雄伟而庄重,好像高耸入云的泰山一样!"当他弹奏表现奔腾澎湃的波涛时,樵夫又说:"宽广浩荡,好像看见滚滚的波涛、无边的大海一般!"伯牙激动万分,觉得自己遇到了真正的知音。这樵夫就是钟子期。后来子期早亡,俞伯牙悉知后,在钟子期的坟前抚出平生最后一支曲子,然后尽断琴弦,终不复鼓琴。

伯牙子期的故事千古流传,高山流水的美妙乐曲至今还萦绕在人们的心底,而那种知音难觅、知己难寻的故事却世世代代上演着。

世上如伯牙与钟子期的知音实在是太少了。孟浩然曾叹曰"欲取鸣琴弹,恨无知音赏";岳飞无眠之夜也道"欲将心事付瑶琴,知音少,弦断有谁听";苏轼自比孤鸿,写下了"拣尽寒枝不肯栖,寂寞沙洲冷";贾岛却是"两句三年得,一吟双泪流。知音如不赏,归卧故山丘"的辛酸。

二、建立信任，需要注重对方的品质和行为

一个人的品质和行为，就像一本未完的书，每一页都载着他的故事。诚实守信、有责任心、善良友好，这些都是他心中的章节，是朋友愿意去信任他的理由。

心理学研究表明，信任的产生源于对他人品质和行为的认知。我们通过观察他们的行为，听他们的话语，从而判断他们是否值得信任。

一个人是否值得信任，可以从诚实、可靠性、保密性、行为表现、沟通能力、遵纪守法、过往行为记录、社交圈子、自我认知和成长等方面考察。

综合考虑他们的言行一致性、责任感、待人接物的态度以及与他人互动的方式，从而形成对其是否值得信任的判断。

股神巴菲特曾经对他人非常不信任，然而他意识到信任他人是一种必要的能力，他开始尝试信任同事和朋友。

一个转折性的事件是在巴菲特的观察中，他发现公司的一位伙伴阿贝尔特是一位非常有才华的投资经理，于是巴菲特将一部分重要的投资决策权交给了他，然而这个决策也给他带来了巨大的回报。

信任的建立并非一蹴而就，而是需要时间来慢慢积累。每一次诚实的行为、负责任的表现，都是建立信任的砖石。

三、建立边界，拒绝不合理请求

建立边界是人际关系中非常重要的一环，它可以帮助我们保护自己的权益、维护自己的尊严，同时也能够促进彼此健康的交往和沟通。

边界的意义在于让我们清晰地知道自己的需求和底线，从而更好地与他人相处，避免过度牺牲和伤害。

在人际关系中，遭受背叛和伤害是一种令人痛苦的经历，特别是在青少年时期，这种经历可能会对人的信任感和情绪状态造成深刻影响。

然而，尽管经历痛苦，我们也可以从中学习并成长。首先，我们要学会以自我保护为主的方式与他人相处。这意味着在帮助他人之前，要对自己的边界有清晰的认识，并学会拒绝那些不合理的请求。同时，也要学会在信任他人时保持一定的警惕，避免过度信任带来的伤害。

有一位园丁精心照料着自己的花园，他为每一株植物都设置了支架。这些边界不仅保护了植物的成长，也让整个花园呈现出有序美丽的景象。就像花园里的边界一样，人际关系中的边界也是保护和维护自我需求的重要标志，它可以让我们有机会成长，而不至于受到过度的伤害。

边界是爱自己、保护自己的第一道防线，它并非隔绝，而是为了更好地连接。

第五部分 万事万物皆有"度"

建立边界,并不意味着与他人对立,而是为了更好地维护自己,也能让我们更好地理解彼此。

在人际关系中,我们需要保持一份对人性的信任,但同时也要学会保护自己。有些时候我们需要勇敢地学会说"不"。

信任他人是一种必要的能力,在成长的道路上,短暂的信任危机并不可怕,只要我们善于总结,不断调整自己,便可以将危机化为转机,重新开启信任之路。

23 妈妈说老师又在家长群批评我了，我很讨厌老师，怎么办？

一天晚上，我和妈妈正吃饭时，她的手机响了起来，显示着家长群的通知。妈妈看了一眼手机，脸色立刻变得严肃起来，她对我说："你又没做完作业吗？我告诉过你了，不要总是拖延，否则你会吃亏的。"

我虽然心里有些不舒服，但也明白妈妈是出于关心我才这样说。然而，我仍然很讨厌老师这样在群里点名批评。

第二天，当我阴沉着脸回到家里时，妈妈察觉到我的情绪不对劲儿，她问我是不是又被老师批评了。我点了点头，然后向她倾诉了我对老师的讨厌之情。

妈妈倾听了我的话，然后说道："我明白你的感受，但是你需要知道，老师的目的并不是针对你，而是希望你能够更加努力，不断提升自己。你可以试着与老师进行沟通，找出问题所在，然后尝试改进。"

我想和老师去沟通，可是我又很害怕，我怕我一张口就听到的全是批评的话语。我该怎么办呢？

——小懿

一、用成长型思维来看待问题

人们常常忽视了批评的价值。在心理学中，有两个有趣的概念，它能够揭示人们对自己能力的不同看法。这就是"固定型思维"和"成长型思维"。

固定型思维的人往往会把失败或者批评当作对自己能力的否定；成长型思维的人则拥有积极的心态，会将失败和批评看作成长的机会，而不是否定自己能力的证明。拥有成长型思维的人，可以更好地发现自己的潜力，不断追求卓越。

作为中学生，想象一下，你觉得老师总是在批评你，让你觉得自己无法做好任何事情。但是，如果你能够换个角度来看待老师的批评，将其当作是锻炼自己的机会，那么一切可能都会改变。

每一次批评都是在提醒你有哪些方面可以改进和进步，也是老师对你潜力的认可。同时，批评并不意味着你没有优点和长处，只是老师更注重指出你需要改进的地方。

二、与老师建立积极互动的关系

沟通不仅仅是为了解决问题，它还是一种交流思想、分享情感和拉近彼此间距离的方式。

沟通是解决问题的关键,与老师进行积极的沟通可以帮助我们理解老师的意图,并找到解决问题的方法。

尽管我们可能对老师有些反感,担心听到他们的批评,但通过积极地与老师沟通,我们可以更好地了解他们对我们的期望和目标。

找个合适的时机,坦诚地表达自己对批评的感受,并提出自己想要改进的方面。同时,也要倾听老师的建议和意见,尝试达成共识,努力提升自己。

沟通是建立良好关系和解决问题的桥梁,只有通过积极的对话,我们才能真正消除误解,并找到解决问题的方法。

亚伯拉罕·林肯曾经说过:"我喜欢与那些持有不同意见的人交谈,因为他们给我带来新的观点。"他通过与各种人的交流和沟通,收集不同的意见,并最终作出了重大的决策。

通过与老师的积极沟通,我们不仅建立了更好的理解和信任,还为未来的合作铺平了道路。从长远发展看,这种积极沟通关系也会使我们有机会接触到更多的知识和资源,从而推动个人成长。

具体可以从以下几个方面改进。

1.坦诚而尊重地表达观点。我们可以选择一个合适的时间,私下与老师进行一对一的谈话。在这个谈话中,我们需要坦诚地表达自己的困扰,但同时也要注意用尊重和理性的态度进行沟通。

2. 主动寻求帮助和建议。如果我们遇到学习上的问题或困难，可以主动向老师寻求帮助和建议。这表明我们对自己的学业有责任心，并且愿意接受老师的指导和支持。

3. 参与课堂讨论和活动。积极参与课堂讨论和活动是与老师建立良好关系的有效途径之一。我们可以主动提出问题、分享自己的见解，或者积极参与小组讨论和团队活动。

需要注意的是，无论我们采取何种方式，都要保持良好的态度和真诚的目的，尊重和理解他人，并且展示自己的积极行动和努力。

三、自我激励，建立个人成就感

每个人都需要来自内心的动力和激励，这样才能摆脱对他人评价的过度依赖。建立个人成就感可以让我们更加自信，为自己的进步而骄傲。

真正的力量来自我们对自己的认可和激励。

我们需要培养内在动机和自我肯定。除了老师的批评和赞美，我们还可以采取其他激励途径。比如，设立短期目标，并时刻关注自己的进步。当我们达到目标时，给予自己一些小的奖励或认可，这样可以增强我们的自我激励和成

男孩，青春期你要懂的事儿 社交篇

就感。

乔布斯曾经说过："如果你活着只是为了满足别人的期望，那么你无法获得真正的满足。"通过对自己梦想的追求和不断地自我激励，乔布斯创造了苹果公司，并成为世界范围内的创业偶像。

当我们专注于个人成就感时，我们便不再仅仅追求外在的奖励和赞美，而是真正理解自己的价值和能力。

我们可以通过建立目标，制定计划，并坚持执行，在执行的过程中关注自己的进步来提升自己的成就感。

每个人都有无限的潜力和价值，通过内在动力和自我肯定，我们可以超越他人的期望，创造出属于自己的辉煌！

24 好朋友做了伤害我的事情,他想和好,我该怎么做?

我是一名普通的初中男生,看起来和其他同学没有什么不同。但最近发生的一件事情却让我心乱如麻,因为我不知道该如何面对好朋友的背叛。

这位好朋友叫刘强,我们曾经是形影不离的伙伴,分享欢笑和秘密。他总是给我以力量和勇气,是我人生中一个重要的支持者。但是,最近的一次事件让我的世界震荡了起来。

那天,在我们班级的联欢会上,刘强在众人面前说了一件曾经只有我和他知道的事情——一桩尴尬的往事。全班同学都放声大笑,而我却感到如刀割一般的痛苦。他的背叛击中了我的内心深处,让我感到被抛弃和羞辱。

我不想轻易地割舍这段友谊,但内心的伤痛告诉我,这并不是一次普通的误解或小矛盾。我的内心需要时间去愈合,去重新评估这段关系的价值。

可是最近他几次找我,想跟我和好,我该怎么办?

——张浩杰

一、逆境中的考验，友谊的试金石

我们常常愿意与朋友分享我们的喜怒哀乐，倾诉内心的烦恼和困惑，而这份信任和秘密的分享就是友谊的重要基石。

当我们选择向朋友倾诉秘密时，我们实际上是在表达一种深层次的信任——我相信你不会伤害我，我相信你会保守这个秘密。而当朋友将这些秘密泄露给其他人时，这种信任和依赖就会被破坏，从而让我们觉得被背叛，甚至产生强烈的负面情绪，如愤怒、失望甚至是自我怀疑。

浩杰同学所经历的，这是这样一个过程。当秘密不再只是你和朋友之间的悄悄话时，那种感觉就像是被人从背后捅了一刀，既痛心又难以接受。希望你能给自己一些时间去感受这些情绪，无论是悲伤、愤怒还是失望，这都是正常的反应。通过接纳自己的情绪，我们可以更好地理解自己的需求，并找到前进的方向和动力。

当你准备好之后，尝试着和你的朋友说出你的感受。当然，并不意味着你要与之争吵或者指责，而是通过一些有技巧地表达让他明白，他的行为对你造成了哪些影响。在这个过程中，注意使用"我"句式，可以帮助对方更好地理解你的感受，而不至于对话一开始就让对方进入防御状态，否则，不但问题得不到解决，还会导致矛盾升级。

二、听从内心的声音,重新评估这段友谊

当朋友意识到他的错误并希望和解时,你可能会感到矛盾。一方面,你可能想要原谅他,因为你们之间的友谊对你来说很重要;另一方面,你可能觉得自己无法再像以前那样信任他了。

在这种时候,你需要问自己几个问题:你的朋友是否有真诚的悔意?他是否愿意采取措施来修复你们的关系?你是否能够真正地放下这件事,重新建立信任?

我们首先要认识到的是,每个人都有犯错的可能。有时候,人们会在不经意间泄露秘密,这可能是因为他们没有意识到这个秘密对你的重要性,或者是因为他们在与他人分享时没有考虑到后果。在这种情况下,如果对方态度非常诚恳,我们可以试着去原谅他,但同时也要提醒他以后要注意保护自己的隐私。如果他能够吸取教训并改正错误,那么这段友谊还是有可能恢复的。

宽恕并不意味着你要忘记所发生的事情,或者说你认为对方的行为是可以接受的。宽恕其实是一个释放自己的过程,让自己不再被过去的伤害所束缚。这需要时间和努力,但最终你会发现,宽恕他人也是帮助自己恢复平和的方式。

如果这个朋友是故意泄露你的秘密,甚至觉得是你小题大做、无理取闹,那么这种行为表明他并不尊重你的感受和信任，甚至可能是在利用你的弱点来达到某种目的。在这种情况下，你需要重新审视这段友谊的价值。

真正的朋友应该是相互支持、相互信任的，而不是互相伤害、互相背叛。如果你觉得这段友谊已经无法修复，那么你可以选择与他保持距离，给自己一些时间和空间来调整心态和处理情绪，并寻找更值得信赖的朋友。

三、分享秘密的同时，也注意保护自己

与朋友分享秘密是一种信任的体现，也是友谊的加深。但是这秘密同样也是一把双刃剑，既有助于增进友谊，也可能给双方带来伤害。如果秘密"全世界都知道了"，小则像浩杰一样，无比尴尬，被不好的情绪所困扰；大则可能会对自己造成不可挽回的损失。因此，我们要懂得保护自己的秘密，与别人分享秘密时也需要谨慎。

首先，我们需要认识到每个人都有自己的隐私需求和保密底线。在分享秘密之前，我们应该先了解对方的心理承受能力和对隐私的尊重程度。如果对方是一个无法保守秘密或者对他人隐私不够尊重的人，那么我们就要慎重考虑是否与其分享敏感信息。

其次，我们需要明确自己对朋友的信任程度。当我们选

择与朋友分享秘密时，就意味着我们相信他们不会将这个秘密泄露出去。因此，在选择分享秘密的对象时，我们要充分考虑对方的人品、诚信度以及与我们的关系紧密程度。只有确信对方是值得信赖的人，我们才能放心地与其分享秘密。同时，我们还要学会区分不同类型的秘密，如个人隐私、家庭琐事等，以便在分享时能够把握分寸，避免给自己和他人带来不必要的麻烦。

再次，我们需要掌握一些有效的沟通方法。在与朋友分享秘密时，我们可以采用委婉、含蓄的方式进行表达，避免过于直接或露骨。这样既可以保护我们的隐私，又能够让对方感受到我们的真诚和信任。同时，我们还要学会倾听和理解对方的感受，尊重他们的意见和建议。

最后，还需要注意的是，与朋友分享秘密并不意味着我们要将所有的事情都告诉对方。在某些情况下，适度保留一些私人空间反而有助于维护友谊。因为过度分享可能会让双方产生压力，导致关系变得紧张。因此，在与朋友交流时，我们要学会把握分寸，既要展现出自己的真诚和信任，又要尊重对方的隐私和感受。

只有掌握了与朋友分享秘密的这些方法和策略，我们才能在与朋友分享秘密的过程中，既能保护自己和他人的隐私，又能增进彼此之间的信任和友谊。

男孩，青春期
你要懂的事儿

| 学习篇 |

苏星宁 —— 著

北京理工大学出版社
BEIJING INSTITUTE OF TECHNOLOGY PRESS

版权专有　侵权必究

图书在版编目（CIP）数据

男孩，青春期你要懂的事儿. 学习篇 / 苏星宁著.
— 北京：北京理工大学出版社，2024.7
　　ISBN 978-7-5763-4135-5

Ⅰ.①男… Ⅱ.①苏… Ⅲ.①男性—青春期—家庭教育 Ⅳ.①G782

中国国家版本馆 CIP 数据核字（2024）第112319号

责任编辑：李慧智　王晓莉		**文案编辑**：邓　洁	
责任校对：刘亚男		**责任印制**：施胜娟	

出版发行 / 北京理工大学出版社有限责任公司
社　　址 / 北京市丰台区四合庄路6号
邮　　编 / 100070
电　　话 /（010）68944451（大众售后服务热线）
　　　　　（010）68912824（大众售后服务热线）
网　　址 / http://www.bitpress.com.cn

版 印 次 / 2024 年 7 月第 1 版第 1 次印刷
印　　刷 / 唐山富达印务有限公司
开　　本 / 880 mm × 1230 mm　1 / 32
印　　张 / 5.5
字　　数 / 98 千字
定　　价 / 168.00元（全6册）

图书出现印装质量问题，请拨打售后服务热线，负责调换

目录
· CONTENTS ·

第一部分 PART 1　学习之路的坚持

1. 记不住学习内容，怎么办？　/003
2. 注意力不集中，怎么办？　/009
3. 觉得学习很苦，怎么办？　/015
4. 上课总是发呆，听不进去，怎么办？　/021
5. 总是无法专心投入写作业，怎么办？　/027

第二部分 PART 2　学科之路的探索

6. 上课听得懂的知识，写作业时就不会用，怎么办？　/035
7. 偏科严重，就是学不好语文，怎么办？　/042
8. 每次数学测验，我心里都乱作一团，怎么办？　/048
9. 怎样把"学霸"的方法学到手呢？　/054
10. 学习方法不对，怎么学都学不好，怎么办？　/060

第三部分 PART 3　学习与生活的平衡

11. 整天写作业，根本没时间打篮球，怎么办？　/069

12. 参加了很多文体活动，影响了学习，怎么办？　/075

13. 我成绩好，但是生活自理能力差，怎么办？　/082

14. 谈恋爱后，影响学习了怎么办？　/090

15. 对未来很迷茫，怎么办？　/097

第四部分 PART 4　困扰与焦虑的破解

16. 填报中考志愿时很困扰，怎么办？　/107

17. 我成绩好，创造性却不高，为什么？　/113

18. 考试作弊被取消了成绩，怎么办？　/119

19. 我什么都想学，但坚持不住怎么办？　/125

20. 考试前几天很容易焦虑，怎么办？　/132

第五部分 PART 5　最强大脑的锻炼

21. 羡慕学霸智商高，我也想变聪明，有办法吗？　/141

22. 一早起来背单词，晚上却想不起来几个，怎么办？　/148

23. 老师说我回答问题很啰唆，逻辑混乱，怎么办？　/155

24. 文言文翻译，我总是错误百出，我的理解力真的很差吗？　/162

25. 同学坚持考前跑步运动，他说运动改造大脑，是真的吗？　/168

第一部分

学习之路的坚持

1 记不住学习内容，怎么办？

学习，对我来说，就像是在沙滩上抓起一把沙子。我越是想要紧紧握住，它们越是迅速地从指缝间溜走。历史、政治、数学公式，这些本应是我的知识宝库，却成了我学习道路上的迷雾，常常让我在考试时思维混乱。

中考的脚步越来越近，这座巨大的山峰压得我喘不过气来。每天，我都要面对一堆堆的试卷和复杂的题目，而我的同桌，却总是能轻松自如地解决它们。我真是又羡慕又困惑。

每次老师布置背诵任务，我的心情就会格外沉重，那种焦虑和不安，让我背的每句话都充满了艰辛。而我，却像一只无头苍蝇，完全不知道该如何是好。大脑迟钝，身体僵硬。那种深深的迷茫和沮丧，让我心里充满了恐惧。我该如何提高记忆力呢？

——王筱铭

一、了解遗忘曲线规律,坚持复习很关键

遗忘曲线的规律是:遗忘速度随着时间的推移而加速,而且在最初的几个小时内,遗忘的速度尤其快。在接下来的几天和几周内,遗忘的速度也很快,但比最初的几个小时要慢一些。之后,遗忘的速度逐渐减缓,直到达到一个稳定的水平。

晚清名臣曾国藩小时候的记忆力并不出色。有一次,他在书房背《论语》,有一个贼潜伏在他家房梁上,准备等他背完睡觉后偷东西。结果曾国藩翻来覆去地读,就是背不下来。房梁上的贼等得不耐烦,跳下来当着曾国藩的面背了一遍,然后扬长而去。

还有一次,他读了一篇文章后,反复背诵却总是记不住。于是,他决定用最笨拙的方法来记忆,那就是抄写。他不断地抄写这篇文章,抄写了数十遍,他才成功地背下了这篇文章。

那么,我们的记忆力受哪些因素影响呢?

1. 年龄增长

记忆力属于流体智力,会随着年龄的增长而不断降低。

2. 心理压力大

如果是年轻人,而且平时的生活节奏非常快,最近突然出现记忆力下降的情况,多是心理压力大导致的。

3. 颈椎病

由于颈椎病造成颈动脉受到压迫，导致脑部供血不足，从而容易出现记忆力下降的表现，并常伴有恶心、呕吐的症状。

艾宾浩斯的遗忘曲线记忆法是一种有效的记忆技巧，它是德国心理学家赫尔曼·艾宾浩斯的研究成果，他发现人们在学习新知识后，遗忘的速度呈指数下降。

操作步骤具体如下：

第一步：在学习新知识时，要保持专注并尽量理解和消化信息。

第二步：在学习之后的 24 小时内，进行第一次复习，加强记忆的巩固。

第三步：经过几天或一周后，再进行第二次复习。通过再次回顾学习的内容，加深记忆的牢固程度。

第四步：通过不同时间段的定期复习（间隔时间为一个月，三个月，六个月），将知识巩固在记忆中，并延长遗忘曲线。

艾宾浩斯的遗忘曲线记忆法强调了分阶段反复记忆的重要性，从而帮助我们更好地掌握学习的内容，并提高记忆的持久性。

二、运用多种感官参与的理解才能更好地记忆

古代军事家孙武曾说过一段话:"五色令人目盲,五音令人耳聋,五味令人口爽,驰骋畋猎,令人心发狂,难得之货,令人行妨。"孙武在他的经典著作《孙子兵法》中指出,视觉和听觉的过度干扰会削弱我们的记忆力,而通过控制其他感官,如味觉、嗅觉和触觉等,却能提高我们的记忆能力。

那么,在记忆过程中,如何运用多种感官参与的记忆策略呢?下面是一些具体方法:

(1)将学习内容可视化。通过绘制思维导图,制作闪卡,或者用色彩标记关键概念,我们的大脑会更容易存储和记忆知识。

(2)将学习内容朗读出来,或者录制音频并反复听,将有助于巩固记忆。尝试用口述的方式向他人解释学习内容,也就是费曼学习法,也能更好地帮助我们理解和记忆。

(3)结合身体运动与学习,尝试散步或做简单的体操,同时默念学习材料。这样做也可以提高注意力和记忆力,并促进大脑中的记忆联结。

(4)通过手写笔记、写总结或使用触觉物品与学习知识点建立联系。

古代中国人的"象形记忆法",通过观察和模仿物体的

形状，将其与汉字联系起来，可以加强对汉字的记忆。

保持积极的学习态度和不间断的练习是提高记忆力的关键，随着经验的积累，我们的记忆力必定会得到显著提升。

孔子是中国古代伟大的思想家和教育家，他有着出色记忆力。据记载，孔子能够牢记上千首诗歌、数千个历史事件和众多学生的姓名。这种惊人的记忆力使得他能够运用丰富的知识为人们解答疑惑，成为无数人学习的楷模。

三、运用阅读理解记忆训练法，提升记忆

孔子《论语·为政》曰："学而不思则罔，思而不学则殆。"

阅读理解记忆训练法可以帮助我们有效地提升记忆。

首先，记笔记是提高阅读理解记忆的有效方法之一。同时，分段式学习和回顾也很重要。将大篇幅的文章分成小片段，逐段理解和回顾，有助于深入记忆和加深对文章的理解。

其次，运用教具是提高记忆力的妙招。使用图表、草图或其他可视化工具来帮助记忆关键信息是非常有效的。

美籍犹太裔物理学家费曼曾经说："如果你想真正地掌握某个知识，那就尝试把它教给别人。"那么，到底什么是

阅读理解记忆训练法？

首先，注重理解非常重要，不仅要关注表面文字，更要深入理解文章的含义和主旨。将主要观点、关键信息提取出来，并与自己的知识和经验联系起来，这样有助于加深记忆。

其次，主动思考和提问也是关键策略。例如，"作者想要表达什么观点？"或者"这段话的逻辑是什么？"等。

再次，将关键词和概念以图形的方式绘制出来，形成更生动且易于回忆的记忆片段。

最后，制订学习计划和时间表，养成良好的阅读习惯也是至关重要的。多样化的阅读能够拓宽视野、提升词汇量，并为大脑提供持续的认知刺激。

德国文学巨匠歌德能够在很短的时间内背诵下整本书，并能够准确引用其中的段落和细节，正是通过运用阅读理解记忆训练法来培养出色的记忆力，这使得他能够创作出深刻而富有内涵的作品。

正如巴尔扎克所言："读书能培养记忆力，记忆力能够滋养智慧。"让我们一起努力吧！

2 注意力不集中,怎么办?

我总是不能集中注意力,每次上课的时候,我总是被窗外和周围的声音吸引,不能专心听老师讲课。老师和同学们都说我太敏感了。

早上,阳光洒进教室里,照在同学们的脸上。我看到窗外的那棵大树在风中摇摆,窗台上的花也跟着风摇摆,树叶发出噼里啪啦的声音,还有知了和小鸟在树上唱歌,感觉像是在开演唱会一样。

但是,这个美丽的场景让我分心,我的心思被外面的声音和景色牵着走,就是静不下来。

记得小学的时候,每次上课我都坐不住,总想找同学说话。因为这个,我没少被老师批评。我知道这样不好,但总是改不了。

现在上课的时候,我还是不能集中注意力听老师讲课。每次回家写作业都要花好长时间才能写完。我真希望能够改变这个状况,我该怎么做呢?

——黄吉

一、通过专注力训练,应对分心的问题

"分心"指的是我们的注意力或思维无法集中,容易被其他事物或想法所干扰。无法全神贯注地专注于当前的学习任务,而频繁地将注意力转移到其他事物上。

引起分心的因素有很多,既有外部干扰,如噪声、视觉刺激等,也有内部干扰,如不相关的思绪、担忧或内心情绪等。分心还可能是注意力不足或注意力缺陷的症状之一。

以下是帮助我们应对分心,提升专注力的具体步骤:

(1)整理课桌或书桌,让它保持干净整洁。回到家,我们可以通过整理自己的房间,创造一个有利于专注学习的环境,给自己布置一个简洁干净的学习环境,减少家庭环境对注意力的干扰。

(2)番茄工作法。它的原理是将工作时间划分为一段段的时间段,每段时间为25分钟,这段时间内要求集中精力完成任务,然后休息5分钟。每四个这样的时间段后,进行一次更长时间的休息,一般为15~30分钟。

(3)数字舒尔特表。就是在一张卡片上写下一系列数字,每个数字占据一个格子。然后,我们需要按照数字的顺序逐一指出,同时大声读出每个数字。后面逐渐增加数字的数量和复杂度。

(4)冥想。通过冥想,我们可以学习如何平静自己的思

绪，减少内心的干扰，提高抗干扰能力。

另外，我们可以在日常生活中进行一些刻意的专注力训练。例如，明确你想要专注的任务或目标。将大的任务分解为小的子任务，再一个一个地解决，这样可以避免一次面对太大的压力，同时也更容易保持专注。

专注力是一种可以培养和锻炼的能力，需要我们持续进行练习，不可一蹴而就。坚持下去，你会逐渐发现自己的进步。

二、让呼吸放松身心，善于思考加深对知识的理解

"学而不思则罔，思而不学则殆"，这是孔子所提倡的一种读书及学习方法，这句话告诉我们在学习中要善于思考，当我们遇到不明白的地方或者有疑问的时候，要及时提出来。只有把学习和思考结合起来，才能学到切实有用的知识，否则就会收效甚微。

腹式呼吸可以有效地放松身心并提高专注力和自我控制能力，以下是具体的步骤：

第一步，找个安静的地方，保持舒适的放松姿势，闭上双眼，开始专注于自己的呼吸。

第二步，缓慢地吸气，将空气吸入鼻腔，直到达到腹部，让腹部随着吸气自然地膨胀起来，数 2~3 秒的时间来完成吸气动作。

第三步，缓慢地呼气，将空气从腹部排出，让腹部随着呼气的节奏自然地收缩回来，数 2~3 秒的时间。呼气结束后暂停，保持呼吸停顿的状态，数 2~3 秒的时间。

第四步，重复以上的呼吸循环，每次都尽量放慢呼吸的节奏和深度。将注意力集中在呼吸的感觉上，体验呼气和吸气的感觉以及腹部的运动。

三、运动释放生命能量，提升专注力水平

在快节奏的现代生活中，我们往往被无数的信息和诱惑所包围，很难保持对某一种事物予以持续的专注。然而只有持续专注并聚焦目标，我们才能在自己的领域取得卓越的成绩。

每个人的专注力都是有限的。科学研究表明，运动可以释放多巴胺，这是一种神经递质，会对注意力、奖赏和动机产生积极影响。因此，我们需要在学习中动静结合，尽量利用课间时间活动起来，提升我们的专注力。

具体来说，我们可以采取以下方法：

第一步,在学习过程中给自己安排简单的体操、拉伸运动或跳绳等活动,这样的活动可以让我们放松身体,缓解久坐带来的疲劳感。

第二步,在课间站起来走动一会儿。这种短暂的休息有助于放松身体,从而提高上课时的注意力。

第三步,周末安排户外跑步或骑自行车等活动。因为户外环境中丰富的视觉和感官刺激,可以让我们释放压力,从而调节我们的注意力。

当你用运动唤醒身体时,也就唤醒了一个全新的自己。

运动可以释放紧张情绪和焦虑感,有助于身心放松。运动还可以改善血液循环和氧气供应,促进大脑功能的正常运作,提高专注力。此外,运动还可以促进不同脑区之间的神经网络连接,加强我们的认知功能,包括注意力控制和专注力。

每周进行几次中高强度的有氧运动,并结合适量的力量训练,以保持身体和大脑健康。需要注意的是,在进行高强度有氧运动之前应进行适当的热身活动,并在运动后进行适当的拉伸活动,以防止受伤。

运动和不运动的人,最大的区别在于自律。一个每天只想平躺的人,最终会输给懒惰和拖延。但一个坚持运动的人,是绝不会让自己被惰性打败的。

运动必然会消耗体力,但只要你在动,就是战胜了自己的惰性；只要你坚持锻炼，就是在坚持变成更好的自己。

开始任何一项运动，都是你人生中一个良好的开端。因为它会像齿轮一样，带动自律的你一起运转，你的人生也会越变越好。

3 觉得学习很苦，怎么办？

上初中后，我经常会想是不是所有人都觉得学习是个难题？每天回到家，看到满桌子堆积如山的卷子和作业本，我就觉得压力好大。

有一次，数学课上，老师提出了一个简单的问题，其他同学都迅速举手回答，而我却一筹莫展。数学对我来说就像天书一般，我根本看不懂，也解不开。害怕被嘲笑和失望，我不敢抬头看老师。

语文课上，老师要求我们阅读一篇文言文并写一篇读后感。我看着那一大段生涩的文字，觉得无从下手。我又读了几遍，但文章的主旨思想还是捉摸不透。旁边的同桌却轻松地读完了，并且自信满满地发表了自己的见解。我既羡慕又嫉妒，我也想和同桌那样，可怎么也做不到。

我觉得自己在深不见底的知识海洋中迷失了方向，觉得学习很苦，也不知道怎样才能走出学习的困境？

——王洋

一、多种方式，培养学习兴趣和动力

对于像王洋这样的学生，在数学课上，他感到困惑和无助，而在语文课上却羡慕同桌的轻松与自信。这是因为他们对这两门学科的兴趣程度和学习动力不同，导致了学习的差异。因此，王洋应该寻找自己真正感兴趣的学科，并从中找到学习的乐趣。

而心理学家米哈里·契克森米哈伊所提出的流动体验理论，即当我们的技能与挑战相匹配时，会进入一种全神贯注、忘我沉浸的状态，称为"流"。

因此，王洋可以寻找适合自己能力水平的学习任务，不断挑战自己以提高学习动力和兴趣。

一个中学生，即使他现在成绩并不好，但是他的学习兴趣在一点点培养，那么当他有一天真的被培养出对学习的热情与动力时，他每学习一天甚至可以抵得上过去的十天。他的成绩会发生质的飞跃，如中国著名的数学家陈景润。他的动力被激发出来后，整天夜以继日地研究数学，从不需要别人督促。还有无数个著名的科学家、数学家，他们的成就从不是被威逼利诱出来的，而是来自心底真挚的热爱。

牛顿对苹果落地产生好奇，从而发现了万有引力；伽利略好奇于吊灯摇晃，发现了单摆；瓦特对烧水壶上冒出的蒸汽好奇，改良了蒸汽机；富兰克林天生好奇，不惜牺牲生命，最终揭开雷电的神秘面纱，发明了避雷针；阿尔伯特·爱因斯坦由于好奇，经过他的不懈努力和执着探索，终于在1916年发表了广义相对论，震惊全球……他说："我没有什么特殊的天赋，只是拥有无比强烈的好奇心罢了。"

而好奇心正是培养学习兴趣和动力的重要方法。

王洋可以通过以下方式培养学习兴趣和动力：

（1）找到自己感兴趣的学科，并了解其在现实生活中的应用和意义。

（2）制定具体的学习目标和计划，激发学习的动力和紧迫感。

（3）创造积极的学习环境，找到志同道合的同学组队学习或参加学科相关的兴趣小组活动。

总之，只有激发起对知识的好奇心和热情，才能使学习变得更轻松。

二、换种思维，看待眼下的困难

在学习的道路上，我们常常被各种困难所阻挡。而这些困难，并非以自身之痛苦为由。

"我们的痛苦源自我们对困难的看法。"这意味着，我们之所以痛苦并非因为困难本身，而是因为我们对困难的态度。所以，要解决学习上遇到的问题，需要从学习态度和心态入手。

爱迪生在发明电灯的过程中失败了许多次，但他从不放弃，而是将这些失败看作前进的机会。他曾说过："我没有失败，只是找到了一千种行不通的方法。"这种积极的学习态度和对自身能力的正确评价为他最终成功打下了基础。

美国心理学家卡罗尔·德韦克提出了"成长型思维"这一概念，它能帮助我们转换视角去看待问题。

成长型思维是指认为自己的能力可以通过学习和努力逐渐提高的思维方式，与之相对的是固定型思维，即认为个人能力是天生的、不可改变的。

一个著名的成长型思维案例是迈克尔·乔丹，在他上小学的时候，打篮球却并不突出，但是他非常喜欢打篮球，只要有一点时间就会去练习，逐渐地提高了自己的技能水平。中学时期，他因为身高不达标而没有被篮球队选中，但是他并没有放弃，反而更加努力地训练，最终成为全美最出色的球员之一。

在之后的职业篮球运动员生涯中，他也经历了许多挫折与失败，但是乔丹总是能够从中吸取经验和教训，并不断进步，在篮球历史上突破了无数的记录也留下了传奇的一生。

当我们拥有成长型思维时，我们会变得更加乐观和自信，相信自己可以通过努力克服困难。

三、掌握高效的学习方法，学会缓解情绪疲劳

学习不是评判一个人能力的唯一标准，成功也不是一蹴而就的，每个人都有自己独特的学习方式和进步的速度。而高效的学习方法是通向知识殿堂的钥匙，只要找到适合自己的钥匙，就能开启学习之门。

根据心理学家霍华德·加德纳提出的多元智能理论，每个人都有不同的智能类型，例如逻辑数学智能、语言智能、空间智能等。因此，王洋可以探索并发展自己擅长的智能类型，并利用相应的学习方法和技巧提高学习效果。

（1）了解自己的学习风格和智能类型，并选择适合的学习方法，如制作图表、进行思维导图、模拟实验等。

（2）记忆技巧，如分块记忆、故事编排、联想法等，有助于提高对知识的理解和记忆。

（3）灵活运用各类学习资源，如图书馆、互联网、辅导班等，获取更多的学习资料和指导。

此外，解决学习上的情绪疲劳问题，还有一个非常有效的方法：那就是跑步。

村上春树坚持跑步几十年，他的特别之处是他会在跑步感觉良好的时候主动结束，这样他就会对第二天的跑步充满期待。

村上春树以充满愉悦感的时候作为结束点，跑步对他来

说自然会是一种"愉悦感"能隔天连续的体验。许多长篇作家也往往用这样的方法，比如写到高潮部分主动停下来，因为高潮情绪很强烈，在第二天接着创作，就容易找回感觉，从而继续写下去。当时间一长，我们能记住关于一件事物的主要部分其实是事物留给我们的感觉而不是事物本身。

这种智慧的方法值得我们在学习中去应用。

所以，试一下，在晚上学习时段，即最后一个高效学习时段之后，接着学习一段时间，正当感到愉悦、感到收获满满、感到学习仍然高效的时候——试着停下来，记住这种兴奋感。

这样一来，我们大多数的学习都会在极大的愉悦度中进行，学习越来越会变成一件容易的事。

学习是生活的灵魂，没有它，人将一事无成。何不试着从另外的角度来看待它？

4 上课总是发呆，听不进去，怎么办？

从初中开始，我就被一个问题困扰着——上课总是发呆。看着身边的同学们一个个聚精会神地听讲，积极地回答老师的问题，我真是羡慕得不得了。这个问题已经严重影响了我的学习成绩，让我感到既焦虑又无助。

记得有一次，我们正在上历史课，进行期末总复习。听着听着，我突然就想到了暑假和同学一起去游乐园的欢乐场景。我的思绪一下子就飘到了九霄云外。等我回过神来的时候，老师已经讲完了好几个重要的知识点。

几天后，考试的时候，那些没听的知识点就像是一道道关卡一样挡在了我的面前。而班里的其他同学都答得很好。那一刻，我真是既后悔又沮丧。

这样的情况已经不是一次两次了。我真的不知道自己为什么会这样。我到底该怎么做呢？

——李伟

一、通过冥想，调整注意力焦点

"心静则明，水止乃能照物；品超斯远，云飞而不碍空。"这是王阳明的一句名言。冥想正是这样一种能够让人心静的艺术。

我们为什么会发呆呢？发呆是我们的大脑对外界的事物进行调节的一种应激反应，是一种自发的安静状态，属于自我保护和调适的一种反应。发呆还跟青少年的大脑发育不够完善有关。此时的我们大脑神经元突飞猛进地发展，这个发呆的过程就是大脑神经元组合的过程。

发呆能激发我们的创造力并有助于缓解疲劳、深度放松，发呆还会引起机体的松弛反应，导致交感神经系统普遍降低，加强副交感神经系统的功能活动，从而使大脑可以得到充分的休息。

下面是一些简单易行的方法，可以帮助我们提升专注力，重新找回学习的兴趣。

首先，尝试一下冥想，闭上眼睛，深呼吸几次，让自己的心慢慢地平静下来。就像给大脑充电一样，让自己的大脑能够充分的放松，从而让我们的注意力更加集中。还可以在早晨或晚上睡前进行冥想，帮助我们放松身心，为新的一天做准备。

其次，调整我们的注意力焦点。当我们上课时，试着把注意力集中在老师讲解的重点上，或者选择一个我们感兴趣的话题，深入挖掘其中的知识。

最后，我们可以试着写下自己的学习目标，这样可以帮助我们保持持续的学习动力，帮助我们更好地应对学习任务和挑战。想象一下，你正坐在一张安静的书桌前，四周是一片宁静。你闭上眼睛，深呼吸几次，感受自己的心跳和呼吸。此刻，我们与自己的内心世界融为一体，让自己的身心都回归到当下的时刻，如此，我们的专注力自然得到了提升。

二、用番茄钟学习法，提升内在的专注力

番茄钟学习法是一种非常适合提高专注力和时间管理能力的方法。番茄钟学习法将学习划分为多个时间段，每个时间段专注于一项任务，然后短暂休息，再继续下一项任务。这种方法可以帮助我们有效提高学习效率和专注力。

具体步骤如下：

确定你要完成的学习任务和时间，将这段时间设定为"番茄时间"。例如，你可以选择学习45分钟，然后休息15分钟。在这45分钟内，全身心投入学习中，不要被其他事物分散注意力。如果思维开始飘走，深呼吸几次，把注意力拉

回到学习上。

当你完成一个"番茄时间"的学习后,给自己一个短暂的休息时间,比如5~10分钟。期间可以站起来走动走动、喝点水或者看看窗外的风景,让大脑放松一下。

重复以上步骤,完成你的学习任务。每完成一个"番茄时间",你可以在纸上画一个"×"作为标记,记录下你完成的任务和时间。

当我们完成一个任务或学习计划后,回顾一下我们的"番茄时间"记录,看看自己的专注力和时间管理是否有所提高。

除此之外,我们还可以通过以下方法提升内在的专注力。

(1)创造良好的学习环境,减少干扰和诱惑。

(2)制订好学习计划,明确自己的目标和任务。将大任务分解成小目标,逐个完成。

(3)保证充足的睡眠、科学合理的饮食搭配。

(4)试着每天保持一定的运动量,让身体和大脑都得到放松和锻炼。

相信我们每个人都可以通过专注力训练来提升内在的专注力。无论是在学习还是生活中,我们都可以采用各种技巧和方法来提高自己的专注力和思维能力。当我们能够更好地管理自己的思维和情绪时,我们就能够更好地应对挑战和困难。

三、利用思维导图，梳理内在知识点

比尔·盖茨是一位非常成功的商人和技术天才。他曾表示："成功的秘诀在于专注。"盖茨在创立微软之初，就专注于打造一款高效的操作系统，并将其推广到全球。正是这种对目标的坚定和专注，让微软成了全球最大的软件公司之一。

运用思维导图可以帮助我们有效地提升学习的专注力，帮助我们更好地理解知识点之间的关系，以下是具体的实施步骤：

（1）明确我们要学习的知识点，并将其作为思维导图的中心主题。

（2）围绕中心主题进行头脑风暴，将所有相关的想法、观点和信息都记录下来。这可以包括相关的知识点、关联的任务、可能的解决方案等。

（3）将这些信息整理和分类，使用关键词来概括，并思考各个类别之间的逻辑关系和层次结构。

（4）用手绘的方式创建思维导图。从中心主题开始，逐级展开各个分支。使用不同的颜色、符号和图像来增加视觉效果。

（5）将其用作学习的参考。将思维导图放在容易看到的地方，随时回顾和思考。以保持其知识点的相关性。

通过不断地练习和反思，你可以更好地掌握思维导图的运用，提升自己的专注力和思维能力，找出存在的不足，并寻求改进的方法。

5 总是无法专心投入写作业，怎么办？

进入初中后，每天面临着大量的作业和学习任务，我总是无法真正专心投入其中。

每当我坐在桌前，手中握着笔，准备写作业时，我的思绪就很容易飘向远方，一会想吃东西，一会想上厕所，总之，就是迟迟不愿意坚定地落下笔去写。晃晃悠悠一上午，时间就过去了，我经常又陷入懊恼："哎，我这一上午都干了些什么！"

我知道时间正在流逝，但我的思绪却还是会跑走，跑到了放学后的操场，想象着与同学们一起奔跑嬉戏的场景。

我努力地调整自己的姿势，试图让自己集中注意力。然而，效果甚微。

我想提升自己的学习能力，我该怎么办？

——力升

一、借助 360° 思维，寻找学习的动力和愿景

思维分为 180° 思维和 360° 思维，180° 思维即对立思维，360° 思维则代表着全面思考，也就是说自己能够以 360° 的视角全面地把自己看明白。

美国斯坦福大学教育研究所教授威廉戴蒙认为，动机是很重要的学习因素，如果没有强大的"目标意识"存在，通常会徒劳无功，而且很快就在毫无方向的活动中消耗殆尽。

克里斯汀·雅各布森和萨拉·沃德开发了"360° 思维执行功能模型和项目"，有助于我们提升在处理任务时可能缺乏的"如何开始"的技能。其中一个方法是，通过想象最终任务呈现的视觉效果来开启一个任务。也就是说，在开始写作业之前，我们需要先通过想象看到"未来"，看到所要完成的任务的一个完美呈现效果，并详细描述最终任务或项目的外观、声音和感觉等。

在我们"看到、体验到"自己的愿景后，接着画出自己的"愿景"，并通过分解步骤来实现这一愿景。此外，还可以使用可视化技术，比如使用彩色辅助工具来表示"已完成"（红色）、"正在做"（绿色）和"已准备好"（黄色）。

为了保持动力，经常问自己三个目标导向的问题：

问题一："我做完后会是什么样子？"

问题二："我需要采取什么步骤来匹配我做完后的成果？"

问题三:"我需要什么材料和资料?"

试试看,如果我们已经看到并体验到了学有所成的美好未来,我们的动力和信心便不会枯竭。

二、制订有效的学习计划,并分解任务

《论语》曰:"工欲善其事,必先利其器。"

其实,成功的关键在于将我们的日常行动与期望的结果相协调。而制订学习计划便是第一步。

制订有效的学习计划,就像是我们身上装备着一把精巧的铁锤或者一根神奇的法杖。它可以让我们更好地驾驭时间,智慧地规划任务,从而全身心地专注于学习。

任何计划的实现,重要的是看其本人是否努力去完成。不努力,不执行,再好的计划也是流于形式。

1.做计划要有原则

(1)计划的时间要有可伸缩性。

(2)不要把一周安排的满打满算,要有余地。

(3)每周有自我总结反思的时间。

(4)计划要具体。

2.做计划要有目标

(1)做到有两门学科平时拿手,考前不用复习,没有特

别弱的课程，也就是没有拉分的科目。

（2）要制订中、长期计划。

中期的计划是力争每个月改变一门科目的状态。长期计划是学生明确自己未来想考入的目标院校是哪所。

（3）是补弱项还是增加强项。

（4）提高学习效率。

三、讲究学习方法

学习方法因人而异，能够掌握的方法才是最好的方法。比较薄弱的，最好从基础补起，关键还是要能吃苦，多做题。珍惜时间，也更努力做到准点休息，一定要保证上课不困。

态度决定一切，不能只想不做，要全心全意投入，以下有八种学习方法可供选择。

（1）费曼学习法：在教中学。

（2）康奈尔 SR 笔记：笔记分栏，巩固知识。

（3）艾宾浩斯学习法：反复强化，对抗遗忘曲线。

（4）FASTER 学习法：利用首因效应和近因效应。

（5）番茄钟学习法：劳逸结合，效率更高。

（6）SQ3R 学习法：把厚书读薄，再把薄书读厚。

（7）提问学习法：自问自答，加深理解。
（8）模仿学习法：把别人的变成自己的。

四、情绪自救，有效应对焦虑

日常生活中，我们每个人均会经历过不同程度的焦虑、轻度的紧张。

在某种程度上，适度的焦虑可以激发我们的内部动力，调动身体资源让我们保持警觉和注意力，提高学习效率。但如果失控，焦虑也会带来负面影响，导致情绪低落和心理疾病的加重。

因此，何不学会化"敌"为友呢？将焦虑转化为动力。以下是有效应对焦虑的八种方法：

1. 建立支持系统

与家人、朋友或老师建立良好的沟通与支持系统是关键。他们的陪伴和理解可以让青少年感受到安全与被关爱，也能够分享他们的感受与担忧。

2. 寻求专业帮助

如果焦虑症状严重，影响了日常生活和学习，及时寻求专业心理咨询和治疗是非常重要的。心理专家能够提供更深入和个性化的治疗方案。

3. 建立健康生活习惯

规律的作息时间、充足的睡眠、均衡的饮食和适度的运动都有助于改善情绪和缓解焦虑。此外,避免过度依赖电子设备,尤其是在晚上临睡前,以免干扰睡眠。

4. 学会放松技巧

运动也是缓解焦虑的有效途径,可以通过深呼吸、冥想、瑜伽等放松技巧,帮助自己在压力和紧张的时候调整情绪,恢复内心平静。

5. 建立适度的目标与期望

过高的期望和压力会加重焦虑。青少年应该学会设定适度的目标,并接受自己是独特的个体,每个人的发展进程都是不同的。

6. 认识负面思维并转变

认识自己内心的负面思维和消极情绪,并学会用积极的方式看待问题,树立乐观的态度。

7. 定期进行放松活动

在繁忙的学习与生活中,青少年应该安排时间进行自己喜欢的休闲活动,如阅读、绘画、写作、运动等,这样可以暂时抽离焦虑的状态,调整好心态。

8. 学会应对挑战

青少年面对挑战时应采取积极的应对策略,而不是回避或逃避。当他们学会应对困难时,焦虑情绪也会逐渐减轻。

第二部分

学科之路的探索

6 上课听得懂的知识，写作业时就不会用，怎么办？

我是一名偏科严重的学生，我对物理、化学和生物特别感兴趣。尤其在最近的一节生物课上，老师带我们探索了植物生长的奥秘，讲解了光合作用、水分吸收和根系结构的神奇。每次上课，我都全神贯注，感觉像是在知识的海洋中遨游，收获满满。

但数学课对我来说就是一种挑战了。每次听讲的时候，我觉得自己都懂了，但一回到家，做起作业来，我就犯难了。明明感觉上课时都理解了，怎么一做题就卡壳呢？

有时候我会想，是不是我的智商不够？小时候，我的同桌晓华总是能很快完成作业，而我却需要更多的时间。我知道，每个人的学习节奏不一样，但这仍然让我感到很挫败。

我真的很想改变这种现状。我该怎么办呢？有没有方法能让我的思维变得更灵活，掌握数学解题的底层思维和逻辑？

——张磊

一、知其然，知其所以然，从表象到本质的过程需要内化

知其然，知其所以然。这个成语出自中国古代的《庄子·养生主》一书，意思是说，对于任何事物或现象，我们不仅要了解其表面现象和基本特征，还要深入探究其深层原因和本质规律。

知其然是认识和理解事物的第一步，也是基础。"知其所以然"则是认识的深化和提高，从无所知到知识豁然开朗的过程需要我们将知识内化于心。这个过程需要我们运用各种学科知识和理论，对已经获取的信息和数据进行深入分析与综合研究，从而得出更加全面和深入的认识。

1.学习是一个从不懂到懂，从陌生到熟悉的过程

这个过程中会遇到很多困难，很多不利条件，还会产生遗忘和混淆，需要巩固和理解运用，融会贯通举一反三，知其然，知其所以然。老师只是抛砖引玉，督促引导学生们去理解、运用、巩固。学生的学习习惯、目标、计划和自我要求到底到了哪一步，这是学习效果到达到哪一步的关键。

2.学习是一个内化的过程

知识的输入、点拨讲解都由老师来完成。理解与运用这一步需要根据老师的点拨反复实践，发现问题并解决问题。

然后学生实现由输入到输出,展示自己内化的效果。

3.学习具有滞后效应,需要日积月累

你走的每一步要有目的性和功利心,要明确是为了提高哪种能力,但不可能每件事就是为了一种单一的能力。比如英语,听、说、读写相辅相成,语言综合运用能力是最重要的。举最简单的例子,背单词的第一步是认读。第二步才是识记汉语,这一步其实是最广泛的应用,比如汉语识字多了才能阅读写作。第三步是拼写,基础词汇拼写必须扎实,不要总是默写检查,听写结合进行,可以提高听力水平。

学习不是每一步都会有快速的结果,慢慢积累虽然暂时看不到结果,有朝一日一定会厚积薄发。播种和收获本来就不在一个季节,看不到成效的日子都在默默耕耘。只要方向正确,每一份付出和努力,一定会得到相应的回报。

让我们在学习的海洋中探索,用心去感知,用智慧去理解,让每一次的学习都充满生动的画面和令人愉悦的感觉。

二、利用费曼学习法,让你的学习事半功倍

费曼学习法是由美国理论物理学家理查德·费曼发明的一种高效的学习方法,其要求使用简洁的思想和简单的语言向他人传达信息,以便达到强化学习的目的。费曼学习法的

核心精神是要求通过教学或者分享加速和加深学习理解。

费曼学习法包括五个步骤：

步骤一：确立一个学习目标。

在确定学习目标之前，我们首先需要明确学习的意义。

传统的应试教育属于以输入为主的被动学习。在这种被动学习中，学习是服从式、工具式的。使用费曼学习法的前提须扭转对于学习的态度：学习不应是被动服从和功利驱动的输入，而是我们自觉甚至是开心地实施有意识的主动学习，也就是以输出为载体的有选择的输入。

有意义的学习并不仅仅在于获得知识，其终极目标在于对于一个人思维的改变。费曼学习法对于思维的开放性、批判性、逻辑性及更为清晰地表达观点这四个层面均能起到十分积极的作用。

步骤二：理解要学习的知识。

在费曼学习法中，理解所要学习的知识需要遵循系统化原则——用系统化的思维去理解知识，归类、筛选和分析知识，才能最终消化知识，为我所用。

归类和对比知识的来源。

首先，系统化的第一步便是进行归类，按照客观科学的逻辑，让不同来源的知识各归其位，以便于我们对比和筛选。

其次，筛选和留下最可靠的知识。筛选知识包括三个流程：

1. 确立逻辑

明确学习的目的，并且建立客观科学的学习逻辑。

2. 收集信息

即锁定知识的来源，形成一个完整的知识框架。

3. 归类对比

筛选自己需要的知识及保留可靠和重要的知识。

最后，还有辨别假知识。具体可以先确立两到三个可靠的知识来源——老师、专业网站或图书馆，再把从这些来源得到的知识互相印证对比，找出对你重要的、不同领域的知识，然后进行深度的学习。

步骤三：以教代学，用输出代替输入。

以教代学是费曼学习法的核心。在费曼学习法中，输入可以帮助输出，输出可以倒逼输入。

倒逼输入符合记忆学原理，最直接的好处是加强了对于特定内容的留存率。

以教代学要求以谁都能听懂的语言，进行简洁和有深度的分析。具体要求如下：

第一，语言简洁易懂。

第二，精准到位，没有歧义。

第三，讲出一定的深度。

第四，加上自己的理解。

通过阐述知识的过程，反过来也可以强化自己对于知识尤其是重点内容的认知。

步骤四：进行回顾和反思。

在费曼学习法中，回顾和反思起着承前启后的作用。这是从学习知识到转化知识的关键部分——如何将正确的知识从庞杂而具有欺骗性的信息中挑选出来。这种回顾和反思原则存在三个步骤。

第一步：怀疑和探索。

在复述完了之后回头检查、审视和总结。检查自己是否阐述正确，审视这些知识是否存在不易被发现的问题，并且总结前面几个环节的经验和教训。这需要我们重新对比数据和事实，即重新检查知识库、重新验证知识的关联。

第二步：寻找反证。

寻找反证的过程就是有目的地反思。反思不同于回顾和总结。反思则是对学习的质量进行解构，保证自己学到的是正确的知识。

在反思过程中，需要做到以下四点。

一是重视否定式证据，如相反的数据、逻辑漏洞、过时的知识、相反的权威观点。

二是当知识卡壳时，回到理解不清的地方，找出薄弱环节。

三是记住争议是深度学习的切入点和突破口。

四是没有最可靠的结论，要从科学、实用、系统的角度对知识进行评估。

第三步：加大内容留存率。

所谓内容留存率，这是指我们记住、理解知识的比例。这个比例不低于 90% 才可称得上高效能的学习。

对于学习而言，别一味地追求学习的数量，要着眼于学习的质量，提高学习的效能。

步骤五：实现知识的简化和吸收。

费曼学习法技巧中最重要的一步就是简化并吸收所学的知识。

简化知识的目的不是短时间内掌握某种技能，而是通过有效的简化，我们能全面而深入地理解自己的学习对象，将有用的知识转化为自己的知识。

费曼认为，如果你不懂得简化所学的知识，就等于一直在盲目而缺乏方向地收集碎片化知识，贪多不精，只积累了数量却做不到成体系地开发和利用。在学习过程中，好的东西过多，也会消化不良。

简化知识存在两个要点：

一是打开知识的重要性开关。即明白哪些知识很重要，哪些知识一般重要，哪些知识不重要，为它们列一个优先级，排好顺序，全力吸收那些重要的知识。

二是将知识从复杂回归简单。即找到知识的核心逻辑，完善我们的思维模型，从知识中总结和提炼要点。

7 偏科严重，就是学不好语文，怎么办？

我从小就对数学和科学情有独钟，成绩也一直不错。但是，语文一直是我的软肋，每次期末考试，一看到语文试卷，我的头就开始疼。

每次做语文试卷的时候，我总是先做完基础题，然后就卡在阅读理解和写作部分。我的大脑好像突然变得一片空白，各种思绪开始乱窜。我努力集中注意力，但总是找不到解题的突破点。

我知道自己需要多看书，但每次拿起书没多久，我就开始分心。为了解决这个问题，妈妈还给我报了语文辅导班。我花了好多时间和精力，但语文成绩还是不见提高。

明年就要中考了，妈妈希望我能考上一所好高中。但我现在的学习状况让我一点信心都没有，我很害怕会辜负她的期望。我不知道该怎么解决这个偏科问题，我该怎么办呢？

——黄涛

一、了解自己的认知风格,用奖励激发兴趣

关于偏科,通常被认为学生在某些学科上的成绩相对较好,而在另外一些学科上的成绩明显较差,并长期稳定存在时,我们称之为偏科。

偏科可能由兴趣和天赋、学习方法和环境、时间分配和管理、心理压力和情绪问题等多种因素导致。要想解决偏科问题,我们需要从提升学习兴趣和方法、合理安排时间、积极管理压力和情绪等方面着手。

美国心理学家威特金提出了"场依存型"和"场独立型"这两种不同的认知风格。

场依存型指对周围环境的因果关系和整体概念的感知能力更强,倾向将外部信息与自身经验结合起来进行理解。

场独立型则更加关注单一对象、细节和分离出不同的信息,更善于利用分析性思维进行问题解决。明确我们的学习方式属于哪种类型,可以帮助我们了解自己所擅长的点。

叶圣陶曾经说过:"兴趣是最好的老师。"只要我们找到与自己兴趣相关的书籍,阅读就不会再沉闷,而是一种享受。

制订一份实际可行的计划,可以每天定时阅读和写作,逐渐增加学习的难度。注意设定的目标不能太高,太高了会

让我们感到压力和失去信心。

心理学中的奖励机制可以帮助我们激发阅读兴趣,如设立小目标,每读完一本书或一篇文章,给自己一些小奖励;如看自己喜欢的电视剧或吃一顿心仪的美食。这样会让学习变得更有趣、更有动力。

"兴趣可以拯救一个人,也可以毁掉一个人。"只要我们找到自己的兴趣和爱好,坚持学习和努力奋斗,就一定能成功地打破沉闷,激发我们学习语文的兴趣!

二、运用"锚定效应",让学习事半功倍

在学习的过程中,不仅需要努力获取知识,还需要思考如何将所学的知识运用到实际中去。

心理学中的"锚定效应"可以帮助我们提高学习效率。

锚定效应是人类在比较事物时常常以某个标准为基准,然后进行判断。因此,给自己设立目标,将重点放在核心知识点的掌握上,可以帮助我们提高学习效率。

如何运用"锚定效应"处理我们的偏科问题呢?

(1)了解自己在各个学科的学习水平和掌握程度。

(2)设定合理的学习目标,确保目标既有挑战性又有可行性,能够帮助我们提升偏科学科的学习水平。

（3）设置锚点，作为参考标准。可以是某个知识点的掌握程度、平均分数、前几名的成绩等。

（4）制订具体的学习计划，将计划分解为小目标和可执行的任务，使学科得到充分的关注和学习时间。

（5）在学习过程中，将各个学科或领域的知识联系起来，促进知识的整合和全面理解。

（6）定期观察并记录各门学科的学习成果。对于偏科情况，及时进行反馈和调整学习策略，确保学习的均衡性。

（7）定期对自己的学习进行综合评估，与设定的锚点和目标进行比较。根据评估结果，适当调整学习计划和锚点，保持学习的持续进步。

利用"锚定效应"来处理偏科问题，促进全面的学习发展和知识的均衡掌握。注意使用彩色笔、笔记本等工具可以帮助加深记忆和理解。同时，多与同学们进行互动交流和讨论，也可以达到加深对知识的理解和印象的目的。

三、四个方法让你不再害怕偏科

偏科是一种什么样的感受？

每次提到强科，眉飞色舞，众人比赞；而提到弱科，则老师摇头，父母无奈，自己崩溃……

究其根本原因，偏科主要有以下两方面原因：

1. 心理原因

由于家长或大众无意识的暗示，会使学生产生认识偏差。比如大家会说女生理科差，男生粗枝大叶。这种片面的说法被很多家长认同，而女生可能就认为我数学不好是正常的，男生就觉得粗心做错题是正常的，为自己不专心、不细心找到了借口。

还有受到接触的媒体和书籍的影响等，都会使学生对某一学科产生偏好或厌倦的心理，进而形成偏科现象。比如从小看电视、看书或者一些文艺节目较多的学生，可能对文科兴趣更浓厚，不自觉会投入更多精力。

2. 生理原因

青春期时由于个体差异，有的学生在逻辑和抽象思维方面没有形象思维发展快也会出现偏科现象。有的学生从小喜欢阅读，语言能力较强，加上写作训练，文科成绩就比较突出；有的学生头脑反应迅速，擅长解决理科问题，不擅长需要大量背诵的文科。

这些因素导致的偏科问题，主要表现在学习态度上。有的同学对待自己感兴趣的科目就认真钻研，不感兴趣的便不会多看一眼，久而久之就形成偏科。由此可见，偏科的危害绝不容小觑。那怎么样才能做到不偏科，每门科目都均衡发展呢？

针对这些原因我们可以有如下应对方法。

1.树立自信心。

先通过优势科目认识到自己有学好其他科目的能力，进而逐渐提高对其他科目的兴趣，并逐渐加大对其他科目的学习投入。不要自卑，用积极的心理暗示方法，要在心里暗示自己：加油，我一定能行！

2.激发学习兴趣。

兴趣是最好的老师，浓厚的学习兴趣和强烈的求知欲是获得成功的关键因素。在分析原因时，可以看出偏科往往是因为对该科目不感兴趣，因此要从各个方面培养学习兴趣。

比如目标激发兴趣、成功激发兴趣等，可以先制定一个努力之后能达到的目标，享受这种成功的快乐，激起进一步学习的兴趣。在生活中可以多留意相关的现象，发现课本上的理论知识原来在现实生活中无处不在。

3.合理安排时间。

制订好学习计划表，有针对性地查漏补缺，让每科均衡发展。这里要把握好一个度的问题。如果一开始就在薄弱科目上花费太多时间，一定会心生烦躁与厌倦，可能还会有排斥心理。

我们可以按照学习目的制订一份学习计划表，比如今天只复习某一门科目的某一个小节，时间最好不要超过半个小时。这样每天复习一点，时间长了自然能慢慢被攻克。

8 每次数学测验,我心里都乱作一团,怎么办?

上数学课对我来说,就像是一场永无止境的噩梦。

那一天,数学老师一如既往地拿出一沓试卷,我立刻感觉身体像是被一团寒气所包围。手心开始冒汗,心跳也加速,仿佛我是在参加一场决定生死的战斗。

我尽力去集中精神,但那些数字和公式在我脑海中旋转跳跃,就像是一支混乱的舞蹈。

我瞥了一眼同桌,他的笔在试卷上飞快地移动,仿佛所有的答案都早已铭记于心。而我,只能看着这些题目,任心脏怦怦地跳。

这张试卷,我空了很多不会的地方,数学老师看了看我,无奈地摇了摇头,"你这数学成绩想要上去,我真是指望不上了!"。

我渴望找到一条出路,找到一种能够让我摆脱这种困境的方法。我该怎么办呢?

——小满

一、发现数学之美，改变对数学的态度

数学，作为一门基础学科，常常被视为抽象、逻辑和严密。然而，如果我们细心观察，就会发现数学中蕴含着无尽的美。这种美不仅体现在数学公式的简洁和优雅上，还体现在数学问题的解决过程和数学理论的深刻内涵中。

数学一定是晦涩难懂，没有乐趣的吗？

有人曾形容数学的公式像繁花一样绽放，数学的规律如音符般优美地在空中跳跃。

不同的人，眼中看到的数学是不一样的。

有人觉得数学很难，仿佛走入迷宫，有人觉得数学很好玩，解开谜题的过程，就像走进森林深处的一座古老神庙，会让人感受到思维的巧妙和逻辑的美妙。

在面对数学挑战时，我们常常怀疑自己的能力。然而，自我否定只会限制自己的成长。聪明的人会用正能量来代替负能量，相信自己能够学好数学是迈向成功的第一步，"不是我不行，是我暂时还没有学透数学的规律，我还有很大的进步空间呢"！

"态度决定一切"，这句话不仅适用于每一件事，而且同样适用于数学学习。对待数学如果总是持消极和抵触的态度，不仅会磨灭学习的兴趣，还会增加压力和挫败感。因此，改变对待数学的态度，培养积极的学习心态非常重要。

如何培养这种信念呢？多练习、积极参加数学小组赛，让每次小小的进步成为自信的滋养，帮助我们不断提升数学能力。

数学的学习是一个渐进的过程，它需要时间和耐心。就像培育一棵树一样，我们需要给它充分的土壤和阳光。每次的小进步都是养分的源泉，累积起来才成枝繁叶茂。

二、提升心理素质，为考试之路增色彩

考试是学生在学校生活中不可避免的一部分。无论是期中考试、期末考试还是中考、高考等重要考试，良好的心理素质都是取得好成绩的重要保障。下面将介绍考试所需的心理素质。

首先，自信心是考试中至关重要的心理素质之一。自信心是指对自己能力的正确认知和充分的相信。面对考试，只有具备自信心，才能保持积极向上的心态。

其次，耐心与毅力也是考试所需的重要心理素质。考试并非是一蹴而就的过程，需要学生长时间的复习和积累。在备考过程中，学生可能会遇到困难和挫折，此时，耐心与毅力就显得尤为重要。只有具备耐心与毅力，学生才能克服困难，持之以恒地进行复习，从而在考试中取得好成绩。

再次，冷静的思考能力也是考试所需的重要心理素质之一。在考试过程中，由于时间紧迫和题目的复杂性，学生容易出现焦虑和紧张的情绪，影响到正常的思考和解题能力。因此，学生需要具备冷静思考的能力，不被外界条件干扰，保持冷静的心态。

最后，良好的时间管理能力也是考试所需的重要心理素质之一。合理利用时间，合理安排复习计划对于考试成绩的提高到关重要。学生需要明确自己的学习目标，并制订具体的学习计划；同时，在执行学习计划的过程中，要有良好的时间管理能力，合理分配学习和休息的时间。

以上这些心理素质的培养不仅对于考试成绩的提高有重要意义，更对学生的综合发展具有积极影响。因此，学生在备考过程中应该注重培养这些心理素质，从而在考试中取得好成绩。

三、找出失分原因，并寻求帮助

在面对数学考试中的挫败感和紧张情绪时，我们常常感到无从下手。然而，不要忘记，寻求帮助是一种智慧的选择。

不同的人，数学得分不高的原因各不相同：

有的是计算能力差,有的题目理解能力差;

有的是公式定理不熟悉,有的是存在畏难情绪;

有的是听课效率低,有的是不喜欢数学老师;

有的是知道基础知识,但不会综合应用……

只有找出数学成绩差的原因,才能针对性地去查漏补缺。

老师是我们学习中的重要助力和资源。

小满可以针对自己数学的困扰,去找到数学老师沟通,听老师给自己分析自己的听课、作业等学习情况,对原因有个初步的了解,再从以下几个方面着手解决问题。

1. 养成预习的习惯

这是公认的学习数学最好的方法。因为提前把老师要讲的知识先学一遍,就知道自己哪里不会,学的时候就有重点。当然,如果能带着问题进行预习就更好了。

2. 书后做练习题

预习只是第一步,有时间可以把例题和课后习题做了,从而检查预习情况,如果都会做说明学会了,即使不会还能再听教师讲一遍。

3. 学会整理错题

每次考试结束后,总会有很多错题,对于这些题目,我们不要以为上课听懂了就会做了,看花容易绣花难,亲自做过了才知道会不会,而且要把错的题目对照书本去看,重新学习知识。

4.学会总结

通过不同类型的题目的练习,列出重点、难点、自己哪些不会,从而归纳出各种题型的解题方法。

总之,提高数学成绩需要不断地学习,巩固基础知识,勤奋练习,找到自己的弱点,并加以改进。只要有恒心和毅力,相信数学成绩一定会提高。

9 怎样把"学霸"的方法学到手呢?

我从小就不是学霸,但我一直很羡慕那些学霸同学,他们不仅看上去学得比我轻松,而且学习的效率也高。

我的同桌晓桦就是一名学霸,他没有所谓的偏科,语、数、英、物、化、生样样都拿得出手,涉猎广泛,也很喜欢运动,一点儿都不是书呆子的形象,而我每天晚睡早起,学得很吃力,也达不到晓桦的学习效果。每次测验、模拟考,对于晓桦来说就是一次普普通通的作业。

妈妈告诉我,光羡慕不行,自己也要努力啊!可是他告诉我的那些方法我都用了,可是效果并不明显,这是哪里出问题呢?

——夏伟

一、以积极的心态，允许并接纳自己的缺点

有时候，我们觉得自己似乎是天才般的聪明，能够轻松应对各种学习挑战；而有时候，我们又会感觉自己好像什么都不会，很简单的题目也无法回答。这种情绪上的起伏让我们感觉到困惑和无奈。

当我们感到自己无法胜任某项任务时，会出现焦虑和自我怀疑的情绪，这是大脑面临挑战的自然反应。

思考一下，人生就像一场旅行，我们会经历起伏和变化。正如哲学家尼采所说："人生就是充满挑战和变数的冒险。"

因此，让我们理性看待自己的价值。我们应该看到自己的努力和进步，接受自己的不足，并从中学习和成长。

了解自己的优点和弱点。我们才能更好地应对学习中遇到的挑战，因为每个人都有自己的优势和劣势，没有人是完美无缺的。

因此，接受自己的劣势，理解情绪的波动是一种人类共同的体验，才能帮助我们找到内心的平衡。

在面对挑战时，培养积极的自我对话，鼓励自己去追求进步和成长。弗洛伊德所提出的"心理动力冲突"理论，我们的情绪往往是来自于内心的冲突和不满足。

"积极的自我暗示法"可以帮助我们改变这种情绪和想

法。以下是具体的步骤：

首先，注意并识别那些负面的思维模式。例如，当我们遇到困难时，是否会自我怀疑或自责？是否会过分强调自己的失误而忽略了自己的优点？

其次，通过积极的自我暗示来取代它们。例如，我们可以告诉自己："我是一个聪明、有才华的人"，"我能够克服困难并取得成功"，"我每天都在进步，变得更好"。

再次，将积极的自我暗示写下来，每天多次重复朗读。通过反复强化，这些积极的想法会逐渐深入潜意识，并对我们的行为和情绪产生积极影响。

最后，每天给自己一些称赞和奖励，关注自己的优点和成就，记录下自己的进步和成功。建立积极的自我形象，并增强自信心。

二、勇于尝试新事物，突破就是成长

古人云："穷则变，变则通，通则达。"早在千百年前，人们便领悟到创新的意义。但是，创新绝非易事，于是许多人选择了墨守成规。

的确，跟随别人的脚步或者是做你已经胸有成竹的事情总比开发一条新的路径容易。但是，如果一个人习惯于墨守陈规,他最终会被历史的潮流遗忘。只有那些敢于开辟新道路的人才会因为他们的原创性而被长久地铭记。

当我们不断接触新的领域或者学习新的知识时,大脑会产生新的神经连接,促进我们思维的灵活性和创造力的发展。这也是为什么有些人在面对挑战时能够更好地应对,而有些人则容易陷入困惑和自我怀疑的原因。

只有不断接受新的挑战,我们才能不断发现自己的潜力和能力,不断突破自己的局限。通过培养创造力和拓展思维是一个非常好的方法。具体可以这样做:

(1)对周围的事物保持好奇心,愿意尝试新事物,拓展自己的知识面和视野。

(2)尝试从不同角度、不同方向思考问题,不受传统思维模式的限制,勇于挑战常规。

(3)培养直觉和想象力,可以帮助我们更好地发掘内在的潜能。

(4)勇于尝试新事物,不害怕失败和挫折,在实践中拓展自己的思维方式。

(5)通过反思,可以让我们更好地认识自己的优点和不足,拓展思维方式,提高创造力。

三、合理把握掌握时间，释放内在潜能

亚里士多德曾说过："我们每个人都是由自己一再重复的行为所铸照的。优秀不是一种行为，而是一种习惯。"我们都知道，时间是我们最珍贵的资源之一，善于利用时间的人往往能够发挥出惊人的潜力。

当我们时而觉得自己是天才，时而觉得自己什么都不会时，要实现真正的突破，我们需要掌握时间，并提高效率。

伏尔泰曾经说过："每一分钟都对未来有着重大影响。"

时间就像一个笔触，可以将我们的故事画成华美的画卷。正如奥斯卡·王尔德所说："我们都生活在阴影中，但也只有在阴影中，我们才能看到光明。"

心理学研究表明，我们对时间的感知和利用方式会直接影响自己的情绪和行为。当我们感觉自己是天才时，我们往往充满自信和动力，积极主动地利用时间。然而，当我们觉得自己什么都不会时，我们往往陷入消极情绪，时间似乎变得毫无意义。

达·芬奇善于规划自己的时间，精确安排每天的工作，这才使得他能够在绘画、科学、哲学等领域取得杰出成就。

爱因斯坦也是一位时间管理的高手。他认为时间是相对的，每个人都有 24 小时，关键在于如何有效地利用它。

苹果公司的创始人史蒂夫·乔布斯就是一个时间管理的

达人。他以极高的效率和专注力投入工作，不断推动苹果公司的创新和发展，成为一代商业奇才。

就像种子需要时间才能生根发芽，我们也需要给自己足够的时间去成长和发展。在学习中，只要我们合理安排时间，持之以恒，就能够逐渐释放内在的潜能。

善于利用时间，释放内在潜能。通过合理分解任务和安排日程，我们可以提高效率、减少压力，并最大限度地发挥自己的潜力。

10 学习方法不对，怎么学都学不好，怎么办？

我拼尽全力，但成绩单上的分数总是那么刺眼，一次次刺痛我的心。

一天，我孤独地坐在角落里，看着眼前的数学题，如同一座无法攀爬的高山。无论我如何努力，那些复杂的数学题就像在和我捉迷藏，始终不给我答案。

"你怎么了？"一个声音打破了我的沉思。我抬起头，看到我的同学小明站在我面前，他的眼睛里闪烁着友好和关切。

"我不知道这道数学题该怎么做。"我沮丧地回答。

小明微笑着坐下，开始帮我解析那个数学题。他的解释清晰而富有启发性，他让我看到我之前的思路是怎样的混乱。

"你知道吗，学习不只是记忆，不能硬套公式，更重要的是理解。"他轻轻地说："你需要理解这个问题的本质，然后才能找到解决的办法。"

我看着他，心中充满了困惑，"我……我不知道怎么去理解。"

小明又笑了，说："试试把问题放在生活中去理解。比如这道数学题，它其实是在考查你的逻辑推理能力，你可以把它想象成一个谜题，你需要解开这个谜题。"

我想知道是不是不同的学科有不同的学习方法？我该怎样提高自己的学习效率？

——小西

一、学思结合，选择多元化学习方法

"学而不思则罔，思而不学则殆。"这句话强调了学习与思考的相互促进，单纯的学习没有深入思考的支撑是不够的，而只有持续思考并将其转化为学习行动才能取得更大的成果。

学习不止于课堂，还包括生活的点滴体验。

学习是一种持久的过程，需要多角度思考和不断探索。

美国心理学家布鲁纳认为，人类的学习能力源自主动探索和积极思考。因此，在学习过程中，记忆知识很重要，但更重要的是理解和思考。只有真正理解问题的本质，才能找到更有效的解决办法。

古希腊哲学家苏格拉底以提问的方式引导学生思考，而不是直接给出答案。伽利略发现地球围绕太阳旋转的事实，是通过自己的观察和实验得出的结论。他们的成功告诉我们，要真正理解一个问题，需要从多角度思考并进行实践验证。

如何选择适合自己的多元化学习方式？

（1）阅读原著和写作练习。

阅读原著可以帮助我们更好地理解文学、历史等学科的知识；而写作练习则可以提高语言文字能力和表达能力。

（2）探究式学习。

探究式学习是一种由问题引导学生主动思考和探究的学习方式，可以培养我们主动思考和解决问题的能力。

（3）小组讨论。

小组讨论可以帮助我们在交流中相互启发、相互学习，同时也可以提高表达能力和合作能力。

（4）实验和观察。

通过亲身实践和观察来验证理论和发现问题，可以让人更好地理解知识。

（5）互联网资源。

互联网资源包括在线课程、学习网站、电子书籍等，它们提供了更加灵活和自由的学习方式。

二、制定个性化学习方法，找到学习节奏

美国心理学家德鲁克有句名言："最好的学习方法就是找到适合自己的学习方法。"每个人有自己独特的学习方式和节奏，只有找到适合自己的方法才能事半功倍。

心理学家发现，情感与学习密切相关，学习过程中的积极情绪和情感体验有助于提高学习效果。因此，我们可以根据自己的情感和喜好选择适合自己的学习方法和环境。

我们可以创造一个舒适、安静、有良好光线和通风的学习环境，帮助自己集中注意力，从而提高学习效率。

制订个性化的学习计划，可以这样做。

1. 自我评估

可以先通过自我评估了解自己的学习特点和薄弱环节，如使用 MBTI 心理测量工具测试了解自己的学习类型，或通过反思自己的学习经历找到适合自己的学习方法。

2. 咨询老师意见

可以向老师咨询并请老师对自己的学习提出建议，了解自己的学科优势和需要改进的地方。

3. 制订学习计划和目标

根据个人情况和目标，可以制订具体的学习计划和目标，例如，每周完成一定量的阅读、写作或练习题，并安排一定的复习时间。

4.分解学习任务

将学习任务分解为小的目标和步骤，逐步完成，避免一次性完成大量的学习任务。

5.复习和巩固

在学习过程中，要注意留出时间进行复习和巩固，以巩固所学知识，防止遗忘。

三、了解不同学科的特点，并逐个击破

不同学科之间存在着显著的差异，每门学科都有其独特的特点和学习方法。

举例来说，数学学科注重逻辑和推理，要求学生具备问题解决、抽象思维和计算能力。而语文学科注重阅读、写作和文学鉴赏能力，要求学生具备一定的文化素养和审美水平。

以下是学好各门功课的学习方法：

1.语文学习

（1）阅读理解：在阅读文章时，积极思考文章的主题、中心思想、段落大意等。同时，注意细节和重点内容，理解作者的情感表达和意图。

（2）写作技巧：多读好作品，学习语言表达的不同方

式。在写作时，可以采用"总分总"的结构，即先总述主题，再分段论述，最后总结。同时，注意语言表达的准确性和文采的美感。

（3）背诵名句：选择一些经典名篇或名句进行背诵，可以提高自己的语言表达能力和文学素养。

2. 数学学习

（1）做题技巧：多做题，积累经验和技巧。可以采用画图法，将题目中的数量关系用图形表示出来，更直观易懂。

（2）公式记忆：记忆数学公式和定理，可以使用"推导法"，理解公式的推导过程和原理，加深记忆和理解。

（3）错题总结：建立错题本，记录自己做错的题目，总结错误原因和解题方法，反复练习，避免再次出错。

3. 英语学习

（1）词汇积累：记忆英语单词和短语，可以采用"词根词缀法""联想记忆法"等方法。同时，通过阅读英文文章、观看英文电影等方式，积累词汇量。

（2）语法学习：学习英语语法和句型，可以使用"归纳法"，将语法知识分类整理，方便记忆和理解。

（3）听说读写：多进行听说读写的练习，提高英语综合能力。可以与外教进行口语交流，也可以通过听英文歌曲、看英文电影等方式提高听力和口语能力。同时，多读英文文章和写作练习，提高阅读和写作能力。

一个好厨师,想要做出美味的菜肴,必须了解食材的特性,了解不同的食材以怎样的方式烹饪才最美味。同样地,一个学生,面对不同的学科,也要了解不同学科的特点和学习方法,这是基础,也是取胜的关键。

第三部分

学习与生活的平衡

11 整天写作业，根本没时间打篮球，怎么办？

当我跨进学校大门，感觉作业就像一堆大山一样压得我喘不过气来，几乎没有时间去做自己真正喜欢的事情，比如打篮球。这让我感到很痛苦。

我是校篮球队的一员，我非常热爱篮球。每次拿起篮球，完成一个完美的三分球或者炫酷的上篮时，那种满足感和自豪感让我觉得生活充满了乐趣。然而，现在我几乎没有时间去享受打篮球的快乐了。

每次经过篮球场去图书馆时，看到同学们在那里尽情地挥洒汗水时，我心里都感到无比沮丧。在课堂上，我的脑海里总是浮现出篮球场上的场景，我渴望再次感受到篮球在手心的触感，享受运动带来的快乐。

朋友们邀请我去打篮球，希望我能够重新加入他们的队伍。每次看到这些消息，我都只能无奈地拒绝，因为我没有时间和精力去参加。

我感觉自己被困在一个无尽的循环中，作业和压力将我紧紧束缚。我真的很想知道，如何才能找到一个平衡点，让我既能完成作业，又能做我喜欢的事情呢？

——黄捷

一、找到属于自己的节奏，让兴趣与学习的和谐共舞

心理学研究表明，兴趣和学习之间并非是对立的关系，而是相互促进的。通过兴趣爱好，我们可以获得愉悦与放松，从而提高学习效率。反过来，系统学习也可以帮助我们更好地理解和发展兴趣爱好。

学习不仅是获取知识，更是一种修炼自我的过程。在繁忙的学业中，我们常常会被各种各样的作业填满，没有时间做自己感兴趣的事情。那么，如何才能更好地应对这种困境呢？

首先，我们要明确自己的优先事项。制定一个合理的时间表，将学习、作业和打篮球的时间都列入其中，从而更好地平衡学业和爱好。

其次，利用碎片化时间进行锻炼。利用午休时间或者放学后的短暂空闲时间，找一块篮球场地，和朋友们一起进行简短但高强度的训练和比赛。这样不仅能够满足对足球的渴望，还能有效提高身体素质。

最后，我们需要寻找到一种平衡的态度。可以将篮球作为一种激励和奖励，当完成一段连续的学习和作业任务后，给自己留出时间去享受篮球的乐趣。这样既能激励自己更好地完成学业，又能保持对篮球的热爱。

世界著名企业家马斯克就热爱冲浪和玩游戏，通过这些娱乐方式缓解工作压力，并在保持身心健康的同时积累灵感。这给我们启示，工作和兴趣并非两极的对立，而是可以和谐共存的两个方面。

"时间就像海绵里的水，只要愿意挤，总还是有的。"只要合理安排宝贵时间，找到兴趣和学习的平衡点，从而拥有一个充实、多彩的人生。

生活需要平衡，只要我们找准方法和节奏，就能够充实而充满激情地度过每一天。

二、提升记忆力攀登知识高峰，畅享学习之乐趣

"学习如一座高山，攀登之路充满挑战与艰辛，但每一次努力都值得我们为之奋斗。"

如果我们将学习比作奔腾的江河，其中蕴含的乐趣便如江水聚集，流淌向前。把困难和挑战视为奔流的瀑布，我们应该发掘出解题的智慧，感受攀登巅峰的成就感。

睡眠对记忆的巩固和整合至关重要，充足的睡眠可以改善记忆力。提升记忆力可以帮助我们提升学习效能，以下是一些具体的建议：

（1）保持均衡的饮食，摄取适量的蛋白质、维生素和矿

物质等营养物质,有助于提高记忆力。

(2)通过训练专注度,保持对记忆对象的注意力,使记忆力更加完整、快速,可以活跃大脑细胞。

(3)将记忆对象分类整理,使其更有条理。

(4)将记忆对象与相关的事物联系起来,通过联想帮助记忆。

(5)调节自己的情绪,保持积极乐观的心态,有助于提高记忆力。

(6)适当的运动锻炼可以提高身体素质和大脑的灵活性,增强记忆力。

当我们拥有高效的记忆能力,掌握新知识时,大脑会释放多巴胺,这种神经递质能带来快乐和满足。因此,当我们突破困难、解决问题时,我们会体会到一种深深的满足感。

学习是一个不断进步和提高的过程,就如同大自然中的万物,唯有持续补充营养,才能茁壮成长。同样地,我们应积极享受学习的乐趣,并在其中寻找提升自我的机会。恰如柏拉图所言:"学习的过程就是一个不断发现自己无知的过程。"唯有通过学习,我们才能更好地认识自己、认识世界,并不断超越自我。

三、用时间管理策略,提升学习效能

比尔·盖茨曾经说过:真正的财富=观念+时间。所有的成功人士都是安排时间的高手,成功与失败的关键就在于如何分配时间。他们善于制订计划并且坚持执行,从而达到目标。

《百年孤独》中有这样一句话:"时间是一个无情的杀手,它能够摧毁一切,只留下美好的回忆。"这句话启示我们,时间的流逝不可逆转,因此我们应该珍惜时间。特别是对于我们青少年来说,如何提升学习效能才是问题的关键。

1. 制订计划

制订一个明确的学习计划,将每天的学习任务分配到不同的时间段。这样可以确保学习时间得到充分利用,同时避免在某个时间段内过于疲劳。

2. 设定优先版

将学习任务按照优先版排序,优先完成重要且紧急的任务,避免浪费时间在一些不重要的事情上。

3. 避免拖延

不要拖延学习任务,尤其是不要因为不想学习而放弃。要想提高学习效率,必须克服拖延症,养成良好的学习习惯。

4. 定时休息

学习过程中需要定时休息,以缓解疲劳和提高效率。一

般来说，每隔一小时左右就需要休息5~10分钟，以保持精力充沛。

5. 合理分配时间

根据学习任务的难度和复杂度，合理分配时间。对于一些难度较大的任务，可以花费更多的时间来完成。

6. 创造良好的学习环境

创造一个安静、整洁、舒适的学习环境，避免在学习过程中受到干扰和影响。

7. 建立学习小组

与同学建立学习小组，相互监督、鼓励和帮助，这样可以提高学习效率，同时增强同学之间的友谊。

8. 学会集中注意力

在学习过程中学会集中注意力，避免分散注意力。可以通过一些训练来提高自己的专注力。

以上就是八种学习时间策略，希望对你有所帮助。通过有效地规划和管理时间，你一定可以提高学习效率，实现自己的目标。

12 参加了很多文体活动，影响了学习，怎么办？

我是一个阳光开朗的男孩，超级喜欢在课余时间参加各种运动。在体育场里，我总是全身心投入，汗水湿透球衣的感觉简直太棒了！

在足球场上，我像风一样飞奔，全神贯注地追逐着那个小小的足球。草皮上泥土的气息，让我觉得全身充满力量，这种感觉真的太棒了！

但最近，我发现这些活动占用了太多时间，导致我的学习成绩有些下滑。有一次数学考试，我只考了70分。妈妈很生气，警告我周末不能再踢球了，还给我报了补习班。

坐在教室里，我看着窗外球场上同学们欢腾的场景，心情就像有无数只蚂蚁在心头爬来爬去。我想动，但却感觉自己被无形的枷锁束缚住了，就像一只被蜘蛛网困住的昆虫。但我真的没办法专心学习，总是分心。

看到我的学霸同桌每天都专心致志地学习，解题时那副陶醉的样子，真是让我羡慕不已。我该怎么做才能像他一样全神贯注、高效学习呢？

——小哲

一、如何在学习和兴趣爱好中找到平衡

学习与兴趣爱好是我们生活中两个重要的方面。学习是为了获取知识和技能，提高自己的能力；而兴趣爱好则是为了放松身心、培养兴趣和丰富生活。然而，如何平衡学习与兴趣爱好却是一个让很多人头疼的问题。

第一，理解优先次序。学习是我们的主要任务，它给予我们知识和技能，帮助我们在社会中取得成功。因此，在时间分配上，学习应该是首要考虑的事项。确保有足够的时间和精力投入学习，完成学业，并达到自己的目标。

第二，合理安排时间。尽管学习非常重要，但也不能忽视兴趣爱好的存在。合理安排时间，将兴趣爱好融入日常生活中。可以根据自己的时间表，制订每天或每周的计划，给学习和兴趣爱好都留出一定的时间。这样可以保证既不耽误学习，又能够充分享受自己的爱好。

第三，制定目标和计划。为了平衡学习和兴趣爱好，我们需要制定明确的目标和计划。确定学习方面的目标，如每天学习多长时间、掌握哪些知识和技能等。同时，也要设定兴趣爱好方面的目标，通过制定目标和计划，可以更好地管理时间和精力，平衡两者之间的关系。

第四，培养高效学习方法。学习的效率和质量是非常重要的。当我们能够高效地学习，用较少的时间获得更好的成

绩时，就可以为兴趣爱好留出更多的时间。因此，可以尝试一些高效学习的方法，如制订学习计划、采用合适的学习技巧、注重学习效果等。

第五，保持均衡的心态。在平衡学习和兴趣爱好时，有时可能会感到压力和挑战。但是，我们要保持均衡的心态，不要过于纠结于其中的分配问题。学习和兴趣爱好是相辅相成的，它们可以互相促进、丰富我们的生活。只要我们以积极的态度对待，合理安排时间和精力，相信我们可以很好地平衡两者。

总之，学习与兴趣爱好的平衡是一个需要我们思考和努力实践的问题。通过理解优先次序、合理安排时间、制定目标和计划、培养高效学习方法及保持均衡的心态，我们可以更好地平衡学习和兴趣爱好，让它们在我们的生活中相互交融，共同促进我们的发展和成长。

"过犹不及，物极必反，持而盈之，不如其已"出自《论语》，意思是说，凡事做得过头，就跟做得不够一样，都是不合适的。那么与之相反的词语就是恰如其分，指说话做事达到了最适当的地步，表现恰到好处才能发挥最好的效能。

文体活动是我们身体健康的保障，如果过度则会带来一些负面影响，可能导致学业退步、时间管理混乱等问题。因此，需要找到二者之间的平衡点。只要我们运用得当，两者就可以互相促进。

中考是我们人生中非常关键的节点，在这个关键的时刻，我们需要把握好学习的节奏，适度减少文体活动。

通过提升学习效能，可以帮助我们寻找文体和学业之间的平衡点，这也是我们个人追求内在和谐的过程。同时关注学业和文体活动，明确自己的优先顺序，可以让我们拥有更丰富的人生体验和提升我们的综合素质。

二、学会时间管理，掌握优先事项

优秀的时间管理要求青少年树立好个人的价值观。假如价值观不明确，你就很难分辨事情或任务的重要程度，时间自然难以合理分配。要知道，时间管理的重点在于如何把有限的时间分配给已有的任务。时间不可能均分给每件事，但必须有适当的时间去做对自己来说最重要的事情。

时间管理的目的是让自己在最短时间内实现更多的目标。需要同学们依次排列目标的重要性，按照目标制订计划，随后高效执行计划。

通常情况下，具有明确目标的学生，往往能够清晰地辨析各个目标的重要性序列，因此在时间规划上能够有一个相对稳定的时间评估标准，每天都能基于该标准进行时间管理，安排各项学习任务，不断朝着目标方向努力。

而目标不明确的学生，一方面可能会茫然无措，找不到学习的意义，逐渐失去了学习动力；另一方面即便努力，也可能每天在朝着不同的目标"瞎忙活"，并未真正的利用好时间，可能只是"看起来很努力"。

在学习中，同学们应当对目标有所取舍，不必追求在所有事情上都表现得卓越。生活中普遍存在"二八定律"，我们应当找到那些影响学习和工作效率的因素，从而让我们只需用 20% 的时间来完成生活中最重要的 80% 的事情，提高时间的利用率，充分发挥个人优势来轻松实现目标。作为青少年，更应该将时间用于最重要的任务。

《帕金森法则》中有这样一句话："你有多少时间完成工作，工作就会自动变成需要那么多时间。"意思是说，如果你有一整天的时间用于某一学习任务，你就会花费一天的时间去完成；但如果你只有一小时的时间可以做这项工作，你就会更迅速有效地在一个小时内完成它。这句话并不是让我们只求速度，不求质量，而是让我们不要过于放松时间，不要因为时间宽裕而降低自己的学习效率，不要将一天能做完的事情拖到三天完成。

最后要注意的是，时间管理并不意味着将事情填满所有的时间，哪怕全是有意义的事情。

三、优化时间管理,要事第一

在经济学中,存在着资源稀缺性。同样,我们的时间也是有限且宝贵的资源。学会说"不"。保证自己的精力,专注于真正重要的事情。正如名人所说:"时间就是金钱。"让我们一起探索如何专注于高能要事,把最好的精力花在最重要的事情。排除干扰因素是提高学习效率和时间管理能力的关键。

就像农民通过合理的作物种植顺序增加土地的产出和利用效率一样,我们可以通过制订合理的学习计划,将学习任务按照优先级进行安排,从而达到高效学习的效果。

"番茄钟学习法"是一种非常有效的时间管理方法,具体步骤如下:

第一步:确定要完成的任务,如复习单元课程内容、完成一篇作文等。

第二步:将任务分割成 25 分钟的时间段,称为一个"番茄钟",每个番茄钟结束后休息 5 分钟。完成 4 个番茄钟后,休息 15~30 分钟。

在每个番茄钟开始时,专注于完成这个任务,不要被其他事情所干扰。如果有其他事情需要处理,可以记录下来,在休息时间处理。

第三步:在完成一个番茄钟后,进行休息,回顾刚才完成任务的过程,了解自己的进展情况。在休息时间可以做些轻松的事情,如喝水、伸展身体等。

重复以上步骤,直到完成整个任务。

通过这种方式,可以有效地提高专注力,减少中断,提高学习效率。

心理学研究表明,人们往往会出现"时间盲点"。也就是说,我们很难准确地估计完成一项任务所需的时间。因此,我们需要借助番茄钟学习法来提升学习效能。

让我们利用番茄钟学习法制定学习日程安排,帮助我们找到学习和课外活动之间的平衡点,通过适度的课外活动安排和高效的学习方法,相信我们一定能够在学习和课外活动中达到平衡。

13 我成绩好,但是生活自理能力差,怎么办?

我学习成绩很好,是老师和同学们眼中的学霸。我总能轻松地应对各种学科,稳坐班级的头名位置。然而,有一个问题一直困扰着我,那就是我在生活上的自理能力简直弱爆了。

每次学校放假或者妈妈不在家的时候,我就像一只无头苍蝇,不知道该干什么。平时,我的时间都是妈妈安排得满满的,各种活动也是她带着我一起参与。一旦她不在,我就完全不知道该怎么办了。

一天,同桌李威来我家玩。李威是个阳光开朗的男孩,总是能解决各种问题。他注意到我愁眉苦脸的样子,关心地问道:"怎么了?有什么烦心事吗?"

我叹了口气说:"我在学校里成绩很好,但我在生活上就是个白痴。我总是害怕自己做不好,所以什么都不敢尝试。每次妈妈不在家,我感觉自己像个废物。"李威笑了笑说:"我明白你的困惑。我们要学会照顾自己,这样我们的生活才能更加独立和自在。"

> 我也想要像其他同学一样，能够自己照顾好自己，安排好自己的时间和任务。但每次我一个人在家的时候，总是感觉不知所措，我该怎么办呢？
>
> ——李杰豪

一、培养积极的心态，勇于尝试提升能力

积极心态与消极心态是相对而言的，面对生活的压力与历练，若积极心态战胜了消极心态即会促进人的进步，激发人性的优点使之为善；若消极心态战胜了积极心态即会阻碍人的进步，激发人性的缺点，使之为恶。

有一个名叫李明的男孩。由于家庭贫困，他从小就要承担家务劳动和照顾弟妹的责任。他的父母都外出打工，很少有时间陪伴他。

尽管面临着生活的困境，李明并没有放弃，而是积极寻求改变。他学会了做饭、洗衣服、打扫卫生等。他还刻苦学习，提高自己的知识水平。除此之外，李明还积极参加社区

男孩,青春期你要懂的事儿·学习篇

的志愿者活动,帮助其他需要帮助的人。他用自己的行动影响了周围的人,成为家庭和社区中的榜样。

随着时间的推移,李明的努力得到了回报。他通过勤奋学习,考上了一所重点中学,并获得了奖学金。这个故事告诉我们,只有勇于面对困难和挑战,自立自强才能获得成长和自由。

李明的故事告诉我们,无论身处何种环境,只要我们努力学习和积极改变,就能够克服困难,实现自己的梦想。他的坚持和超强自理能力,为他打开了更广阔的未来。

当我们选择保持积极向上的心态时,我们放弃了恐惧、焦虑等消极情绪所带来的负面影响,而获得了更好的心理状态和自我成长的机会成本。

通过调整自身心态,我们能更好地认识和超越自己,从而提升自我。

通过正面心理学的方法,培养我们积极向上的心态,通过勇于尝试和挑战,从失败中吸取经验教训,我们能够逐渐提升自我,拥有良好的心态和更高效的学习,提升生活质量。

积极的心态对于一个人的成功和幸福都非常重要。然而,保持积极的心态并不总是容易的,有时候我们会遇到挫折和困难,容易产生消极情绪。以下是一些方法,可以帮助我们保持积极的心态。

1. 认识到思想的力量

我们的思想对我们的行为和情绪有很大的影响。如果我们能够意识到自己的思想的力量，就可以更好地控制自己的情绪和态度。当我们意识到自己正在消极思考时，我们可以及时改变自己的想法，用更积极的态度来面对问题。

2. 接受自己的情绪

有时候我们会感到沮丧、焦虑或害怕，这也是一种正常的情绪反应。但是，如果我们过于压抑或否定自己的情绪，就容易让自己的心态变得更加消极。因此，接受自己的情绪是非常重要的，可以通过适当的方式表达自己的情绪，例如与朋友或家人交流、写日记或进行放松活动等。

3. 找到自己的兴趣和爱好

找到自己的兴趣和爱好可以帮助我们更好地放松自己，减轻压力和焦虑。当我们做自己喜欢的事情时，会让我们感到更加愉悦和自信，从而保持良好的心态。

4. 关注自己的成就和进步

我们经常会忽略自己的成就和进步，而过于关注自己的不足和缺点。但是，关注自己的成就和进步可以让我们更加积极地看待自己，增强自信心。当我们回顾自己的成就和进步时，会让我们感到更加自豪和有动力。

5. 学会自我调节和控制

保持积极的心态需要学会自我调节和控制。当我们遇到挫折或困难时，可以通过冥想、深呼吸、瑜伽等方式来放松自己，减轻压力和焦虑。同时，我们也可以通过控制自己的情绪和态度来保持积极的心态。例如，当自己感到沮丧或焦虑时，可以通过改变自己的想法或行为来调节自己的情绪和态度。

生活就像一场游戏，我们需要学会面对挑战、适应变化，并且积极寻求取得胜利的方法。

二、不做生活"小白"，从学习到生活技能的培养

生存能力是一个人在社会上所应具备的最基本能力，包括对艰苦环境的适应能力，摆脱困境的能力。

缺乏自理能力的困扰会让我们感到困惑和不安。掌握生活技能，我们可以逐渐培养自己的自理能力。

那么，什么是生活技能呢？

（1）你会做饭吗？会做几种菜？

（2）身体意外受伤，会使用基本的急救知识吗？

（3）如果需要求助，应该打哪几个电话？有没有把朋友和邻居的电话记在头脑中，有没有他们的地址？

（4）家里储备物资不足，需要自己去列清单买齐，应该买什么？家里有没有备用金？

除此之外,还要学习些急救的知识,学习使用急救包,学会如何清洗和包扎伤口,什么情况下需要及时就医。

学会在户外找到饮用水。溪水、泉水、雨水、某些植物里面的水分,挖坑取水,并判断水能不能喝;若是不得不喝可能有细菌的水,要知道如何净化,或者吃药预防感染等。家长有时间可以提前带孩子到野外认识各种农作物,各种蔬菜水果,认识越多越好,毕竟农作物是户外最常见的可以获得的食物。

到户外寻找野菜,这样在没有食物的绝境可以找到吃的。若是在山上,能认识荠菜、葛根之类,就能经常有机会找到吃的,学会在户外用简陋的工具自己制作食物的做法。

学习生存技能,防患于未然,时刻准备着,当危险来临我们也能处变不惊!

自理能力,是成长的开始。不依赖,不逃避,从生活中的小事做起,让我们一起在自理中收获更多的自信与勇气!

三、相信习惯的力量

孔子曰:"少成若天性,习惯成自然。"

习惯的力量在于,它能持续不断地保持着一种固有的输出。这种输出,能够尽可能地在各种反馈里得到一些正向的成长信息,正如孔子所说,小时候养成的一些习惯,因为是专注的、用心的、持续的。所以,这些习惯就好像刻印在身体上的天性一样,自然且坚固,以至于在往后的日子里,我们总能够拿出来为自己所用,并且无往不胜。

这,便是习惯的力量。

习惯的力量在于,我们逐渐意识到因为自身所养成的习惯,并且在进行这些习惯的过程里,的的确确产生了一些心得,或是拥有了实质性的事物进展效果。这源自习惯的力量,足以让我们的内心不由自主地展开一些联想。

不得不说,很多人在没有养成习惯之前,整个过程估计是无比痛苦的,也是相当渺茫的。但习惯一旦养成之后,就会发现早期的那些所谓的痛苦和折磨,其实早已被抛在脑后,甚至还会感谢当初所遭遇的一切。

在没能养成习惯之前,大部分的人都会因为养成习惯之前需要忍受巨大的痛苦而落荒而逃。甚至有的人在想要养成一些习惯的时候,因为看不到其中的好处,也想象不到它能带来什么好处,所以总是对此半信半疑。

然后,就是在这样一种怀疑和困惑的过程里,放弃了坚持,也放弃了改变自己的可能性。实际上,一个人只有真正相信了习惯的力量,才能愿意为之付出,为之改变。若是一开始连基本的信任都没有,那么他是无法拥有足够的勇气和耐心去培养习惯的。

相信习惯的力量能够让自己更加充实而正确地选择人生时，你才会拿出时间去奋斗。

相信习惯的力量能够创造出另一种可能性时，并且还能让自己满怀期待时，才会心甘情愿地去改变自己。当你相信了，并且为之付出过了，坚持到底了，那么当哪天发现自己的成功是源于当时的坚持是因为习惯而带来时，那么，你就会更加笃定地走下去，并且还会非常用心地培养好习惯，继续去追求更美好的人生风景。

14 谈恋爱后，影响学习了怎么办？

我，一直被大家称为学霸。每次考试，成绩总是名列前茅，同学们都用羡慕的眼光看着我。

但这一切，都在我遇到那个女孩后发生了改变。她就像一颗甜蜜的糖果，让我完全沉浸其中，根本无心学习。

一开始，我还想着努力平衡学业和恋爱。但渐渐地，我发现自己根本做不到。一想到学习，我心里就乱糟糟的，只想快点去找她。

我的学习状态越来越差，成绩也像滑滑梯一样直线下降。我心里五味杂陈，开始怀疑自己的能力。

晚上，房间里只有我一个人，四周静悄悄的。月光从窗户洒进来，照亮了我的书桌。我坐在书桌前，看着书本，却一个字也看不进去。脑海里全是她的身影，我的心乱成一团。

早上来到学校，班主任看出了我的不对劲，关心地问我："你最近是不是有什么心事？"我每次都回答："没事。"然后躲进自己的世界里。

现在的我，像被困在一个黑暗的角落里，我需要找回那份内心的宁静。我该如何找回过去的自己呢？

——黄勒

一、正确认识青春期的心理困扰

青春,是一个洋溢着阳光、活力、生长、期待和希望的词汇,"青春期"同样如此,是一个人一生中非常特殊也非常宝贵的一段时期,同时也是一个青少年成长为一个成年人的重要阶段。青春期是一个充满挑战和变化的阶段,对于许多青少年来说,这是一个充满困惑和困扰的时期。下面将介绍一些青春期常见的心理困扰。

首先,情绪波动是青春期最为常见的心理困扰之一。青少年的情绪可能变得起伏不定,有时感到兴奋和激动,有时又感到沮丧和无助。这种情绪波动可能会影响到他们的日常生活,如学习、社交和家庭关系等方面。

其次,青春期另一个常见的心理困扰是自卑感。许多青少年会因为自己的外貌、才能、人际关系等方面与他人的期望不符而感到自卑。这种自卑感可能会导致他们在社交场合中退缩不前,影响到他们的自信心。

最后,青春期也是性心理发展的关键时期,许多青少年会面临性心理问题。他们会对自己的性征、性欲和性行为产生困扰,甚至会出现性心理障碍,如性恐惧、性偏好和性身份认同等。这些问题可能会对青少年的心理健康产生负面影响,影响到他们的学习、工作和家庭生活。

处在青春期的青少年,身心快速发展,各种心理变化比较剧烈,自我意识迅速发展,处在自我统一阶段,需要逐渐探索自己是什么样的人,在他人眼中是什么形象,非常希望给身边人留一个比较好的形象,尤其是获取异性的关注和好感。难免在同学之间形成攀比的情况,以证明自己的独特性和个人魅力。所以有攀比的心态和行为是可以理解的,青春期是一个充满挑战的阶段,对于青少年来说,了解和解决这些心理困扰非常重要。家长和教育工作者也应该给予他们支持和指导,帮助他们更好地应对这些挑战,并顺利地度过这个时期。

二、青春期的两性该如何交往

众所周知,青春期是人的一生当中最宝贵的时期,它是处于幼稚的孩童时期和成熟的成人时期的过渡时期,在这一时期当中,青少年既有幼儿时的稚嫩,又有想快速长大的成熟思维。青春期正是身心发展的重要时期,男孩女孩之间都开始出现较为明显的第二性征,男女同学之间相处关系较为密切,加上双方心智尚未完全发育成熟,出于对异性的好奇,很容易出现早恋的情况,这对青少年的健康成长有严重的影响。

那么青春期男女两性之间应该如何正常交往呢?

1. 谈吐恰当，动作合理

通常情况下，男女同学之间来往首先要做到相互尊重，一起相处的时候要做到谈吐得当，男生不要讲出低俗下流的话语，不能有轻浮的举动，女生也要做到自尊自爱。男女同学间关系密切也是友谊的象征，双方要做到以礼相待，互相谦让，举止文明礼貌。

2. 注意场合、时间和地点

男女同学间的正常交往必须得考虑时间、地点和场合，比如放学后很晚男女同学之间还在手拉手在外面看电影，被其他同学或者是家长看到很容易误以为是早恋的情况，对自身和他人都会造成很严重的影响。因而青少年在与异性交往的过程当中，最好是在集体活动当中，不要单独相处，更不能接受对方赠予的贵重礼物。

3. 不能表达出逾越友谊的情感

在我们每个人的青少年时期，都会遇到很多人给异性写情书以表达自己对其不一样的情况，不排除我们自己。实际上，这种行为是非常不可取的，由于我们自身尚处于未发育成熟的状态，没有能力和精力去发展恋爱的关系，不仅影响自身的学习成绩，还会对收信人造成严重的影响。

4. 积极参与各项活动

学校组织的各项竞赛和集体活动都会有男女同学相处的情况，男女同学之间可以相互交流各自所长，相互学习，相互进步，不仅能提高自身成绩，还能促进同学间的友谊。

在日常生活当中，许多家长都反对孩子与其他异性相处，害怕孩子禁不住诱惑而早恋，影响学习成绩。实际上，在青春期当中，男孩女孩之间的正常交往非常重要，能够促进同学间的友好关系，还能培养自身的人际交往能力。家长们平时也要做到对孩子进行性方面知识的教育，这对青少年的身心健康发展也有着重要的影响。

三、铺设健康的友谊之路，助力学业进步

与异性的交往，最重要的是自信和真诚。我们要相信自己，相信自己的魅力和能力。同时，我们也要真诚地对待对方，不要掩饰自己的想法和感受，这样才能建立起真正健康和长久的关系。

毕竟，如果因为恋爱而影响到学习，那说明我们的这段友谊并不纯粹，需要做些调整，以免我们的航行偏离了方向。

首先，合理安排时间。合理安排学习、交友和娱乐的时间。才能让学习和友谊两者都得到充分的关注。

其次，和朋友互通有无。与朋友分享学习的喜悦和压

力，相互理解和支持。用心交流，让学业与友谊的舞步更加协调优美。

让我们在学业的航程中飞翔。当我们沉浸在友谊的海洋中时，我们会变得更加积极主动。

因为在朋友的激励下，我们能够超越自我，不断成长。所以，让我们相信友谊的力量，让它成为我们前进的动力。

与异性交往像一场奇妙的冒险，我们需要掌握一些秘籍。

首先，每个人都有自己不同的兴趣和需求，同样，在与异性交往的过程中，也应如此。了解自己对异性的兴趣和需求，可以让我们更加自信和清楚地表达自己，这将使我们更容易建立起长久的良好关系。同时，也要尊重异性的兴趣和需求，不要把自己的想法强加于人，而要学会欣赏和接纳他们的不同。

其次，在友谊的旅程中，我们需要运用理性思考的智慧，不被情感的巨兽所困扰，建立健康的界限是维护友谊的关键。确保你的朋友尊重你的界限，就像你尊重他们一样。

最后，和朋友们相处，互相了解、支持和尊重，因为真正的友谊是相互的，而不是单向的。确保你的朋友关系是互惠互利的，而不是只有一个人的付出。

学业的航程需要我们全神贯注地投入,而友谊则给予我们力量和动力。让我们在学业的征程中,以健康的恋爱观为伴,舞出人生的精彩旋律!

15 对未来很迷茫，怎么办？

作为一个即将迎来人生大考的高中生，我心里总有一种说不出的迷茫。每次想到未来，我的眼前就像被一片浓雾笼罩，看不清前方的道路。我不知道自己将来要选择什么专业，朝着哪个方向发展。

后来在一次校园活动中，我遇到了数学老师。他微笑着对我说："每个人都有自己独特的兴趣和天赋，最适合我们的工作往往与这些紧密相连。我们现在要做的就是走好眼前每一步，考上大学后可以尝试一些感兴趣的事情。"

老师的话让我内心平静了许多。但没过多久，我又陷入了迷茫之中。那种迷茫和恐惧始终萦绕在心头，仿佛成了我人生中挥之不去的阴影。

——王晨

一、看清迷茫的本质，探索迷茫背后的积极意义

青春期是每个人都要经历的重要时期，是美好的、驿动的，但也充满了不少成长的烦恼。充满诱惑的手机和网络，父母喋喋不休的关心，都可能给青春期男孩带来迷茫和困惑。

迷茫是成长的一部分，不要害怕迷茫，因为在找寻答案的过程中，你将更加明确自己的梦想和目标。

为什么人会迷茫呢？

1. 父母期望过高易致孩子心理困惑

临近考试，有的孩子就生病无法参加考试，但一到考后，就自然痊愈……当前中学生心理困惑迷茫的主要问题包括学业压力、人际关系、情绪情感、自我认知等。中学生在学习过程中担心自己无法达到父母的期望或因成绩不佳而自卑，有些学生的学业成绩达不到父母和老师的预期，往往容易引发亲子矛盾或师生冲突。由于学习问题，一些孩子与父母的关系比较紧张，个别家庭因孩子作业、手机使用等问题亲子冲突比较严重。还有一些中学生可能因情感问题，导致情绪波动大，心理压力增加。青春期期间，也有部分学生对自己的身材、体重、长相等比较关注，因为外貌上的烦恼，可能出现自卑等不健康的心理状态。

2.家庭教养方式不当，孩子容易迷茫

如果家庭教养方式不当，青少年也会容易出现问题，比如有的家长喜欢"越俎代庖"，代替孩子做他自己该做的事；有的家长"好为人师""盛气凌人"，喜欢指导、干预、打断、制止、批评、训斥孩子；有的家长对孩子放任不管，不敢承担自己的责任，以工作忙为借口，喜欢"甩锅"推卸自己的责任；还有的家长对孩子过于溺爱，导致家庭教育中出现各种问题。个别孩子自身也存在问题，像做作业拖拉、行为懒散、不思进取、沉溺网络游戏等，容易引发亲子冲突。

家庭是孩子成长的土壤，父母就是孩子最好的园丁。认真倾听孩子的想法，认真观察孩子做事的状态，都会不时闪现"目标"的火花。

美国斯坦福大学青少年研究中心主任威廉·戴蒙在研究中发现：有"目标感"的孩子不仅在青春期不叛逆，而且因为追求有意义的生活，有明确的追求目标，他们在以后的求学、职业生涯中，更容易取得成功。

"目标感"是指一个人，会集中全身心的力量，投入与目标有关的一系列活动中，解决实现目标路途中的问题，认真学习实现目标需要的技能等。

例如，一个14岁的孩子，目标是长大后成为一名"影后"。一旦确立了这个目标，孩子就会全心全意学习表演上的相关技能，例如，练台词基本功，酝酿各种情绪，经常练习普通话、解读剧本的能力等，这个孩子就是一个有目标感的孩子。

二、用 SMART 原则制定目标，清晰未来的方向

乔布斯和他的合作伙伴共同创建了苹果公司，而后因内部冲突和商业压力，乔布斯被迫离开。这个转折使他倍感迷茫和失落，几年来，他试图创办其他科技公司，然而却屡屡碰壁。他开始对自己的能力和未来方向产生怀疑，不知所措。

然而，在这段困惑的日子里，乔布斯并没有放弃。他继续寻找自己的激情和目标，最终决定回到并重新加入苹果公司。乔布斯带领苹果公司重振雄风，最终将苹果打造成全球最有价值的科技公司之一。

这个故事深刻启示我们，在生活中，迷茫是正常的，每个人都会经历，即使像乔布斯这样的成功人士，在某些时候也会心生迷茫和困惑。

迷茫并非失败的象征，它是一次成长的历练，迷茫之所以存在，往往是因为我们对自己的方向模糊不清。因此，找到人生目标就显得尤为重要。具体而言，我们可以使用

"SMART"原则来设定目标，即确保目标具有以下特点：

S——明确的；M——可测量的；A——可调整的；R——现实的；T——基于时间的。

目标具体化：例如，将"提高数学成绩"变为"在下一个学期内将数学成绩提高到85分以上"，这样才能更好地量化和衡量。

目标可测量：如果目标无法被量化和测量，就像一个闪烁不定的路灯，让我们不知所措。例如，将"提高英语写作能力"具体化为"每周至少完成两篇英语作文练习"，这样就更容易衡量自己的进步。

目标可调整：制定目标是为了完成目标，如果固守既定目标而不顾实际情况的变化，就会导致目标与实际脱节，目标无法实现。

目标可实现：如果设定的目标不切实际，就像攀登珠穆朗玛峰没有任何准备，就会遇到很多困难。因此，考虑当前的资源和能力，确保目标是可实现的。

目标有时限：目标要像一架飞机，有明确的起飞和降落时间。例如，将"在下个月月末之前完成历史课程复习"这样明确的时间限制，可以更好地评估进度。

我们要将有限的时间和精力投入最有价值的事情上，就像是在精心呵护一朵花朵，让它绽放出美丽的模样。

学会用积极的态度和行动面对生活中的困难和挑战，就像是在和命运对弈，唯有如此，才能不负韶华，让青春逐渐绽放出绚丽的光彩，把握好每一刻。

三、脚踏实地，把握当下的每一步

在踏上成功之路时，我们需要学会舍弃过去的烦恼，专注于当下的机遇，毫不畏惧未来的挑战。当下的力量，强调了专注当下、把握当下的重要性，并激励我们充分利用眼前的资源和机遇，追逐自己的目标和梦想。

当下的力量拥有多个维度。

首先，当下的力量源于我们将全部心神聚焦在眼前所做的事情上，远离迷茫与拖延。

其次，当下的力量来自我们能够明智决策并迅速采取行动。

最后，让我们善用当前所拥有的资源和机遇。生活中，我们常常错失良机，因为未能充分利用眼前的资源。

只有当我们进入心流状态，全身心地沉浸在当前的活动中，才能感受到专注的力量。

那么，如何才能做好眼前的每件事情呢？以下是几点建议：

（1）将全部注意力集中在当下的学习之中。明确的目标,合理安排时间,可以借助工具如番茄钟来帮助集中精力,保持高效。

(2)坚持每天进行反思。通过每天的学习和实践,不断反思自己所学所做的事情,找到自我提升的空间并加以改进。

(3)在投入实现目标的过程中,我们将全身心地参与其中,并享受这个过程。只有全身心的投入,我们才能达到心流的状态,内心的迷茫将会自然消散。

通过脚踏实地,把握当下的每一步,我们可以更好地实现自己的人生目标。让我们学会珍惜当下,从最近的每件事情开始,全力以赴,踏上成功之路。

第四部分 04

困扰与焦虑的破解

16 填报中考志愿时很困扰,怎么办?

中考的脚步声越来越近,而我却陷入了一个纠结的小旋涡:志愿填报。听前辈们说,这就像是人生的一个分岔路口,一步走错,可能就会走上完全不同的道路。

我的成绩一直都处于班级的中上游,不上不下。我不知道自己到底擅长什么,更别提兴趣爱好了。感觉自己的未来就像是一团迷雾,看不清前方。

填报志愿的那天,我坐在电脑前,屏幕上的选项像是密密麻麻的星星,看得我眼花缭乱。我心中充满了迷茫和焦虑,就像是一个站在十字路口的孩子,不知所措。

家人和朋友们给了我很多建议,他们说:"老师和医生是铁饭碗,选这个一定没错。"或者说:"做你真正热爱的事情,这样你才能成功。"

我知道,真正的答案只有我自己知道。我需要找到属于我自己的那条路。可是,时间一天天过去,眼看着填报截止日期就在眼前,我还是毫无头绪。我该怎么办呢?

——张超

一、找到属于自己的角色，谱写人生之曲

若能掬起一捧月光，我选择最柔和的；若能采来香山红叶，我选择最艳丽的；若能摘下满天星辰，我选择最明亮的。也许你会说，我的选择不是最好，但我的选择，我负责。

人生中有许多选择，在面对中考的选择时，我们该如何更从容地应对呢？

首先，我们要静下心来，反思自己的兴趣、优势。通过自我分析，可以更清晰地认识自己，辅助规划未来。

其次，我们可以借鉴一些工具，例如，SWOT 分析或兴趣测试等。

根据心理学研究，人的兴趣和天赋通常与性格有关。因此，在选择专业时，我们可以考虑自己的性格、优势和特长，与不同专业的要求进行对比和匹配。

乔治·路易斯·卡内基在创办著名的咨询公司之前也曾陷入迷茫和困惑。直到他发现了自己对商业问题的热情和擅长，才真正找到了适合自己的领域。

在选择志愿时，我们应该聆听内心的声音，相信自己的判断力和直觉，勇往直前，一定能找到适合自己的方向。

人生是一个持续发展和成长的过程。有时候，经历一些实践和挫折才能更好地找到适合自己的方向。

孔子曰："知之者不如好之者，好之者不如乐之者。"这句话告诉我们，对于选择志愿来说，拥有一颗热爱的心才是最重要的。只有热爱才能激发内在动力，才能在追求中体验到真正的快乐与满足。

让我们从现在开始，认真思考，勇敢尝试，找到适合自己的方向。

二、从实践中发现自己的天赋，选择适合自己的鞋子

在选择志愿时，主动探索和发现自己的兴趣和优势。追随自己的内心，选择符合自己兴趣和价值观的专业。有这样一句话说："只有做自己热爱的事情，才能坚持下去。"

职业选择是人生旅程的重要组成部分，我们需要深入了解自己的需求，才能找到真正适合自己的道路。

主动参与实践和体验是有效途径。参与感兴趣的领域、课程，能够帮助我们更深入地了解自己对某个领域的喜好。也能帮助我们更深入地了解自己的天赋。

尝试参加暑期实习，尽可能接触我们感兴趣的领域。可以了解该领域的实际情况，同时获得宝贵的工作经验。

实践是发现真理的最好方式，亲身经历才能真正了解自

己和未来的道路。勇敢迈出第一步，积极参与实践。

与学长学姐、老师进行交流是一个不错的切入点。因为他们拥有丰富的经验和知识，可以为你提供宝贵的建议与启发。

我们可以通过填报志愿更全面地认识自己、并探索自己未来的道路。

黄益明是一位对科技充满热情的中考考生。他的成绩优异，但面对填报志愿时，他陷入了纠结。他既想追求自己的科技梦想，又担心普通高中无法满足他的求知欲。

在深入了解后，黄益明发现了一所注重科技教育的中学。这所学校不仅提供常规的高中课程，还有一系列的科技选修课和实验室项目。这所学校的师资力量雄厚，有一支专业的科技教育团队，经常带领学生参加各类科技竞赛。

经过慎重考虑，黄益明决定填报这所学校。在学校的科技课程和项目中，他深入学习了编程、人工智能和机器人技术。经过三年的努力，他不仅在高中阶段取得了优异的成绩，还带领学校团队获得了全国科技竞赛的冠军。

三、志愿选择之道，稳妥与冲保的平衡

在选择专业时，我们可以考虑多元化发展的可能性。在

第四部分 困扰与焦虑的破解

学业之外,我们需要参与一些自己感兴趣的活动,去做自己所热爱的事情。例如,音乐、运动、绘画、写作等。而当涉及中考志愿填报时,我们需要综合考虑多个因素,以做出最合适的选择。

首先,选择一个稳妥的学校或专业作为最底层的基石。我们可以根据自己一模的成绩和历年录取分数线、自己的中考成绩及招生趋势等因素进行综合评估,以确保能够进入一个适合自己的高中学习环境。

其次,仅仅选择稳妥的学校还不够,我们也需要设定一所具有挑战性的目标学校。就像经济学原理中的机会成本一样,选择冲刺性的目标可以激发我们的上进心和进取心,促使我们更加努力地学习,争取超越自我的机会。

"只有冒险,才能发现自己。"因此,基于自己的兴趣、特长和志向,我们可以选择一些具有挑战性的学校作为冲刺目标,这样,我们就可以在动力和目标的双重驱动下,逐渐接近自己的理想。

再次,我们也需要有保底的选择,当稳妥和冲刺目标无法实现时,保底的选择可以作为后备方案,确保不至于一无所获。

在制订志愿方案时,我们需要认真思考自己的兴趣、能力和未来规划,平衡稳定、追求和保底的选择,最终制订出最合适的志愿方案。

人只有自己做的选择,才能成为真正的自己。重要的是,即使做出了决定,也并不意味决定了未来的方向,相信通过自己的努力还是可以调整和改变自己未来的道路。

关键在于找到适合自己的方向,通过努力学习和提升自己。"生命中充满了选择,你的选择不仅定义了你是谁,也定义了你的命运。"

17 我成绩好，创造性却不高，为什么？

从小，大家都说我是个聪明的孩子，因为我的学习成绩一直都不错。无论是数学、语文还是英语，我总是能够轻松地掌握并取得好成绩。

那天，美术老师让我们进行一次自由创作。

班里的同学们都兴致勃勃地拿起画笔，纷纷涌向画布前。他们用色彩、线条和形状勾勒出了各种别致的艺术作品。看着他们纷纷投入创作的样子，我心里产生了一种无法言喻的失落感。我突然发现了一个问题——我在创造性方面似乎有些欠缺。

我曾试图模仿他们的作品，但总是显得不够自然和生动。我的画总是缺乏灵感，缺乏那种与生俱来的创造力。

我想，是不是因为我过于依赖书本知识？是不是因为我缺少对世界的观察和体验？这才导致了我的创造力不足？

现在我有些迷茫了，我该怎么办呢？

——小华

一、拥有好成绩，不等于拥有创造力

想象力比知识更重要，因为知识是有限的，而想象力概括了世界的一切。

在日常生活中，人们常常错误地将学习成绩优异的学生与创造性思维联系起来。然而，好成绩并不等于出色的创造力。

有一个效应叫作第十名效应：它发现历史上那些最有创造力的孩子，一般是在班上排大概是第十名。

第十名说明了什么呢？第十名说明脑子够使，但是他可能不那么用功。

这些人并不见得是知识掌握最充分的，但是他掌握得一定比其他人多一点，但并不一定是像百科全书。

美国的 *Science* 杂志曾发表了一篇非常有趣的关于中美学生双方的对照。它对比中美学生双方对物理概念、物理规律的掌握，发现中国学生远远超过美国学生。但是，当测到这些学生在物理领域提出创造性的问题的能力，就发现两国学生并没什么差别。

这个研究说明：一个人有知识不一定有智慧。一个人即使掌握了这些规律也不一定就能变成创造力。

所以，知识未必就是创造力。

二、不断实践和坚持,是创造力的来源

贝尔15岁时,在他家附近,有一座水磨坊,里面住着一对父子。通常,这里的重活是由年轻人来做的。后来儿子被应征入伍,只留下老人独自磨面粉维持生计。

水少的时候,水车转不动,老人就无法磨面粉,只能饿肚子。

好心的贝尔看到后十分同情。回到家里,他坐在父亲的书房里苦苦思索:怎样才能轻而易举地推动石磨?于是他经常去现场,仔细观察研究,发现以前的石磨结构不是很合理。

反复琢磨后,贝尔想出了一个新主意:首先改良臼齿的摩擦力,然后利用麦粒的形状,让双方挨着,这样臼齿的旋转就灵活多了。

他通过查阅各种图书资料,设计出一幅改良石磨的草图,虽然画得不规范,但构想却十分巧妙。经过工匠的加工,石磨果然变得十分灵活,比原来省力多了。

贝尔的热心肠、细致入微的观察力、灵活的头脑及乐于实践的品质,都为他后来发明电话奠定了扎实的基础。

创造力需要通过实践和尝试来推动,而非仅停留在思维层面。推动创意的实践是提高创造力不可或缺的一环。

很多同学会像小华一样存在困惑,为什么自己成绩还可

以，创造力却欠缺？

这很可能与程序性知识缺乏有关。

心理学研究表明，程序性知识是指关于完成某项任务的行为或操作步骤的知识，或者说是关于"如何做"的知识，包括一切为了进行信息转换活动而采取的具体操作程序。而陈述性知识是指关于事物及其关系的知识，或者说是关于"是什么"的知识，包括事实、规则、事件等信息。

我们在学校只是较多地学习陈述性知识，而忽略了程序性知识的学习。

例如，我们在进行七巧板学习的过程中，先是学习和理解有关图形的定义和性质，这是一种陈述性知识，而我们通过之后的练习，重复运用图形的性质等有关知识，然后逐渐可以熟练地摆出某种图形，那么陈述性知识就转化为程序性知识了。不过，一些图形的摆法有多种，我们在玩过多次之后，可能会创造性地想出更多的摆法。

诚然，陈述性知识只是为我们的创造性活动提供了理论指导。

只有将其内容与大量的实践练习结合起来，才能有效地转化为程序性知识。而创造性的发展仅凭理论知识显然是不够的，它还需要植根于我们大量的实践操作活动中。

三、创造力需要独立思考和多元化学习

我们知道:"创造力是思维的游戏,是独立思考和自由表达的能力。"

建筑大师贝聿铭在设计日本美秀博物馆时,他的灵感来自陶渊明的《桃花源记》中的描写:"山有小口,仿佛若有光,复行数十步,豁然开朗。"借此创意他将博物馆的入口营造成《桃花源记》中描述的景象。

由此,我们会发现,创造力需要多元化的经验。

过度背诵书本知识容易使我们陷入死记硬背的困境,缺乏对多种观点和经验的理解和探索。而创造力的发展需要我们具备广泛的知识储备和对不同领域的兴趣和了解,从而在各领域之间进行灵感和思维的跨界。

此外,独立思考的能力是创造力发展的翅膀。

独立思考要求我们有自己的观点和见解,不被周围环境和他人的意见所左右。通过独立思考的训练,一个人可以形成更加开放、灵活和独特的思维方式,从而更加容易产生创造性想法。

比尔·盖茨作为著名的企业家和慈善家,自幼就表现出了非凡的创造力和领袖才能。他在 14 岁时就独立编写了一款基于 BASIC 语言的计算机程序,并开始在当地出售。在微软公司的创办之初,盖茨和同事们致力于为个人计算机开发更

好的软件，最终成就了微软的辉煌。

对于创造力的提升，比尔·盖茨非常注重多样化的学习，同时他善于提出挑战性问题，不断追问为什么，以此激发出更多创新的想法。

除了独立思考以外，我们还可以如何提升自己的创造力呢？

（1）多元化阅读：广泛涉猎不同领域的书籍，包括文学、科学、历史、艺术等。多样的阅读材料可以拓宽我们的视野，激发我们的思维和创造力。

（2）实践和探索：多参与实践活动，例如，科学实验、艺术创作、社区服务等。通过实践和探索，我们可以将所学知识应用于实际情境中，培养解决问题和创新的能力。

（3）培养团队合作意识：多进行团队项目，培养合作和沟通能力。团队合作可以激发我们的创造力，促进思想碰撞和多元观点的交流。

（4）从错误中学习：学会将错误视为学习的机会，培养我们勇于尝试和接受失败的心态。通过反思错误，我们可以发现新的解决方案和改进的空间。

请相信，创造力是一种启发，是打开思维之门的钥匙。

创造力是一种探索，是勇于冒险和接受失败的精神。

创造力是学会看到不同的视角，并将其整合到独特的解决方案中。

18 考试作弊被取消了成绩，怎么办？

那天，我坐在教室的角落里，紧张地看着老师开始发放考卷。那是一场重要的考试，我之前并没有充分准备，因此内心充满了焦虑和不安。

身边有几个同学突然拿出小抄，这让我心生了一种念头——我也可以这样做啊！

于是，我悄悄地从书包里掏出小抄，开始照抄上面的内容。当时，我觉得自己特别机智，不料，我的小抄被老师收走了，这次的考试成绩也被当场取消了。

我感到无地自容，内心充满了懊悔和后悔。

回到家后，我和妈妈说了这件事，妈妈也严肃地批评了我："别的同学都在抄小抄咱们也不能抄，你知道一个人的诚信对他意味着什么吗？"

妈妈非常严肃地看着我说道："诚信乃是一个人的立足之本，小到考试，大到做人，诚信都不可缺少。"

经妈妈这样一说，最近来到学校，我觉得仿佛自己被整个班级的同学们针对了，他们的一颦一笑，好像在故意地嘲笑我这个作弊者，让我感到无地自容。

> 现在，我觉得自己是一无是处的失败者，我还能怎么办？
>
> ——小樊

一、诚信，建立信任和长久关系的基石

世界上最珍贵的东西是什么？有人说莫过于诚信。作弊是一种不诚信的表现，那诚信是什么呢？

诚信，这一词语中，诚是真实，信是信任。诚信，就是对自己、对他人都真实无欺，不欺骗。在我们的生活中，诚信的价值无法估量，它是我们社会的基石，是我们个人的荣誉。

诚信也是一种道德品质，指的是言行一致，不欺骗他人，对自己的行为负责任。

还记得商鞅立木为信的故事吗？

商鞅在推行新法前，为了取得人们的信任，他在南门立了一根木头，宣布谁将这根木头搬到北门，就赏赐他十金。

第四部分 困扰与焦虑的破解

但是没有人相信他的话,于是他把赏金提高到五十金。最终有个人把木头扛到了北门,商鞅履行了承诺,赏赐了他五十金。

这个故事告诉我们,诚信是立人之本,也是建立信任和威信的关键。

自古以来,人们都强调诚信的重要性,如"人无信不立""言必行,行必果"等。这些名言都告诉我们,诚信是人格的基石,是做人的基本准则。

增强诚信意识的方法有以下几种:

(1)培养自我意识:了解自己的价值观和行为准则,并及时反思自己的行为是否符合这些准则。

(2)学习和借鉴他人的经验:观察身边的人如何处理事情,学习他们的诚实、正直和负责任的品质。

(3)加强沟通和交流:与他人保持良好的沟通和交流,平等待人、尊重对方的意见和权益,避免欺骗和误导。

(4)养成良好的习惯:保持诚实、守信的习惯,抵制作弊、抄袭等不诚信的行为。

(5)接受约束和监督:愿意接受他人的监督和约束,遵守班级和学校的纪律要求。

二、正视错误,并承担责任

没有人是完美的,每个人都会犯错。重要的是,我们要意识到并积极面对自己的错误。

有人曾说:"经验是我们犯下错误后得到的报酬。"

凯文·凯利说:"对自己犯的错误承担责任,是提升一个人境界的最好方式。如果你把事情搞砸了,就坦率承认。勇于承担责任,你会变得无比强大。"

曾经,有一位叫小杰的员工,工作表现一直都很出色。

然而,有一次,他在一个关键项目上犯了一个严重的错误。

项目组陷入了一片混乱,责任不明。

这时,团队中出现了两种不同的态度。有的人选择逃避责任,试图将错误推卸给其他人。他们找各种理由为自己开脱,避免面对错误可能带来的后果。团队氛围瞬间降到低谷。

与之相反,小杰站了出来,他毫不犹豫地承认了错误,没有推卸责任。他坦然地面对团队成员,向大家道歉并提出了解决方案。团队并没有因为错误而分崩离析,反而更加团结。

大家为小杰的勇气和诚实而感到钦佩,一同努力解决问题,最终成功地挽回了项目。

错误并非终点,而是一个起点。正视错误、勇于承担责任的人才能走得更远。

在道歉时,我们要以坦诚的态度向老师和同学们表达我们的悔过之情,并承诺今后将以诚信为准则,用实际行动重新塑造良好形象。通过这样的积极行动,我们才能逐渐赢得他人的理解和尊重。

三、重新审视自己,与自己和解

"人非圣贤,孰能无过?过而能改,善莫大焉。"犯错是人之常情,但关键在于我们如何对待错误。

《人民日报》上有一句话:人生在世,要学会与自己和解。除了自己身体上的痛苦,人所感受到的其他痛苦,都是由自己的价值观所带来的,而非真实存在的。

这句话值得每个人深思和体会。它强调了内心平和和自我接纳的重要性,同时也揭示了人类心理痛苦的源头——我们自己的观念和期望。

在繁杂世俗的社会中,我们常常陷入各种形式的心理痛苦:焦虑、失望、沮丧等。这些痛苦,其实大多数并不源自我们的外在环境,而是来自我们自己的内心。我们对自己、对他人、对生活有着各种各样的期望和标准,当现实与这些期望不符时,心理的失落和痛苦便随之而来。

然而,我们要认识到,这些期望和标准,并不是客观存在的真实,而只是我们自己的主观创造。它们是我们基于个人经验和社会文化背景所形成的一种价值观,这种价值观并不是绝对的真理。正因为如此,我们有必要重新审视和调整自己的价值观,以减轻心理的负担和痛苦。

学会与自己和解,意味着要接纳和包容自己的不完美和缺陷,不再为了无法实现的期望和标准而自责和痛苦。我们要理解,每个人都是独一无二的个体,都有自己的优点和缺点,没有人能完全符合某一种标准或期望。只有接纳了自己,我们才能真正释放自己的潜能,活出自己的真实和价值。

同时,学会与自己和解,也意味着要调整和更新自己的价值观和期望。我们要认识到,价值观并不是一成不变的,它是可以随着个人的成长和经验的积累而发生改变的。我们要勇敢地去挑战和质疑自己的旧观念,敢于接纳新的思想和观点,以形成更加开放和包容的心态。

19 我什么都想学,但坚持不住怎么办?

我是一个热爱探索的男孩,对各种新鲜事物都充满好奇。从小,我就喜欢玩乐高、积木、涂鸦画画,还热衷于做科学实验和手工制作。我的心中充满了对未来的憧憬和期待。

然而,我也有一个让人头疼的问题:我总是"三分钟热度"!每次刚开始接触新事物时,我都满怀激情,但很快就失去了兴趣。

小学时,我曾对学习钢琴产生了浓厚的兴趣。我恳求了父母好久,终于得到了一架昂贵的钢琴。刚开始时,我每天都勤奋地练习,老师也对我赞赏有加,这让我更加自信。

然而,一年后的一天,老师说该准备考级了。由于我平时玩心太重,没怎么练习,结果我并没有通过考试。看着同学们一个个通过考试,我感到了从未有过的失落。

那次打击之后,我对乐器的热情渐渐消退。父母总是提醒我要坚持,但他们的提醒反而让我更加厌烦。

我真的不想放弃，但我也发现自己很难坚持。现在的我，就像一只无头苍蝇，不知道该往哪里飞。我该怎么办呢？

——夏超

一、突破舒适区，用目标激发专注力

有这样一句话："成长和舒适永远无法共存，你必须走出舒适区才能成长。"为了不断挑战自我，我们需要学会放弃安逸和舒适。

"兴趣爱好广泛，关键在于坚持。"这句简单的话背后蕴含着深刻的哲理。

如果无法持久地保持兴趣，有可能是因为经历多次失败和挫折后失去信心，也可能跟缺乏清晰的目标和规划有关。

只有清晰地认识自我，才能够将有限的时间和精力集中到最有价值的事情上。同时，选择适合自己的学习方式和资源，可以帮助我们提高学习效率。而多样化的学习方式和资源，会让学习变得更加有趣。

我们都知道:"兴趣是最好的老师。"找到我们真正的热爱,才能让兴趣长期的保持并持续下去。

如何找到自己真正的兴趣,保持注意力的持久性,具体我们可以这样做:

(1)尝试不同的活动和领域。以便发现自己真正感兴趣的事物。真正的兴趣是感受到来自内在的兴趣,而不是因为外在的奖励或惩罚。

(2)学会倾听自己的心声。发现自己真正的兴趣和激情点在哪里。留意自己的感受和想法,问问自己"我真的喜欢这个吗"。

(3)在寻找热爱的过程中,找到自己的热爱,需要保持开放和耐心。

任何兴趣的学习都会遇到各种各样的问题和困难,不要被眼前困难和挫折所击倒,一步一步地探索,并且为之持续努力。

正如著名篮球运动员迈克尔·乔丹所说的那句话:"我失败了一次又一次,正是这些失败让我成功了。"

二、明确目标,坚持才是攀登高峰的关键

试想一下,在漫无边际的大海上,四周一片黑暗,船只

在大海上开足马力向前航行,却没有方向,也没有定位用的罗盘和指南针,最终,船只将会到达哪里呢?可以说,它到达既定目的地的希望特别渺茫。这是因为大海上没有参照物,大海那么大,每个角度都意味着一个新的目的地,所以要想在航程中保持方向,奔向目标,即使是经验丰富的船长,也必须要借助罗盘和指南针,才能避免出现偏差。

人生何尝不像是置身于大海呢?人生是那么辽阔博大,充满了无限的可能性,如果不事先确定目标和方向,只是一味地去拼搏,最终一定会茫然不知所措,这也正是人们所说"不忘初心,方得始终"的原因。古今中外,无数成功者的经验告诉我们,一个人要想拥有充实精彩的人生,要想做出一些成就,未必需要有过人的天赋和与众不同的好运气,但是一定要坚持自己的目标。从另一个角度而言,一个人只有制订更高的目标,才能看得更远,也才能活得更加精彩;否则,只用不起眼的目标就把自己限制和禁锢住,人生很难大开大合、波澜壮阔。

首先,攀登高峰需要勇气和决心。攀登高峰并不是一件容易的事情,它需要我们不断地克服困难和挑战。在这个过程中,我们需要有足够的勇气和决心,才能够突破自己的极限,并且到达山顶。

其次,攀登高峰需要有正确的目标和计划。在攀登高峰之前,我们需要确定自己的目标,并且为之做出计划。我们需要了解自己的能力和局限性，并且为之做好充分的准备，才能够成功地到达山顶。

最后，攀登高峰需要有坚韧不拔的毅力和耐心。攀登高峰是一项长期的过程，它需要我们持续地付出努力，不断地前行。在这个过程中，我们需要保持坚韧不拔的毅力和耐心，才能够战胜自己的内心恐惧。

攀登高峰是一项具有挑战性和意义的事情，它可以让我们突破自己的局限，发觉自己的潜力，从而找到人生的真正意义。在攀登高峰的过程中，我们可以学会如何面对困难和挑战，如何保持坚定的信念和决心，以及如何在困境中不放弃追寻人生的意义。

三、通过刻意练习，提升抗挫折的能力

刻意练习是一种有效的学习和技能提升方法，它要求练习者在导师或者经验的指导下，有目标、有计划地进行练习，并在练习过程中不断地接收反馈、修正错误和挑战自己。以下是进行刻意练习的步骤：

1. 确定目标

明确你想要学习和掌握的技能，并将这个目标具体化。例如，你想提高英语口语，可以设定目标为能够用英语流利

地进行日常对话。

2. 分析技能

将目标技能分解成若干个子技能，分析每个子技能的练习方法和学习资源。

例如，英语口语可以分解为发音、词汇、语法和听力等子技能。

3. 制订计划

根据你的目标和学习资源，制订一个切实可行的学习计划。计划应包括每天或每周的练习内容、练习时间和练习方法。

4. 集中练习

在练习过程中，要全神贯注，避免分心。刻意练习强调的是质量而非数量，因此，短时间内的集中练习比长时间的心不在焉更有效。

5. 持续挑战

在掌握一个子技能后，要不断地提高练习难度，挑战自己，以达到更高的水平。例如，英语口语水平提高到一定程度后，可以尝试进行更复杂的对话或者演讲。

6. 耐心和毅力

刻意练习是一个长期的过程，需要耐心和毅力。不要因为一时的挫折或者进步缓慢而放弃，要坚持下去，相信自己的潜力和能力。

如何在逆境中保持积极的心态。

提升抗挫能力的关键在于坚持不懈，并发展自己的弹性思维，帮助我们适应不确定性和变化。

曾经新东方的名师董宇辉，后来改换直播卖货赛道，用流利标准的英语口语，以及脱口而出的诗词，征服了网友的心。

但是，英语口语也曾让他自惭形秽。

进入大学的第一堂英语课，董宇辉自告奋勇地上台做完英语自我介绍，同桌笑着说听出了陕西乡音。

于是，董宇辉决定苦练口语。

同学们都在休闲娱乐时，他躲在宿舍听BBC，苦练听力和口语。

直到有一天听力老师夸赞他发音标准，他才知道自己的努力没有白费。后来，他又找了一份导游兼职，带领外国人游玩西安。通过与外国人广泛交流，他终于摆脱了口语乡音，也因此敲开了新东方的大门。正是刻意练习，让董宇辉的劣势变为优势。

刻意练习，是你化茧成蝶、脱胎换骨的秘诀。

20 考试前几天很容易焦虑，怎么办？

在班级里，我成绩一直不错，但每次考试前，我总会变得特别焦虑。上次期末考试前，妈妈跟我说："考试时细心点，考好了就可以开心过年。"可是，妈妈的话反而让我更紧张了。

晚上躺在床上，我总是想东想西，担心自己考不好。为了放松自己，我开始尝试一些新方法，比如饭后散步。但只要一想到考试，我还是会感到焦虑。

早上一醒来想到考试，我就觉得心跳加速，手心都开始出汗了。那种感觉就像一只无形的手紧紧握住我的胸口，让我喘不过气来。我还经常感到头晕、乏力，晚上也总是失眠。

最近，我也变得特别容易发火。一点点小事，我就会跟朋友吵起来。我变得很急躁，失去了往日的耐心和平静。心情也像被乌云遮住了一样，整天都开心不起来。

我真的不想让焦虑影响我的生活。我该怎么办呢？

——李子钱

第四部分 困扰与焦虑的破解

一、运用身体"放松"法,调整身心状态

对于学生而言,每次的考试如同一场没有硝烟的战争。真正的勇士,不仅在战场上英勇,更懂得在战场外如何调整自我。

研究表明,深呼吸和冥想能有效降低焦虑水平,提高专注力。它们可以帮助我们从紧张的情绪中抽离出来,让心灵回归宁静。

在复习期间尝试进行深呼吸、冥想、瑜伽等放松身心的活动,可以有效地帮助我们缓解紧张情绪。

美国心理学家简德林说:"身体是潜意识的来源。"

当我们面对即将来临的考试,而感受到自己内心有很多负面的情绪,那么,我们需要让自己的身体先平静下来。首先,我们可以先做几个深呼吸,并尝试给自己的情绪命名。名字越准确越好。比如紧张、焦虑、害怕等。

然后,开始感受自己的身体,找到情绪使我们不舒服的部位和具体的感觉是什么,比如胸闷、喘不过气来、头疼、手发麻等。

接下来,把注意力放在让自己感觉不舒服的部位,再做深呼吸的练习,一边呼气,一边让情绪对应的身体部位"放松",随着这个部位的放松,身体也慢慢地就放松下来了。

最后,再次确认不舒服的感觉是否已经全部消除,如果还有不适的感觉，继续回到前面的"放松"练习，直到身体部位不舒服的感觉全部消失为止。

这个练习随时都可以做，特别是可以在睡前或者课后的时候进行练习。考试固然重要，但身心健康更是我们追求知识的前提。

愿我们都能在这些特殊的时间里，找到适合自己的平衡点。因为真正的胜利者，不仅在于他走得多远，更在于他如何走。让我们一起努力先调整好自己的身体状态，为迎接每一次的考试打好基础。

二、凡事预则立，不预则废

面对堆积如山的复习资料，我们会感到无从下手。这也是我们在面对考试时，焦虑情绪的主要来源。此时，制订一个详细的复习计划是关键。它如同航海者的指南针，指引我们前行，让我们在复习的海洋中不再迷失方向。

《礼记·中庸》记载："凡事预则立，不预则废。"这句话告诉我们，无论做什么事情，事先的计划和准备都是成功的基石。

《资治通鉴》载：唐朝颜真卿在担任平原太守时，看出安禄山有反叛迹象，就借口雨季来临，修筑城壕、暗中招募

第四部分 困扰与焦虑的破解

勇士并储存米粮充实仓库。安禄山认为颜真卿不过是一介书生，不足为虑。不久，安禄山起兵造反，河东一带郡守逃的逃、降的降，只有颜真卿率七千甲兵守卫黄河渡口，因早有防范、准备充分，平原郡才没有陷落。

我们都知道"未雨绸缪"的故事。鸟趁着天还没下雨的时候，赶快用桑根的皮把鸟巢的空隙缠紧，使巢穴更加坚固。成语"未雨绸缪"即源于此，与"事预则立"有异曲同工之妙，都是告诫我们：居安当思危，有备则无患。平时对"不测之忧"多加防范、多做准备，万一哪天真有风雨灾害，不至于措手不及，能争取到最好的结果。制订详细的复习计划不仅是一种学习方法，更是一种积极的人生态度。制订详细的复习计划不仅是一种策略，更是一种心态。当我们看着自己一步步完成计划，那种成就感会成为我们信心的源泉。

另外，保证充足的睡眠和保持健康的饮食习惯是减轻焦虑的重要方法。建立规律的睡眠时间，避免熬夜和过度疲劳。

睡前可以尝试一些助眠的活动，帮助你放松身心。

摄取足够的营养和水分，有助于保持身体和心理的健康状态。

相信自己，通过我们身心各个方面的调整和努力，一定能够战胜考试焦虑，并取得优异的成绩！

三、运用预设场景法,调节心理状态

亚里士多德曾经说过:"人的本性在于求知。"但求知的过程不应是痛苦的,而是应当充满乐趣。因此,合理安排学习和休息时间,是达到高效学习的关键。

《资治通鉴》中记载:古代的学者常常在读书之余,选择漫步于山水之间,以此来放松身心,为接下来的学习积蓄能量。

接下来,就让我们一起探讨如何更好地应对考试焦虑。

"预设场景法"可以有效地帮助我们缓解考试焦虑,就是用语言和场景信息输入自己的大脑,比如当我们考试的时候,提前10分钟进入考场,看一看教室的周围,让我们闭上眼睛,感受这个环境给我们带来的放松和愉悦的感受。让我们先熟悉这个环境。然后坐在位置上等待发卷子的时间,我们运用"深呼吸"配合肌肉放松练习来调整自己,让自己的身体和大脑都慢慢地放松下来,并给自己积极地自我暗示,想象过一会试卷发下来以后,自己可以保持专注、投入、高效地回答每道题目,相信自己能发挥出最好的水平。

考试的过程中,我们需要注意以下几点:

(1)认真阅读题目,明确题目答题的要求。

(2)对容易的题目要保持细心和耐心。

(3)对难题要细心分析,重点分析题目给出的条件和相

关知识之间的关系。

（4）认真的检查每步答题是否有遗漏的情况，以及解题的步骤是否不要弥补。

对于考试过程中周边的环境可以屏蔽一切的干扰。让我们全身心投入答题的过程中。当遇到暂时想不出来的题目果断地跳过，保证自己把会的题目做对。

在人生的道路上，考试只是一个小小的关卡，但它却能锻炼我们的意志、考验我们的智慧。面对考试焦虑，我们要学会运用预设场景法来调节心理状态。相信自己能够发挥出最好的水平。

第五部分

05

NAN HAI, QING CHUN QI NI YAO DONG DE SHI ER

最强大脑的锻炼

21 羡慕学霸智商高,我也想变聪明,有办法吗?

我总是羡慕班上的学霸们,他们仿佛就是生活中的主角,无论是在课堂上还是课间休息,都能散发出耀眼的光芒。而我,虽然成绩也不差,但每次看到他们轻松地取得好成绩,内心总会涌起一股苦涩的羡慕。

"要是我也能像他们一样聪明就好了,那样我就能让老师和同学们刮目相看。"我心里总是这样想,但每次这样想,我就会感到一股无力和压力。是不是我的智商不够高,所以无法像学霸一样轻松应对呢?

当老师在课堂上提问时,我经常不知道如何回答。学霸们似乎总是能快速思考和表达,迅速给出正确答案,而我的反应总是慢好几拍。

我甚至抱着头坐在座位上,心里开始怀疑自己的能力。感觉无论怎么努力,好像都无法达到自己想要的水平。我也想要变得更聪明一点啊!我该怎么办呢?

——李军

一、每个人都是独一无二的,培养自己的多元智能

人生是一场马拉松,每个孩子都有属于自己的花期,我们要根据自己的节奏,找到属于自己的方向,含苞待放,为自己未来的发展积蓄力量。

"天生我材必有用",这句话深刻地启示着我们每个人内在潜能的珍贵。然而,多元智能理论告诉我们,我们的天赋和潜力并不局限于传统的智商评估。

英国知名心理学专家詹姆斯·加德纳觉得,每个人都具有最少八项智能,但每个人都是有不一样的智能形状,不一样的优势和薄弱点。不一样智能中间不会有好坏之分,因而,每种智能都应遭受一样的重视。

(1)语文课智能:指英语口语及撰写文本的应用能力,它包含了对规范字的实际意义、标准,及其声音、节奏感、声调、古韵等的敏感度。

(2)歌曲智能:指发觉、鉴别、更改和表述歌曲的能力,关键包含了对节奏感、声调、音质等的敏感度。

(3)逻辑性、数学课智能:指应用数据和逻辑推理的能力,它涉及对抽象性关联的应用与掌握,其关键成分包含了察觉逻辑或数学的能力,以及其开展普遍的逻辑推理,或恰当地解决抽象性剖析的能力。

(4)室内空间智能:对于视觉性或丰富性的信息内容的

直觉能力。其关键成分包含了精准直觉物件或样子的能力，对直觉到的物件或样子开展实际操作或在心里开展室内空间转动的能力，在脑中产生心像及其变换心像的能力，对图像造型艺术所体会的视觉效果与室内空间的支撑力、均衡与构成等关联的敏感度。

（5）身体、运行智能：指应用身体来表述念头与觉得，及其应用两手生产制造或更新改造事情的能力，其关键成分包含恰当地应用不一样的身体姿势来运行或表述的能力。

（6）社交智能：指识别与掌握别人的觉得、信心与意愿的能力，其关键成分包含了留意并区辨别人的情绪、性格、动因与意愿，并作出适度反映的能力。

（7）自悟智能：指能对自身开展省察、区辨自身的觉得，并造成适度行动的能力，此类智能也饰演智能神经中枢的人物角色，促使个人能了解自身的能力，并掌握怎样合理充分发挥这种能力。其关键成分为发展趋势靠谱的自身运营模式，以认识自己的贪求、总体目标、焦虑情绪与优点和缺点等，并进而正确引导自身个人行为的能力。这类能力是正确引导一个人取得成功所必不可少的学习动机。

（8）自然认知智能：是指认识世界、适应世界的能力，是一种在自然世界里辨别差异的能力，如植物区系和动物区系、地质特征和气候。对我们自身所处的自然环境的规律认知，如人体构造、季节变化、方向辨别、磁极的存在、感知灵性空间的超自然科学能力，能适应不同环境的生存能力。

每个人都在不同程度上拥有上述八种基本智力，智力之间的不同组合表现出个体间的智力差异。

二、运用成长性思维，启发智力

心理学家卡罗尔·德韦克提出了一种独到的见解，他认为人的智力并非固定不变，而是可以通过努力和学习不断增长的。这个观点给了我们很大的启示，让我们从积极的学习角度出发，改变思维方法，相信我们有无限的可能。

在学习中，存在着两种不同态度的方法，就是固定型思维和成长型思维。固定型思维认为智力是固定的，无法改变。而成长型思维则认为智力可以通过努力和学习不断发展，人的潜力是无限的。

成长型思维的人更加习惯于给出以下问题的肯定答案：

认为自己的能力是可以通过实践来提高的。

可以从失败中吸取教训，并寻求改进。

始终保持积极的心态，即使在面临挑战时。

认为成功取决于个人的努力和持续的学习。

愿意尝试新事物或迎接挑战。

向比自己更优秀的人学习。

愿意接受批评或建议，并从中学习和成长。

愿意不断寻求改进，即使这意味着自己需要做出改变。

……

显然，采用成长型思维可以让我们更加勤奋积极，对挑战有更强的动力。

正如古人所言："不积跬步无以至千里。"只有坚持不懈地积累知识和经验，才能取得长远的进步。

正如心理学中的认知弹性理论所提出的，面对新的学习任务时，我们应该具备灵活、适应性较强的认知策略，以便更好地适应和应对变化，从而促进智力成长。

给自己一些空间和时间进行反思、沉思，以便更好地理解和应用所学知识。

采取积极的学习态度，相信自己的能力是可以提升的。

从成长型思维出发，坚持努力学习，并将学习看作一项投资，不断积累知识和经验。

相信每次的跨越都会让我们更加接近智力的巅峰。

所以，让我们把学习当作一本教科书，用心去揭开其中的奥秘，开启智力成长的精彩之旅吧！

三、培养综合素质,打开通向成功的大门

在新时代的背景下,教育改革成为了推动国家发展的重要任务。随着经济和社会的快速发展,培养具有高素质的创新人才已成为当务之急。因此,全面提高学生综合素质水平、培养未来创新人才成为了教育改革的主题。

教育改革不仅是对过去教育模式的突破,更是对未来教育发展的规划。我们需要关注教育的全面提高,而不仅仅关注学生的知识和学习。

这是因为综合素质的提升,不仅对个人的发展有积极的影响,也能促进整个社会的进步。因此,我们要致力于培养具备创新精神和实践能力的未来人才。

综合素质不仅包括学生的知识水平,还要求他们具备一定的思维能力、情感素养、健康个性等方面的素质。全面提高学生综合素质水平的重要性在于,这将为他们未来的发展提供更广阔的空间和更多的机遇。

具体我们可以从以下几个方面培养自己的综合素质。

首先,通过参加各种课外活动来拓展自己的兴趣爱好和技能,例如,参加音乐比赛、体育运动队或者志愿者活动等。

其次,阅读各种类型的书籍、报纸和杂志等,从中获取知识和启示。

最后,通过独立思考、主动解决问题以及自我时间管理来提升学习的主动性。

通过冥想或者静坐,提升与自己内在链接的能力和感受力,从而提高我们的创造力和创新思维能力。

有这样一句话:"我们必须接受失望,因为它是有限的,但千万不可失去希望,因为它是无穷的。".

提升综合素质可以让我们更好地面对生活中的挫折和困难,只有通过不断反思,我们才能成为真正全面发展的人。

愿我们每个人都能够超越自我,实现更加辉煌的未来。相信自己,坚持不懈,成功的大门将会为我们敞开!

22 一早起来背单词,晚上却想不起来几个,怎么办?

每天早晨,我被闹钟从睡梦中唤醒,拖着疲惫的身体走进洗漱间,看着镜子里那个脸色苍白、目光呆滞的我。是的,又是一个新的早晨,又开始了新一轮的挑战——背单词。

坐在书桌前,我打开课本,看着那些密密麻麻的单词,感到一阵阵的压力。我告诉自己,这是必须的。然后,我开始一个一个地背,试图将这些单词塞进我的大脑。然而,不论我多么努力,那些单词仿佛在和我作对,它们在我脑海中转瞬即逝,如同沙漏中的沙粒,我无法抓住它们。

晚上,我坐在书桌前,看着那些还没有背下来的单词,心中充满了困惑和挫败感。我该怎么办呢?一早起来背单词,晚上却想不起来几个,这让我感到无力。

我站在窗前,看着窗外的夜空,心中充满了疑问:我的大脑是不是和别人不一样?大脑的记忆有规律吗?我该怎么办呢?

——小生

一、了解大脑的特点，大脑记忆有规律

大脑是人类最为神秘和复杂的器官之一，它包含了数百亿个神经元和数万亿个神经元连接。大脑的主要功能包括感知、思考、记忆、情感和行动等方面，这些功能都是高度整合和协调的。

全球最新的研究表明，大脑具有很高的可塑性，即它可以通过不断地学习和训练来改变自身的结构和功能，从而更高效地使用。

研究还发现，大脑在学习和记忆过程中，会形成新的神经元连接和突触，这些连接和突触的强度和数量会随着学习的深入而增加，从而加强记忆和学习能力。

一项研究发现，学习音乐可以改变大脑的结构和功能，提高大脑的认知能力和记忆能力；另一项研究表明，学习第二语言可以促进大脑的神经可塑性，增强大脑的注意力和认知控制能力。

大脑的记忆是一个复杂的过程，包括编码、存储和检索三个阶段。

在编码阶段，大脑会将外界信息转化为神经元之间的连接和突触强度，从而形成记忆痕迹；在存储阶段，大脑会将这些记忆痕迹存储在不同的区域和网络中，以便日后检索和使用；在检索阶段，大脑会根据需要从存储区域中检索出相

应的记忆信息。

此外,大脑的记忆还具有遗忘的规律,即新的记忆信息会不断覆盖和替代旧的记忆信息,因此定期复习和反复练习是巩固记忆的重要手段。

二、将知识分成小块,学会联想记忆

无论是学习新的技能、备考还是提升职业能力,分块学习都是一个非常实用的工具。例如,在学习一门外语时,我们可以将词汇、语法、听力、口语、阅读等内容分成较小的块,然后逐步学习和掌握每个小块,从而更好地掌握这门语言。

分块学习可以帮助我们避免学习内容的压倒性感觉,当我们学习一门较为复杂的学科时,很容易感到无从下手,而分块学习可以帮助我们逐步掌握每一个部分,从而逐渐形成整体的理解。例如,在学习编程语言时,我们可以将数据库知识、函数、模块等内容分成不同的块,然后逐步学习和掌握每个块,更加集中精力学习,可以帮助我们更好地掌握实际应用中的技能和能力。

在实际生活中,分块学习也有着广泛的应用。

在备考过程中,我们可以将知识点分成不同的块,然后逐步学习和掌握每个块。这样做可以让我们更加系统地掌握知识，提高备考效率。

同时，我们也可以将分块学习应用到日常工作中，将任务分成不同的块，然后逐步完成每个块，以提高工作效率和质量。

分块学习还可以帮助我们更好地整理和归纳学习资料。

在学习过程中，我们会积累大量的学习资料，如果不能很好地整理和归纳，很容易造成学习资源的浪费。分块学习可以帮助我们将学习资料分成不同的块，然后逐步整理和归纳每个块，以更好地保存和利用学习资源。

此外，分块学习还可以帮助我们建立清晰的学习计划和目标，如果我们没有一个明确的学习计划和目标，很容易感到迷茫和无从下手。

分块学习可以帮助我们将学习计划分成不同的块，然后逐步完成每个块，以实现清晰的目标和计划。同时，分块学习还可以帮助我们更好地评估自己的学习效果。

在学习过程中，如果我们没有一个明确的评估标准，很难判断自己的学习效果如何。分块学习可以帮助我们将学习目标分成不同的块，然后逐步评估自己掌握每个块的情况，以更好地了解自己的学习效果并加以改进。通过将知识分成不同的模块或块状结构，帮助学习者更系统地理解和掌握知识，且可以更加专注于每个块中的知识点，进而深度对知识进行查漏补缺。

三、掌握记忆规律，巧用重复的力量

德国心理学家艾宾浩斯研究发现，遗忘在学习之后立即开始，而且遗忘的进程并不是均匀的。最初遗忘速度很快，以后逐渐缓慢。

艾宾浩斯遗忘曲线告诉人们，在学习中的遗忘是有规律的，遗忘的进程很快，并且先快后慢。也就是说，我们学得的知识在一天后，如不抓紧复习，就只剩下原来的25%。随着时间的推移，遗忘的速度减慢，遗忘的数量也就减少。

人脑所记忆的东西，会被逐渐淡忘。记忆得越肤浅，淡忘得越快；记忆得越深刻，淡忘得越慢。"重复是学习之母"，记忆是在反复中进行的，重复是同遗忘作斗争的最有力的武器之一。重复学习不仅有修补、巩固记忆的作用，还可以加深理解。

重复就像记忆的发动机，记忆是对经历过的事物记得住并能再现的认识活动。它包括识记、保持、再现、再认四个方面。记忆的深浅不仅与刺激的强度有关，也与重复的次数直接相关。在一定条件下，重复的次数越多，记忆就越深刻。每周一歌或电视剧插曲，刚听第一遍时感到陌生，然而一周下来，便基本会唱了。刚接受新知识时需要重复，否则印象太浅，不会在脑中产生记忆效果。这就像没有闸的汽车，一直爬到坡顶才能站稳，半坡上熄火就容易溜下来。重

复好像发动机,应该把记忆的载重车推上有利于保持信息的"坡顶"再暂告歇息。

明末清初的著名思想家、学者顾炎武,可以背诵14.7万字的儒家十三经。他记忆容量大,准确度高,很大程度上取决于复习得法。据《先正读书诀》记载:"林亭(顾炎武)十三经尽皆背诵。每年用三个月温故,余月用以知新。"

遗忘是记忆的大敌,它使记忆痕迹逐渐淡漠甚至消失。通过重复则可以加强大脑皮层的痕迹,从而达到加深对所记内容的理解、修补巩固记忆的目的。如果学习、记忆的程度达到150%,将会使记忆得到强化,可以使学习过的内容经久不忘。

很多知识在初学的时候,难免不深刻、不全面,把握不住知识的内在联系。往后,随着学习的内容增多,通过重复就可以把前后的知识条理化、系统化,这样就理解得更透彻了。

重复与淡忘的关系:一是重复的次数越多,忘得越慢;二是遗忘的速度并不简单地与时间间隔成正比,而是先快后慢。淡忘与时间有关。一个大学生毕业后十年内不与任何同学来往,他会把许多同学的名字忘掉。一个高中毕业的农民,在五年之内不读书、不看报、不写字,便会提笔忘字。

采用重复记忆方法时要科学地安排重复的次数和时间间

隔。一般来说，对于复杂难记的内容，重复次数要多些。重复最好在记忆将要消失的时候进行，且重复间隔时间由短渐长，这样就能达到事半功倍的效果。

23 老师说我回答问题很啰唆,逻辑混乱,怎么办?

我是一个中学生,喜欢和同学们一起讨论问题。可是,最近我遇到了一个很大的困扰:老师说我回答问题时很啰唆,逻辑混乱。

有一天,老师问了一个问题,关于恐龙的分类和特征。我立刻举手,因为我对这个话题非常熟悉。然而,当我开始回答问题时,我的思维仿佛一团乱麻,我试图把所有知道的信息都说出来,却发现自己的话语杂乱无章,毫无条理。

我的脸涨得通红,仿佛在燃烧。我尝试整理思路,但那些词语仿佛在舌尖上跳舞,让我无法准确表达。同学们开始注视我,他们的眼神让我感到尴尬和无助。我觉得自己就像是一个站在舞台上,无法表演的演员。

那天晚上,我独自坐在书桌前,心中充满了困惑和痛苦。我该怎么办呢?我该如何面对自己的挫败感?我该如何提高自己的表达能力?

——小季

一、面对挫败，学会分析问题原因

在学习的海洋中，我们都曾遇到过风浪。有时，当我们尝试回答问题时，可能会感到困扰。我们是否过于急切地表达而未能深入思考？或者，是否因为我们对知识点的掌握还不够熟练，导致表达混乱呢？这使我们对自己的能力产生了疑问。但要解决这个问题，首先需要明确问题的根源。

每个人都会遇到挫折，遇到挫折也是生活中常见的一部分，遇到挫折怎么办？我将通过以下应对遇到挫折的方法让你重新振作起来。

1. 接受情绪

允许自己感受到挫折带来的负面情绪，如失望、沮丧或愤怒。认识到这些情绪是正常的反应，不要压抑它们。

2. 分析原因

尝试理解挫折发生的原因，分析自己的行动或决策是否有改进的空间。这有助于从中学习，并避免类似的错误。

3. 设定目标

重新审视自己的目标，并制订新的计划。将挫折看作一次机会，重新评估自己的方向，并设定更明确的目标。

4. 寻求支持

与朋友、家人或其他信任的人分享你的挫折。他们可以提供支持、鼓励和建议，帮助你度过困难时期。

5. 自我关怀

挫折可能会对心理和身体健康产生负面影响。确保给自己足够的休息、放松和照顾，包括良好的睡眠、健康的饮食和适度的运动。

6. 寻找解决方案

尝试寻找解决问题的方法和策略。可以寻求专业人士的帮助，如教练、导师或咨询师，他们可能能够提供新的观点和建议。

7. 坚持和适应

挫折是一种常态，不要因为一次失败而放弃。保持积极的心态，适应变化，并持续努力追求目标。

每个人面对挫折的方式都不同，选择适合自己的方法是关键。记住，挫折是成长和学习的机会，通过适当的应对，你可以变得更强大和有韧性。

二、培养逻辑思维能力，让表达更有力

亚里士多德曾经说过："逻辑是哲学的根本。"逻辑思维是人类思考和表达的基石，也是解决问题的关键。

我们都知道："逻辑思维能力是一种强大的武器，在任

何领域都有用。"

逻辑思维是一门科学,需要通过不断地训练和实践来掌握。

朱熹曾经在读书时遇到过一道难题,他想了很久都没有想出答案。后来他决定离开书房,到外面走走,呼吸新鲜空气。当他回到书房时,突然有了灵感,想出了正确的答案。

这个故事告诉我们,逻辑思维需要有一个清醒的头脑和放松的心态,才能更好地发挥作用。

根据心理学研究,逻辑思维能力可以通过系统化地学习和训练得到提高。一项发表于《科学》杂志的研究表明,通过参与逻辑思维训练的学生在解决问题时表现更为准确和高效。

具体的训练方法如下:

1. 阅读哲学经典

通过阅读哲学经典著作,如亚里士多德的《逻辑学》、康德的《纯粹理性批判》等,了解逻辑思维的基本原理和方法。

2. 参加辩论社团

参与辩论活动可以锻炼青少年的逻辑思维能力。在辩论中,我们需要分析问题,提出合理的论据,并进行逻辑推理,这有助于我们培养清晰的思维和表达能力。

3.制订逻辑思维训练计划

制订一个系统的训练计划,包括解题、推理和辨析等方面的练习。我们可以选择一些逻辑思维训练的教材或网上资源进行学习和实践。

逻辑思维就像是一条清澈的小溪,它将我们的思想整理得井然有序,让表达更加准确而有力。当我们掌握了逻辑思维的技巧,我们将能够像朱熹一样,用简洁而有力的语言阐述自己的观点,让别人信服。

三、多种练习,提升口头表达能力

有人说:"语言是人类最强大的武器,也是最弱的一环。"

孟子曾经说过:"言之无文,行而不远。"良好的口头表达能力是成功交流的关键,也是展示自己思维和逻辑的重要方式。

口才好的人往往能够更好地影响别人,让自己的思想和观点得到认同。

鲁迅是一个口才出众的人。他的文章雄辩有力,语言精准,深受读者喜爱。

鲁迅通过大量的阅读和实践,不断磨炼自己的口头表达能力，使得他的思想和观点能够清晰地传达给读者。鲁迅在青年时期曾经加入了辩论社团，通过参与辩论活动锻炼自己的口头表达能力。他还积极参加文学讲座和社交活动，与其他知识分子进行交流和讨论，从中不断提升自己的表达能力。这些经历和实践帮助他成为一位优秀的作家和演说家。

一项发表于《心理学公共评论》的研究指出，具备良好口头表达能力的人更容易获得他人的认同和支持，也更有可能在职场和社交场合中取得成功。

具体可以这样做：

1. 练习演讲和演讲技巧

可以参加演讲比赛、辩论赛或加入演讲社团，通过不断练习和反思来提升自己的演讲能力。同时，学习一些演讲技巧，如声音的控制、语速的调节、肢体语言的运用等，可以帮助改善口头表达效果。

2. 多读书、多积累知识

阅读广泛的书籍可以拓宽视野，丰富知识储备。通过阅读，可以学习到不同领域的专业术语和表达方式，提升自己的语言能力和表达能力。

3. 参与讨论和辩论

积极参与讨论和辩论活动，锻炼自己的思维敏捷性和逻辑思维能力。在讨论和辩论中，要学会倾听他人观点、提出有力的论据并进行合理的反驳，这将有助于提升口头表达能力。

良好的口头表达能力就像是一双翅膀，它可以让思想和观点飞得更远。

24 文言文翻译，我总是错误百出，我的理解力真的很差吗？

每次面对文言文翻译这个难题时，我总是感到无助和沮丧，感觉我的大脑和其他人的不一样。为什么别人就能理解翻译得很好，而我却经常翻译得与原文南辕北辙呢？

那天，语文老师站在讲台上，她对我，对全班同学说："下节课我们将进行文言文翻译考试，请大家提前做好准备。"听到这个消息，我顿时感到心跳加速，手心冒汗。

在那次考试中，我面对着一片密密麻麻的文言文，每个字、每个句子都像是一座座高山，让我无法逾越。我尝试着去理解它，去翻译它，可是每次我的答案总是与参考答案相差甚远。

同样的翻译任务，同桌只需要十几分钟，而我却要花费数小时甚至半天的时间才能勉强完成。

那种羞愧感和自卑感，让我对文言文心生畏惧。我甚至因此怀疑自己的能力，认为自己是一个失败者。我该怎么办？

——小贵

一、积极调整心态,培养自信和耐心

都说中学生有三怕:"一怕文言文,二怕周树人,三怕写作文。"文言文难在哪里,如何学好文言文?

清华大学教授,历史学家何兆武《上学记》当中这样说:中华民族能傲然屹立于世界民族之林,就是因为有良好的文化传承,无论是《三字经》《千字文》,还是《诗经》《论语》《唐诗三百首》,甚至还有人痴迷的《周易》,里面包含着极大的文化内涵,包含生活的情趣和品位,也许能值得我们去深入探究。到博物馆你看不懂文物的意义和价值,到西安碑林看不懂书法作品,如果文言文阅读能力强,在旅游中也能得到一些知识,增添一些快乐。

"毕竟中华文化五千年,有四千九百五十年的载体都是古文,除非你不要这四千九百五十年,否则你要继承这个历史文化,就得非学不可。"

"传统文化是融化在你的血液里面、渗透在你的骨髓里边的,这是你天然的优势所在,所以一定要学好。"

所以往深了说,是为了传承我们传统文化,学习古人思想,了解历史。

语文素养的形成不是一天两天的事,所以学生要从小接触文言文,朗读文言文和学习文言文。况且,学生在学习文言文的过程中,不知不觉地体会到文言文的语言优美,韵律工整，音调和谐。学生学习文言文还有助于提高遣词造句，炼字的能力和阅读能力等，有助于写作文，使作文的语言简洁，富有音韵和节奏。

二、了解文言文的背景知识，培养情感共鸣

在翻译文言文时，理解力是非常重要的。要想提高理解力，一个非常有效的方法是培养对文言文背后的历史、文化背景的了解，并与之建立情感共鸣。

通过深入了解当时的社会环境、人物故事以及相关的历史事件，我们可以更好地理解文言文的内涵和表达方式。

"世事洞明皆学问，人情练达即文章。"只有深入了解文言文的背景和文化内涵，才能真正理解其精髓。

一个具体的做法是，选择一些有代表性的文言文作品，例如，《红楼梦》《论语》等，对其中的故事情节、人物性格、哲学思想进行深入研究。

在阅读相关的历史书籍、文化解读的过程中，我们可以对当时的社会风貌、价值观念、生活习俗等方面有更全面地了解。这有助于我们更好地理解文言文中的人物言行举止和思想感情，从而更好地翻译和理解文言文。

通过将自己置身于古代人物的角度，设身处地地感受他

们的思考方式和情感体验，可以培养对文言文的情感共鸣。我们可以通过仿写古人的文章、写古人的书信等方式，来加深对文言文的体会和理解。

在翻译文言文时，了解背景知识是非常关键的。例如，了解古代的社会制度、文化习俗、礼仪规范等可以帮助我们更好地理解文言文的表达方式和含义。例如，在《史记》中，我们可以通过了解当时的社会制度和文化背景，更好地理解其中的故事情节和人物形象。

那我们具体应用到学习中，如何培养情感共鸣呢？

要培养对文言文的情感共鸣，我们可以选择一些具有代表性的作品进行深入阅读和理解。例如，《岳阳楼记》中范仲淹的"先天下之忧而忧，后天下之乐而乐"表达了一种高尚的情怀和追求，我们可以设身处地地感受这种情感，培养对文言文的情感共鸣。

三、逐步分解，提升语境理解

翻译文言文需要大量的思维和推理能力，而这些能力可以通过逐步分解和互动学习的方法得到培养和提高。

1. 多读

首先读准字音，这是学习一篇文言文的第一步。生僻字的读音必须标记清楚，然后开始反复朗读，在朗读中把握语句的节奏。像《三峡》《岳阳楼记》《滕王阁序》等都是美文佳作，读来才有韵味，才能感知景物的美好。

2. 释义

读熟文言文后，先要梳理一遍文章。结合课下注释及工具书，对本文进行对句翻译。我个人建议，不要拿到一篇古文，先去看参考书，不如自己先通读一遍，画出不理解的句子，然后听老师讲或者查看课外书进行梳理。

3. 情感

疏通文义，结合课文内容来探究文章所传达的作者思想感情。这就需要了解这篇古文的创作背景，已经对作者有所认知。比如《湖心亭看雪》，乍看是张岱对西湖雪景的喜爱，所以才能夜里赏雪。仔细研读，结合张岱的个人经历，他是明末清初的文学家，跨越两朝，自然情感就与其他作者不同。于是，他才能在雪夜遇知音之后感到欣喜，还有那来自亡国之痛的沉思与怀念。于是，文章内容结合作者生活经历，文章情感自然地显露出来，也就不那么晦涩难懂了。

4. 笔记

学习文言文，不能懒，手要勤，做笔记是不可或缺的。学完一篇文言文，就要对它进行整理，从重点字词，到每句翻译，再到作者情感，每个点都不能遗漏。因为整理的过程也是我们对文章内容进行深加工的过程。在这过程中，可以回忆课文内容，又可以对所学知识进行梳理总结。

5.归纳整理

很多学生反应，课内文言文学得很好，但是一考到课外文言文，就觉得难懂，不会做题。其实一方面除了读文言文少，还有一个方面就是不善于归纳整理。

文言实词和虚词都有它们既定的用法，比如在初中学段文言文中，涉及虚词"之"的七种用法。我们需要做的就是结合相关句子，对它进行详细的整理，然后进行熟记。等下次再遇到时，就可以从这些用法中选择适合的含义。

25 同学坚持考前跑步运动,他说运动改造大脑,是真的吗?

上初中后,我学习成绩一般,总感觉学得很吃力。可是我同桌的情况相反,他总是认真听讲,下了课后还会自学,考试成绩总是比我高出不少。

直到有一天,我发现了他的小秘密。

原来每次考试前,他都会去跑步,因为他相信这可以让大脑更加活跃,提高学习效率。看着他的成绩越来越好,我也想试一试。于是我开始了我的"考前运动之路"。

然而,我试了几次后,发现这个方法并不一定好用,也不一定适合我。

有几次气喘吁吁地跑步后,我来到教室,心跳加速,大脑感觉像是缺氧一样,面对试卷,我也是应付着去答,这让我意识到自己并没有像同桌一样喜欢跑步,而且越来越难以坚持下去。我甚至疑惑:考前运动真的对大脑有很大的帮助吗?我怎样才能像同桌一样通过运动提高大脑的学习效率呢?

提升大脑学习效率的方法,只有运动吗?

——小丰

一、运动可刺激大脑神经元,提升大脑学习效率

运动对大脑有益处吗?

根据《医学与科学在体育与运动中的应用》杂志上的研究发现,一群参与跳绳运动的学生,在进行 30 分钟的运动后,在注意力和记忆测试中表现更好,并且他们的思维反应速度也得到了提高。

美国明尼苏达州立大学进行的研究发现,每周至少三次进行中等强度的有氧运动(如快走或骑自行车)可以显著改善记忆力,特别是长期记忆和学习新事物的能力。

以上研究都表明运动对大脑的确有益处。

当我们进行体育锻炼时,身体会释放出多种化学物质,如内啡肽和多巴胺,这些化学物质可以促进大脑神经元之间的连接和沟通,增加神经递质的释放,进一步促进学习和思维的提升。同时,运动还可以提供更好的血液循环,使大脑获得更多氧气和营养物质。

另外,运动还可以减轻焦虑和压力,增强注意力和集中力,提高心理健康,这些积极的心理状态也有助于学习效果的提升。

二、将运动与学习相结合,并找到平衡

当我们希望像同桌一样通过运动提高大脑的学习效率时,我们不妨思考一下如何将运动和学习结合起来?

近年来,越来越多的研究表明,运动不仅能够锻炼我们的身体,更能够激发大脑的无限潜能。

李宁是中国体操界的传奇人物,他以其优雅的动作和坚韧的意志征服了世界。然而,他的智慧和思维也超越了体操领域。李宁认识到,运动不仅仅是身体上的锻炼,更是一种内心的修炼。他通过体悟运动中的平衡、节奏和控制,将这些智慧融入自己的学习和创造中。

培养运动习惯并将其与学习结合起来,不仅可以提高大脑的学习效率,还能够使我们更好地理解生命的哲理。

要像同桌一样通过运动提高大脑的学习效率,可以考虑以下建议:

1. 制订合理的锻炼计划

根据自己的时间和能力,制订一个适合自己的锻炼计划。选择一种或多种体育活动,如慢跑、游泳、球类运动等,并确保每周进行几次中等强度的有氧运动。

2. 保持规律的锻炼频率

为了最大限度地提高大脑效率,保持规律的锻炼频率非常重要。尽量每周进行 3~5 次运动,每次持续 30 分钟

以上。

3. 注重身体与大脑的结合

在进行体育活动时,尝试将身体和大脑结合起来。例如,我们可以尝试进行有节奏的跑步,配合古诗文或英语的背诵,这样可以通过同时激活身体和大脑,增强学习效果。

4. 不要忽视休息和睡眠

除了运动,休息和睡眠对大脑的学习效率同样重要。给自己足够的休息时间,并确保每晚有充足的睡眠,这有助于恢复大脑功能,提高记忆力和专注力。

5. 健康饮食与水分摄入

保持健康均衡的饮食对大脑功能至关重要。确保摄入足够的营养物质,如蔬菜、水果、全谷物和富含健康脂肪的食物。此外,保持足够的水分摄入,以保持大脑的良好功能。

三、提升大脑效率的方法众多,学会个性化学习

在学习过程中,我们经常会遇到提高大脑学习效率的问题。除了运动,是否存在其他方法可以提升大脑的学习效率?大脑喜欢什么呢?

1. 创造富有意义的学习环境和习惯

大脑对于创造性、新颖和富有挑战的学习环境更为喜欢。研究表明,当我们在学习过程中感到愉悦、兴奋和投入时,大脑会释放出更多的神经递质,促进学习和记忆的形成。因此,我们可以尝试调整学习环境,例如通过改变学习空间的布置、使用香薰或音乐等方式,创造一个令人愉悦和专注的学习氛围。

2. 注重身心健康的综合平衡

我们可以通过保持良好的作息规律、饮食均衡、充足的睡眠以及积极参与社交活动等方式,维持身心健康的平衡状态,从而提高大脑的学习效率。

3. 个性化学习方法和技巧

每个人的大脑都有自己的独特特点和学习方式。因此,我们需要探索适合自己的个性化学习方法和技巧。例如,利用碎片时间进行学习、运用实验法等,这使得我们能够在学习过程中更加高效地利用大脑的潜力。

每个人的大脑都是独特的,根据自己的情况和需求去探索适合自己的方法即可,你不必成为任何人,只需要成为最好的自己。

男孩，青春期
你要懂的事儿
安全篇

苏星宁 —— 著

北京理工大学出版社
BEIJING INSTITUTE OF TECHNOLOGY PRESS

版权专有 侵权必究

图书在版编目（CIP）数据

男孩，青春期你要懂的事儿. 安全篇 / 苏星宁著. — 北京：北京理工大学出版社，2024.7
ISBN 978-7-5763-4135-5

Ⅰ.①男… Ⅱ.①苏… Ⅲ.①男性－青春期－家庭教育 Ⅳ.①G782

中国国家版本馆 CIP 数据核字（2024）第112321号

责任编辑：李慧智 王晓莉	文案编辑：李慧智
责任校对：王雅静	责任印制：施胜娟

出版发行	/ 北京理工大学出版社有限责任公司
社　　址	/ 北京市丰台区四合庄路6号
邮　　编	/ 100070
电　　话	/ （010）68944451（大众售后服务热线）
	（010）68912824（大众售后服务热线）
网　　址	/ http://www.bitpress.com.cn
版印次	/ 2024年7月第1版第1次印刷
印　　刷	/ 唐山富达印务有限公司
开　　本	/ 880 mm × 1230 mm　1/32
印　　张	/ 4.875
字　　数	/ 80千字
定　　价	/ 168.00元（全6册）

图书出现印装质量问题，请拨打售后服务热线，负责调换

目录
· CONTENTS ·

第一部分 PART 1　居家安全勿大意

1. 炒菜的时候，如果锅烧着了，怎么办？　/003
2. 晚自习放学回家，路上被跟踪了，怎么办？　/008
3. 吃了外卖，一直拉肚子，食物中毒了，怎么办？　/014
4. 都快半夜了，同学约我出去吃夜宵，怎么办？　/019
5. 家中请客吃饭，一屋子烟酒味，如何避免酒精和烟草的危害？　/024

第二部分 PART 2　出行安全要小心

6. 旅行途中，刻意靠近我搭话的陌生人，我该搭理他吗？　/031
7. 上了出租车，却发现司机故意绕路，遇到危险，怎么办？　/036
8. 火车站候车大厅，有人请我帮他看行李，我能帮忙吗？　/041
9. 一时头脑发热带着妹妹坐地铁，让她受伤了，怎么办？　/047
10. 放学路上，小卖部在进行扫码填问卷赢赠品活动，这种便宜能占吗？　/052

第三部分 PART 3　社交安全我用心

11. 网友约我下周一湖边见面，我该去吗？　/059

12. 同学聚会时，有人打起来了，怎么办？　/065

13. "键盘侠"与网络暴力，真的只有一步之遥吗？　/071

14. 同学说要带我去认识个"社会帮派大哥"，我该去吗？　/077

15. 新闻中有人在迪吧吸毒被抓，我该怎么提高自己的辨别力？　/083

第四部分 PART 4　校园安全记心中

16. 在课间活动中发生意外，脚扭伤了，怎么办？　/091

17. 一直被同学勒索，不敢反抗怎么办？　/097

18. 参加网球比赛活动时发生意外了，怎么办？　/103

19. 学校有个"小霸王"团队，如何避免遭受他们的校园欺凌？　/108

20. 参加学校劳动，搬东西时膝盖不小心碰到桌角上，怎么办？　/114

第五部分 PART 5　应急处理与自救

21. 旅行途中，同学突然呼吸困难，遇到突发情况怎么办？　/121

22. 晚自习回家，遭遇了抢劫，怎么应对紧急情况？　/127

23. 父母不在家，却有陌生人上门声称"走访"，怎么办？　/132

24. 游泳课上，一位同学突然腿抽筋了，怎么办？　/138

25. 安全逃生通道有什么用，遇到火灾等紧急情况怎么办？　/144

第一部分

01

NAN HAI, QING CHUN QI NI YAO DONG DE SHIER

居家安全勿大意

1 炒菜的时候,如果锅烧着了,怎么办?

厨房里,我手忙脚乱地忙碌着,准备做一盘芹菜炒木耳。

随着锅烧热,我将一大勺子油倒了进去,锅里立刻蹿出了火苗!我被吓了一跳,笨拙地想要灭火,赶紧把菜倒了进去,用炒菜铲使劲翻了翻,结果绿色的芹菜变成了灰褐色,本来发黑的木耳更是彻底煳了。

一盘菜毁在了我手里,可更让我感到力不从心的是:锅里的火苗依然旺盛!

"添水,盖锅盖,还是别的什么?"我大脑快速地反应着,此时我迫切希望自己成为武功盖世的高手,出手就能解决问题。但不能再等了!我隐约记得一点常识,抄起手边的锅盖做了一回"锅盖侠",用锅盖捂住了火苗。还好,我成功了。

晚上,妈妈回家后,听我讲述惊险一幕,再看看锅中惨状,她摸摸我的手,又捶打我的后背,又气又笑:"我的儿啊,你这做顿饭,没人看着可太惊险了!以后你要是自己生活了可怎么办啊?"

妈妈的话,让我不禁开始思考,我为什么会有这样惊险的经历?作为一名中学生,我向来以学习为主要任务,自己从来没有主动要求分担家务，而疼爱我的父母也从未对我有过这方面的要求。仅有的几次尝试都不太成功，这一次最严重。

可是我总有一天要独立面对这些啊！这件事让我意识到，一个人想要独立生活，真的不容易呢！

——小煦

一、炒菜之时，起火也有原因

看爸爸妈妈炒菜，我们也许都觉得这并不难，开火、倒油、放菜、翻拌、加料、关火、盛菜，这步骤只要照着做下来应该没问题。但到了我们自己做的时候，却非常容易出现小煦这样的经历：炒菜时却起火了，这又是为什么呢？

不常炒菜的我们，对炉灶火苗控制不当，也不会判断锅中油温和食物的温度。当炉灶火苗过大或加热时间过长，就会导致油温或食物温度迅速升高，油在高温下迅速分解产生烃类化合物，化合物遇到空气中的氧气，就会迅速燃烧。

再加上我们对炒菜的操作过程也不熟悉，比如锅底没放平、锅盖没盖严,也会导致出现火焰;又或者因为使用菜铲不熟练,翻炒力度过大或速度过快,油随着溅出来,也易导致燃烧。

而且,对于突然起火,我们也会因为害怕而一时不知所措,可能一开始不过是个小火苗,在我们被火苗吓到而愣怔的那几秒钟里,火苗已经迅速蹿起来了。

由此可见,很多原因都可能导致我们在做饭时出现起火事故。

二、厨房火灾,冷静积极应对

小煦还算是万幸,头脑中隐约有厨房灭火常识,让他灭掉了火苗。我们也应该提前了解厨房火灾的应对措施,以备不时之需。

炒菜时油如果起火,会在 20 秒内发展到猛烈燃烧的阶段,这 20 秒就是最佳的灭火时间,但如果此时用了不当的灭火手段,也可能会导致火越烧越大。所以,我们此时要尽量冷静,抓紧时间选择合适的方法灭火。

一般来说,要灭掉炒菜时的火,基本都要遵循隔绝空气、隔离可燃物、降低温度等原理。所以此时若火势还不大,应先迅速切断燃气阀门或电源,用锅盖从侧面盖在火苗上,等待温度降低,火势减弱,火焰自然熄灭。之后要等待锅的温度降一降,再小心处理食材和锅。

另外,不用锅盖的话,如果一旁有足够多的蔬菜,也可以将蔬菜倒进去,也可以起到灭火的作用。再有就是,火势不太大时,若是有足够大的湿抹布或湿毛巾,也可以直接覆盖到锅上,起到隔绝空气灭火的作用。

当然,最好还是在家中准备好灭火器等应急器材,以防万一。不过,要真的是自己已经无法处理了,那就赶紧拨打火警电话119,请专业救火人员来帮忙。

三、独自做饭,安全注意事项

在一个军事基地的食堂,一名厨师在为士兵们准备晚餐。

由于操作不当,厨房起火,迅速引发了基地内的火灾。而又因为火势失控,一部分军事装备被烧毁,给基地造成了不小的损失。

在火灾发生后,该军事基地的安保部门与安全专家展开了调查。经过对现场勘察和取证,他们发现厨房内的燃气管道存在老化现象,因未能及时维修而导致燃气泄漏,燃气遇到明火后迅速引发了火灾。同时,厨房内的灭火器由于长时间未检查已经失效,所以无法及时扑灭火源。

这个故事告诉我们,一个细节的疏忽很可能就会导致不可挽回的后果。

在日常生活中,对于厨房安全,我们也要遵循"未雨绸缪""居安思危""预防胜于治疗"等原则,每个人都应该提高警惕,牢记以下几点注意事项:

使用厨房电器前,详细了解其使用方法、规格以及电源电压,以确保安全使用。比如微波炉加热要用专用器皿,不能使用金属容器、普通塑料容器;电炖锅要确保接口牢固,避免水沾湿电线;等等。

使用燃气灶具时,要清理周围易燃物,控制好火力、油温和时间,保持环境通风。使用完毕,要保证气阀处于关闭状态。

烹饪过程中,要时刻保持对炉火和各种电器的监管,尤其是灶上烧菜煮饭时,不要随意离开厨房。

及时检查家中锅具,保证锅具完整无破损、锅底平整、锅盖严实,否则要及时更换。

使用刀具时要注意保持手部干燥,正确使用切菜板,注意保持手与刀口的安全距离。选择优质合格刀具,尽量刀具生熟、荤素分开,若不分开也要及时清理刀具,保证食品安全。

另外,我们也要多花些时间跟着爸爸妈妈学习做饭,认真听取他们告诉我们的各种注意事项,有机会就多自己上手操作,熟能生巧,我们也就能更好地避免厨房事故的发生。

2 晚自习放学回家,路上被跟踪了,怎么办?

那天晚自习结束后,我背着书包,匆匆走在回家的路上。当走到一个较为昏暗的街角时,我忽然感到背后好像有人在跟着。

我转过头,只看到一个高大的身影跟在我身后,路灯下,他的目光紧紧地锁定了我。我加快了脚步,但那个人似乎也加快了脚步,始终紧跟着我。

我试图保持冷静,思考应该怎么办。我提醒自己不能跑,因为这样可能会引起他的注意。我想试着看清那个人的面孔,可当我转回头想走近一些看的时候,他却迅速地向旁边的巷子里逃去。

趁那人没再跟着我,我赶紧向家跑去。我惊魂未定地回到家,马上将这件事情告诉了父母。他们第二天带着我报了警,虽然警察进行了调查,但跟踪我的人似乎消失得无影无踪,没有留下任何线索。

从那以后,我变得更加谨慎。每天放学后,我都会提前告诉父母或者哥哥来接我。在等待的过程中,我经常会想:我该怎样观察周围环境的安全性呢?我该怎样更好地保护自己呢?要是下次我自己一个人出门,又被跟踪了怎么办呢?

——小鲁

一、不给坏人机会，学会保护自己

世界充满不确定性，我们应该学会保护自己，而想要更好地保护自己，不妨先学习一种实用的个人防范技巧——发现坏人术。

当你感觉到有人在暗中盯着你，或发现可疑陌生人的眼神让你感到不安时，你需要保持冷静，可以快速走到路对面，或者迅速换一条路，尝试远离那个陌生人的视线。如果陌生人仍然紧跟着，那他很可能就是个坏人。

此时，你要迅速评估周围环境，然后向有更多人的地方跑过去。如果周围没有其他人，那就立即向最近的商场、超市或公共场所奔跑。如果你能跑到派出所、保安亭、消防队、警务室这些地方就更好了，或者遇到警察、保安、军人，相信你能获得更多的安全感。

同时，你也要学会正确求救，如果有机会逃跑，尽量选择快速离开危险现场，在逃离的过程中可以伴随着高声呼救，引起他人的注意，以得到帮助。

当然，最好的保护方式还是不给坏人任何机会。尽量避免在夜晚独自外出，如果必须外出，最好有人陪伴或使用安全的交通工具。同时，保持警惕，不要轻易相信陌生人的话或跟他们走。

二、从家人和朋友处获得支持，确保自身安全

在路上行走被跟踪，这样的危险有时候靠我们自己可能并不能完全防范，而家人和朋友是我们重要的社会支持，所以及时向他们求助很有必要。

想象一下，当你在回家的路上，感觉有些不对劲，而这时你突然接到了来自家人询问情况的电话，你是不是会感到安心？当遇到危险时，告诉家人你的遭遇，不论是家人对你安慰、鼓励，还是给你出主意，又或者是直接赶过来陪伴，无疑都能给你带来极大的安全感。

除了家人还有朋友，我们的朋友中大部分是同龄人，更能理解我们的感受，而且父母可能会因为工作没时间，但朋友却能和我们一起上学放学、一起玩耍，活动的时间基本都是重合的，所以与朋友分享你的感受和经历，告诉朋友们你的困扰和不安，让他们知道你的处境，他们不仅会主动提供宝贵的意见和建议，有的好朋友还会愿意给你更多的陪伴与支持。比如，如果你感觉独自外出不安全，就可以和朋友描述一下自己的遭遇和感受，仗义的朋友就会帮你全面考虑，不仅能提供实用的建议，还会通过陪伴来给你最可靠的支持。

同时，我们还可以制订一个紧急应对计划，以便在遇到危险时能够迅速做出反应。比如，我们可以和家人、朋友约

定一个暗语"今晚的课程我去不了了",在不能自由说话时可以表明你处于危险之中,以此作为让朋友和家人报警的信号。

三、保障自身安全,从点滴细节入手

被跟踪这种危险可能会发生在我们不注意的时候,也许在校园内就开始了,所以无论是在校园内还是校外,我们都需要时刻保持警惕,确保自己的安全。以下几点是我们要注意的:

第一,保持警惕,注意周围环境。

我们需要在日常生活中时刻关注周围的环境,可以通过观察周围人的行为和言语来提高自己的警惕性,特别是对于一些异常情况要格外留心,比如有不熟悉的人最近经常出现在自己周围,有不认识的人近来一直打听自己,最近总有人跟自己找碴儿,等等,当遇到这样的情况时,平时出入就要多加小心。

另外,我们也应该熟悉自己所处的环境,包括校内环境、回家路上环境,注意哪些地方可能是视线死角,哪些地方可能会被跟踪,并详细了解应急逃生路线。

第二,学习自我防卫技巧。

想要防范被跟踪,学习自我防卫技巧也很有必要。我们可以通过学习防身术或者参加相关的培训活动来提高自己的防卫能力,平时多锻炼身体,提高身体素质,在真的遇到紧急情况时,这些防卫技能说不定就能发挥重要作用。同时,在遇到紧急情况时,能够冷静应对,迅速采取适当的措施保护自己。

此外,我们还可以尝试建立安全小组,通过互相监督和学习来增强我们的安全意识和应对能力。同时,我们也可以关注新闻报道中相关的案例,从中吸取经验教训,为自己的安全做好准备。

第三,平时注意保护自己的隐私。

在互联网时代,个人信息很容易泄露,一不小心就会引来坏人的关注,从而引发跟踪等一系列不好的事。所以我们需要在社交媒体上保护好自己的隐私,不要在社交媒体上发布过多的个人信息,不要过分炫耀财富、成绩等容易引发他人贪念或嫉妒的内容,也不要频繁分享自己的位置。

不过在一些特殊情况下,我们也可以反过来利用社交媒体来增强自身的安全保障。

网上有一则报道,一名男生在外出时感觉被跟踪,他非常害怕。然而,他没有直接回家,而是去了一个附近的咖啡馆,并立即在社交媒体上发布了自己的处境和位置信息。他的朋友们看到了信息后迅速回应,有人立即赶往咖啡馆陪伴他,有人则继续在社交媒体上关注他的动态。在朋友的陪伴下,他顺利回到了家中。

总之,保障自身安全需要我们从点滴细节入手。安全无小事,只有我们全面考虑并采取适当的措施才能更好地保护自己并确保自己的安全。

3 吃了外卖,一直拉肚子,食物中毒了,怎么办?

暑假的时候,爸爸妈妈工作异常忙碌,很多时候都要出差,家里就剩下我一个人了,到饭点儿我就习惯性地点外卖。

这次我点了我最爱的比萨和冰可乐。四五块比萨、几大口可乐下肚,我当时感觉非常满足。可过了没几分钟,忽然觉得肚子很不舒服,慢慢开始疼起来,并伴有一阵阵的恶心,最后干脆吐了出来。

"不会是外卖有问题吧?会不会食物中毒了?"我手忙脚乱地摸到自己的手机,立马给妈妈打了电话,尽管妈妈说立刻就回家,可我独自忍耐了一个小时之后她才进门。妈妈赶紧带我去了医院,医生一番检查后确定我是食物中毒。在医院输了几个小时的液后,我的肚子终于慢慢不疼了,但身体还是很虚弱。

回想这次的经历,我有些后悔那天点了外卖,也有些后怕,自己独自等待妈妈回来的那一个小时,若是真的发生了什么,后果真不敢想象。可是想想以后的生活,在很多不得已的时候,点外卖依然是不可避免的。那如果再遇到类似的事,为了避免再出现类似的"折磨",我又该怎么办呢?

——沈健

一、外卖带来麻烦,有一定原因

吃外卖竟然会引发食物中毒!可是,明明就是经过烹饪的食物,又是怎么带来这样的问题的呢?这里面也有很多原因。

有些商家为了不耽误出餐时间,制作的时候可能会出现火候不够、烹饪时间不足等情况,这就导致有些食材半生不熟,可能就会引发人体肠胃不适。

还有些商家为了压缩成本,选择劣质食材甚至是过期食材,食材本身就有问题,当然就会影响健康。

再加上商家都想要追求美味,但短时间想要获得美味就只能选择各种食品添加剂,这些化学调料也会给人体带来健康负担。

还有就是,商家选择的餐具也可能是不合格的,毒素经过加热渗透进食物中,同样也是健康隐患。

最后,每个人体质各不相同,同样的饭菜可能有的人吃了没问题,但有的人体质原因就是不能吃,一吃就出问题。

也就是说,排除外卖商家的原因,我们自己其实也是有一定原因的。如果我们只看到了外卖好吃,盲目点外卖,就很可能会经历与沈健相同的遭遇。

二、外卖吃出问题，妥善来处理

当像沈健这样，吃外卖吃出了身体不适，我们可以这样来做：

迅速确认自己的身体是不是真的因为吃外卖而出现了一系列的症状，比如沈健在吃过外卖之后几分钟，就出现了恶心、呕吐、腹痛、腹泻等症状，在这之前并没有什么问题，那就可以大致判定，他的身体问题与外卖食品有关。

这时可以及时通知父母，但在等待父母的时间里，比如像沈健这种情况，需要等妈妈一个小时的时间，也不能真的什么都不做，身体若是实在难受，也可以先拨打 120 联系医生寻求帮助，就算真有大问题也能保证医生能及时救治。这时候不要只是傻傻等待，以免错过最佳治疗时间，甚至是抢救的宝贵时间。

同时，保留好证据，可以拍照、拍视频，与商家进行协商沟通，提起赔偿。如果再有其他问题，还可以提起诉讼，维护自己的利益。这一步也可以交由父母来帮助我们完成。

三、合理看待外卖，正确点外卖

外卖大多是在我们不知道的地方、用我们不知道的食材与调料制作的,这些"不知道"自然就会存在健康隐患。但外卖方便,尤其是快节奏的生活下,当我们手头忙乱、任务紧急时,外卖就成了保证我们能吃饱的"救命稻草"。而且,很多美食是自家做不出来的,只能由外卖解决。

也就是说,在现在的生活中,我们无法避免点外卖。而为了避免出现沈健的遭遇,我们应该学会正确点外卖。

1.选择较大的、较正规的店铺,这样的店铺客流量大,食材来源可靠,且基本能保证新鲜,出问题的概率会小一些,就算出了问题也更方便维权。

2.选择销量大、好评度高的店家,尽量选销量大的、好评度高的饭菜,因为经过"多人认证",所以不论是卫生还是口味都会有一定保障。

3.尽量选食材丰富的饭菜,有荤有素,有汤有饭,若是有蛋有奶就更好了,这样丰富的搭配也可以为我们提供较为全面的营养。切记注明忌口,比如有的人对花生过敏,那么食材中若是有花生就要提前说明,以免误食。同时注意点合适的量。

4.根据自己身体情况判断到底要不要吃外卖以及吃什么,不要只图刺激一味选择麻辣、油腻等刺激性强的食物,尽量少喝或者不喝奶茶、碳酸饮料等高糖饮品,偶尔吃一吃换个口味就可以了。也不要图一时新鲜,盲目吃以前没吃过的饭菜,多看看评论,以免做出不当选择。当然,最好学会自己做饭，与点外卖交替进行。

5.外卖送到后注意检查，看餐食是否是自己所点的，包装是否完整，是否有漏洒，是不是干净，等等。如果饭盒破损，可以拍照留存证据，当然这种情况下就不要吃了。

4 都快半夜了,同学约我出去吃夜宵,怎么办?

考试周就要到了,我感到压力山大。我坐在书桌前,灯光下一页页翻动着厚厚的教科书。突然手机响了,是住在同一小区的一个同学的消息:"出来吃夜宵吧!"看着这条消息,我陷入了沉思。

我知道,和同学出去吃夜宵是件很平常的事情,而且也是一种放松的方式。但是,在即将到来的考试周,我正在为成绩焦头烂额,每分每秒都想要用来复习。

我还想起了我的父母。他们总是对我的学业要求很高,希望我能够成为一个优秀的人。每次考试不理想,他们的失望都如同刀子一样刺痛我的心。我不想再让他们失望,更不想辜负他们的期望。

我拿起手机,准备拒绝。可是,我的手却停住了。我对自己说:"你需要休息,放松一下也是很重要的。"可是我又想:"不,你不能放松,还有那么多的知识等着你呢!现在就是关乎未来的关键时刻!"这样的内心对话一直在我脑海中回荡,我像是陷入了一场内心的拉锯战,分不清哪一方才是真正的自己。

这时,书桌上的书籍和资料仿佛在嘲笑我。我感到一阵头疼,仿佛心中的矛盾正在撕裂我的灵魂。我闭上了眼睛,试图平复内心的波澜。可是,这样的痛苦和纠结却依然缠绕着我。手机再次响起,那是同学的催促。我该怎么办?

——舒贺

一、了解夜宵的利与弊

夜宵,也就是在三次正餐之外的一次加餐,一般是在晚上休息时间,合理地吃健康的夜宵对我们是有好处的。

吃夜宵可以补充能量和营养,有助于维持身体的代谢和健康。在白天饮食不足或晚上有大量能量消耗的情况下,吃夜宵可以为身体提供必要的能量支持。

同时,吃夜宵也有助于缓解饥饿感,提高学习和工作效率。尤其是男生精力旺盛,需要更大量的进食以缓解更快出现的饥饿感。

那么什么样的夜宵是健康的呢?我们应该选择富含营养且易于消化的食物,比如水果、酸奶、燕麦粥等。而冷饮、油炸食品、膨化食品、罐装食品,以及辛辣、刺激性食物还有高糖、高脂、高盐类的食物能避则避。

怎么吃算合理呢？我们应该避免在睡前一小时内进食，同时夜宵的量也不要太多，约占晚餐的 1/4 就可以了。如果是出门去吃，应该尽量选择卫生条件良好、信誉度高的店铺。

以上算是我们吃夜宵的好处，但对于还是学生的我们来说，夜宵的弊端也要知晓。

吃夜宵是一定会占用时间的，而夜宵过后的消化也会占用时间和精力，毕竟"吃完东西就犯困"是很多人都会出现的情况，这显然不利于接下来的学习，更会导致休息时间被压缩。

尤其是出去吃夜宵，这无异于一趟放松游玩，自然会更加浪费时间。此时我们正需要抓紧时间学习，那这时间的浪费可能就是最大的弊端。再加上若是吃得不合适，还可能引发身体问题，就更是得不偿失。

由此可见，夜宵本身及吃夜宵这个行为都是具有两面性的，多考虑一下也并不为过。

二、根据自身情况选择吃与不吃

当夜深时刻、吃夜宵、同学邀约、学习压力等因素集合在一起时，你可能也会像舒贺一样很纠结。除了明了夜宵本身的利弊，到底是吃还是不吃、应约还是拒绝的确是需要我们自己好好想一想的。

显然，我们应该综合这里面所有的因素，然后再做出最合适的选择。

第一，看看当下最重要的事——学习，看看自己学到一个什么程度了，如果刚好做完几道题、想通某个疑问点，或者刚好背完重要的知识内容，那休息一下也没什么，吃夜宵也可以算是一种休息方式，也可以补充一下能量和营养。这样不论是接下来继续学习还是休息，都能保证不会因为能量不足而感到疲劳或饥饿。但如果正处在思考的关键时刻，正在按照一定思路解题，那就不好中途打断了，此时最好一鼓作气把题做完。

第二，看看自己是不是需要补充能量或营养，饿不饿，渴不渴，想不想吃东西。身体如果需要，那就及时补充一下，不那么需要也就没必要浪费时间了。

第三，看看同学到底是什么情况，有的同学喊你吃夜宵可能不是单纯去吃东西，而是有话要说、有问题要讨论，彼此交流一下，或者缓解一下学习带来的压力，这时如果你刚好也有问题，或者也刚好感觉压力巨大，那也不妨去和朋友们一起放松一下。但如果同学就只是单纯想吃东西，只是想起来就喊你去，那你就要参照前两点再决定了。

第四，看看时间、地点是否合适，半夜去离家相对较远的地方吃一顿夜宵，对于未成年人来说显然是不行的。从安全的角度出发，我们也不要只贪图那一时的"好吃""热闹"，对于不合适的时间与地点完全可以拒绝。

三、学会正确应对同学的夜宵邀请

面对同学深夜发来的夜宵邀请，我们应该正确应对。参照前面提到的第一到第四点内容，我们在判断好自身情况之后，再给同学回复。

如果要去，那就和对方确定好具体的时间地点，确定好要吃什么、怎么支付、去多长时间等细节问题。然后再和父母说明白自己去哪里、去见谁、做什么、大概要多久，并随身携带好手机，方便随时与家人联系。

如果不去，可以委婉地拒绝同学，说明白自己现在的情况，比如"还有难题没解决""正好在思考的关键阶段"，或者说明自己的态度，比如"今天不是很想出去""现在觉得有点累"，可以和同学再约定其他合适的时间。

也就是说，不论是决定去还是拒绝，都应该依据我们自身真实情况做出选择，而一旦答应了，那就放松下来，好好和同学聊一聊，认真吃点东西补充能量和营养；若是决定拒绝，也不要觉得是什么了不得的事，说清楚原因，做好下次约定，大家应该都能彼此体谅。

5 家中请客吃饭,一屋子烟酒味,如何避免酒精和烟草的危害?

那是一个星期五的晚上,我家准备举办一个家庭聚餐。我知道,这将是一个充满烟酒气息的夜晚。

我的父亲是一个热情好客的人,他喜欢在周末与朋友们一起喝酒聊天。在我成长的过程中,我常常看到他与朋友们一起分享食物和饮料,而我也被允许和一些成年人一起分享一瓶啤酒。然而随着慢慢长大,我开始明白这样做对我的健康是有害的。

我深知烟草和酒精对健康的危害,特别是对于我们这些青少年来说。但同时我也知道我可能改变不了父亲的生活方式,我的内心充满了矛盾和冲突。

在聚餐开始之前,我试图与父亲谈论我的担忧。我说:"爸爸,我明白这是你的社交方式,但我现在是一名青少年,我需要保护我的健康。"然而,他只是笑了笑,毫不在意地说:"没事,偶尔一次没什么的。"我不能指责他,因为我知道他爱我,但我仍然感到困惑和无助。

在聚餐过程中,我尝试让自己保持清醒,但烟酒味不断飘进我的鼻子。我看着父亲和他的朋友们畅饮、吸烟,而我只能忍受着痛苦。我知道我不能改变这个局面，但我也不能放弃自己的健康。我感觉很困惑，不知道该怎么办。

——尹哲豪

一、想办法远离烟酒味重地

家庭聚餐时若烟酒味过于浓重，甚至有人在饭桌上劝未成年的你吸烟、喝酒，那你最好的应对就是想办法远离这个环境，可以试一试下面这些做法。

聚餐开始前：

可以和父母商量，给包括你在内的未成年人单独开一小桌，并远离抽烟喝酒的成年人，你和其他孩子在小桌上吃饭。这个小桌可以放在远离餐厅的客厅，也可以放在其他房间里。如果只有你一个孩子，那就打好招呼提前吃，吃完就去做别的事，远离充满烟酒气的饭桌。

聚餐过程中：

提醒父母或者自己主动开窗通风，让烟酒气不会一直在房间内聚集。

拒绝饭桌上他人的劝烟、劝酒,尤其是有人说"男人怎么能不会抽烟喝酒",这个逻辑并不成立,要时刻牢记身体健康才是最重要的,可以委婉提醒对方"我还未成年",告知对方"我要以学习、身体为重"。

聚餐结束后:

最好迅速清理饭桌,将烟蒂、酒瓶收进垃圾袋,酒杯、饭碗刷洗干净,餐桌也同样擦干净。可以用橘子皮泡水,在聚餐结束后喷一喷房间,也可以点一支蜡烛以清除残留的烟酒气味。还可以将聚餐时的衣物及时换下来清洗,以最大限度减少烟酒气味的残留。

二、与父母沟通改变家庭聚餐习惯

心理学研究表明,人的行为和认知是相互影响的。在一个家庭中,我们的积极行为会传递正确的价值观和信息,因此我们需要通过积极的行为来逐渐影响家人。所以如果我们本身已经像尹哲豪一样意识到了烟酒的危害,那就试着和父母去沟通,逐步改变家中的聚餐习惯。

当然,你可能也会像尹哲豪一样犹豫,毕竟要让父母尤其是父亲改变长期形成的烟酒习惯可能并不容易,那么我们可以试试这样来和父亲进行沟通：

选择父亲不忙碌且心情愉悦的时候和他聊一聊，自然地把话题引到烟酒问题上来，通过表达对父亲的关心与爱护，让他感受到你希望他健康和快乐的愿望。

借助医学和心理学等领域的知识，向父亲阐述烟酒对身体的危害以及不良影响。或者时不时地把你看到的关于禁烟禁酒的广告、短视频装作不经意拿给父亲看。通过传递这些信息，让他逐渐意识到烟酒的确是在影响他自己以及家人的健康。

提出一些具体的建议来减少烟酒的使用。例如，可以建议在家庭聚餐时提供更健康的饮品，限制吸烟的时间和数量，或者选择其他有趣的活动来减少对烟酒的依赖。

在与父亲进行沟通之后，我们就可以进一步与父母聊一聊家庭聚餐时的烟酒问题了，可以和家人一起商量这样一些聚餐规定：

1. 聚餐禁止吸烟，或者在阳台设立一个"临时吸烟区"，实在想要吸烟就去阳台打开窗户。当然，不吸烟是最好的。

2. 聚餐限制饮酒，只准备少量且度数不高的酒，浅尝辄止。可以准备其他可替代的健康饮品。

3. 与来参加聚餐的亲朋好友也打好招呼，减少烟酒"参与"。

必要时还可以根据这些规定来制定相应的奖惩措施，以确保规定得到有效执行。

当家人对以上规定达成共识后,我们就可以确保家庭聚餐的健康、舒适与和谐,同家人一起树立正确的价值观和行为准则,从而促进家人的健康。

三、培养健康的生活方式

面对家庭聚会的烟酒危害,我们应该积极培养健康的生活方式,以提高身体素质和免疫力。具体而言,我们可以通过以下方法来实现这一目标:

1. 了解健康的生活方式,包括合理饮食、适量运动和充足的休息等。我们可以向营养师、医生等专业人士寻求建议,制订适合自己的健康计划。

2. 寻找不吸烟、不饮酒的榜样,并向他们学习如何拒绝烟酒的诱惑。这些榜样可以是我们身边的朋友、亲戚,也可以是公众人物或健康专家。他们的行为和态度将潜移默化地影响我们与家人一起建立正确的价值观和生活方式。

3. 鼓励家人积极参与社交活动,建立良好的社交关系,也能有助于减少家人对烟酒的依赖。

4. 寻找替代活动来增加家庭成员之间的互动和交流。比如组织一些有趣的游戏或音乐类活动,可以有效减少对烟酒的依赖,提升家庭氛围,增进亲情。

第二部分

02

NAN HAI, QING CHUN QI NI YAO DONG DE SHIER

出行安全要小心

6 旅行途中,刻意靠近我搭话的陌生人,我该搭理他吗?

每到假期,我们一家都喜欢旅行,总会安排去外地旅行。这个暑假,我们来到了上海,到了酒店后,爸爸妈妈逛得有点累,决定先休息一下,我就一个人去酒店附近溜达。

我走进一家小书店,正翻看一本旅游指南,这时一个陌生人走了过来,他的目光在我的书上停留了片刻,然后微笑着向我搭话:"你也喜欢旅行吗?"我点点头,礼貌地回答:"是的,我喜欢探索不同的地方。"他听后笑了笑,说:"我也是个旅行爱好者,对这个世界充满了好奇。"

他开始主动聊起天来,不仅向我介绍当地的特色景点和美食,还分享了他的旅行经历。他的热情让我感到有些意外,也有些警惕。我一直保持着一定的距离,但他的眼神却始终没有离开我。

我走出书店时他也跟了出来,并提议一起参观当地有特色的景点。我有些犹豫,但最终还是答应了。在途中,他向我询问了很多问题,包括我的兴趣爱好、生活习惯以及家庭情况等问题,这让我感觉有些不太自在。最后他说要添加我的微信,希望以后有机会可以一起旅游,和我一起探索这个世界。他的语气充满了期待和热情,眼睛直勾勾地看着我,我感到了一种莫名的压力。

这样在旅行途中,刻意靠近我搭话的陌生人,我该搭理他吗?

——黄悦

一、陌生人搭话,保持警觉性很重要

心理学家认为,我们在陌生人面前会表现出不同的社交策略,因此我们应该根据具体情况选择最适合自己的策略。

面对陌生人搭话时,可以通过以下方式进行处理:

保持冷静和警惕,注意陌生人的行为举止和表达方式,如果感觉不对劲或者有不安全感,应该立即离开或报告给身边的成年人。

多听少说,听听对方说的内容,看他到底想要做什么,不要轻易接话,对于对方的询问,可以回复"不知道""不清楚""不方便""不可以"这样的话语。

不要站立不动,尤其是不要听对方说"找个安静地方"就跟着走,而是在对方说话的同时就向自己的家人或者人多的地方移动,避免单独与陌生人相处,以确保自己的安全。

在与陌生人接触这件事上,可以向家长或老师寻求建议,说一说自己的处理方法,问一问他们如何处理这种情况,听取他们的意见和建议。

总之,我们在面对陌生人的搭话时应该保持警惕和理智,不轻易相信陌生人,同时寻求可信赖的成年人的帮助和支持。

二、学会判断保护自己,把握好交流的"度"

在我们日常生活中,与陌生人打交道是不可避免的。在旅途中或是在排队时,我们常有可能被人忽然凑过来搭话,此时应该怎么应对呢?最好做到几个"不":

1. 不以貌取人。不要觉得对方是长得好看的女性、柔弱的老人、年幼的孩子就放松警惕,不要因为对方穿戴整洁或者穿着制服就觉得可以信赖,牢记"他是陌生人"这一点,和对方交流始终要有防备。

2. 不随意暴露自己的信息。真实姓名、家庭住址、学校名称、班级、家人工作信息等内容都是重要信息,除非特殊情况否则不要"有问必答",必要时可以说谎应付过去。

3. 不盲目炫耀。男生可能会有炫耀心理,不论是自身能力还是家中财力都可能成为炫耀资本,但这却容易给坏人以可乘之机,我们要学会收敛锋芒。

4. 不轻易给出任何承诺,不要随口答应对方的请求,可以给出建议。

5. 不随意接受对方的礼物,尤其是食物和贵重物品,守好自己的嘴,控制好自己什么都想要的欲望。

6. 不轻易敞开心扉。不要想什么说什么,守好自己的秘密,也不要好奇打听对方的秘密,对方说什么听一听就算了。尤其是对方说中我们心事时,更不要顺其自然接话,而是要闭口不言。

三、遇到陌生人搭话,用智慧来面对

当陌生人来搭话时,我们还需要判断他的来意,针对不同情况给出不同应对。

如果陌生人来求助,最好提高警惕,对于对方提出的借钱、借手机、求带路等要求,都不要立刻答应,可以建议他去寻求警察或相关人员的帮助。毕竟一般人求助都应该去找更可靠的人，比如警察，而向未成年人求助的人，多半都可能不怀好意，所以要万分小心。

如果陌生人像黄悦遇到的人那样，过来与你搭讪，简单听听就好，不要和对方有过多纠缠，对于对方提出的各种说法，要坚持自己的底线和原则。如果对方提出令你感到不舒服或违背价值观的要求，要果断拒绝并保持自己的立场。

如果陌生人很热情，也真的与你很聊得来，也不要完全放松下来，正所谓"害人之心不可有，防人之心不可无"。哪怕是对对方的言谈举止很认可，认为对方是善意和可信的，我们也只是理解对方，可以建立初步的良好关系，比如可以友好交流，但前面提到的那几个"不"我们依然要牢记在心。

与陌生人交流时，我们要保持尊重和礼貌的态度。无论对方的身份、背景或言辞如何，都要以宽容和理解的心态对待，并避免冲突和争吵。

如果我们感觉到不安或不舒服，不要忽视这种感觉，要相信自己的直觉，此时可以及时向信任的人寻求帮助和支持，如家人、朋友或相关机构，共同面对和解决问题。

7 上了出租车,却发现司机故意绕路,遇到危险,怎么办?

那天下午,我刚刚参加完学校的篮球比赛,满身大汗,疲惫不堪,在路边随手拦下了一辆出租车,准备回家。

车上凉爽的空气让我感到一阵舒适,然而,当我告诉司机我的目的地时,我瞥见他的脸色好像有些古怪,这让我有一点点不安,但司机却不动声色,只是淡淡地说了声"好的",接着就起动了车子。

随着车的行进,我发现路线并不是我熟悉的,司机似乎在故意绕路。我心想,也许他是在找一条更近的路吧。然而,随着路程的增加,我的不安情绪也越来越强烈。我开始质疑这个司机是否真的是在为我寻找最佳路线。

我看了看窗外,发现我们好像正开向荒凉的郊区,而不是繁华的市中心,周围的景色也越来越陌生。我试图与司机交谈,但他只是冷冷地回答了我几个问题,然后就沉默不语了,我越发心慌了。

这是,车子遇到红灯停了下来,于是趁着红灯还没有变绿,我连忙跟司机说刚经过亲戚家了,就在这里下车了,没等司机回复，我就赶紧匆匆结账，打开车门向相反方向跑去。

后来我没再打车，而是坐公交车回到了家，但很长一段时间，我都有些后怕。要是下次我一个人乘坐出租车，司机绕路有危险了怎么办？

——张海洋

一、发现出租车走错路，提高警惕

上车之后发现司机故意绕路，不管是不是真的有其他原因，我们也要先提高警惕，可以这样做：

注意路线变化：向司机询问绕路原因，同时通过手机地图应用来确认自己当前的位置和行驶方向，并搜索相关信息了解司机所说的诸如"修路""封路"等原因是否属实。如没有其他特殊情况，司机的确是故意绕路，可以要求他按照原定路线行驶。但如果真的如司机所说是有修路原因也不要放松警惕，而是要及时通知家人，将这个"变故"讲明白。

保持联系：通过手机和朋友、家人保持联系，让他们知道你的位置和情况。同时，和朋友或家人约定好目的地和到达时间，让他们能够在必要时提供帮助。此外，还可以通过社交媒体或电话与他人保持联系，以便在遇到紧急情况时及时寻求帮助。

不要激怒司机：男生有时热血上头可能就会口不择言，一句话惹怒了司机，司机恼羞成怒之下反而真可能做出对我们不利的事情。所以此时可以提醒司机"走错路了""能不能按照原路"，但不要辱骂、威胁，好好说话也是对我们自己的保护。

二、搜集证据，做好应急准备

当你像海洋那样，发现司机的确是在故意绕路，且去往的方向越来越偏僻，让你感觉到了危险，此时就要赶紧做好应对危险的准备。

随时准备报警：在感觉到危险的时候，最好立即报警，可以在手机上设置快捷拨号或一键报警功能，以便在紧急情况下快速报警。若是不方便语音报警，也可以使用12110短信报警。

同时，我们也可以提前了解当地的紧急报警电话和相关机构的联系方式，以便在需要时进行求助。

留下证据：悄悄打开手机进行录音或者录像，也可以通过截图、拍照等方式，记录下司机的特征和车辆信息等细节，以便后续追查和处理。正规出租车可以索要发票，方便日后追责。

寻找机会脱身：感到不对的时候，就要尽快寻找机会下车或脱身。我们可以效仿张海洋趁着红灯的时候下车，或者以其他紧急情况为由要求下车。如果司机停车，就快速下车并向人多的方向跑去，但如果司机不停车，也可以想办法向路过车辆或其他人求助。

总之，做好应急准备是保障个人安全的重要前提。只有做好充分的应急准备并采取适当的措施，才能在遇到紧急情况时迅速应对并取得成功。

三、提前预防，学会正确打车

出门打车也是一门技能，乘坐出租车时也很可能会遇到一些安全问题，为了保护自己的安全和权益，我们要学会提前预防。

首先，选择正规出租车，或者在正规打车软件上叫车，尽量避免乘坐没有正规牌照或未经过正规登记的出租车，也不要轻易相信陌生人的"我捎带你一程"的话。当然在有些特殊情况下，不排除有好心人的确是想帮忙，但是正所谓"不知道有风险的风险是最大的风险，没有安全意识的防范是最差的防范"，万事小心一些没有问题。

其次，了解司机信息，通过与司机交谈、查看出租车内部标志或查看打车软件上的司机信息等，了解出租车司机的姓名、车牌号、公司名称等关键信息。这样在发生问题时可以方便我们进行投诉和求助。

再次，选择正确的座位，如果是自己一个人打车，最好坐在副驾驶后面的座位上，远离司机，靠近后车门，更方便有不正常情况时的应对。

还有，除非特殊情况，否则不要接受拼车，因为你不知道来拼车的到底是什么人，也不能确定拼车的人是不是与司机有什么关系，在保证自身安全这件事上，多花一些车费还是值得的。

最后，控制好自己的倾诉欲，在车上不要和司机聊得太深入，也不要随便接受司机给的任何食品和饮料，不接受司机带有目的性的搭讪，比如很详细地询问你去哪儿、做什么，尤其涉及家庭住址、学校名称等信息，都不要轻易透露，不需要说得太清楚。还要注意，不要炫富，不要吹牛，以免惹出司机的其他心思。同时，不要上车就睡觉，也不要戴着耳机闭目养神，而是要时刻警惕，将手机拿在手中方便随机应变。

8 火车站候车大厅，有人请我帮他看行李，我能帮忙吗？

我是一名初中生，初三的那个寒假，我跟着爸爸妈妈坐高铁去旅行。到达火车站时我非常兴奋，因为上高中后学习会越来越紧张，能出去玩的日子并不多。一想到未来几天可以愉快地玩耍，火车站里拥挤的人群在我眼里都变得可爱起来。

爸爸和妈妈站在电子显示屏下看车站的列车时刻表，我自己找到座椅坐了下来，拿出手机查找游玩攻略。忽然一个声音传了过来，"小帅哥，"我抬头一看，是一位大叔，他拉着一个行李箱，背着一个大包，他冲着我笑了笑说，"我想去一下卫生间，但我就自己一个人，能麻烦你帮我看一下行李吗？"

我当时心情正好，想也没想就要立刻同意。妈妈刚好要坐到我身边，也听见了这位大叔的话，她按了按我的肩膀摇头要我别说话，接着她又对着大叔摆了摆手，大叔笑了笑没说什么，推着行李箱转身离开了。

我有些疑惑，问妈妈："人家想要我帮个小忙，您怎么还拦着我呢？这是不想让我助人为乐？"

妈妈坐好后很不赞同地说："你认识他吗？知道他是干什

么的吗？他就是看你一个人才过来的,再说了,他行李箱里要是装着什么危险品、毒品呢？"

我想了想还是说:"可是他都进站了,说明他通过安检了呀,那应该没问题吧？"

妈妈索性不再跟我多说了,只说:"反正你以后不要这么单纯,再有人让你帮这样的忙,你可不能心那么大。"

我回头看了看,再也看不到那位大叔了,可是我内心却还是很疑惑,这种情况,我到底是该帮还是不该帮？如果他真的有需要呢？不过妈妈说的似乎也没错,万一他的包里真有危险品、毒品呢？唉,真是让人纠结啊！

——李威

一、保有足够的警惕心

面对陌生人的求助,我们很多时候可能都会像李威这样"想也不想就同意",事实上在面对陌生人时,我们首先要做的应该是保有足够的警惕心,尤其是当我们独自一人的时候。

此时我们不能真的"想也不想",当有陌生人拉着行李箱过来请我们帮忙照看时,有些问题需要我们好好想一想。

要想到,"我是未成年人,有些忙不是我这个年龄的孩子可以帮的",所以不需要逞强,不需要展示"虽然我小但我有能力",即便拒绝帮忙也没有问题。

要想到,"此时我是一个人,一旦出了任何问题可能很难得到他人的帮助",所以哪怕"冷漠"一些,但安全最为重要,待在安全的地方、不做危险的事情并不算错。

要想到,"这么多人,他为什么单独过来找我呢?"有些坏人可能会专门挑选符合他"下手"条件的人,所以谨慎一些、多想一点完全没错。

要想到,"万一行李箱里有危险品、毒品,安检也没发现,那就真的危险了",不要因为有安检就完全放松下来,面对陌生的人、陌生的行李箱,不关注、不好奇、不盲目接纳才是正确的。

还要想到,"善心要用在更合理的地方,莫名其妙的人过来求我发善心,这件事本身就有问题",所以对于这次求助不理会也是可以的。

二、学会识别"不正常"的陌生人

其实有些陌生人本身就带有"不正常"的光环,只要我们细心一些,就能发现他们身上不合理的地方,这可以帮助我们识别这些"不正常"的陌生人,对其加强防范。"不正常"的陌生人可能是这样的:

第一,过于热情,或对我们过于依赖。

一般来说,面对不认识的人,人们都会在心理上产生距离感,不会与对方贴得过近,除非必要也不会与对方说太多话。虽然有些人可能是"自来熟",但如果热情过了头,不仅对我们嘘寒问暖,还反复询问包括"你是哪里人""上几年级""家里是干什么的"等这些很隐私的问题,并由此认老乡、夸奖你,那么我们就要提高警惕了。

另外,有些人还会表现出对我们特别"依赖",比如会说"我什么也不会,就靠你了""我这个包拿不动,你能帮忙真是太好了",尤其是对男孩来说,这种"承认能力"的夸赞很容易让人感到飘飘然,进而放松警惕,因此也要格外注意。

第二,不合常理的请求。

火车站这样的地方人来人往,更有工作人员、保安、警卫等人员在,在有诸多选择的情况下,还是有人会选择找我们这样的未成年人来求助,那就有问题了。

还有的人明明带的行李并不多，完全可以自己拿去卫生间，可也提出要让我们帮忙看一下，那他也可能有情况。

再有就是一般人对自己的行李都会非常在意，不会轻易拜托别人帮忙照看，如果有人毫不犹豫地就把行李交给你，那我们最好也要多一个心眼。

另外，有些人在我们拒绝之后还是百般纠缠，这样的请求也是不合理的，也需要我们提高警惕。

第三，不符合年龄的行为。

上年纪的人一般都会有更严重的戒备心，他们多半是想方设法让行李不离手，但如果他反而很放心地让你帮忙看行李，这就不那么正常了。

而年轻人一般自己都有能力照看所有行李，而且大部分年轻人可能都会选择"轻装上阵"，并不会有那么多行李。就算真的因为行李太多需要求助，他们普遍也知道应选择更加合适的人，而不会专门找未成年人。

三、正确应对莫名其妙的求助

面对这些来自陌生人的求助，我们可以根据不同情况来正确应对。

如果对对方有怀疑，可以礼貌拒绝，告诉他，"不好意思，我马上要检票了""对不起，我们很快就走了"，然后转身离开原地，去找父母、朋友汇合。

如果有的人真的想要求得帮助但又不熟悉地形或找不到合适的人，不得已求到了我们面前，那我们可以给对方合理建议。比如，告诉他咨询台在哪里，给他指明工作人员在的地方，让他去向正确的人求助。

如果有人不管不顾把行李放在你的面前就走了，那就先不要碰触这件行李，而是要快速通知工作人员或报警。

如果有陌生人反复纠缠，甚至拉拉扯扯，在保证自己安全的前提下可以高声呼喊，引起周围工作人员或保安人员的注意。

另外，用好手机里的录音、录像功能，感觉不对就打开手机录音或录像，留存一份证据，最大限度帮助我们摆脱麻烦。

当然，作为未成年人，我们最好是能始终与父母待在一起，此时不要觉得"我是男子汉，可以独当一面"，恰恰相反，出门在外，即便是成年人，聚在一起也是最安全的，所以我们也要跟紧父母。此时即便遇到有陌生人过来，父母也会像李威的妈妈那样，在我们想不到的时候替我们想得更周全。

9 一时头脑发热带着妹妹坐地铁,让她受伤了,怎么办?

周末的早晨,我兴致勃勃地带着年幼的妹妹坐地铁去游乐园玩耍。

步入熙熙攘攘的地铁站,周围的乘客们挤来挤去。我紧紧地牵着妹妹的手,小心地在人群中穿行。然而,地铁站的环境还是太复杂了,出行的人也太多了,我们被人群不断地推搡着,几乎无法保持平衡。

突然间,我感觉到妹妹的手松开了,待我回头看时,她的身影已在人群中消失了。我惊慌失措地环顾四周,试图找到她的踪影,直到看到不远处,一圈人正在围观什么,我连忙挤过去,只见妹妹摔倒在地,眼泪直流,疼痛和惊恐交织在她的脸上,我连忙走过去把她拉了起来,紧紧抱起她、安慰她。

那天晚上,回到家中,妹妹跟妈妈说了当天的事情,说我差点把她丢了。我很自责,也很后怕:要是妹妹真的受伤留下后遗症可怎么办呢?要是遇到以前出现的踩踏事件怎么办呢?要是我和妹妹走散了,可怎么办呢?下次独自一人带妹妹出门我都有阴影了。

——小伟

一、提前规划，并准备行程

"凡事预则立，不预则废。"在现实生活中，提前规划和准备行程是确保安全的基础。尤其是像小伟这样，单独带着年幼的弟弟妹妹出门，就更要提前做好各方面的准备。

综合考虑自己与年幼弟弟妹妹的需求，尤其是弟弟妹妹的需求，根据他们想要去的地方、想要做的事情，再进行合理安排。

了解交通出行路线、交通工具、出行时间等各种问题，进行合理选择，并准备一两个备用方案。

针对可能出现的问题做好准备，比如给弟弟妹妹备好零食、饮用水，年龄小的孩子还需要带一些可以哄小孩开心的玩具，准备好雨具，准备可供替换的衣裤等。

同时准备好处理突发事件的必要物品，比如创可贴、碘酒、棉签、纸巾，如果还有需要吃药的情况，也要记得带好并设定好时间，记得及时给孩子吃药。

当然，因为我们自己本身也还算是个孩子，所以出门前还是要与父母等其他成年家人打好招呼，明确出行的地点、出门及返回时间、交通工具，并随时保持联系，遇到问题也好随时求助。

有计划地做事，有目标地行动，才能一步一个脚印地走向成功。

二、学习应对紧急情况的技能和知识

出行本就可能会出各种状况,带着年幼的弟弟妹妹出行,出状况的概率就会大大增加。因为越是年幼的孩子,越具有更多不确定性,就像小伟的妹妹这样,因为年龄小、个子小、步子小,一不注意就容易被人群挤丢,那么除了前面提到的那些基本准备,我们还要针对这些紧急情况做个准备,最好能学习一些具体有效的技能方法。

1. 急救技能:学习基本的心肺复苏和止血包扎等急救技能,能够在受到意外伤害或疾病突发时,及时采取有效的急救措施,为自己和他人争取宝贵的时间。

2. 自我防卫技能:学习一些简单的自我防卫技巧,如解开绳结、脱离困境、辨别危险信号和寻找躲避处所等,以提高在紧急情况下的自我保护能力。

3. 应急逃生技能:了解火灾、地震等常见灾害的逃生方法,学会如何安全疏散和迅速逃离危险区域,保障自身和他人的生命安全。

4. 正确求救技能:不论是弟弟妹妹受伤还是暂时丢失,都要能快速找到相关专业人员进行求助,会拨打各种求助电话,可以清楚描述当前的状况。

总之,学习应对紧急情况的技能和知识不仅是为了自我保护,更是为了在关键时刻成为身边人的守护者。通过系的学习和实践，我们能够在面对突发情况时，保持冷静，迅速做出正确的判断和应对，为自己和他人的生命安全保驾护航。

三、稳定情绪，培养团队合作能力

心理学告诉我们，稳定情绪是我们保持冷静和应对紧急情况的关键。尤其是带着年幼的弟弟妹妹，孩子所带来的种种问题可能很容易就引发我们的恐慌，比如小伟在看到妹妹摔倒时的样子时，内心就充满了紧张，这种情绪很可能导致我们不知所措。所以我们也要锻炼自己有一个"大心脏"，在遇到问题时要能沉稳应对。

不过，对于种种问题的应对其实也不只是我们需要努力，我们和年幼的弟弟妹妹其实也是一个团队，我们也不妨和他们培养一下"团队合作能力"。

根据弟弟妹妹的年龄，我们可以和他们做好"约法三章"。

如果是学龄前的孩子，年龄很小，对于太多的道理听不懂，那就直白地提醒他们"一定要紧紧抓住哥哥的手""要听哥哥的话"。最好向他们反复强调几遍，加深印象。

如果是低年级小学生，可以简单强调几句，比如"要记得拉住哥哥的手""不论要做什么都要和哥哥说",同样也要多强调几遍,防止他们因为贪玩而忘记。

如果是高年级小学生或者是初中生,具备一定的理解能力和自我思考能力,那就可以和他们更正式地进行约定,比如"不要离哥哥太远""有什么需要和哥哥说""想要做什么可以和哥哥讨论""认真听哥哥的安排""不要和哥哥随意发脾气"等,可以用一些奖惩手段,以保证这趟出行顺利。

团队的密切合作会让出行更加安全和放松。团队合作是实现共同目标的关键,不仅有助于增强团结感,还能培养我们沟通和解决问题的能力。通过稳定情绪和培养团队合作能力,我们就能更加从容地应对挑战,保护自己和他人的安全。

10 放学路上,小卖部在进行扫码填问卷赢赠品活动,这种便宜能占吗?

放学路过小卖部的时候,我发现小卖部门口贴着一张彩色的海报,上面写着:"扫码投票,赢取精美礼品!"上面说只需要用手机扫描二维码,然后参与一个简短的问卷调查,就有机会获得免费的小礼品。

我拿出手机,打开扫码软件,对准了二维码,顿时弹出了一个网页。上面有几个问题,大多是和校园生活、消费习惯相关的。我开始认真地填写起来,心想着能够免费得到一份礼品,何乐而不为呢?

填完信息,提交完,弹出一个确认页面,上面却显示着"感谢您的参与,祝您好运!"这意味着我填了信息却没有中奖,我立马就后悔扫这个码了,白费劲。

正好同学路过,看我在那儿边踢石子边嘟囔,便问我发生了什么事情。听完我说扫码的事情,他皱着眉头问我:"如果真中了你就觉得自己赚了吗?你的个人信息就值那点小奖品?"他还劝我,别扫这些来路不明的码,万一有病毒,手机里的信息都有可能被泄露。

这次的经历让我对"便宜"产生了新的思考。或许，无论是在校园生活中，还是在社会中，都需要更加理性地面对所谓的"便宜"，谨慎对待各种看似诱人的活动和优惠。

——乔尊

一、在扫码前后都有挽回的机会

因为一时的贪小便宜心理，想要去扫码获得奖品，这其实是很多人都可能会有的想法，但同时，因为扫码而带来麻烦的事情，我们也或多或少都有所耳闻，只不过有时候想要占便宜的想法会更占上风，待扫完之后我们才可能会像乔尊那样感到后悔与不安。

实际上，在我们控制不住拿出手机扫码前后，都是有挽回的机会的。

第一，扫码前，多点思考。

反复确认提供扫码得奖的信息，也就是不要看见二维码就直接扫，而是先等一等，仔细阅读一下这到底是个什么活动,要求参与人做什么、怎么做,中奖概率是多少,到底都是什么奖品。

尤其是要求参与人操作的部分,不管多小的字也要仔细看,因为有些商家为了迷惑众人,会模糊一些必要的操作,可能就会把一些重要信息写得很小,一旦疏忽,就容易被绕进去。

经过仔细阅读和思考之后,你也许就会发现有些内容可能会触碰你内心的底线,或者奖品并不是你那么期待的,你也就不再那么跃跃欲试地想要扫码了。

第二,扫码后,及时止损。

根据乔尊的经历,我们可以发现有些活动扫码后,会要求参与者填一系列的信息,比如手机号码、年龄、性别、消费程度等,那么一旦涉及要填你的各种个人信息了,相信你就应该有所警觉,知道及时停手了。

如果是直接扫码,你毫不犹豫地已经点出去了,这也并不意味着你就完全"没救"了,你可以把这个扫码填问卷赢奖品的活动拍照保存证据,日后若你的手机开始频繁收到广告信息或骚扰信息,或者你发现自己的手机有了什么异常,可以拿着这个证据赶紧报警求助,以最大限度地避免或挽回损失。

另外,从乔尊的描述来看,他参与的这个活动除了让他提交了一些信息,可能并没有给他带来更严重的影响,这算是万幸。然而这种靠扫码填问卷赢奖品的模式，并不都是这么简单，很多类似模式的背后是逃不开的网络骗局。所以我们还是要多一些考虑，不要轻易被这些小便宜迷住了双眼。

二、占便宜的心理，会让我们失去更多

在我们的日常生活中，很多人都可能有过占便宜的想法，占便宜心理其实是人类的一种本能。就像我们看到地上有 100 元钱，会不假思索地捡起来一样，我们的大脑会自然而然地追求利益最大化。

而小卖部或街头的一些扫码填问卷赢奖品的活动，就恰恰利用了人们喜欢占便宜的心理，通过人们都想追求自我利益"需求"来获得他们想要获得的利益。但看似当时占了便宜，可过后却可能会给我们带来一些意想不到的麻烦。

从明面上来看，比如，就这个小卖部扫码填问卷赢赠品来说，占便宜看似得到了很多"免费"的东西或者额外的奖品，可实际上你却把自己的个人信息送给了陌生人，这个后续可能引发的麻烦是你无法预计的。

从更深层次来说，占小便宜可能会让别人觉得我们不诚信，不愿意和我们交往了。而且，如果我们总是想着占便宜，那我们可能会变得自私自利，失去了对别人的关心和

尊重。

那么，如何克服占便宜心理呢？

首先，树立正确的价值观，学会理性思考，在面对一些看似"划算"的事情时，我们要冷静下来，仔细分析一下这件事到底是不是真的对我们有利。

其次，学会控制自己的欲望，很多事情都讲究"等价交换"，想要得到什么就必然要付出同等价值的东西，所以我们不能总是想着得到更多，而不想付出任何代价，否则只会让我们变得越来越贪婪，最终受到伤害的只会是我们自己。

最后，多从他人角度思考，学会尊重他人，可以通过积极参与社会活动、志愿者工作，去尝试关注他人的需要，培养对他人的关爱和帮助的意识。当我们逐渐养成好习惯，心理也会发生变化，就不会只想着自己的利益了。

总之，占便宜心理是一种很常见的心理现象，占便宜可能让你获得一时的利益，但诚信和努力才是获得长远成功的关键。我们不能让这种心理驱使我们的行为，而是要学会理性思考、控制自己的欲望、尊重他人，这样才能真正成为一个更好的人。

第三部分

03

NAN HAI, QING CHUN QI NI YAO DONG DE SHIER

社交安全我用心

11 网友约我下周一湖边见面,我该去吗?

最近,和一个网友聊得比较开心,他邀请我周末去离我家不远处的湖边见面。

当我看着屏幕上这条邀请信息时,内心蠢蠢欲动。但是在这样一个虚拟化社交的时代,我对网友的真实性产生了怀疑。我的心里有个声音在问:"这会是一个陷阱吗?"

这样的疑问让我开始回想起以往在网络上看到的警示故事,一些人由于相信网友的约会邀请而遭遇了不幸。这些惨痛的经历在我心里留下了阴影,让我对这种线上交友的邀约产生了恐惧和紧张。

放下手机,我走到窗边,从我家是可以看到那处湖景的,这意味着我其实并没有去很陌生的地方,以往我和家人也经常去那里游玩。而现在,不远处的大湖中,湖水波光粼粼,微风拂过,吹来阵阵水汽,给人一种宁静与忧郁并存的感觉。在这样的湖边和能聊得来的朋友一起散步,想必应该是一件很快乐的事情吧。

我知道,我现在需要做出一个决定,是选择安全起见,放弃这次机会,还是选择抛开这些顾虑,勇敢地走出去,去享受朋友相处的快乐?这个选择看似很简单,我却一直犹豫不决,对我来说这意味着我要去面对自己内心深处的恐惧和挑战。

我闭上眼睛,试图平复心中的不安,可是内心却无法平静。我在纠结中一直无法自拔,我该怎么办?网友约我去湖边见面,我该去吗?

——李维

一、了解"见网友"的不确定性

现代社会中,网络交友已经成为人们日常生活中不可或缺的一部分。然而,在与网友见面的决定上,很多人都感到困惑和忧虑,毕竟,我们不只是希望找到真正的知己和朋友,还更希望能够保证自身安全。因此,李维的犹豫是合理的,至于说要不要去,我们倒不如先来看看"见网友"这件事可能存在的不确定性。

首先,互联网世界有一个著名的说法,"你永远不知道网络的对面是一个人还是一条狗",这句话简单来理解就是我们无法确定网络对面的事物,无法确认你所谓的"网友"是不是你所认为的那样。而随着科技发展,现在的 AI 技术使你都无法确定是否在和真人聊天,面对这样的未知,我们显然不能贸然行动。

其次,很多人在现实生活中可能过得并不如意,他们就很愿意在网络上去为自己塑造一个虚假的人设,所以展现在我们面前的任何一个"网友",其真实情况可能与他所描述的恰恰相反,一个坏人也可以伪装成一个好人,对方也许会借着见面这件事而酝酿什么坏事,这显然有着极大的安全隐患。

最后,虚拟世界的任何承诺都可能会不作数,所以即便对方是真实存在的人,也不是什么坏人,他却可能只是随口一说,也可能只是开个玩笑,也就是这种网络邀约很可能就不是真的。

也就是说,不要对方一说见面就去幻想美好的场景,虽然我们不能排除其中的确有真的想要和你见面发展友谊的可能,但我们却一定要从安全角度出发,不要贸然赴约。

面对网友的邀约,可以先感谢,再给出不能去的理由。不要因为对方的任何劝说而轻易动摇,清楚地表达自己的态度和决定就可以了。

当然,你可能对网友十分有把握,真的很想去见一面,那么你务必要告知家人或朋友你的计划,并确保他们知道你的行踪,提供对方的基本信息给他们,以便在需要时能够联系到你。这样做的目的是让别人知道你的行踪,以防万一。如果能让家人或朋友陪着你一起去,也能大大提升安全概率。

总之,无论你做出什么决定,都不能放松自我保护意识。在网络世界中,我们应该相信自己的内心感受,量力而行。记住,不轻易相信陌生人,并提前做好防范措施是非常重要的。只有这样,我们才能在网络世界中保持安全,享受其中的乐趣。

二、网络交友要谨慎,保持界限感

《孙子兵法》中有这样一句话:"知彼知己,百战不殆;不知彼而知己,一胜一负;不知彼,不知己,每战必殆。"这句话也是对人际交往的精辟论述。在结识新朋友之前,我们要先了解自己的需求和底线。

在人际交往中,巧妙地设立我们自己的界限,这样我们才能保持自己的独特性和尊严,不至于在他人的诱惑下迷失自我。

所以在网络上交友时,我们要注意保护好自己,可以这样来做:

1.不轻易透露自己的任何信息,不主动透露姓名、性别、年龄、学校、位置等重要信息,也不要频繁向对方展示自己的照片，尤其是带有自己真实容貌、真实地理位置等信息的照片。

2. 不要过分打听对方，对对方的任何发言都不要没完没了地追问，因为这种过分关注可能也促使对方慢慢了解你，他会通过你不断的打听了解你所感兴趣的东西，如果是坏人，就可能会据此投你所好，抛出诱饵，进行不好的计划。

3. 对对方所说的任何言论都不要盲目相信，不论是认同也好、反对也罢，都没必要据理力争，而是要坚守自己的原则底线。尤其是当对方说对了你的心事时，不要因此就对对方完全信任。如果对方说出了错误的言论，触碰到了你的底线，你也要坚持原则，及时远离。

因此，设立界限和学会拒绝不仅有助于保护自己，也为建立健康、积极的人际关系奠定了基础。

三、多培养现实中的良好人际关系

很多人为什么会偏向于对网友投入真情实感，其实是因为他们缺少现实中真实的友谊，无法在真实的朋友身上获得情感感受，那就只能向虚拟世界求助了。

但我们终究是生活在现实世界的，所以不如多建立一些与真人面对面的友谊，而且我们现在正处在青少年时期，正是热情四射的年龄,也更方便我们建立真实的友谊。

在现实中培养良好人际关系,我们需要注意以下几点:

对社交关系的目标有清晰的认识。这样可以帮助你更有针对性地选择合适的朋友和社交活动。

寻找与自己有共同兴趣和价值观的人是建立积极正向社交圈子的重要一步。这样可以建立更深入、真诚的友谊,并且有助于保持自我价值观的一致性。

扩大社交圈子并努力结识更多与你有相似兴趣和价值观的人。

学会倾听和尊重他人的意见,与人建立良好的互动和沟通,增进友谊的深度和稳固性。

尽量避免与消极、有害的人建立过多联系,以免对你的价值观产生负面影响。多关注那些能够给予你正面影响和支持的人。

与亲密的朋友或家人保持良好的沟通,分享彼此的想法和经验。他们可以帮助你更好地理解自己、调整自己的社交圈子,并给予你积极的建议和支持。

通过以上的方式,你可以建立积极正向的社交圈子。

记住,在社交中要坚持真实自我,并且选择那些能够推动你成长和提升的人际关系。无论何时何地,坚守内心的价值观,尽情展现自我,相信总会遇见那些与你有共鸣的人,他们将会成为你人生中最美丽的风景。

12 同学聚会时,有人打起来了,怎么办?

今天是中考结束的第五天,也正好放假了,我们班约着在学校附近的餐厅聚会。暂时没有了学习压力,又是假期,大家边吃边聊特别开心。

然而,一阵嘈杂的声音突然打断了我们的谈话。我抬头一看,只见两名男生站在人群中,紧紧盯着对方,脸上充满愤怒和敌意,嘴里不停地争吵。他们的情绪不断升级,终于从激烈的争执演变成了激烈的争斗,互相挥起了拳头。

"别闹了!"有同学上前劝架,但是效果甚微。人们渐渐围了上去,有人高喊着"不要打架!""快分开他们!"男生女生挤在一起,场面陷入了混乱。

这是怎么了?为什么会发生这样的事情?同样身为男生,我觉得自己应该上去,可他们拳头挥舞得这么凶猛,应该怎么做才能化解这场冲突呢?

我想上前又怕被波及,站在原地不知所措。

"停下来!你们两个都冷静一点!"我听到一个熟悉的声音从人群中传来。原来有同学喊来了我们以前的班主任蔡老师。她面对着争吵的同学们,语气坚定但不失温柔地说:"打架不是解决问题的最佳方式!"

蔡老师的出现让大家仿佛有了主心骨,那两位同学也因为老师的出现而不再有强烈的对抗,同学们趁机把他们拉开,争吵与劝架的声音都慢慢停歇下来。

在面对冲突时,如何能够保持冷静和理性,寻求更好的解决方式?如果下次再遇到类似的冲突,我怎么去帮助朋友化解呢?

——乔于萧

一、以平和的心,面对并处理冲突

在同学聚会中出现冲突时,保持冷静至关重要。冷静的态度有助于防止情绪激化,避免事态扩大,并有利于寻找问题的解决方法。

心理学告诉我们,冷静有助于避免情绪激化,有利于双方开放、坦诚地沟通,有助于防止冲突扩大,并有利于寻求解决问题的方法。所以我们可以这样来做：

1. 倾听对方的意见，尊重对方的立场，给对方表达意见的时间。

2. 不指责对方，只表达自己真实的想法和感受，明确对方给自己带来的不利影响。

3. 对对方的挑衅不应战，不要轻易被对方激怒。

每个人的时间和精力都是宝贵的资源，冷静应对冲突能够避免资源的浪费。有效的沟通和寻求共识也是在保护自己的利益和资源。

在冬天的森林里，有几只刺猬因为寒冷而聚在一起取暖。但是，它们身上长长的刺让它们彼此无法忍受，于是就四散跑开了。寒冷的气温让它们再次聚集在一起，但是聚集在一起带来的刺痛又让它们不得不分开。这样的分分合合反复进行了几次，刺猬们终于找到一个合适的距离，既可以互相取暖又不会刺伤对方。

这个故事告诉我们，有时候我们需要找到一个平衡点，既能满足自己的需求又能照顾到他人的感受。这样我们才能避免陷入痛苦的循环中，和谐共处，共同渡过难关。

以一颗平和的心和开放的胸怀去面对冲突，并找到双方的平衡点，以更加智慧的方式去解决问题，让自己和他人都能更好地成长。

二、先同理后引导，提升解决冲突的能力

从心理学角度来看，审视内心世界，学会理性思考和处理情绪，是解决冲突的关键。所以我们也要注重培养解决问题的能力，提升自我情绪管理。

为了提升解决冲突的能力，我们可以通过以下几种方法：

学习积极的沟通技巧，包括倾听、表达和理解他人的观点和感受。学会清晰地表达自己的需求和意见，并尊重他人的权利和感受。

培养共情的能力，即能够理解和感受他人的情绪和立场。学会换位思考，从他人的角度来理解冲突的根源和解决方案。

学会解决问题的技巧，例如合作、妥协、寻求共识等。明白在解决冲突时，找到双方的共同利益是非常重要的，努力寻找双赢的解决方案。

在解决矛盾这件事上，下面这位王峰同学的表现很值得我们学习。

有一天，王峰在学校遇到了一个棘手的问题。他和同学小红因为一场足球比赛中的争执而产生了矛盾。本来是一场友好的比赛，但裁判的判罚引发了小红的不满，情绪激动的小红开始责怪王峰，声称他故意犯规。面对小红的指责，王

峰的第一反应是想还击,他觉得自己被冤枉了,非常愤怒。

然而,王峰立刻意识到,如果他也变得激动和情绪化,这个矛盾只会变得更加恶化。

于是,他决定先冷静下来,深呼吸几次,然后试图倾听小红的诉求。王峰花时间倾听小红的观点,并表达出理解和尊重。

接着,他用平和的语气说明自己的想法,试图寻找一个解决问题的办法。最终,经过双方的沟通和妥协,他们解决了这个矛盾,并重新建立了友好的关系。

王峰显然具备了一定的处理冲突的能力,能将注意力从情绪上拉回到解决问题的思考上,这才让他快速冷静下来并最终解决了矛盾。由此可见,有矛盾不能一味地愤怒并与对方冲突,冷静与平和地化解才是更好的方式。

三、培养高情商沟通力,助力同学化解冲突

当同学之间发生冲突时,高情商可以像一盏明灯,为我们指引出解决之路,帮助我们更好地理解和处理情绪,化解矛盾,改善人际关系。

如同一位名人所说:"情商是通向成功的桥梁,而情商的塔基则是情感的理解和处理。"在这个问题上,我们可以

借鉴心理学的智慧，通过以下方法来协助同学们化解冲突：

首先，想办法制止双方因为情绪上头而来的闹战，否则不论是争吵还是肢体冲突，都只会让双方一直只想发泄，无法顺利进入化解阶段。除非我们有足够的魄力可以阻止双方，否则也可以像乔于萧经历的这样，向老师或他人求助，在众人的帮忙下分开矛盾双方。

其次，分别向矛盾双方了解事情的经过，耐心倾听双方的观点和感受，尝试从他们各自的角度去理解问题，同时表现出对他们的关怀和理解。

再次，站在第三方角度，以平和的语气向双方提出自己的观点与感受，避免情绪激化和攻击性的言辞，让他们感受到你的诚意和善意。同时，提出建设性的意见和建议，鼓励共同合作，寻找双赢的解决方案，而不是陷入谁对谁错的争执。

最后，当双方都平静下来，并愿意再进行交流的时候，可以鼓励双方进行积极的沟通，帮助他们表达自己的想法和感受，同时也帮助他们学会倾听和理解对方，帮助他们重新建立信心和友谊。

通过以上方法，我们可以利用高情商的智慧帮助同学们化解冲突，促进良好的人际关系和友谊。愿每一位同学都能成为人际关系调解的专家，化解矛盾、传递和谐。

13 "键盘侠"与网络暴力,真的只有一步之遥吗?

在我读初中的时候,曾经遭遇过一段异常痛苦的经历,直到现在想起来还心有余悸。那时候,我刚刚踏入青春期,对于自己的外貌和能力开始有了更多的关注,也因此变得更加敏感。所以如果有人说了我什么,我内心都会掀起很大波澜。当然,有时候我也会吐槽、抱怨,也会和网友吵架,但我一直觉得,网络上言论自由,说什么应该都没问题。

但让我没想到的是,我还是低估了网络的能量。

一天晚上,我正在家里做作业,突然接到了一个陌生人的消息。打开消息,就看到他用侮辱性的语言攻击我,称我是一个"废物""没用的键盘侠",并威胁要在网络上公开我的一些隐私。我当时完全蒙了,不知道发生了什么,更不明白为什么自己会遭受这样的恶意攻击。

我不停地想:"是不是我在网上回复的很多内容不合适引起了他人的报复?可是大家都在骂啊,我只不过是跟风骂而已!"

而在接下来连续几天的时间里,我一直都会收到类似的信息,侮辱性的语言也一直围绕在我身边。那段时间,我整夜难眠，白天也无法集中精力学习。

每次打开社交媒体，看到那些攻击性言论，我都感到胸闷和绝望。我试图回避这些攻击，不再去论坛，但对方好像总能找到我，仿佛我处处都逃不掉。我不知道自己该怎么办了。

——小晖

一、了解网络暴力的危害，拒绝做"键盘侠"

有这样一个案例：

13岁的佳佳（化名）因为和同学发生误会，被辱骂、诬蔑"交往多名男友"的不实信息出现在多个微信公众号上并迅速传播。为了删除文章，佳佳被迫支付了2 000元删帖费，而她最终也变得厌学并患上了抑郁症。

据警方调查，助推欺凌事件的是一家编造虚假信息以吸引流量、进而借机敲诈的公司。判决书显示，公司负责人以敲诈勒索罪被判处有期徒刑10个月，团伙成员被判处有期徒刑7个月。令人担忧的是，涉案成员均为"00后"，作案时刚刚成年。

佳佳遭受的就属于网络暴力的一种，她的同学如此小的年纪，就已经成了出口成"脏"的"键盘侠"，这不能不令人担忧。

什么是网络暴力？

网络暴力是指网民在网络上发表的具有诽谤性、诬蔑性、煽动性等特性，侵犯他人名誉、损害他人权益的言论、文字、图片和视频。

在当前的互联网世界中随处可见一些"键盘侠"，他们对任何事情都不满意，总是发表与公共道德相悖的内容。这些言论往往具有侮辱性，使用辱骂或诅咒的语言，如果他们针对的对象是真实存在的人，往往会对其造成极大的心理伤害。小晖的遭遇就是如此。

网络暴力给个人和社会带来巨大的伤害，网暴对青少年的危害影响有以下几个方面：

1. 身体影响：睡眠障碍、身体疲倦、现实中的身体虐待等。

2. 心理影响：恐惧、消沉抑郁、忧虑、胃痛、厌食。

3. 学习影响：缺席、旷课、退学、逃学，失去对他人的信任与尊重。

4. 行为影响：成为欺凌者、反社会行为、引发校园不良案。

5. 深层影响：创伤后遗症、人格分裂、人格扭曲、价值观错乱、失去对人的信任。

除以上几点，网暴还会混淆事情真假、侵犯个人权益、扭曲道德价值观以及影响社会和谐。

为了自身和他人的身心安全，我们要远离网络暴力，拒绝做"键盘侠"。

二、学会从平时就好好说话，培养自己的媒介素养

随着信息技术的发展，人们在网络上的言论和交流越来越频繁。通过培养媒介素养，也就是学会如何在媒介中有效沟通和表达，我们可以更好地应对网络暴力、避免冲突，并建立良好的人际关系。

首先，尊重他人的权益，避免发布恶意言论，扩散谣言或参与网络暴力行为。此外，我们还要注意保护个人隐私，避免泄露他人的个人信息。

其次，学习科学的信息筛选和辨别能力是培养媒介素养的关键。在浩如烟海的信息中进行筛选，判断信息的真实性和可靠性，避免被虚假信息所误导。

最后，在媒介中发声时，我们应该用平和理性的语言，传递正能量，并努力促进社会的进步。

具体来说,我们从平时就要培养良好的沟通习惯,关注自己的语言和表达方式,避免使用侮辱、歧视或攻击性的言辞。同时,通过阅读、写作和参与讨论等方式提升自己的语言表达能力和逻辑思维能力。此外,了解媒介法律和道德规范,避免违反相关法规。

通过培养媒介素养,我们可以更好地利用媒介进行有效沟通,避免冲突和误导,并建立良好的人际关系。

三、做网络空间的建设者,而非破坏者

现实生活中,人们有时会因为受到了委屈而选择在网络上发泄情绪。有时,吐槽、辱骂,甚至添油加醋、颠倒黑白的行为,可能会让我们感到短暂的满足。然而,我们必须认识到,网络具有极强的传播性,我们的言论可能会像滚雪球一样迅速传播,甚至引发网络暴力。因此,我们每个人都应该对自己的网络言论负责。

网络环境的良好发展需要每一个人的努力,每一个网民都是网络空间的建设者,所以我们应该时刻保持清醒的头脑,在网络上的发言也要讲底线原则,使用文明用语,正常表达,有理有据。

不要因为网络的虚拟性而迷失自我,不要因为一时的口

舌之快，而随意对自己不了解的事情加以评判，更不要因为追求刺激或满足个人情绪而"捏造事实"，在网络上发表言论要慎之又慎。因为我们的每一次点击、每一次分享，都可能成为推动网络暴力的力量。

当看到不负责任的言论时，我们可以选择举报或发表公正的评论；当发现有悖于事实的信息时，我们可以选择澄清或保持沉默；当意识到自己的言论可能对他人造成伤害时，我们可以选择道歉或删除。

总之就是，我们要通过正确行动，来维护网络空间的良好氛围。

14 同学说要带我去认识个"社会帮派大哥",我该去吗?

前段时间,回家路上,我被几个"小团队"的人拦路欺负了,虽然我身体没受伤,可心里却憋着一股气。要是我足够强大,我也就谁都不怕了。我把这件事和我的好朋友小强说了,小强告诉我,他可以带我去认识一个"社会帮派大哥",只要我跟着这个大哥,应该就不会被欺负了。

周末,小强约我在学校附近的公园见面,告诉我说:"待会儿'大哥'就会过来,你准备好了吗?"我点点头,心里却像揣了只兔子,跳个不停。

不一会儿,一个身材高大、肌肉结实的男生走了过来,他身边还跟着几个气势汹汹的小弟。我看到他们腰间鼓鼓囊囊的,心里一惊,很怀疑那带的会不会是棍棒、匕首之类的武器。大哥走过来拍了拍我和小强的肩膀说:"听说你们想学点东西?"我紧张地点了点头。

大哥带我们去了一个废弃工厂,里面有很多人在练拳。大哥教了我们几招防身术,我很努力地学着,大哥就在一旁大声说笑,说着又和谁谁打了一架之类的话。

那天回家后,我整夜辗转反侧。我知道自己被孤立和排挤,渴望得到别人的认可和尊重。但我也清楚地知道,这位大哥所做的事并不是我期待的事,如果我真的加入其中,显然会违背自己的原则和价值观,可能会让自己陷入危险的境地,这种矛盾和痛苦让我几乎无法入眠。

这几天,小强说要再次带我去"大哥"那里,可我不想去了,我该怎么办呢?

——小军

一、坚守原则,正确理解"强大"

关于强大,有些人总有错误的认知,比如下面这个案例。

2020年5月7日晚上在江苏省某市发生了一起案件,14岁的初中生小范和15岁的小盛因矛盾而起了争执,小范为了占据上风,竟然找到了一位所谓的"社会大哥"——19岁的青年蔡某,两人一起对小盛进行了殴打,导致小盛因伤势过重而脑死亡。最终，打人的小范和蔡某被警方控制，等待案件的进一步调查。

这个案例让我们深感痛心，这些所谓的"社会大哥"并不会在意你的行为是否符合道德标准，是否违法。他们可能会维护你，但却是维护你的错误行为，让你在错误的道路上越走越远。

很多自诩为"社会大哥"的人，通常会追求一种所谓的"酷""帅"的形象，但他们对这些形象的理解却存在偏差，以为打架斗殴闹事才是酷帅的表现，并将他人的惧怕当成是自己酷帅的绝佳体现。

我们必须认识到，"社会性"并不等于"为所欲为"。强大的力量理应来自学习、成长或其他正向能力，而不是来自错误的价值观和行为，否则只知道打架、斗殴、抢劫、霸凌，只会让人陷入犯罪的旋涡无法自拔。

因此，我们不能被这些错误认知所迷惑，要正确理解"强大"，学会独立思考、理性判断，不盲从、不跟风、不随波逐流。

二、接触正确思想引领，远离不良影响

有些人之所以会变成"社会帮派大哥"，其实是受到了不良思想的影响。可能是看多了黑道内容的影视剧、小说，

看多了那些不受法律约束、以拳头和刀枪棍棒来解决问题的方式,这些看上去好像很热血的内容就会给人的精神带来一定的刺激,那些本就没有足够判断力和原则底线的人,就容易"有样学样",也跟着想要当"大哥",建立自己的"势力",变成让人"闻风丧胆"的存在。

尤其是青春期男生,荷尔蒙的刺激本就使得我们更容易冲动,而这些表面看上去就很"热血"的内容显然更容易让我们也跟着"上头",所以此时我们更需要接受正确的思想引导,可以这样做:

1.培养正确的人生观、价值观,培养良好的人品德行,在自己内心划定最基本的、正确的原则底线,同步建立起正确的是非观。

2.多看看新闻,了解社会所弘扬的内容是什么、批判的内容又是什么,以帮助自己明确正确的为人处世原则。

3.多听多看积极向上的、正能量的内容,包括影视剧、小说、广播剧等,哪怕是休闲娱乐,也不要放纵自我。

4.远离不良团体,收起好奇心,不受他们任何言论的诱惑,多与积极向上的人接触,多与品行端正的人做朋友。

三、打造自己的靠山,不依附他人

我们要明白一个道理:只有自己才是自己最有力的靠山。如果我们想要成为自己的靠山,就需要努力学习和积累经验教训,学会与人和谐相处,遇事不慌,懂得思考。只有这样,我们才能够逐渐变得可靠起来,对自己和他人都有责任心,也有自主的能力。

当我们成为一个有独立气质的人时,那些乱七八糟的事情就不会轻易找过来了。而这也正是成为自己靠山的真正意义。

青少年如何做自己的靠山:

1. 建立自信:要有自信,相信自己的能力和潜力,不依赖他人。

2. 健康生活:保持健康的饮食、充足的睡眠和适度的运动,提升身体素质。

3. 管理情绪:学会识别和掌控情绪,用理智思考问题,避免冲动行事。

4. 积极面对:以积极的态度面对困难和挑战,勇于接受挑战并从中学习。

5. 寻求帮助:如有需要,可寻求可靠人士或机构的帮助,以获取建议和支持。

做自己的靠山并非易事,但通过以上方法,我们可以逐步养成独立自主的能力,为自己创造更美好的未来。

因此,我们应该把注意力放回到自己身上来。要知道自己的强项在哪里,不仅要保持住优势,还要继续把优势发扬光大,更要意识到自己是有缺点的,也要积极努力、进步成长。

总之,我们要学会不依附他人,自己做自己的靠山才是最重要的。

15 新闻中有人在迪吧吸毒被抓,我该怎么提高自己的辨别力?

6月的一个夜晚,我坐在床上翻看手机上的新闻,一则新闻让我一惊。新闻中说,我所在城市的一个迪吧里,有人因为吸毒被抓住了。

让我觉得恐惧的是这个地方离我住的地方并不远,我还经常从那路过,这样的事情竟然离我这么近,我十分震惊。

那天晚上,我在床上辗转反侧,思绪纷乱,我想起了最近同学之间流传的一段关于迪吧的八卦,据说那里有着让人沉迷的音乐、醉人的灯光和刺激的氛围,笼罩着一种充满诱惑力的神秘气息,说得我们都想亲自去迪吧一探究竟了。但此时此刻,害怕却占据了我的大脑。

我记得妈妈和我说,老家有个叔叔就因为年轻时跟着不好的人去迪吧这些地方,染上了不好的习惯,后来生活得很悲惨。

所以,迪吧到底是个什么样的地方?迪吧里的人真的那么容易就做坏事吗?如果我去了会不会也被影响?在这个社会,我到底要怎么提高自己的辨别能力?

——小春

一、结交良友,远离有吸毒、贩毒行为的人

古人说,"近朱者赤,近墨者黑",结交良友能够促进我们成长,而与不良人士为伍则容易让我们陷入困境。

新闻中经常看到有名人因为涉赌吸毒而导致自己的职业生涯被断送,自己的人生由此黯然失色。这些事件警示我们:即使是看似无所不能的名人,一旦陷入毒品困境,也难以自拔。而从很多新闻的介绍中我们也不难发现,很多人之所以吸毒,都是被朋友"引诱",由好奇开始,然后一步步滑向深渊。

显然,与这些有吸毒、贩毒行为的人交往就会给我们带来潜在的风险。这些人可能会利用我们的好奇心或缺乏经验来诱骗我们接触毒品。一旦陷入毒品的旋涡,我们可能会面临身体、心理、学业和事业等方面的严重问题。

面对吸毒者的诱骗和压力,我们应该尽早接受毒品基本知识和禁毒法律法规教育,了解毒品的危害,懂得"吸毒一口,掉入虎口"的道理,并坚守自己的原则和底线。

一个正直的人应该懂得珍惜自己的生命和未来,不因一时的诱惑而毁掉自己的人生。正如古人所云,"君子有所为有所不为",在面对不良诱惑时,我们应该学会抵制并远离那些可能会给我们带来负面影响的人和事。

二、远离毒品，从不去娱乐场所开始

毒品是人类社会的毒瘤，它摧毁了很多家庭，断送了很多人的前途，令让人深恶痛绝。然而，毒品往往隐藏在日常生活之中，经常以我们意想不到的方式出现。比如小春所见到的迪吧中，他以为的快乐场所，也会隐藏毒品交易、吸毒行为这样的丑恶行径。

想象一下，你以为自己只是去迪吧吃吃喝喝、唱歌跳舞，但周围却有人给你递过来一杯加了料的饮料、一块掺了东西的糖果，甚至可能是一瓶看起来密封很好的矿泉水，结果你却因此中了招，饮料、糖果、矿泉水，都可能成为毒品的载体，将你引入深渊。如果你再好奇一些，尝一口酒、抽一口烟，烟酒更是毒品常见的载体，更容易把你带入毒品的地狱。

而实际上，很多娱乐场所都可能会隐藏这些加料的东西，进入其中想要躲开可谓难上加难。显然最好的方法，就是不去这些娱乐场所，杜绝任何可能在不知不觉中接触到毒品的机会。

所以如果你也像小春一样对迪吧等娱乐场所充满好奇，那现在你就要收起这种好奇心。在一般情况下，这些娱乐场所本就是禁止未成年人进入的，所以我们完全可以把自己的视线放在其他更适合我们去的地方，像是书店、图书馆、博物馆、电影院等地方，既能感受快乐，还能有知识、思想、心灵上的收获，何乐而不为？

三、对网络贩毒，提高警惕

随着互联网的蓬勃发展，网络已成为我们生活中不可或缺的一部分。然而，便捷的网络支付也给贩毒活动提供了新的渠道。

青少年时期的好奇心常常会引领我们探索未知的领域，然而，这也有可能让我们陷入危险的境地。面对网络贩毒的威胁，我们必须提高警惕，把握好网购这一关口，避免因为好奇而尝试性质不明的东西。

好奇心可以杀死一只猫，也可以让一个青少年走向深渊。

比如，你在网上看到了一款自称"聪明药"的神秘药品，销售者声称这是一款能够提高智力和增强记忆力的神奇药物。你被它的广告所吸引，决定尝试一下。然而，你并不知道这其实是一种毒品，而销售者正是利用了你的好奇心来诱骗你。网络贩毒往往隐藏在看似合法的外表下，让人防不胜防。

那么，要如何提升对网络产品的辨别能力呢？可以这样来做：

1. 不受任何广告推销的影响，类似"聪明药"这样的推销，其实就是个噱头，利用的就是我们迫切想要提升学习成绩的心理，可实际上它可能就是毒品。包括学习成绩在内，你想要的任何东西都要靠自己的付出，而不是吃点什么东西就能改变。所以我们要能识别这些推销话语的真实性，不要轻易被忽悠。

2. 不轻易尝试不明网购商品，有时候我们可能会收到网络商家寄来的一些试用品，对此我们也要提高警惕，对于收到的东西，但凡是让你吃进去、喝进去或者涂抹在身体上的，都不要轻易尝试，可以告知父母，并将试用品交给父母，由他们对其进行妥善处理。

3. 不要随便答应帮助他人带货，有些人打着"朋友帮个忙"的旗号，让你在某购物网站上购买一些东西，而这些东西很可能就是毒品，我们也不要过于讲"哥们义气"，而是要学会理性拒绝，以免惹祸上身。

4. 选择正规网站上的正规店铺购买吃喝用的东西，如果网购到货后包装有破损，就不要再入口了，而应联系商家赔偿或换货，并及时处理掉这些可能因为包装破损而被污染的食物或饮品。

要远离毒品，我们就要严格控制自己，少受外界诱惑，增强自己的克制能力，自我约束，有警觉戒备意识，对诱惑提高警惕，采取坚决拒绝的态度，不轻信谎言，不轻信他人教唆，珍爱生命，对自己负责，对家人负责！

NAN HAI, QING CHUN QI NI YAO DONG DE SHIER

第四部分

04

校园安全记心中

16 在课间活动中发生意外,脚扭伤了,怎么办?

有一天,学校课间活动时,我和同学们在操场上打篮球。在激烈的追逐抢断中,我积极拼抢,试图把握每一个可以进球的机会。然而,一不小心,我踩到了球场上一个凹陷的地方,脚踝扭了一下,一股尖锐的疼痛从我的脚部迅速传来,疼得我想要大喊却又没喊出来。

我根本无法站立,一屁股坐在地上,身子蜷缩着紧紧地抱住了扭伤的脚。同学们立刻围了过来,并扶我到场边的椅子上坐下。老师看了一下我的脚,决定带着我去医务室。经过校医一番处理后,老师问我要不要回教室休息,我觉得一个人回教室也没意思,而且也不想让老师觉得我很娇气,就说:"没有那么疼,我还想在操场待一会儿,没问题。"

老师见我说得很肯定,就带着我又回到了操场边上,他告诉我已经通知了家长,让我再有问题一定要及时说,接着嘱咐了我几句就离开了。一开始我还只是安静地看着大家玩,感受着疼痛,心中也很无奈,但随着时间推移,同学们的笑声回荡在操场上,我心里慢慢涌上来一种孤独感,顿时感觉自己非常无助。

课间活动结束的铃声响起,大家纷纷向教室走去,有同学注意到了我,大声询问:"还好吗?能走吗?"我当时却觉得不能丢了面子,就直接说:"没问题,我还可以。你们先走,我很快就来。"就这样,周围同学越来越少,可我的脚踝其实真的还很疼,我有些懊恼刚才为什么要逞强。眼看马上要上课了,我不得不强忍着剧烈的疼痛加快速度,一瘸一拐地往教室的方向走去。

接下来,我感觉自己还需要面对更多问题,我感到困惑,我该怎么办?

——李超

一、理性应对突发状况,积极寻求帮助不可逞强

在学校活动的时候扭伤脚,面对类似这样的突发状况,应保持理性以给自己最大的心理支持,同时采取科学的方法来应对伤势,以下是一些具体的操作步骤:

第一步,在初期的惊慌过后,以最快速度冷静下来,冷静才能让自己不因为疼痛或为了躲避疼痛而乱动,防止造成进一步伤害。同时冷静也能让我们更快想到接下来要怎么做,不会只傻傻等待旁人伸出援手。

第二步,迅速判断自己的情况,如果可以自己行动,就尽快找到医务室的老师,请老师帮忙进行专业的处理;如果像李超这样自己行动有些困难,就应该积极向同学寻求帮助。同时,在老师或医生到来之后,讲清楚自己的情况,方便对方对症处理。

第三步,如果当时没有老师在,那么我们请同学帮忙,就要拜托他们帮到底,也就是请他们带自己去医务室进行处理,之后再请他们帮忙把自己带回教室。不要觉得"男生请人帮助很不好意思",察觉自己的确有问题之后,开口求助并不是什么丢脸的事,顾及自己身体健康要紧。此时要注意我们自己的态度,不要觉得旁人理应帮助自己,而是要心怀感激。

第四步,不要逞强,就像李超,觉得不能丢了面子就拒绝了老师的关注和同学的帮忙,以至于后面的一切事情都只能自己面对,那种无助感更强烈,这就是逞强的后果。所以,我们理应对老师和父母如实表达自己的情况,不要忽视身体表现出来的任何不良小信号,如果不确定情况,就要及时去医院进行全面检查,进行必要的治疗。

二、积极预防受伤，并学习急救措施

男生本就好动，一时不察就很容易扭伤、碰伤，为了不给身体带来更多伤害，我们应该积极预防，同时学习急救措施。

在预防方面，我们要注意，在体育课上要按照老师的安排活动，或者和伙伴们商量好进行恰当的活动，不要冒险，不要逞能做高难度的动作。同时，穿着适合的衣服和鞋子参加体育活动。另外，还要注意周围环境的安全性，在运动前可以先清一清场地，有效减少发生意外的风险。

在急救方面，我们则要关注这样一些内容：尽快确认自己是哪里出现了疼痛，疼痛程度如何，以及怎样才出现的受伤。确定受伤部位、程度和原因，能帮助我们迅速选择处理方法。

针对伤痛的部位和状态来进行适当处理，比如李超的扭伤，在安全地方坐下之后，可以将扭伤的脚抬高，并用冰袋轻轻冷敷，每次持续 15~20 分钟，减缓疼痛，或者请医务老师帮忙进行压缩包扎，用压缩包扎可以提供支撑，帮助减少进一步的伤害。当然如果疼痛剧烈，影响到站立或走动，或者肿胀严重，就要及时去医院寻求进一步的医疗帮助，判断是否有骨折或者其他问题。

还要注意后续的伤情处理，就李超的脚踝扭伤来说，24

小时内急性扭伤适宜冷敷，减少渗出水肿；24 小时后可以应用活血化瘀药物，适当热敷，改善循环，促进消肿。

这些急救措施不只是对我们自己有帮助，当有同学遇到类似情况时，我们也能及时给予帮助。

三、从营养方面入手，加强身体素质

我们可以从营养方面加强身体素质，提升自己的体能状态。面对脚扭伤，从营养方面入手可以帮助加速恢复。以下是一些建议：

首先，摄入足够的蛋白质，可以最大限度地减少损伤，还可以控制炎症，减缓受伤后的肌肉萎缩，加快恢复的速度。受伤后通常需要固定制动，于是动得就少了，摄入高纤维食物可以减少热量的摄入，帮助我们保持体重。

维生素 C 有助于体内合成胶原蛋白，从而帮助我们维持骨骼、肌肉、皮肤和肌腱的完整性。维生素 C 还有抗氧化和抗炎的特性。

Omega-3 脂肪酸具有抗炎特性，存在于鱼类、藻类、核桃、亚麻籽油中。

富含锌的食物可以促进伤口的愈合、组织的修复和生长。

维生素 D 和钙参与肌肉收缩和神经信号的传导。

肌酸可以帮助我们应对高强度的运动,有助于伤后的康复,普遍存在于肉类、禽类、蛋类食物当中。

氨基酸葡萄糖参与肌腱、韧带和软骨的形成。

其次,保持积极的态度,并接受现实。康复是一个渐进的过程,不要过度自责或沮丧,相信时间会治愈伤口。

最后,制订一份详细的康复计划并积极实施。遵循医生或物理治疗师的建议,按时进行治疗和锻炼,以促进康复。

17 一直被同学勒索，不敢反抗怎么办？

最近，学校里发生了一件让我感到十分困扰的事情，我觉得束手无策，无法摆脱这种困境。

一天，一个曾经算是朋友的同学来找我。他神色紧张地说："你能借我点钱吗？"我有些意外，因为我们并不是很熟。紧接着，他又说："我最近很需要钱。"这个借钱的理由听上去有些奇怪。尽管开始有些犹豫，但再怎么说也是朋友，我还是借给了他。

从那之后，这位同学开始频繁地找我借钱，理由也多种多样，不仅没有还过几次钱，借钱的态度也慢慢发生了变化，从一开始还能笑脸请求，到后来很随意，再到后来如果我表现出一丝犹豫，他就很不耐烦地说："以前还能借，怎么现在就不行了？"

直到最近，他干脆连借钱的理由都没有了，每次看见我就很直接地跟我要钱，甚至有一次他还说："你要是不给，我可就揍你了。"有一次，他甚至带着几个人一起围住我，跟我借钱。看着他们一个个又高又壮，态度还特别恶劣，我也不敢拒绝，更不敢反抗。

在学校里,我变得越来越沉默,不再和其他同学交往。我也不愿意跟父母说这件事,他们那么忙,不想让他们担心。我渴望摆脱这样的困境,但直到现在,还没找到一个好的办法。

——赵棕

一、尝试把事情讲出来,缓解压力

赵棕陷入的困境,就他目前的情况来看,单纯靠自己显然很难走出来,如果我们也遇到类似情况,那最简单直接也最有效的方法,就是把这件事说出来,给自己寻找一个压力释放的出口,不要把所有事情都自己背,要能开口发泄与求助。

首先,相信父母和老师会带来帮助,告知他们自己的经历。尤其是父母,不要自以为这样的事情会让他们担心,恰恰相反,如果你什么都不说,导致出了更大的问题,父母的担心才会更甚。所以在暂时还能控制的情况下,尽早将你的遭遇讲给父母听，说不定从他们那里获得的建议和意见就能帮你摆脱困境。

其次，尽可能全面地把自己的经历讲出来，包括时间、地点、对方是谁以及有几个人，还有就是勒索次数、金额，他们都用过什么理由，如果你有转账记录就更好了。这些都是帮助你的证据，从这些细节中说不定就能找到帮你摆脱困境的最佳方法。

最后，可以向警方求助，从他们那里获得更专业、更有效的保护。

我们不需要自己背负这样的压力，因为从某种角度来说，被勒索的是你，有钱财损失的是你，感到难过痛苦的还是你，你才是受伤害的那个人，自己不能处理的情况下寻求帮助是理所应当的事。

二、根据情况正确拒绝，保护自身的权利

在面对勒索时，我们需要有一定勇气，但这个勇气不是说强硬反抗，而是要有勇气去正确判断当下自己所处的情况。简单来说就是不要一听要钱就先在内心害怕或者自己产生种种担忧，只有判断清楚情况，才能做出正确选择。

所以，有人来找你要钱，你可以这样来判断情况：

1. 看对方的态度——好言好语来表达想要借钱的意愿，带着一种请求的态度，并表示一定会还钱的，大概率是真来找你救急的；傲慢、调笑的语气，问你"借点钱花花"且毫无还钱意思的人，多半就是勒索了。

2. 看对方的理由——真正想借钱的人，会把理由说得尽量充分；但只是想要从你这里拿点钱的人，都会随口胡编一个借口。

3. 看对方的行为——有求于人的人，表情会真诚一些，或者由于窘迫而有些不好意思；但想要勒索的人，就可能是很直接地拿走你的书包，要求你给钱，如果他带了很多人，还可能会动用武力。

通过这样简单的判断，你应该能大致判断这人的情况到底是真的借钱还是对你进行勒索。当然，像是赵樫遇到的借钱的同学，其态度是慢慢发生变化的，那我们也要在这个过程中及时意识到他的改变。有些人会被贪婪蒙蔽双眼，也会因为你总是不拒绝他而变得肆无忌惮，所以当原本来借钱的人变成了直接要钱甚至是勒索，那么我们就要提高警惕了。

如果对方是真的想要借钱，除了再次确认他借钱的理由、借钱的金额之外，如果你决定借给他，最好能让他写一个借条，声明只是借款，定好还钱的期限。此时不需要讲哥们儿义气，以免被人抓住这样的心理，从而将你变成他的"提款机"。

如果你不想借给他，那就要好好表明自己的态度，告诉他自己的钱有别的用处，委婉但坚定地拒绝他就可以了。有些人可能会频繁来借钱，那就更要学会拒绝了，不要给对方留下可不断借钱的错觉，尤其是在对方并不能按时还钱的情况下，我们更要守好自己的钱包。

可以学习一些拒绝的技巧，学习一些委婉但坚定的表达方式，如"抱歉，我现在无法满足你的要求""我需要保留我的个人空间和时间"，以及"我不认为这对我是最好的选择"。这些技巧可以帮助我们在拒绝他人时保持礼貌和尊重。但如果对方态度凶恶，对你动手动脚，甚至是几个人一起过来围堵你，那么此时从安全出发，你可以先舍弃钱财，保住自己不受伤害，等到逃离之后再想别的办法。

正所谓"好虎架不住群狼"，必要时候我们也不要觉得"男人应该勇敢反抗"，在不利于自身的条件下，要学会退让保全自己。

三、建立自信，结交益友，远离被勒索的可能

心理学告诉我们，自信是一种积极而稳定的情感状态，是对自己能力和价值的客观认知，是一种积极的自我评价和自我肯定。拥有自信的人，会拥有坚定的内在力量，这可以

帮助我们更好应对遇到的问题。而一般来说,自信满满、有良好行动力、原则性强的人,并不那么容易被借钱、霸凌等事情缠上。

要建立自信,我们就需要修身,可以从提升自己各方面能力入手,最简单直接的一点就是认真学习,让自己的成绩以及各方面表现配得上自己的努力,自己学到的知识、技能就是我们最大的底气。同时,不断改掉坏习惯、建立好习惯,接受不完美的同时却也不断让自己积极向上,不断进步。另外,培养自己具备坚强的内核,有勇气应对各种困难、障碍,逐渐让自己成长为内外兼修且内外皆积极的人。

除了修身,我们还要多结交益友,也就是和我们有相同的原则和"三观",志同道合,能够真诚相待、彼此帮助、共同进步的朋友,这样的朋友一般都不会出现把对方当"提款机"的情况。而有朋友在身边陪伴,我们也就少了落单的情况,自然也就不会轻易被不怀好意的人抓住想要"借钱"了。

还有就是,平时最好离那些拉帮结派、不学无术的同学远一点,不主动招惹,尽量与对方相安无事,减少自己被勒索的可能。

18 参加网球比赛活动时发生意外了，怎么办？

　　那是一个阳光灿烂的下午，我站在学校的球场上参加学校的网球比赛。这场比赛我非常重视，内心紧张而又充满期待。

　　比赛开始了，我和对手像两头猛兽一样在场上展开了对决。每一次击球、每一次跑动，都让我感到无比的紧张和兴奋。我的大脑高度集中，只专注于每一个回球和对手的反应。

　　突然，在一次大力发球时，我感到大腿肌肉一阵剧烈的疼痛。踉跄着跑动了两步后，我意识到自己腿抽筋了，疼痛让我内心的恐惧和焦虑如潮水般涌来——我还在比赛过程中啊！

　　教练看我的状态，请求了暂停。在暂停的几十秒中，我快速分析了下情况：是放弃比赛，还是尝试忍痛继续？我明白，如果选择放弃，就意味着失去了一次证明自己的机会，但继续比赛，可能会加重我的伤势，对后续比赛更加不利。

　　最后我还是决定暂时离开比赛场地，接受医务人员的紧急处理。经过几分钟的按摩和拉伸，我的抽筋状况有所缓解。但当我回到场上时，行动还是不如之前那么灵活，很快对手便占据了优势,大比分赢得了比赛。

这次比赛虽然我没有赢,但让我意识到一个很重要的问题,那就是意外随时都可能发生,尤其是比赛过程中。妈妈也说我的选择是对的。如果出现了突发的意外情况,怎么选择更好呢?

——高卓

一、及时处理意外,随时与裁判沟通

比赛进程起起伏伏,出现意外的概率非常大。当意外发生时,我们需要快速判断当下情况,并根据情况选择合适的处理。

比如,像是高卓这样遇到受伤的情况,就要先快速感受自己的受伤部位、受伤程度,考虑后续是否能够坚持比赛,是否需要临时处理一下。如果需要临时处理,就要及时通知裁判,将自己的情况说明,暂停比赛后进行必要的调整和治疗。

如果还能继续回来比赛,也要向裁判说明自己需要特殊关注或者提前告知身体状况,以便裁判能够在突发情况下及时应对。

这个时候我们还需要进行综合考虑，不只是要考虑到当下的比赛，同时也要考虑到后续的健康安全及其他可能还要参加的比赛，从中选取一个各方面都合适的解决方案。

有些男生可能会很想要"再坚持一下""争口气"，但是我们也要把目光放得长远一些，不能为逞一时之快就给自己的身体留下隐患。如果不能自我决定，最好能和教练或其他老师商量好后续对策。

二、未雨绸缪，备好急救药品

参加比赛是一种体力和技能的考验，但是也可能会有各种各样的意外发生，因此我们需要提前做好准备，预防和应对紧急情况。

在参加比赛前，我们可以准备一些常用的急救药品，比如跌打药、创可贴、止痛药等，放在自己的运动包中。同时，我们还可以穿上透气轻便的运动服，并注意加强身体的热身和拉伸，预防肌肉拉伤、腰椎扭伤等意外发生。

事先做好安全准备工作，避免后期的麻烦和损失。准备充分能降低我们面临危险时的恐惧与焦虑，增加我们应对意外事件的自信心和勇气。

当遇到比赛中的意外情况时，我们需要立即采取相应的急救方法，以下是一些针对不同意外情况的具体细节和急救方法：

1. 扭伤：如果发生扭伤，首先需要及时停下比赛，找一个安全的地方坐下来。然后用冰袋或者冷敷剂敷在受伤处，每次 15~20 分钟，每隔 2~3 小时重复一次，以减轻疼痛和肿胀。同时，使用绷带固定受伤部位，避免过度运动造成二次伤害。

2. 摔倒：如果摔倒了，首先要检查自己身体各部位有无明显疼痛或异常。如果没有头部或颈部受伤的情况，可以缓慢地尝试起身，小心移动四肢，站立起来，注意不要着急活动，以免加重伤势。

3. 头晕：如果出现头晕的情况，首先要找一个安全的位置坐下来，然后深呼吸，让新鲜空气充分进入肺部，缓解头晕的感觉。可以轻轻按摩太阳穴和颈部，促进血液循环，缓解头晕的症状。

有了提前的准备，我们既可以预防发生意外情况，又能在意外发生时，及时采取有效的急救措施，保护自己的安全。

三、正确看待比赛中的意外，不过分强求

因为伤病而导致的比赛失利是我们任何人都不愿意看到的，尤其是有些人可能眼看就要赢了，或者马上比赛就要结

束了,但意外受伤导致我们的身体失去了灵活性或力量,使得比赛走势发生逆转,或者我们自己干脆完成不了比赛,这样的结果往往令人沮丧。

如果是伤病导致失利或退赛,那我们更多地应该考虑如何养好身体,重新制订训练计划,以免再受类似伤害,在下一次比赛中再接再厉,争取好成绩。

有的人可能会说"这是我最后一次比赛了"或者"这是我最好的对手最后一次比赛了",一次伤病导致这场比赛失利或未完成,可能会给我们留下更大的遗憾。但凡事都可能不会完美,事实已然如此,我们也不要过于意气用事,有些事越是狂热追求可能反而越是不能如我们所愿,有些事也许注定就不会圆满。

这考验的也是我们对于人生不如意的态度,正所谓"人生不如意十之八九",就如前面所说的,我们要有综合考量,要为更长远的未来做好打算,所以要能坦然接受这样的不如意。

而且,尽管赛场可能再无法圆满,可我们的人生却远不只是这一片赛场,我们还有更多可以做的事,还会面临更多挑战,还会应对更多困难,所以在赛场上积累的应对挫折的经验,也会为我们未来人生的发展提供更大的参考价值。

19 学校有个"小霸王"团队,如何避免遭受他们的校园欺凌?

班级里有一群人,他们自称是"小霸王"团队,经常蓄意寻找弱者作为他们的欺凌对象。昨天,在学校的走廊上,我不小心撞倒了其中一个"小霸王"团队的成员。他站起来后,盯着我,眼中满是挑衅和轻蔑。我一边紧张地说着"对不起",一边赶紧低下头往前赶路,心中涌起一股无力感和愤怒。

从那之后,我发现自己进入了"小霸王"团队的视线中。在课堂上,他们会用种种方式打扰我的学习,有的趁老师写板书时,往我身上扔纸团,有一个坐我左侧故意发出嘈杂的声音,让我难以集中精力。下课了,他们还会突然在我身边大声嘲笑我,引来周围同学的侧目和嘲讽。每一次,我都感到无比尴尬和无助。

每天放学后,我都尽量避开他们聚集的地方,一个人匆匆离开学校。但即使这样,我也无法摆脱他们对我的影响。回到家里,我感到疲惫不堪,心情沉重。我开始怀疑自己,是不是真的那么让人讨厌!我都道歉了,为什么还揪着我不放?

我也试图向身边的朋友寻求帮助,但他们大多选择保持沉默,或者只是简单安慰一下。我感到孤独和失望。我这是不是遭遇了校园欺凌,我该怎么办?

——李威

一、面对被欺凌的事实,学会应对

校园欺凌,是指在学校或学校周边发生的一个学生或一群学生对另一个学生进行的持续、有意识的身体或心理上的侵害行为。这种行为可能包括言语上的欺凌、威胁、恐吓,也可能包括身体上的攻击、殴打或其他形式的伤害。这些伤害往往给受害者带来严重的负面影响,包括心理上的创伤、自尊心受损、学业和社交问题等。

面对自己已经被欺凌的事实,有的人可能想要奋起反击,但以暴制暴的方式并不一定会击退对方,有很大概率反而激发了对方更为严重的欺凌,这显然不是我们想要的结果。

所以,我们应该选择更合理的应对方法。

第一，小心逃离。如果是像李威遭遇的这种无端打扰形式的欺凌，可以选择合适的表达方式拒绝，比如用一种坚定而又非敌对的语气简短地回击对方说"你这样可不好""跟你没关系"或者"别来这套了"，通过拒绝也能让对方明白你的态度，并逐渐放弃。

如果是肢体上的欺凌，那就尽量选择包围圈边上的出口逃脱，一旦能冲出去就要尽快地离开并及早通知成年人。此外，可以大声叫喊，寻求同伴或教职工的帮助。

而在这之后，就要尽量避免再次踏入诸如偏僻角落、废弃房间等容易发生欺凌或之前发生过欺凌的地方，多去那些有监控和人员巡逻的区域，同时也要尽量避免再单独行动。

第二，收集证据。用文字、照片、视频、音频等方式，尽可能详细地记录对方所有的欺凌行为，包括时间、地点、涉及的人员、欺凌方式等，这些记录可以帮助学校或警方更好地了解情况，并采取适当的措施来防止再次发生欺凌行为。

第三，正确求助。将自己受欺凌的情况告知自己可以信任且值得信任的成年人，比如父母、老师等，如果不便于直接告诉对方，可以写一张纸条或通过手机发一条短信来向他们表达自己的感受。

二、提升自保技能,减少被欺凌的可能

欺凌者往往选择那些看起来脆弱、缺乏自信、不能自保的学生作为目标,欺凌者也经常从这样的人身上去获得"成就感"。因此,我们应该提升自保技能,保持积极的自我形象和自信心,以避免成为欺凌对象。

表面上的自保技能,就是一些从行动上可以保护自己的技能,比如防身术,可以去学习自我防卫技巧,参加自我防卫课程或培训,学习基本的防身技巧和策略,包括如何摆脱困境、应对攻击以及保护自己的方法。

更深一层次的自保技能,则是我们要建立自信,因为自信是一切成功的基础。保持自信和自尊,相信自己的价值和权利,不要让他人的行为动摇我们自己的自尊和信心。

所以我们要去发现自己的优点,让自己重新慢慢找回自信,通过自己获得的成绩、成就来让自己意识到"我原来还不错",这种自信会让我们从欺凌者那些或是贬低或是打压的态度中恢复过来。

不要相信对方在欺凌状态下所说的任何话,他们带着想要把你压下去的恶意,我们又何必回应他们的恶意呢?始终坚信自己是有用的、优秀的,自己给自己打气,可以让我们不再因为他人的恶意话语而动摇自信。

另外,当你一直都很优秀,即便被影响也没有耽误自己

的优秀时，有些欺凌者自己可能就会心生退意，会觉得"没有成就、没意思"，可能不再继续这无聊的行为。

三、改变自我，尽早走出阴霾

有这样一句话："勇敢并不意味着没有恐惧，而是克服了恐惧。"虽然被欺凌是一件不好的事情，但我们应该尽可能不让自己深陷其中而走不出来，否则这种被欺凌的噩梦所带来的深刻影响，也将让我们在后续的人生中继续做噩梦。

那么要想走出来，我们就要努力改变自我。

首先，要不断提升自我。将更多的关注放在自己的学习、能力、德行、思想等各方面的成长上。既然我们改变不了他人，那就努力让自己登上更高峰，与那些不堪的霸凌团体拉开足够的距离，让他们再也够不到自己。

提升自我之后，我们还要能努力走进人群，让自己能融入集体，提高人际关系和沟通技巧，学会与他人有效地交流和相处。这有助于预防和化解潜在的冲突，同时也能增加他人对我们的尊重和支持。

而之所以说是要"努力走进人群"，一方面是像李威这样，因为长期被欺凌，所以不断怀疑自己，以至于不好迈出交友的第一步；另一方面则是，周围人面对被欺凌的人，也会有一种"如果我和他结交会不会也被欺凌"的担忧。

所以我们还是要先努力改变自己,建立起自信,让自己能够以更合适的面貌出现在众人面前,既能给自己勇气,也能消除他人不敢与你交友的顾虑。

除此之外,我们还要提升眼界,开阔心胸。通过接触更多的人和事,来摆脱这种被欺凌约束的状态,比如,可以积极参与学校和社区的活动,培养正能量和团队合作精神,增强社会责任感和公民意识;也可以多去旅行、参观,在更广阔的天地间去净化心灵,重新思考自己的人生意义。

20 参加学校劳动，搬东西时膝盖不小心碰到桌角上，怎么办？

有一次，学校组织劳动活动，我和几位同学一起负责打扫教室、搬桌椅。

因为桌椅都有一定分量，大家都小心翼翼地搬动着。我想着要快点搬完，也想要展示一下我"男性的力量"，搬桌子的动作夸张又大力。可就在我又搬起一张桌子时，为了躲开身后也搬桌子经过的同学，我搬着桌子向前挪了一下，膝盖重重碰到了坚硬的桌腿上。

"我的膝盖！"一阵剧痛传来，我赶紧放下桌子，弯下身子揉着疼痛的地方，掀开裤腿，眼瞅着膝盖处泛起了红肿。同桌听到了我的叫声，看我蹲下身，赶紧过来，说："没事吧？要不先去医务室看看吧。"我点点头，先忍着疼把手边的桌子放在指定位置，接着跟老师请了假，一瘸一拐地来到医务室。医务老师一番检查之后，给我涂上了一层药膏，然后要我注意休息和冷敷。

看着自己受伤的膝盖，我深深叹了口气。我应该怎么避免这样的事再发生呢？

——李傅

一、合理分配体力，按照老师要求的去做

青春期男生总觉得自己有用不完的体力、释放不完的精力，在遇到可以表现的时刻，就非常喜欢努力展示自我。然而，大部分青春期男生同时也会具有莽撞的一面，他们努力表现自我的另一面，就使遇到危险、遭遇受伤的概率大大增加。

所以，再遇到像是参加学校劳动这样的事，我们应该学会合理分配体力，该大力的时候要大力，但不需要多费力气的时候就不要莽撞行事了。比如李傅搬桌子，这并不需要显得我们多有力气，只要能按照老师的要求把桌子搬到指定位置放好就可以了，如果他按照这个要求认真做，应该也就不会受伤了。

同时，青春期男生精力旺盛，也就会想着要做点什么好释放精力。但像是校园劳动这样的活动，更需要的是认真做事，并不是释放精力的好时机，所以像李傅这样的操作，当然也就变成了"过犹不及"，旺盛的精力反而给他带来了麻烦。

想要积极表现，想要认真做好分配给自己的任务，那就对体力进行一个合理分配，将力气用在必要的地方。

二、做能做的事,不鲁莽逞强

在学校参与劳动,原本是很有意义的活动,在校外参与社区活动或者其他有组织的志愿活动,也同样很有意义。那么在参加这样的活动过程中,我们要注意自己的能力范围,只做能做的事,并把它做好,而不要像李傅这样,展示力量不成反倒伤了自己。

处于生长发育阶段的我们,身体各部位尚未完全成熟,关节、肌肉和韧带等组织的稳定性相对较差,本就容易受伤,再加上缺乏经验、从众心理以及缺乏足够的安全意识和自我保护能力,我们更容易陷入危险之中。若是我们再像李傅一样只想着显示自己的男子气概,那最终鲁莽逞强的后果还可能不只是受伤这么简单。

有的男生可能不能很好理解"能做到的事",比如还用搬桌子这件事来说,根据体力强弱不同,有的男生一次可以搬一套桌椅,但有的男生可能一次只能搬一张桌子,那么对于后一种男生来说,搬一张桌子就是他能做到的事,搬一套桌椅对他来说就不行了,这时他每次只搬一张桌子就没问题,可如果他也非要像前一种男生那样去搬一套桌椅,就是鲁莽逞强了,而他受伤、出问题的概率也将大大增加。

所以,我们对自己的能力也要有个准确的判断,要给自己留有余地。再退一步讲,校园劳动这样的活动,本身也不是什么"大力士比赛",认真高效地完成工作,才是这个活动的最终目的,我们就算要尽全力也要在合理安排劳动进度、合理分配劳动体力等方面下功夫。

另外还有一种情况,男生们凑在一起容易出现竞争心理,比如看到你搬一套桌椅,那我要是不搬一套桌椅就显得我无能了,其实这样的想法很没有必要。在劳动过程中,安全最重要,我们理应在保证安全的前提下去完成该做的事情,而不要进行这种无意义的竞争。

三、加强锻炼,提升身体素质

因为还处在青少年时期,我们的身体还有很大的进步空间,需要不断提升身体素质,让自己变得越来越强壮,才可能让自己变得越来越能干。

随着学业越来越重,有很多同学会慢慢放弃锻炼身体,以至于身体素质不仅没有进步,可能还不如之前。虽然我们不是要用一身蛮力去逞强,但也不能退化到手无缚鸡之力、动不动就受伤。

所以随着知识学习、技能学习的不断展开,身体锻炼也不能放松。

1.在平时学校里的体育课上,要认真按照老师的要求进行练习。做课间操时要尽量舒展开身体,做好每一个动作,让身体得到伸展与锻炼。

2.给自己安排相对固定的运动计划,比如选择合适时间跑步、骑车、游泳或者进行球类运动,让身体动起来。

3.利用一切可利用的条件进行运动,比如回家不乘电梯而是爬楼梯,不太远的路程选择步行而不是坐车,扫地不借助扫地机器人而是人工清扫等方式,将运动融合在生活中。

只有不断提升身体素质,我们可做到的事情才会越来越多,能力展开才能越来越得心应手。另外,在做这些运动的过程中,也可以积累正确的运动技巧,学习一些简单的处理碰伤、擦伤之类的急救技能,掌握一些避免受伤害的运动或行动技巧,在提升身体素质的同时,也学会规避伤害。

第五部分

05

NAN HAI, QING CHUN QI NI YAO DONG DE SHIER

应急处理与自救

21 旅行途中,同学突然呼吸困难,遇到突发情况怎么办?

有一次,我们学校组织了一次户外秋游活动,我坐在旅行大巴的最后一排,窗外是连绵起伏的山峦,随着车子的颠簸,我感到有些昏昏欲睡。

突然,旁边传来了一阵急促的喘息声,我连忙朝前看去,只见同学晓磊脸色苍白,额头上挂着密密的汗珠,一副呼吸困难的样子。

"晓磊,你没事吧?"我焦急地问道。

晓磊摇了摇头,他的呼吸变得越来越困难,情况急剧恶化。

我立刻慌了,此时车上的其他同学也纷纷围了过来,议论纷纷,但是没有人知道应该怎么办。我和我的同学都从未接受过相关的急救培训,距离最近的医院还有很长的路程。得知情况的老师和司机,立刻改道,向医院飞驰而去。

晓磊的呼吸声变得越发急促起来,他的脸色开始泛青,我也感到越来越恐慌。因为什么都做不了,我只能不断安慰晓磊:"晓磊,你要挺住,我们马上就到医院了,一切都会好起来的。"我紧紧握住他的手,试图让他放松,也试图让我自己放松。

老师和同学们都在尽力保持镇定，希望能够给晓磊一些勇气和支持。最后，我们赶到了医院，在医护人员的帮助下把晓磊送进了急救室。

这次经历让我感觉心有余悸，下次如果面对类似的突发情况，我该怎么应对？如果是我自己身体不舒服怎么办？

——黄萧

一、危机情况下，尽量保持理智处理

当同学突然出现呼吸困难的情况，而我们也像黄萧和他的同学一样，的确没有足够的处理知识和正确的处理方法时，应该尽量给同学创造可坚持到医院的条件，给予同学适当的心理支持，可以这样来做：

首先要观察同学的行为、动作，如果他能表达就仔细听他说，借此迅速判断同学到底是什么原因导致的呼吸困难，虽然我们做不到科学处理，但可以详细记录他出现的症状、发生时间、采取的措施等信息，这样不论是打120求助，还是见到医生后,都可以快速提供参考,以便于医生给出准确应对方案。

等待医生时,不要随意移动出现症状的同学,帮助他保持气道通畅,比如让他仰头,以免压迫气道,解开他的衣领等。我们也可以做一些力所能及的事情,像是黄萧和同学们做的帮助通风、擦汗等都是可以的。

同时,我们也可以给同学提供安慰,比如鼓励他保持冷静,告诉他医疗人员正在尽快赶来,可以帮助他稳定情绪,减少紧张感。在适当情况下,转移他的注意力,缓解他的焦虑状态。而我们自己则要尽量保持周围环境的安静,避免嘈杂声或外界的干扰。

总之,在旅行途中遇到突发情况时,如果我们不知道如何处理,那保证自己不添乱,做自己能做到的事,也算是给对方帮了大忙。

二、学习一些实用且容易操作的急救方法

紧急情况下每一秒都很宝贵,虽然你可能没有遇到危急的情况,但提前学习一些实用的、不那么复杂的急救方法还是很有必要的。

1.海姆立克急救法。对照图片、视频,学习海姆立克急

救法，如果对方是我们同学这样的同龄人，在对方因为异物噎住而导致呼吸困难时，从患者背后用双手环抱住他的腹部，然后向上、向后快速挤压腹部，利用肺部的残余气体将异物排出，这种方法可以在最短时间内解除对方呼吸困难的症状。

2. 心肺复苏术。心肺复苏术是一种应用于心脏停搏或呼吸停止的急救技术。在进行心肺复苏术的过程中，首先要确保现场安全，包括自己和受伤者。如果有危险，先确保自己的安全，然后尝试移动受伤者到安全的地方。

接下来，进行胸外按压。将受伤者平放在坚硬的地面上，蹲在受伤者身旁，将手掌重叠放在受伤者的胸骨中央（胸骨下缘），用直臂压下，以每分钟100~120次的频率进行按压。下压的深度应该是至少5厘米。

完成30次胸外按压后，进行人工呼吸。将受伤者的头后仰，捏住其鼻子，用你的嘴对准受伤者的嘴巴，进行两次呼气，每次呼气持续1秒，让受伤者的胸延展。确保每次呼气让胸部完全回弹。

最后，持续进行胸外按压和人工呼吸，继续交替进行30次按压和2次呼吸的循环，尽量保持稳定和连贯的速度和力度，确保不间断地进行胸外按压和人工呼吸，直到医护人员到达或受伤者恢复意识。

3. 自动体外除颤器（AED）的使用。自动体外除颤器是一种便携式的医疗设备，它可以诊断特定的心律失常，可以及时进行电击除颤，哪怕是非专业人员，也可以用它抢救心脏骤停患者。在配备有 AED 的场所中，如果判定对方已经无意识、无呼吸或濒死喘息，除了迅速拨打 120，可以取来 AED 进行急救。其操作也非常简单，只要按照设备上的语音指示去操作就可以了。

三、提前做好预防，避免出现身体不适

每个人的出行都可能会伴随很多意外，不只是他人会遭遇意外，我们自己也可能会出现身体不适，所以除了学习必要急救知识，我们还要注意提前预防。

在每次出发前，都要对自己的身体进行一番检查，看看有没有头疼脑热、腹泻胃疼等情况。如果身体有不适，要根据出行目的地、时长来决定通过吃药等护理措施缓解症状之后再去，还是为了确保身体健康改动行程。

如果是长途旅行，还要了解目的地的气候、文化和食品情况，并根据实际情况准备必要的药物或食品，适当增减衣物。

旅行中还要注意饮食卫生，避免食用未经烹饪的食品和不卫生的水，特别是对于未知质量的食品和饮料，要保持警

惕。同时保持适当的睡眠和休息，避免过度疲劳和睡眠充足，可预防旅途中的身体问题。

在旅途中要注意身体的变化，如头痛、恶心、呕吐、腹泻等，及时采取相应的措施。要带上必要的药品，如感冒药、止痛药、抗过敏药等，以备不时之需。

总之，我们在旅行途中避免身体发生状况的最佳方法是提前做好准备工作，保持良好的卫生习惯和生活方式，及时处理身体问题，并随时保持警觉。

22 晚自习回家，遭遇了抢劫，怎么应对紧急情况？

那天，晚自习结束的时候已经很晚了。我匆匆收拾好书包，准备离开学校回家。天已经完全黑下来，街上只剩下几盏昏黄的路灯散发出微弱的光芒。我感到有些紧张，但也没在意太多，毕竟这里是我们学校附近的居民区，平时都挺安全的。

我加快了步伐，想尽快回到温暖的家中。突然，一阵脚步声从背后传来，我下意识地加快了步伐，心中涌起一丝不安。可就在我以为能够逃脱的时候，一个人从暗处冲了出来，拦住了我的去路。

"把钱包和手机交出来！"那个人用冷酷的语气威胁着我。我的心像是被冰冷的手紧紧握住，我感到一股恐惧从头顶涌到心头，双手也开始颤抖。

这时，我脑海里闪过了一万个念头。我该怎么办呢？我能反抗吗？但那个人看起来很凶，我害怕自己会受到更多的伤害。我顿时陷入深深的绝望之中。

"快点！别拖延时间！"那个人的声音更加咄咄逼人。我只好颤抖着把钱包和手机交给了他。好在那个人拿了东西，威胁了我两句就跑了,我也吓得瘫坐在地上,后怕得哭起来。为什么我要遭遇这样的抢劫?我只是一个平凡的中学生,为什么要面对这样的恐惧和挫折?我应该怎么应对这种紧急情况?

——小高

一、冷静应对,切勿激怒对方

面对突如其来的抢劫,有两点最重要,一是要保持冷静,二是不要激怒对方。因为抢劫的人要么是已经准备多时,要么是豁出去了一定要做,那么我们若是慌张反抗,势必给自己带来更大的危险。

古人在面对抢劫时,给我们做了榜样示范:

南北朝时期,一位名叫吴明彻的将领奉命率军出征。军队在一个小村庄里驻扎时,被一群强盗袭击。

一开始,吴明彻迅速组织士兵们反击,但是强盗数量众多,形势十分危急。紧接着吴明彻便立刻停战,并命令士兵把携带的所有财宝和贵重物品都堆在一起。他站在财物堆上对着强盗们大声喊道:"我已经把所有的财物都堆在这里了,现在可以放过我们了吗?"

强盗们被财宝吸引,逐渐围拢过来。吴明彻趁机命令士兵们用箭射击,强盗们惊慌失措,纷纷逃窜。吴明彻则带领士兵们迅速撤退,脱离了危险。

吴明彻利用财宝吸引盗贼的注意,然后趁机反击,成功地脱离了危险。这个故事告诉我们,在遭遇抢劫时,冷静分析形势并采取合适的策略是非常重要的。

面对劫匪,最初的惊慌过后,我们也要努力争取尽快冷静下来,迅速观察环境。如果暂时无法逃脱或难以对抗,那就顺从对方,财物可以随时放弃。

二、学会巧妙周旋的策略

如果我们已经被抢劫者控制,无法反抗怎么办?

此时,我们可以采取巧妙周旋的策略。通过与抢劫者对话,我们可以获取更多的信息,并寻找机会采取行动。我们可以采用幽默的方式,分散抢劫者的注意力,然后趁机反抗或逃脱控制。

在采取行动时,我们可以采用间接反抗法。这包括在抢劫者不注意时留下暗记,如在其衣服上擦点泥土、血迹;在其口袋中装点有标记的小物件；在抢劫者得逞后悄悄尾随其后，注意其逃跑去向等。这些举措都可以帮助公安部门在后续的调查中追踪抢劫者。

在遭遇抢劫时，我们还需要注意观察抢劫者的特征。尽量准确地记下其特征，如身高、年龄、体态、发型、衣着、胡须、疤痕、语言、行为等特征。如果可能，还要尝试保留现场的证据，如犯罪工具、物品、痕迹等，这些信息对于后续的报案和调查非常重要。

在遭遇抢劫后，我们应该及时向当地公安机关报案，提供我们所知道的所有信息，帮助警方追踪和抓捕抢劫者。

最后，我们要明确一点：在保证人身安全的前提下，我们应该尽可能地采取行动来保护自己和自己的财产。如果判断自身安全受到威胁，我们应该以保全人身安全为重，并记下犯罪分子的特点及时报案，这是对自己和他人的安全负责。

三、预防为主，加强自我保护意识

预防抢劫的最佳方法是加强自我保护意识。要预防抢劫案件的发生，应该注意以下方面：

首先，外出时不要携带过多现金和贵重物品，正所谓

第五部分 应急处理与自救

"财不露白",有钱财不能泄露给别人看,一旦我们带着炫耀的心思显露自己的财富,就很容易引起不法分子的注意。而保持低调,则可以减少被选择为抢劫目标的可能性。

其次,我们应该避免在午休、深夜或人少的时候单独外出,快到年节时也要减少无意义的外出。这是因为在这些时间和地点,犯罪分子会更活跃,哪怕我们是男生,但因为未成年,也更容易成为犯罪分子的目标。如果一定要在这些时间外出,最好几人结伴同行,或者由父母特别是爸爸或其他成年男性亲戚陪伴同行。

最后,避免单独滞留或行走在偏僻、阴暗处,还要了解周围经常有小混混出没的地带以及时避开,因为这些地方基本上都是犯罪活动的热点区域。如果发现有人尾随或窥视,不要紧张,不能露出胆怯神态。相反,我们可以回头多盯对方几眼,显示出自己的警觉。我们可以哼着歌曲,改变原定路线,朝有人、有灯的地方走。这种行为能够让我们摆脱潜在的危险,并给予自己勇气和力量。

总之,面对抢劫这样的紧急情况,保持冷静、观察环境、寻求帮助和加强自我保护意识都是非常关键的。通过这些方法,我们将能够更好地应对紧急情况并减少潜在的伤害风险。

23 父母不在家，却有陌生人上门声称"走访"，怎么办？

我是一个普通的中学生。有一次，父母出门办事，只留下我一个人在家。

我正在写作业，突然有人按门铃，我想也没想，直接就打开了门，发现是一个陌生的中年男子，他声称是来进行社区走访的。我有些疑惑，因为父母从来没有提过这样的事情，而且我也没听说过社区走访会安排在这个时间。

这位陌生人表现得很客气，但我还是觉得有些不对劲。站在门口，他就开始问我一些关于家庭和生活的问题，我犹豫着一边回答，一边却感到越来越紧张。后来，他的问题越来越私人化，很多涉及隐私的询问让我感到非常不舒服。我这时才开始后悔，如果不开门就好了，如果事先和父母商量好应对陌生人的方法就好了，可现在我真的不知道该怎么办了。

我越来越紧张，开始寻找借口试图把他打发走，说我爸妈待会才回来，有些问题我不懂。陌生人似乎察觉到了我的紧张，他笑了笑说："没关系，我可以等他们一会儿。"这句话让我更加不安，忍不住想："他为什么要等呢？难道他有什么阴谋？"

第五部分　应急处理与自救

后来中年男子接了个电话,说他先去另一个小区,今天就到这儿,也谢谢我接受采访。

现在,我自己一个人在家有人敲门时就觉得紧张。下次再遇到这种情况,我又该怎么办呢?

——小清

一、努力冷静,迅速摆脱眼前境况

虽然我们可能内心明白"不要随便给陌生人开门",但因为很少经历危险,所以听见敲门后,我们多半也会和小清一样,毫不犹豫地就直接打开门。面对突然出现的陌生人,涉世未深的我们大脑里也会有一段空白时间,这也是小清会"对方问什么就回答什么"的原因。而这样的对话一旦开启,显然对方就掌控了节奏,所以小清在后面才会表现得"想结束又结束不了",内心警惕与焦虑交替出现,逐渐陷入恐惧与慌乱之中。

面对这样的情况,我们如果已经感觉到不舒服了,那就努力让自己冷静下来,并鼓起勇气果断结束对话,可以直接打断对方,并告诉他"你等一下,我打个电话,别的我都不知道",然后立刻转身关上房门。

回到房间后,马上联系家人,不论是通过电话也好、手表也好,又或者有很多家庭装有监控,也可以直接用监控的通话功能,快速告知父母你遇到的事情,包括对方的样子、对方询问的问题、你是怎么做的以及怎么回答的都告诉父母。如果这些联络手段都没有,那就快速总结刚才自己的经历,等到父母回家之后再把这段经历完完整整地告知他们。

此时,不论对方再怎么敲门也不要再打开门,而是要锁好房门,可以隔着门大声告诉对方"已经通知了父母"。如果对方继续停留在门外,若是自己有通信工具,可以直接报警,否则就等待父母回来之后再商量报警的事。

也就是说,我们应该学会随机应变,同时也学会事后总结。当已经遭遇这种看似不利的情况,那就想办法脱身以保证自己的安全,此时不用过多考虑礼貌不礼貌的问题,安全最重要。而事后,则要通过这样的亲身经历来反复提醒自己,以后再遇到陌生人敲门,就不要想也不想就打开了。

二、明白陌生人敲门的危险性，学会正确应对

"不要给陌生人开门"，不要只是单纯记住这个安全常识，我们还应该明白"给陌生人开门"的危险在哪里。

陌生人可能会伪装成你父母的同事或朋友、煤气水电维修工或收费员，或者是像小清遇到的那样，自称社区工作人员甚至是派出所警察等，这些伪装就是为了迷惑我们，一旦我们放松警惕，那后续就很有可能发生可怕的事。

在了解危险之后，再有敲门声，我们应该这样来做：

首先，如果家中只有自己一个人，除非是和你约定好的，比如上门取送快递、朋友来访、送外卖等，否则不论是陌生人也好，熟悉的人也罢，都可以装作家里没有人，可以不出声。假如对方真有事，一定会和父母联系，所以你不需要操心"如果对方真有事怎么办"。

其次，如果你不小心问了"是谁"，让对方意识到家中有人，那接下来就要在不开门的情况下去核实对方身份。可以从门上的猫眼、门铃监控或者铁门的缝隙中去确定对方说的是否真实，但不要频繁去查看，尤其是猫眼，以免对方利用猫眼作案。如果不真实自然不需要理会，但即便对方的身份实是真的，也出示了他的工作证件，并表明了来意，那你也可以说"现在不方便，请换个时间再来"，然后及时通知父母。

我们也要了解一下正规的"有身份"的人都是什么样的:

1. 社区走访,一般情况下社区人员上门登记,可能一个人也可能两个人,但他们会有相应的服装、证件,也会提前在门口告知你他的身份以及他要做的事。一般社区开展工作前都会在社区发通知,说明来访时间段。

2. 警察上门,一般至少两人,除了制服、证件,还会佩戴有执法记录仪。

3. 外卖员或快递员,一般都会与你的购物信息、订外卖信息显示相同,你可以根据这些信息里的时间来判断来人是不是真的给你送快递或外卖的人员。但是,并不建议你在独自一人时点外卖,以减少危险;如果是快递,那就提醒对方放在门口,不要急着拿,完全可以等父母回来再拿。

4. 维修人员,他们都会和父母建立联系,确定家中有人的情况下才能上门,否则就不是真的。当然有时候有检修煤气的人员可能会不通知直接上门,那我们也不需要开门,完全可以等父母回来再说。

5. 父母的同事或朋友,同事应该知道父母的上班时间,朋友也应该先和父母约定好才会上门,所以选他们不在的时候来的人,都值得怀疑。

了解这些"有身份"的人应该都是什么样子的,对于帮助我们判断陌生人是否有问题很有帮助。

第五部分 应急处理与自救

最后，独自在家时，也可以制造"家中有人"的假象。比如通过打开电视或音响制造声音，或者给父母打电话开公放，用"热闹"的声音来让想要碰运气的陌生人误以为"这家目前人口众多，不好下手"。同时，及时通知父母有人敲门，并告知自己的应对方法，以便他们可以及时采取行动或寻求其他帮助。

另外，我们也应该和邻居搞好关系，对门、隔壁，楼上、楼下，我们最好都能建立联系，这样当我们遇到类似事情，父母又不在，就可以呼叫邻居帮忙。

当然，如果真的有不好处理的情况，比如对方没完没了地敲门，对方不断地用各种话语骚扰或威胁等，那我们完全可以选择报警，或者通知小区保安，让专业人士来帮忙解决。

24 游泳课上，一位同学突然腿抽筋了，怎么办？

这是一个凉快的夏天，在一次游泳课上，我正享受着清凉的水，阳光洒在水面上，波光闪烁，一切都美得让人心旷神怡。可是，突然间，一个意外打破了这份宁静。

就在我不远处，一位同学突然大叫一声，嘴里喊着"抽筋了"，脸上瞬间写满了难以忍受的痛苦表情。我循声看去，那名同学正试图弓腰用手抚摸小腿，但因为在水里，他的动作很笨拙，嘴里也开始呛水，眼见着人就要向水里沉下去，我连忙向他靠过去。其他听见声音的同学也都停下来，纷纷聚拢过来。

还好教练飞快地游过来，快速把那名同学捞出水面，一边安抚他，一边指挥其他同学留出通道，便于他更快游到岸边。就在教练带着那名同学上岸之后，救生员及时赶到，一番处理之后，我看见他深深地吸了口气，脸上的痛苦逐渐消散，眼睛睁开了，但眼中的恐惧还未完全散去。我想，或许在那一瞬间，他对游泳课产生了一种畏惧和不安。

在教练和救生员的悉心照料下，同学的脸色逐渐好转，相信这次经历一定会在他心里留下深深的印记。眼看着他情况好转，周围同学也走上来给他安慰和支持。

这次经历也让我对游泳课上的安全问题有了更深刻的认识。如果教练不在身边的情况下，我们该怎么办？

——黄孝超

一、给同学恰当的帮助

同学在我们身边发生危险，如果我们能及时伸出援手，并给出有效的帮助，这会让同学能更快速地脱离危险。那么遇到像黄孝超同学这样的情况，也就是游泳抽筋了，我们应该怎么帮忙呢？

最开始一定不要慌乱，冷静的头脑能够更好地指导我们应对紧急情况，也能给受伤的同学带来安慰和支持。然后根据对方的表现，迅速判断他出了什么问题、哪里出了问题，比如说抽筋，要看看他到底是身体什么部位抽筋，方便我们给出更合适的帮助。

在保证我们自己安全的前提下，给同学更快速的帮助。

有些在水中抽筋的人会很惊慌，一番乱动不仅会让自己沉下去，还可能抓住来救他的人一起沉下去。

所以我们需要先确保自己的安全，不要在他正面施救，可以绕到他后面，保证他口鼻露在水面，然后再带着他向岸边安全地带移动。

等到达安全地带之后，可以帮助抽筋的同学调整姿势，让他坐下或平躺，以减轻肌肉负担，减少抽筋的疼痛感。同时，提醒他尽量放松受影响的肌肉，如果并不能缓解抽筋，那我们也可以给同学提供支撑和帮助，比如帮助他按摩一下，或者让他依靠，确保他不会受到进一步伤害。

及时向附近的教练、救生人员报告情况，并请求他们提供进一步的援助。专业人员可能会采取适当的措施来缓解抽筋并确保同学的安全，我们除了在一旁辅助，也可以趁机了解并学习救生员的专业施救方法。如果有同学抽筋情况严重或持续时间较长，也要立即寻求医疗专业人士的帮助。

二、掌握抽筋的自我处理方法

游泳时很容易抽筋，还有很多运动如果活动不当也容易抽筋，虽然黄孝超经历的是同学抽筋，但我们也要学会抽筋的处理方法，如果自己也抽筋了，在危急时刻也能知道如何解决。

不论什么时候抽筋,疼痛都会让我们一时间慌乱,尤其是在水中,那么我们就更应该先努力保持冷静,越放松,越节省体力,不论是自我救援还是等待他人救援,也就能更迅速。冷静下来之后,我们再来看看当身体不同部位抽筋时,应该如何来处理。

1. 手指抽筋:用力握拳,然后迅速张开,反复几次,就可以缓解抽筋了。

2. 手掌抽筋:用另一只手把抽筋的手掌用力向下按压,做几次震颤动作,直至抽筋缓解为止。

3. 上臂抽筋:抽筋手臂的手握成拳头,用力弯曲肘部(做类似举哑铃的动作),然后用力伸直,多重复几次。

4. 脚趾抽筋:腿屈曲,用力拉开抽筋的足趾,扳直,直到抽筋缓解。

5. 脚掌抽筋:一只手扳起脚尖,向脚背弯曲,另一只手用力按揉脚掌抽筋的部位。

6. 小腿抽筋:这也是游泳过程中最常见的抽筋,可以仰浮在水面上,用抽筋腿对侧的手握住抽筋腿的脚趾,向身体方向拉,同时用另一只手掌压在抽筋腿的膝盖上,帮助小腿伸直。或者也可以将足跟用力向前蹬直,同时一只手握住抽筋腿的拇指向足背方向扳,另一只手按揉抽筋腿的肌肉。

7. 大腿抽筋:仰卧举起抽筋的腿,让大腿与身体成直角，双手抱住小腿用力屈膝，让抽筋的大腿贴在胸部，同时用手按揉大腿抽筋部位的肌肉，然后慢慢将腿向前伸直。

三、充分考虑身体情况，积极热身，避免抽筋

腿抽筋的原因多种多样，肌肉疲劳、身体缺乏水分和电解质、不适当的姿势或错误的游泳姿势、冷水刺激以及其他健康问题都可能导致腿抽筋。所以如果是要去运动，那么我们就需要充分考虑身体情况，以合适的身体条件投入运动中，才能避免抽筋等伤害的发生。

1. 运动前要有足够的热身运动，将身体拉伸开、关节活动开，对经常抽筋的部位做好按摩。如果是要游泳，先不要急着下水，而是要在入水前用泳池的冷水擦擦身体，适应游泳池的水温后再入水。

2. 运动一段时间后要及时休息，让肌肉得到休息与放松。同时，及时补充水分和电解质，维持身体水分和电解质的平衡，少喝或不喝碳酸饮料、咖啡等饮品。

3. 运动不要用力过猛，不要逞强做能力之外的动作，要循序渐进展开运动。

4. 如果感觉身体不是很舒服，就要及时停止运动，休息调整或者去检查是不是出了问题。运动结束后也应该进行简

单的伸展和放松运动。

5.注意补充营养,多吃些奶制品、豆类、坚果、绿叶蔬菜等食物,保证身体对矿物质和微量元素的摄入,有助于维系肌肉功能和神经传导,减少抽筋的发生。

25 安全逃生通道有什么用,遇到火灾等紧急情况怎么办?

那天下午,有一件事让我刻骨铭心,现在想起来还后怕。

当时,我独自一人在家睡觉,忽然被客厅里弥漫的浓重焦味熏醒。我惊恐万分,这才想起来我刚才开着火煮粥却在沙发上睡着了。眼看着烟越来越浓,火苗也蹿了起来。我的心跳如同鼓点一样急速敲击着胸膛,我连忙跑回客厅试图拿手机报警,却发现自己的手抖得如此厉害,以至于无法准确拨号。

我又急忙开门跑到电梯口,却忽然想起来火灾时不能使用电梯,慌忙中我又想到安全逃生通道,但当我跑到楼梯口时,却惊讶地发现那里堆满了邻居的杂物,出路被堵住了。我瞬间陷入绝望,眼泪开始在眼眶中打转,脑子里开始拼命回想学校里老师讲述的火灾应对方法。慌乱中我记起来,如果暂时逃不出去,要用湿毛巾堵住门缝,低姿势靠近窗边,保证能呼吸到新鲜空气。

我手忙脚乱地去浴室打湿毛巾,费力堵住门缝,可是房间里的烟越来越多,一时间我睁不开眼、喘不过气,更别说寻找窗户了。就在我以为自己无处可逃时,消防队员突然冲了进来。他们打破了我家的门,把我救了出去,并很快扑灭了厨房里的火。原来邻居也闻到了烟的气味,路过的人还看到了从我家厨房蹿出去的火苗,大家都报了火警。在那一刻,我感到我是如此幸运,又为差一点就失去了自己的生命而感到后怕。

这场火灾,让我明白了保持安全逃生通道通畅的重要性。要是再遇到火灾,还有更好的逃生经验吗?

——小方

一、了解并维护好安全通道

在火灾发生时,安全出口、疏散楼梯、消防通道就是被困者逃生的希望。然而,生活中我们却经常遇到疏散出口被封锁、逃生通道被堵塞等情况,一旦着火,人们因此而错失宝贵的逃生时机,就很有可能发生无法挽回的悲剧。

2023年4月16日,江西省某市一小区楼梯间起火,多名群众被困。到场的消防员发现,起火的是楼道内堆放的杂物,大火浓烟迅速将楼道覆盖,这是楼内住户下楼逃生必经的，也是唯一的通道。当楼上居民发现火情时，已无法下楼逃生。所幸救援及时，大火被迅速扑灭，现场无人员伤亡。

这件事和小方的经历相类似，可见安全逃生通道畅通的重要性。那么接下来我们就来好好了解一下安全逃生通道。

安全逃生通道是指建筑物内部专门用于人员疏散的通道，包括楼梯、走廊、出口等。在紧急情况下，这些通道能够指引我们迅速离开危险区域，避免人员伤亡。

安全逃生通道有哪些作用呢？

提供逃生路径：在火灾等紧急情况下，人们容易失去方向感，找不到安全的出口。安全逃生通道能够为人们提供清晰的逃生路径，指引大家迅速离开危险区域。

防止拥堵：当火灾等紧急情况发生时，人们往往会争先恐后地逃生，容易导致出口拥堵。安全逃生通道能够指引人们有序地疏散，避免拥堵和踩踏事故的发生。

保障生命安全：安全逃生通道是建筑物内部重要的安全设施之一，它能够有效地保障人们的生命安全。在火灾等紧急情况下，人们可以通过安全逃生通道迅速离开危险区域，减少伤亡。

每栋楼都有安全逃生通道，平时这个通道可能没什么太大的作用，因此有些人就会在其中堆积各种杂物。那么我们首先从自身做起，如果我们自己或父母在逃生通道中堆放了很多东西，要及时清理干净；接下来还要劝阻邻居，如果邻居不听，也可以找物业、社区或者消防部门来帮忙劝阻，清理出重要的安全逃生通道。

二、遇到火灾，冷静逃生

生命充满了无常，如果还是中学生的我们自己一个人在家，也遇到了与小方相类似的经历，家中突然起火，我们应该怎么办呢？

首先不要轻易打开门窗，以免空气对流，形成大面积火灾。接下来若火势不大，可以积极自救，如果是纸张、木头或布起火，可以用水来扑救，如果是电器、汽油、酒精、食用油着火，则要用土、沙泥、干粉灭火器等来灭火。但若火势已大，必须立即报火警，并立刻远离火源。

如果我们已经被火围困，应该视不同情况，采取不同方法，或脱离险境，或保护自身。

利用安全通道逃生：在火灾发生时，要迅速找到安全通道，如楼梯、走廊、出口等。不要使用电梯，因为电梯可能会因故障或火势而无法使用。同时，要确保安全通道畅通无阻。

关闭房门：在火灾发生时，要迅速关闭房门，以防止火势和烟雾进入房间。如果房门已经燃烧，则要寻找其他逃生路径，或等待救援。尤其是高层用户，不要盲目跳楼，否则可能付出生命代价。

寻找湿毛巾或衣物：在火灾发生时，要找到湿毛巾或衣物遮住口鼻，以减少烟雾的吸入。同时，也可以用水浇湿衣物，披在身上，以防止高温和火焰的伤害。

寻找安全地方躲避：如果无法安全逃生，要寻找安全的地方躲避。可以选择房间内的桌子、床铺、卫生间等地方，用湿毛巾或衣物堵住门缝和通风口，等待救援。

保持冷静和有序：在火灾等紧急情况下，要保持冷静和有序，不要惊慌失措或盲目乱跑，更不要贪恋财物。要听从指挥和安排，有序地疏散和撤离。

如果我们每个人都能掌握这些基本知识和技巧，就可以在紧急情况下更好地保护自己和他人的安全。

三、遇到紧急情况，学会拨打报警电话

小方在危急时刻过于恐惧慌张，甚至连报警电话都拨不出去，这显然延误了一定的救援时间。由此可见，能够镇定地拨出报警电话并正确报警也非常重要。

设定好号码：可以把报警电话设定为一键拨号，更方便快捷。

说明情况：接通电话后，尽量简短且清晰地说明自己的情况。报火警一定要说清楚火源位置、起火原因、火势大小、有无危险物品、有无人员受伤等情况。

提供必要的信息：除了说明情况外，还要提供自己的姓名、年龄、家庭住址以及父母的手机号码等信息。这些信息可以帮助专业人员更好地了解情况并采取相应的行动。

等待救援：在报警后，要保持电话畅通，等待消防员的到来。若暂时没有危险，尽量待在原地，以免给救援带来困难。

报警的正确步骤不仅可以帮助我们更好地应对紧急情况，还可以提高我们应对突发事件的能力。通过反复练习和模拟演练，我们可以逐渐掌握报警的技巧并提高自己的应变能力。

男孩，青春期
你要懂的事儿

| 沟通篇 |

苏星宁 —— 著

北京理工大学出版社
BEIJING INSTITUTE OF TECHNOLOGY PRESS

版权专有 侵权必究

图书在版编目（ＣＩＰ）数据

男孩，青春期你要懂的事儿. 沟通篇 / 苏星宁著.
— 北京：北京理工大学出版社，2024.7
　　ISBN 978-7-5763-4135-5

Ⅰ.①男… Ⅱ.①苏… Ⅲ.①男性—青春期—家庭教育
Ⅳ.①G782

中国国家版本馆 CIP 数据核字（2024）第112325号

责任编辑：李慧智　王晓莉		**文案编辑**：邓　洁	
责任校对：刘亚男		**责任印制**：施胜娟	

出版发行 ／ 北京理工大学出版社有限责任公司
社　　址 ／ 北京市丰台区四合庄路6号
邮　　编 ／ 100070
电　　话 ／（010）68944451（大众售后服务热线）
　　　　　　（010）68912824（大众售后服务热线）
网　　址 ／ http://www.bitpress.com.cn

版 印 次 ／ 2024年7月第1版第1次印刷
印　　刷 ／ 唐山富达印务有限公司
开　　本 ／ 880 mm × 1230 mm　1 / 32
印　　张 ／ 4.375
字　　数 ／ 77千字
定　　价 ／ 168.00元（全6册）

图书出现印装质量问题，请拨打售后服务热线，负责调换

目 录
· CONTENTS ·

第一部分 PART 1　搭建家园的篝火

1. 爸爸妈妈只有过年才回来，怎么办？　/003
2. 很想爸爸妈妈多理解我，怎么办？　/008
3. 我总是控制不住对爸爸妈妈发火，怎么办？　/013
4. 给妈妈送礼物她却转手送人，很失落怎么办？　/019
5. 面对父母的唠叨，我应该怎么办？　/024

第二部分 PART 2　缓解无形的压力

6. 中考在即，父母好像比我还紧张，让我很压抑，怎么办？　/033
7. 终于做完作业了，爸爸又布置了数学题，妈妈布置了作文题，我该怎么办？　/038
8. 父母因能不能给我用手机而经常吵架，怎么办？　/043
9. 遇到邻居家好孩子的"碾压"，我应该怎么办？　/049

第三部分 PART 3　扩展爱的维度

10. 我已经13岁了，但非常依恋妈妈，怎么办？　/057

11. 爸爸总在妹妹面前数落我,怎么办? /062

12. 被爸爸打了一顿后,我想离家出走,怎么办? /067

13. 超市里,爸爸妈妈为给我买哪款牛奶吵起来了,怎么办? /073

第四部分 PART 4　重建心灵的对话

14. 与父母话不投机,怎么办? /081

15. 妈妈一唠叨我就想开启屏蔽模式,怎么办? /087

16. 妈妈不让我和同桌交朋友,怎么办? /092

17. 多次考试成绩不理想,妈妈总怪我没努力,我该怎么办? /097

第五部分 PART 5　开启青春的航程

18. 我的压岁钱一直由妈妈保管,可我想学习理财了,怎么办? /105

19. 我已经上初中了,爸爸还在外人面前喊我宝贝,怎么办? /111

20. 我想独自旅行,爸妈不同意,怎么办? /117

21. 我想约喜欢的女生看电影,要和父母说吗? /122

22. 身体很不舒服,妈妈却让我坚持上学,怎么办? /128

第一部分

01

NAN HAI, QING CHUN QI NI YAO DONG DE SHIER

搭建家园的篝火

第一部分 搭建家园的篝火

1 爸爸妈妈只有过年才回来，怎么办？

这天是星期天，我睡眼蒙眬地起了床，准备洗漱。

来到院子的时候，一缕温和的阳光照在我的脸上，很暖很暖，可此时，我的心依旧冰冷。

今天是个特殊的日子，因为今天是我 15 岁的生日，而这种重要的日子，父母却不在我身边。

我低头思念着爸妈，不知道他们在忙碌的工作中，是否能记得今天是我的生日。我别无所求，只希望此时能接到他们的一个电话。然而，等了一天，电话却没有响起。

爸爸妈妈是外派工作，经常要在国外待上几个月，只有过年的时候才能回来陪我，而其他时间，我都是和奶奶一起生活。

和奶奶一起的日子，我常常感到孤独和无助。我时常惦记着爸爸妈妈，每每看到电视中人们艰辛劳动的情形，他们的身影就会在我眼前闪过，有时还会不知不觉哭起来。

今年的生日又是我和奶奶两个人一起过的，我好想爸妈妈能够陪在我身边，我真的好想他们。

——光锋

一、每天用十分钟和爸妈线上聊天

为了生活,父母在外打拼,不能每天陪伴在孩子身边,他们没有选择,而是被生活所逼迫。明天和意外,我们不知道哪个先来,唯一能做的,就是在意外没有来的时候,好好爱父母。

有时候,距离带来的,除了牵挂和期待,还有满满的爱。不可否认,光锋,你的父母肯定也如你思念他们一样想念你,牵挂着你。何不做亲情的主动链接者?现在手机如此普遍,可以每天用十分钟和爸爸妈妈视频,或者给爸爸妈妈发微信,或者给他们拍一些日常生活的小视频发过去,表达对他们关心和思念。

十分钟可以做的事情真的太多太多,

每天用十分钟和父母线上聊天,

小小的关怀也能凝聚成大大的爱。开启视频通话或语音通话等线上聊天形式,你就像打开了一扇连接你与父母的时空之门。即使他们远在天涯海角,你也能让他们看到你最近的学习状态、校园生活、朋友间的趣事等。这些分享不仅能让父母更了解你的生活,还能让他们感受到你对他们的牵挂和思念。

威廉·莎士比亚是英国文学史上最伟大的戏剧家之一。尽管他的作品广受赞誉,但他经常离开伦敦前往自己的故乡斯特拉福德与家人团聚。

在那个时代，书信成为莎士比亚与家人之间保持联系的重要方式。他经常给家人写信，表达对他们的思念和关怀。这些信件不仅是家庭间的情感纽带，也成了后来文学研究者了解莎士比亚生活和思想的重要资料。他曾说："即使我们身处远方，我们的心始终相连。"

视频通话不仅是一种交流方式，更是一种爱的表达。它让我们的爱不再受时间和空间的限制。

如果光锋和父母因为时差或其他原因，导致无法随时连线，可以通过留言，写邮件等方式与父母联系。也建议光锋可以和父母沟通，一起想办法，找到合适的时间和方式表达思念之情。

二、发现兴趣，点亮生活的色彩

一个人沉浸在兴趣爱好中时，他会感受到内心的满足和喜悦。这种积极的情感体验可以帮助我们更好地应对生活中的挑战，提升自我价值感。

"快乐源于兴趣。"一个人真正的财富，就是他内心对生活的热情和追求。

想想看，在父母被外派的这段日子里，虽无法陪伴，却也期望你过得充实而有意义，希望你可以找到自己的兴趣和爱好，让每一天都充满生机与活力。

是的，当一个人对自己的领域充满热情时，他会更加专注和努力，这种积极的态度会让他取得更好的成果。而这种良性循环不仅会让我们获得更多的成就感和满足感，也会为我们带来更多的机会和资源。

无论是加入社团组织，还是参加志愿活动，抑或学习新技能，这些都可以成为我们展现自我、扩展社交圈的舞台。

所以，让我们一起用热情去点亮生活的色彩吧！让我们的兴趣爱好成为我们与父母之间紧密联系的纽带，让他们知道即使他们不在身边，我们依然过得充实而有意义。这样，即使他们身在远方，也能感受到我们的成长与进步。

三、建立情感支持后盾，从此不再孤单

情感支持是保持心理健康的重要因素之一。

比如，当我们在生活中遇到挑战和困难时，如果能够得到他人的情感支持，那么我们就能够更快地适应环境、恢复情绪，并增强应对压力的能力。当我们身处困境时，好友的一句话、一个拥抱或者一份关心，都可能成为我们走出困境的动力。这种情感支持不仅能帮助我们渡过难关，还能让我

们更加珍惜生活中的美好时光。

可以说，情感支持是一种无形的资产。它不能被买卖，但具有极高的价值。

马克思和恩格斯是19世纪欧洲著名的思想家和政治家。他们之间的友谊和合作成为历史上的佳话。在马克思面临困境时，恩格斯始终站在他的身边，给予他经济和情感上的支持。两人的友谊与合作也成了马克思主义思想的重要支柱。

由此可见，在困难时期，好友之间的互相支持和帮助是克服困难的关键。

好友、同学、家人以及心理咨询师都可以成为我们的坚强后盾。去珍惜、去拥抱那些能够陪伴我们度过风雨的朋友和家人吧。从此，不管是高潮还是低谷，有了良好的情感支持后盾，我们就不必再孤单面对。

2 很想爸爸妈妈多理解我，怎么办？

在一个冬季的早晨，我参加学校的第一次模拟考试。安静的教室里突然传来外面工地的嘈杂声，这些噪声扰乱了我的内心，让我变得烦躁起来。因此这次考试我没有发挥好。

第二天晚上，妈妈看到的成绩单时对我一顿痛骂：你看你，第一次考试就考成这样，你对得起爸爸妈妈吗？我们每天在外面这么辛苦，什么都买最好的供着你……

我试着向妈妈解释，但妈妈并不想听我说。妈妈焦虑而愤怒，我此时有一种非常无力的感觉，感到我和妈妈之间横亘起一个巨大的屏障。

我这么努力，为什么父母只关注我的成绩？内心的无助和孤独弥漫开来，我渴望与父母建立更深的情感。

我在信上写道："亲爱的爸爸妈妈，我知道你们非常关心我的学业，但我也希望你们能关注我的感受……"

我期待着能得到妈妈的回应。可一个月过去了，我并没有收到妈妈的任何回复，我感觉很困惑，不知道应该怎么办？

——吴思明

一、主动跳出角色，探索各自的内在需求

有这样一首歌，叫《妈妈，我想你》：

妈妈，我想你，想你做的饭菜香。
想你温暖的怀抱，想你慈祥的目光。
妈妈，我想你，想你教我学走路。
想你在我耳边轻轻地说，孩子，你要坚强。
……
想你为我加油打气，想你在我梦里。
妈妈，我想你，想你说晚安。
想你在我心中，永远守护着我。

妈妈的爱无处不在，但随着我渐渐长大，我们的关系在发生着微妙的变化。

角色定位理论认为，我们每个人在社会中扮演着不同的角色，角色会影响我们的行为和思维。我们到了青春期，有了自己的思想和需求。然而，父母可能仍然将我们视为孩子，导致他们难以理解我们，也无法体察到我们的情绪和生理上的变化。

我们可以尝试跟妈妈说：妈妈，我现在已经长大了，有了自己的想法和需要，我希望你能多关心我的感受和情感需

要。学习是我自己的事,我会努力的。

马斯洛需求理论把人的需求分为五个层次,分别是生理需求、安全需求、社交需求、尊重需求、自我实现需求。

当前面的两个需求满足以后我们就会产生社交需求和尊重需求,也就是与他人的联系和归属感的需求。这个时候,我们渴望与家人建立紧密的关系,并寻求社交的认同。这是很正常的事情。它象征着我们通过发掘潜能、追求个人成长和目标来实现自己的价值。这也是我们成长过程中价值感的主要来源。

尝试从不同的角度思考,通过我们的耐心和积极沟通,我们有望与父母突破沟通障碍,并建立更牢固的情感关系,从而帮助我们实现更深层次的相互理解和支持。

二、通过换位思考实现共情,并实现双赢

认知行为理论认为,思维和行为是相互作用的。如果我们认为父母不理解我们,就会产生消极的想法和情绪,进而影响自己的行为。因此,改变我们的思维和行为方式,可以影响我们对父母的理解。

当我们面对父母的不理解时,通过换位思考,尝试去探索各自内心的需求,可以帮助我们调整对事件的态度和看法,

从而改变我们的情绪和行为结果。例如,当父母无法满足我们的情感需求时,我们很容易感到沮丧、焦虑或愤怒。

首先,我们需要意识到自己的情绪和反应,明确自己的真实感受。

其次,试着想象代入一下,如果自己是父母的角色,考虑他们可能的思维、感受和动机。他们为什么不相信我?是怕我说谎,怕我没有认真学吗?这种换位思考可以帮助我们更全面地理解他们的行为,并培养共情能力。

最后,调整自己,将内心的疑惑和想法用平静的方式让父母知晓,就像思明同学事后写信给父母一样。如果妈妈没有回复,可以再找合适的机会再和她说一说自己的想法。

换位思考是一种生活智慧,让我们通过换位思考与父母建立连接并增进彼此的理解,最终实现双赢。

三、表达讲求技巧,沟通才更有效

思明同学,你能用写信的方式与父母沟通,其实已经走出了解决问题的第一步,你是好样的!希望下面说的一些表达与沟通的技巧,可以帮到你:

第一,我们可以使用"我"句式来表达自己的感受和需求,而不是指责或抱怨对方。例如,你可以说"我感到很困惑和不安",而不是"你们从来都不理解我"。

第二,举出具体的例子来表达我们的感受,这有助于让父母更具体地了解我们的立场。

第三,清楚地表达你希望得到什么样的支持或理解。例如,你可以说"我希望你们能多给予我一些独立的空间",以表达你的需求和期望。

第四,积极地倾听父母。给予父母充分的机会表达他们的观点,倾听他们的意见,并尊重他们的看法,即使你不完全同意。

在沟通结束后,表达你对父母的感激之情,并肯定他们在沟通中的努力和倾听。

通过使用"我"句式表达感受和诉求,通过积极倾听来让彼此更了解我们就可以逐渐改善与父母的关系,并建立更加开放和支持的沟通模式。

相信我们能够克服沟通障碍,建立更加美好的沟通渠道,就像是播下了爱心的种子,在特定的时间里,总会开花结果。

3 我总是控制不住对爸爸妈妈发火，怎么办？

临近期末了，学校最近组织的几次模拟考，我都考得不好，对成绩不是很满意。

看着试卷上那些本来都会做的题，我却做错了，恨不得将试卷撕碎。在学校我总觉得有一团怒火压在心中，整个人的情绪非常低落。

回到家，我在房间里看电视，爸爸在客厅里打电话。我认为他大声讲话打扰了我看节目，于是我开始对着电视大喊"啊……"，我就像一头暴怒的小野兽，一边喊着，一边拍打着沙发。

爸爸进来告诉我关掉电视，我却咆哮着拒绝了。

最后，我把遥控器扔向了爸爸，却不小心击中了他的头。

我当时很生气，觉得是爸爸的错，但对自己的行为也感到后悔，我不知道如何才能控制好自己的情绪。

——国方

一、不做"愤怒的鱼",深入认识情绪触发点

相传,在南方的一条江里,生活着一种鱼,这种鱼的肉质鲜美,不仅人喜欢吃,连一些水鸟也将它们视为美味。

所以,为了自身安全,这种鱼很少游出水面。不过,它们有一个习惯,就是喜欢在桥下嬉戏,尤其是绕着桥墩打转。

某天,天气晴朗,阳光普照,河水泛出粼粼波光,这些鱼儿们和往常一样,游到桥下嬉戏。

突然,一股激流袭来,一条鱼不小心撞到桥墩上,一下子撞晕了,过了好一会儿,这条鱼才清醒过来。

这条鱼十分愤怒,它恨水流太急,更恨桥墩太结实,让自己吃了一个大亏。

于是,这条愤怒的鱼,开始绕着桥墩打转,不愿意离去,想要报复,以出了这口恶气。然而,就在它被愤怒所操控,全身心地想要报复时,却没注意到一只水鸟已经盯上了它,乘其不备,一个俯冲,就抓到了这条鱼,美美地饱食了一顿。

这个寓言告诉我们,愤怒往往会让人失去理智,做出冲动而愚蠢的举动,给自己带来意想不到的灾难。

学会调整自己的愤怒情绪,就是不去做那条"愤怒的鱼"。调整情绪之前,我们需要知道这种情绪是哪来的。

那么,什么原因会导致我们易怒呢?

心理学家告诉我们，内在压力往往是一些情绪触发点的源头，正如暗流汹涌的大海会引发惊涛骇浪。学业压力、自我期望等种种因素，或许就是这些情绪的滋生之地。

为了洞察易怒情绪背后的真相，我们需要一个本子和一面镜子。

用一个本子，尝试记录下自己每次易怒的场景，记录下时间、地点、人物、情境等细节。用镜子去观察自己愤怒时的面容，从额头到下巴，仔细地观察自己，尤其是看到紧紧皱着的眉头时，问问自己是什么触发了情绪呢？

通过深入了解自己的情绪触发点，走进内心的迷宫，每一个谜题的答案都会显现。

二、在愤怒中保持理智，将坏事变成好事

《菜根谭》说："燥性者火炽，遇物则焚。"意思是说，容易动怒的人，就像一团炽热的火，遇到不顺心的事，一点就着，不但容易灼伤别人，也烧着了自己。

关于愤怒，在《三国演义》中这样一个故事：

诸葛亮北伐，遭遇司马懿。司马懿选择"龟缩"战略，就是不和诸葛亮直接开战，原因在于，直接开战他没有战胜

诸葛亮的把握,而且蜀军远道来袭,粮草不继,必然难以持久,只要拖延不战,那战局就总是有利于己方的。

诸葛亮当然也明白其中道理,所以,他想方设法地想要激怒司马懿,逼其出战,他派人给司马懿送去了女人穿的衣服,还写了一封充满侮辱和蔑视的信,挑衅说,不敢出战的话,就穿上女人的衣服吧。

这在古代,的确是极大的侮辱,司马懿心中当然也很愤怒,可他并没有中招,而是压住怒火,继续选择不战的策略,甚至真的为此穿上了女人的衣服。

果然,没多久,事情就出现了转机,诸葛亮不幸病逝于五丈原,蜀军无奈退兵,司马懿不战而胜。

这个故事告诉我们:愤怒是有理由的,但仔细分析这些理由,我们常常也会找到保持理智的理由,然后,事情就会巧妙地出现转机,让我们有机会把坏事变成好事。

在面临愤怒情绪时,下面这两步可以快速帮助我们平静下来,并保持理智。

首先,要深呼吸,大口地吸气,缓慢地吐气,三口气之后,让自己放松下来,然后努力保持冷静的心态。

其次,从中寻找改善的机会和可能性。我们可以试着看看这件事情是否存在解决的方式,是否有改进的方法。

例如,我们是否可以尝试沟通、交流,寻求与对方协商的机会？或者，我们可以看看这件事情背后的积极意义有哪些？

有了这两步的基础，我们才有可能把坏事变成好事，真正实现"发生即恩典"。

三、培养情绪智力，善用情绪调节策略

情绪智力是指个人理解和管理自己情绪的能力，情绪智力包括意识自己的情绪、自我调节、情绪表达和情绪应对等方面。

通过培养情绪智力，我们可以增强自我意识，识别并处理负面情绪，从而更好地控制易怒情绪。

与此同时，掌握有效的情绪调节策略可以帮助我们在易怒情绪出现时保持冷静。一些常见的情绪调节策略包括：

1. 与合适的朋友社交，在社交中去倾诉自己的烦恼与困惑。

2. 去运动，去做自己喜欢的那些运动，在运动中既可以放松身心，又能让自己的体能越来越好。

3. 学会记录，将自己内心的感受和想法全部都写到纸上，不用担心字迹是否清晰工整，也不用关注内容的逻辑性，只要尽情表达自己的感受就好。

4.捶打枕头和沙袋,把自己的愤怒情绪用击打柔软物体的方式释放出来,同时还能避免伤害自己。

5.用空椅子技术释放情绪:在房间内放一把空椅子,假设你想诉说的对象就坐在椅子上,然后对着椅子尽情地表达……

任何一种情绪都有积极的意义,通过情绪来了解自己,进而更好地与情绪和平共处,便会获得更明朗的人生。

4 给妈妈送礼物她却转手送人，很失落怎么办？

妈妈生日快到了，为了给妈妈准备一份特别的生日礼物，我每天放学后都在自己房间细心制作。

一个月过去了，我自认为完美的礼物——一本手工相册制作完成了！

我把它放在妈妈的床头柜上，期待着第二天妈妈看到它时的惊喜表情。然而，第二天早上，妈妈拿着礼物，只淡淡地说了句"谢谢"，就去上班了。

妈妈出门前，突然转过头来对我说："以后不用花这么多时间在制作礼物上，我希望你把时间都用在学习上。"

"好的，我知道了，妈妈。"我有些失望地回复妈妈。

我在想："虽然制作礼物花了点时间，可也不是很多，但这代表了我对妈妈的心意啊，您看到了吗？"

到了周末的下午，我听到妈妈在和邻居聊天，他们聊到手工作品，妈妈转身就把我给她的礼物送给了别人。

我愣住了，仿佛一盆冷水从头淋到脚。那个礼物，那个我用心制作的礼物，就这样被她轻易地送给别人了。

我站在那里,看着妈妈的背影,感觉很失落,心就像被掏空了一样。

自从这件事以后,我再也不想做手工了,再也不想给妈妈送礼物了,我该怎么办?

——小洋

一、觉察自己那些不太快乐的情绪

情绪是我们生命中不可或缺的一部分,包括那些让我们并不太快乐的情绪,如生气、愤怒、失望等。不论是谁,内心都有委屈,都有伤心与脆弱,这些情绪是需要被觉察与处理的。

觉察情绪是指我们能够较为准确地感知自己当前的情绪状态,并作出适当的反应。在日常生活当中,给自己的情绪做一个"体检",对情绪进行观照与觉察,相当重要。

小洋就是这样一个情绪感知非常细腻的孩子。但妈妈没有感受到他那份用心,反而怨他不好好学习,让他觉得有些失望。看到妈妈把自己用心做的送给妈妈的礼物转手送给了别人，可见妈妈并没有珍惜这份礼物，他的内心无比的失落和沮丧，觉得妈妈根本不尊重自己。

而如上所说的所有情绪，其实都是自己的需求没有得到认可或满足。当我们有这样一些让自己不快乐的情绪时，可以闭上眼睛问自己几个问题：

1. 我为什么会产生这样的感受呢？
2. 我究竟需要的是什么呢？
3. 对方的需求和想法又是什么呢？

一边思考，一边把想到的答案写在纸上。这个过程也是对情绪进行梳理的过程，等这些问题都想明白，情绪也就得到缓解，再去解决问题时也就不那么无助了。

二、坦诚地交流，永远都是沟通的第一步。

亲情如同温暖的港湾，为我们提供庇护和慰藉。然而，正如其他关系一样，亲情中也难免会出现沟通的障碍和理解的鸿沟。

有时候，我们会为了避免冲突而回避问题，但这样做只会加剧彼此的矛盾。只有通过坦诚地交流，我们才能真正了解彼此的需求和期望，找到共同的解决方案。

建议小洋可以选择一个适当的时机，以平静的方式跟妈妈表达自己的感受，告诉妈妈，你制作手工相册作为生日礼物的用心和意义，同时也对妈妈表达自己理解她的辛苦，也能理解她的建议。

这样坦诚地沟通，不仅可以加深情感，还可以增进相互了解。慢慢地，我们和父母之间就能轻松地分享彼此的快乐、烦恼和担忧，能够相互支持和鼓励，再遇到不快乐的情绪，也可以很快纾解了。

三、爱的表达方式，不止一种

对于什么是爱，我们每个人都有一套自己的衡量标准。

有些人觉得爱是嘘寒问暖，有些人觉得爱是共同成长；有些人的爱是热情如火，有些人的爱是细水长流……我们对爱的理解和表达，从来都不是同一套标准。

"母亲节，当然要送一束康乃馨了！"

"仅仅有花哪能行，我的妈妈可是位小仙女，康乃馨不足以配得上她！"

"我妈妈什么也不喜欢，我就送她一首诗朗诵吧！"

了解妈妈喜欢的爱语类型，并用她所喜欢的方式表达爱，可以使我们的行动更有意义和深度。

对于爱运动的妈妈：可以用压岁钱给她买一双舒适的鞋子，利用假期多陪她游玩……

对于工作繁忙的妈妈：平时多帮她做家务，分担她的压力。

对于注重身体保养的妈妈：每晚给她准备好温度适宜的泡脚水或者泡上一杯茶。

这样不仅能强化亲子关系，还能让妈妈感受到她的付出被理解和珍视。

5 面对父母的唠叨,我应该怎么办?

"小杰,你要记得每天按时复习啊!别再玩手机了!"妈妈的话语中带着担忧,透过紧闭的房门传入我的耳朵。而我正在全神贯注地为即将到来的考试做准备。

我皱起了眉头,看着眼前密密麻麻的题目,不禁感觉有些无奈,这并不是我第一次感受到父母的唠叨,每当我坐下来专注学习时,仿佛有一股力量向前推着我。窗外阳光明媚,而这些唠叨却让我感到异常压抑。

"我现在已经大了,不是小孩子了。我知道自己需要努力学习,也明白时间管理的重要性。"我心中不禁暗想。可最终我还是没有鼓足勇气来表达自己的想法,因为我害怕破坏这难得的温馨。真是又矛盾又憋闷,我该怎么办呢?

——小杰

一、唠叨的背后是父母殷切的希望

衣服要多穿一点。
上课要认真听讲。
作业完成了吗?
课外书看了吗?
……

其实,我们都知道父母之所以唠叨,是因为担心我们将来可能面临的困境,希望我们能够顺利完成学业。

但是,我们往往对他们的唠叨感到厌倦和反感。我们觉得被束缚、被限制,仿佛一只被困在笼中的鸟儿。我们想要展翅高飞,探索自己的世界,却被无休止的唠叨所阻碍。

李傅是一名六年级的学生,他有一个爱唠叨的妈妈,几乎每天都要听妈妈说:"书本别忘记带了""在学校里多喝一点水""上课积极举手发言""遇到问题多向老师提问"……听多了他就感觉很烦。

他想:为什么妈妈总喜欢唠叨,她就不能多管管自己吗?她都长出白头发了,也不好好照顾一下自己的身体,难道我就这么不让人放心吗?我已经长大了,我能照顾好自己的学习和生活。天天说这些话,真烦人。

有一次老师让他们写一篇关于妈妈的作文,他以"爱唠叨的妈妈"为题写了一篇文章,他在文章中写到,原来妈妈的唠叨背后蕴藏着满满的关爱。他还渐渐发现,当他这么想的时候,妈妈唠叨的话语突然变得有意义了。

二、转变注意力方向,也许是一种明智的选择

青春期是我们从依赖父母到独立的过渡期,我们开始寻求自主权和独立性,希望得到父母的认同和支持。

在这个过程中,我们对父母的唠叨容易产生逆反心理,从而表现出烦躁情绪。

想想看,是什么原因导致我们产生烦躁情绪呢?

我们都知道,青春期的我们希望有自己的想法和判断力,不愿意被动地接受父母的安排和意见。还有来自学习、社交、身体变化所带来的压力以及父母总是用以前的沟通方式来和我们沟通。这些都是产生烦躁情绪的主要原因。

运用"凡事至少有三种以上的解决办法"来帮助自己拓宽思路,提升自己解决问题的能力。虽然有时候我们知道唠叨的背后是父母的关爱,但是让我们心里感觉不舒服的其实是父母的批评和责备的语气。此时,我们可以通过以下方式调整自己面临的困境。

1.转移自己的注意力。把注意力转移到积极正面的意义

上,这样在面对父母的唠叨时会更好地处理自己的情绪,让我们从容应对。

我们可以先调整呼吸,深呼吸,让自己冷静下来。意识到自己正在感到烦躁或不满,并接受这些情绪的存在。将注意力从父母的唠叨中转移到其他事物上。

2.真诚的沟通,待情绪平和后,用"我"的句式来表达自己的感受。我们可以说:"我感到烦躁,希望给我一些空间",而不是"你总是唠叨,让我很烦"。这样的表达方式可以帮助我们减少和父母之间的冲突和误解。

我们还可以说:"爸爸妈妈,你们平时对我的关心和照顾让我觉得很幸福,但我希望有更多独立的空间去探索自己的兴趣。"以此来表达自己的感受。

3.通过自我暗示法来建立积极的信念系统。尝试多用一些积极、肯定的暗示语。比如,"我能做到""我值得拥有妈妈的爱""我值得拥有幸福和快乐"等。

面对父母的唠叨,小杰要学会保持内心的冷静,转移注意力,用"我"语句来与父母进行沟通,这是一种更好的选择,也是双方学会彼此尊重的开始。如此,我们与父母的关系也会更加和谐。

三、运用防弹衣保护机制，改善与父母沟通的旋律

伟华是一名初三学生，每天都在为中考做准备。不仅要面对繁重的学习，回到家还要面对妈妈的唠叨，起初他感到很烦躁。然而，一次在与同学的交流中，他重新审视了来自妈妈的唠叨，并开始调整自己的心态。

他想："妈妈每天辛苦上班，回家还要监督我的学习，她的初衷是希望我能考上好的高中。虽然唠叨让人感到不舒服，但她也是出于为我好的目的。"

面对唠叨的负面影响，我们可以像上面的伟华一样尝试建立一种心理防护机制，就像穿上一件心理防弹衣。这件"心理防弹衣"可以帮助我们过滤负面信息，保护自己免受唠叨所带来的负面影响。

具体的步骤如下：

1. 闭上眼睛，调整呼吸，让身体放松下来。

2. 想象眼前有一间安全屋，它由你最喜欢的颜色的避弹玻璃构成。然后，想象自己走进去，关上门。当门关上时，你会发现外面的声音都变得听不见了。

3. 安全屋可以根据你的体型变成一套防护服。无论身处何地，这套防护服都能为你提供保护。

通过这种方式，我们只选择接收正面信息，这是一种自我保护的本能选择。这样一来，我们就能平和地与父母和谐相处。

第二部分

缓解无形的压力

第二部分 缓解无形的压力

6 中考在即,父母好像比我还紧张,让我很压抑,怎么办?

每当放学,我拖着疲惫的身躯回到家中,迎接我的是父母那紧张的神情和关切的询问。

书桌上的参考书和习题册堆积如山,它们像是一座座难以逾越的大山,让我倍感压力。每当我看到那些书本,都会有一种沉重的压抑感。原本我最喜欢的航空模型,也再没有时间去碰。

每当夜幕降临,我独自躺在床上,思绪纷乱如麻。我怀疑自己的能力,害怕失败,害怕成为别人的笑柄。然而,我更害怕的是让父母失望。

现在的我,急需找到一条能够让我释放内心压力、与父母坦诚沟通的出路。我明白父母的关心与期望,也希望得到他们的支持和理解。我该怎么办?

——王楠

一、运用沟通三部曲,调整自己的状态

文学作品《慧心》中这样写道:现在有好多家长,都在以"爱"的名义绑架自己的孩子,让孩子一辈子活在自己的束缚下,过得非常压抑、痛苦。

我们可以看出,父母的期待背后其实是父母对未来不确定性的恐惧。这份强烈的期望伴随着担忧的情绪。不仅起不到良好的效果,还会让焦虑和压力在家人之间进行传递。而这些焦虑和压力也无形之中传递给孩子。

我们可以向父母表达,他们的担忧并不能给予我们任何支持,反而是一种负担。这种忧虑和恐惧沉重地压在我们的心头,反而会影响我们备考的状态。

我们在这个关键时期,一方面必须为了自己的梦想,奋力拼搏。另一方面需要花时间跟父母作进一步沟通。

我们可以尝试以下沟通三部曲:

1.表达自己的感受,分享自己的焦虑和紧张情绪,例如,与同学、家人或咨询师谈论自己的感受。让他们了解我们的处境,给予我们支持和鼓励。

2.倾诉消极观念,将自己的消极观念倾诉给信任的人,通过倾诉,我们可以释放内心的压力,获得他人的理解和建议,从而更好地调整自己的心态。

在沟通过程中,积极的反馈可以帮助我们增强自信心,

缓解焦虑。例如，肯定我们的努力和进步，鼓励我们继续努力等。

我们可以运用沟通三部曲更好地应对考前的焦虑和压力。与他人分享自己的感受和情绪，学会释放自己内心的压力。更好地理解自己的情绪，从而调整好自己的心态。

二、与身体建立内在的连接，放松身心

有这样一个案例，一名初三男生在中考前夕通过各种方式放松自己，如看漫画、运动等。他的做法得到了老师和家长的支持，最终在中考中取得了优异的成绩。这个案例表明，适当的放松和调节对于考前复习和考试发挥非常重要。

放松训练是通过循序交替收缩或放松自己的肌肉，逐渐体验肌肉的松紧程度，缓解紧张和焦虑情绪。

放松可以使神经递质保持平衡、调节自主神经系统和分泌内啡肽等。通过放松训练，学会控制自己的情绪和心理状态，降低紧张和焦虑程度，从而更好地应对各种外界的挑战和压力。

放松可以让我们更好地跟自己的身体建立连接，也有助于我们处理情绪。

那么，我们该如何面对压力呢？具体步骤是：

找一个安静的地方,坐下来或者平躺下来,让身体舒服地放松。闭上双眼,专注于自己的呼吸。开始深而缓慢地呼吸,可以尝试将呼吸调至腹部,让腹部随着呼吸的流动而起伏。将注意力集中在呼吸的过程上,感受气息进入和离开身体的感觉,不需要刻意改变呼吸,只是观察和感受。

若注意力被其他思绪吸引时,不要强迫自己,轻轻地将注意力带回到呼吸上,保持专注。

持续进行冥想和呼吸练习 5~10 分钟甚至更长时间,直至感到心态平静、身体放松。

这些步骤有助于放松身心,提高专注力和学习效能。经常性地进行冥想和呼吸练习,我们可以更好地达到身心合一的状态,从而取得良好的学习效果。

三、制订目标和备考计划,让兴趣激发潜能

让我们运用"双赢"的思维模式,寻找与父母之间的平衡点。尝试说出自己的学习计划和具体行动,以及自己想要达到的目标,与父母真诚地沟通,寻找一个恰当的时机,可以是在周末的午后,也可以是在睡前进行倾心夜谈,来一场心与心的交流,如此既能让父母放心,又能帮我们找回学习的自主权。

首先,要确定具体的时间,中考就像是目的地,需要根据时间来制订整个计划。

其次,要根据复习内容和备考时间,把备考计划细化成每日、每周甚至每月的行程安排。要考虑每个科目的复习时间、模拟考试时间。

选择适合自己的复习方式和教辅资料,也可以进行在线学习等,结合自身需求来选择。

最后,要坚持执行备考计划,可以在过程中调整进度和方法,但必须坚持,不能半途而废。

制订合理的目标和计划可以帮助我们在学习和生活中发挥自己的潜能,实现自我价值的最大化。

中考只是我们人生中的一次考试。更重要的是我们要把眼光放到未来的 3 年、10 年,甚至更远的人生规划上。相信只要我们用认真的心态来积极地应对当下的每一次考试,我们就能发挥出自己应有的实力。

7 终于做完作业了，爸爸又布置了数学题，妈妈布置了作文题，我该怎么办？

盼星星盼月亮，期待着周末的到来。

终于，放假了！我匆忙离开教室，骑着自行车回家。

不知过了多久，妈妈喊我吃饭。晚餐后，没有时间玩耍，我决定晚上和周六上午完成作业，下午和朋友们一起出去玩。

周六上午，我按计划学习，顺利解决了物理、化学、生物作业。午餐后，正当我准备出门时，爸爸突然出现："作业做完了吗？"我回答："做完了。"他严肃地说："不要总想着玩，这里有十道数学题，你做完我来检查。"我只能收回踏出门的双脚，回到房间完成爸爸布置的额外任务。

当最后一道题完成时，我看了看表，已经是下午3点了，还剩下两个小时属于我自己。放下笔，我再次走向门边。

然而，妈妈却在开门的时候与我撞了个正着。她问道："你要去哪里？"我回答："作业都写完了，想出去放松一下。"妈妈笑着说："孩子啊，马上就要中考了，别总想着放松。这里有一个作文题，练练笔吧。"这是我第二次被阻止了，心情变得糟糕透了。

——小文

一、适度休息，保持放松，让大脑效率更高

想想看，生活中如果没有放松和休息的时间，是不是就像音乐中没有间奏的音符？

松弛感对大脑有积极的影响。当我们感到放松时，大脑会处于一种较为平静的状态，从而对我们产生积极的影响。在学习中学会适当放松，保持松弛感，更有助于提高大脑效率。

压力缓解：松弛感有助于减轻压力和焦虑。

创造力提升：放松的状态有助于创造力的发挥。

记忆和学习：放松的状态有助于提高记忆力和学习效果。

心情改善：松弛感可以让我们感到舒适和愉悦，有助于提高情绪的稳定性。

松弛感是一种极致的魅力。

它是一种由内而外的释放，是自信、从容与优雅的象征。

但是，它并非仅限于外表的松弛，而是涵盖了整个身体、心灵和精神的松弛。

拥有松弛感的人，仿佛拥有一种特别的魔力，能够感染周围的人，让人们感受到无比的舒适与自在。

因此，为了促进大脑的健康和提高认知能力，我们需要适时地给自己创造放松的机会，保持身心的平衡和健康。

二、拥有掌控权，让自己更自信

时间的分配决定了一个人可以成为什么样的人，谁能够高效合理地利用好时间，谁就是人生赢家。

作为中学生，学会规划自己的时间有哪些好处？好处有很多，比如：

1. 养成良好的习惯。
2. 充分利用时间，让自己更加充实。
3. 锻炼自己的思维能力，让思维更加活跃。
4. 使生活更加张弛有度，而不是忙忙碌碌，顾首不顾尾。

此外，还有一个好处，那便是提升自己的掌控感和自信心。

有没有控制感，核心在于自己。

人生的主题之一就是追求控制感，这是一种事情的走向在自己的掌控之中的心理状态。很多人焦虑的本源其实是生活学习的焦点太多，自己没有找到一个点沉下心去做。

乔布斯说过："专注和简单一直是我的秘诀之一。"

1996 年，乔布斯重回苹果公司后，他所做的第一件事是精简产品线。

他大刀阔斧砍掉公司 70% 的项目，又砍掉了 90% 没有特色的产品，只留下四款产品。四款产品之一的苹果手机，重新定义了手机，彻底改变了人们的生活方式。

深耕一个领域，让乔布斯把握住了未来的发展方向，并勇于主动发起挑战。这便是一种掌控感。

日常学习中，我们如何提升自己对事物的掌控感呢？

我们可以养成一些小习惯，比如，养花，制订计划表安排事项，或者设计可以确定完成的任务等。

此外，还有一个简单的方法就是每天早上起床后整理床单。当我们把内务整理好了，就可以获得一种掌控感，心情舒畅了，一整天的自信心也就有了。

三、学会说"不"，与父母说说心里话

进入初中，课业压力越来越大，很多同学做完了这个作业，还有下一个作业等着，对于小文这样的同学来说，好像作业没有尽头。然而，如果我们整个周末都被作业填满，没有得到应有的休息和缓冲，那真的有利于我们的成长和学业吗？

当然不是。

快乐的心情是工作最好的助手，放松的大脑是清晰思考的良药。

《妈妈的悔过书》一书的作者李柳南讲过自己的故事，曾经，她把两个孩子逼得很紧。不管孩子们做什么，说什么，都会把话题拉回到学习上。在她的培养下，两个孩子的成绩

确实很出色,但孩子活得特别压抑,最终双双患上心理疾病而休学在家。

之后,她不再把孩子禁锢在四尺见方的课桌上。如今,她的孩子都在自己喜欢的领域发光发热。

想想看,如果李柳南的孩子能够在患上心理疾病前主动和母亲沟通,主动说"不",他们会不会更加自信和快乐?

小文与其应付父母布置的作业,让自己心力交瘁,不如学会拒绝,好好与父母沟通。

在拒绝父母额外的作业时,小文还可以和父母说说心里话,让父母宽心、放心。

"爸爸妈妈,我知道你们很关心我的学习,我也在努力地提升自己写作业的效率,你们不在家时,我也在按照自己的计划表写作业,瞧,这便是我的可视化时间分配表。"

"老师布置的作业具有针对性,毕竟我们主要的学习环境是在课堂上,而爸爸妈妈可能好心还办了坏事呢,像妈妈您布置的作文题目,我们班里很早就不写这样的题材了,我想,快乐的周末也需要一些快乐的素材来源吧?"

"我知道学习是一场长跑,起跑线很短,长的是整个人生。我已经长大了,知道了要对自己的人生负责,你们每天工作也很辛苦,还得操心我的学习,我也心疼你们,何不把学习的掌控权交给我,我给你们定期汇报,然后再进行调整,可以吗?"

8 父母因能不能给我用手机而经常吵架，怎么办？

15岁生日那天，爸爸给了我一个惊喜，——一部心心念念已久的手机，而且是最新款，简直酷极了。

当我握着它时，满心欢喜，仿佛拥有了整个世界。

然而，这个小小的礼物却引发了父母的争执，让我陷入了左右为难的困境。

妈妈担心我这个年纪自控力不够，责怪爸爸未经她许可便送我手机。

她愤怒地指着爸爸的鼻子说："你知道吗？孩子在这个年龄最容易学坏了，你还送他手机。"

爸爸则坚决反驳："你难道认为我们的宝贝儿子会那么没有自制力吗？"

手机到手后，我并没有完全沉迷其中，只是在周末玩一会儿，但不可否认的是，我确实投入了不少时间玩游戏，成绩也因此受到了影响，尤其是这次数学考试，完全失利。

> 我坐在书桌前，默默做着作业，却听到客厅里爸爸和妈妈再次为手机问题而争吵不休。
>
> 妈妈提出要没收我的手机，爸爸勉强答应了。
>
> 我想和父母好好沟通，但又害怕一提及这个话题，爸爸妈妈又会因我而争吵。我应该怎么办呢？
>
> ——思远

一、非暴力沟通，允许自己真实表达

有多少人面临着和思远一样的问题？又有多少人渴望与父母和谐沟通？

在成长过程中，父母对我们的担忧和关心源于他们对我们的爱护之情。因此，建立信任和沟通成为摆在我们面前的重要课题。

信任是沟通的基石，而沟通是解决问题的桥梁。

如何与父母沟通？

史蒂夫·乔布斯曾说："还没有什么比死亡更能唤醒你

的生命意识。……活在别人期望中是没有意义的。你得有自己的声音。"

著名心理学家艾略特·阿森提出的"认知失调理论"告诉我们,当我们的行为与观念不一致时,心理上会产生一种不适感。因此,在与父母沟通时,我们应该坚持真实地表达内心需求,而不是过分迎合或违背自己的原则。

"非暴力沟通"方法,教给我们如何更好地理解他人,恰当地表达自己的需求和回应,在与父母的沟通中,可以这样做:

1. 描述客观情况:我看到你们因为我使用手机的问题而吵架,不止一次地吵架。

2. 描述自己的感受:我听到吵架声很害怕和难过,同时,我也心疼你们。

3. 表达自己的渴望与需要:我知道你们是害怕我因为手机而耽误了学习,但是我也需要手机来调剂自己的学习和生活,同时,我也可以和同学有共同话题。

4. 表达请求与期待:关于手机的合理使用,我想跟你们一起做个约定,你们愿意跟我来讨论一下吗?

用这种非暴力沟通的方式,邀请父母坐下来协商沟通,要知道,建立信任和沟通并非一蹴而就,它需要我们不断探索和磨合。

二、自立自强，向父母展示自我管理能力

何谓自我管理？

著名心理学家艾莉森·摩斯指出，自我管理是一个人内外协调的重要能力，它不仅能够提高个人的自律性和效能感，还能使我们赢得他人的尊重和认可。

自我管理的难点便是如何管理自己的欲望。

曾国藩劝他在前线带兵打仗的弟弟时，是这么讲的："强自禁制,降伏此心。"我们要摁住自己，没有什么更好的办法了。

"多少英雄豪杰打此两关不破，亦不仅余与弟为然，要在稍稍遏抑，不令过炽"，古今多少豪杰，都会遇上欲望这一关，不只有我跟你是这样，怎么办呢？"稍稍遏抑"，不是全杀掉，全杀掉可能你就没有动力干其他事了，要遏制，不能让它过分强烈。

面对想玩手机的欲望如何管理？其实核心只有两点：一是节制欲望；二是自立自强。

除此之外，还有一些日常的小习惯，也可以帮助我们管理好自己。

1.建立"自我奖励"机制。

目标，是前进的方向；奖励，是前进的动力。正所谓："赏罚分明，更得人心。"在完成目标的路上，为自己设置一些小奖励，会让前行的道路更加轻松愉悦。

2. 经常思考总结。

子曰:"学而不思则罔"。人只学习不思考,就会迷惑,难以把握事情的本质。这就好比一个学武之人,只习得其形,而未得其神,则难以成为真正的高手。

3. 保持好心态。

子曰:"吾十有五而志于学,三十而立,四十而不惑,五十而知天命,六十而耳顺,七十而从心所欲,不逾矩。"可见孔子也不是天生的圣人,也在不停地学习、进步,从"志于学"到"从心所欲,不逾矩",孔子一共花了55年的时间。

学习是持续一生的过程,人生,也是一个自我管理逐渐完善的过程。

三、正确使用手机,发挥它"工具"的价值

智能手机自问世起,至今不过二十余年,但已经成为现代家庭生活中不可或缺的一部分。然而,使用不慎,它也会变成家庭中的"隐形敌人",让人招架不住。

手机有好的一面,也有坏的一面。

对于有些学生来说,如果每天抱着手机打游戏,父母当然不会给自己的孩子买手机,也不会允许孩子玩手机。

然而,手机只能用来聊天、娱乐和打游戏吗?当然不是。

因此,在与父母的讨论中,我们可以展示使用手机的正面作用,例如辅助学习、拓宽知识和与老师朋友保持联系等。

同时,主动提出一些使用手机的时间安排和规矩,比如,每天完成学习任务后再使用手机,或者专注学习一段时间后,再适当使用手机放松一下。

"爸爸妈妈,你们知道吗,合理使用手机,是可以实现共赢的。请相信我,我不会因为使用手机而耽误学习,反而会让它成为我的学习助力。比如,我在阅读时常遇到有关名胜古迹、历史事件、国家、地理、诗歌、词汇语法等问题时,都可以通过手机查询资料,扩大我的知识面,弄清我不懂或不知道的知识,手机可以成为我学习的工具与朋友。"

学习之余,还可以和父母一起用手机去拍摄大自然,留下生活的美好瞬间。

9 遇到邻居家好孩子的"碾压",我应该怎么办?

"你看看人家亮亮,每次考试都能得第一名,你再看看你,都是两个肩膀扛一个脑袋,你比人家差哪儿了?"

"你看看亮亮钢琴都过10级了,再看看你,刚学两天就给我撂挑子。"

从小,我听到最多的话,就是妈妈拿我和其他孩子作比较。

我从小听从父母的安排,参加各种特长班、演讲比赛、书法比赛,结果是,把我自己累得够呛,他们还是会比来比去。

有时候,我真的想放弃。

这次,期末考试我的数学有一道大的应用题丢分很多,看到卷子上的大叉,妈妈再次开启了她的模式:"你看看,明明会做,还做错,你就不能像隔壁亮亮一样,认真仔细点。亮亮这次数学可考了满分呢!"

邻居家的亮亮,在我成长中扮演着绝对重要的角色,他就像一个无法逾越的高峰,无论我怎么努力攀登,都无法达到他的高度。

"为什么妈妈总是拿我和他比?"我内心深处的一个声音在呐喊。

我想要找到自己的路,走出这个比较的阴影。我应该怎么做呢?

——小木

一、了解父母比较背后的真相,避免卷入他们的课题中

"你看你二大爷家的小明,从小都比你学习好,现在人家工作每年收入上百万元!"

"三姨家的两个孩子都考博出国了,人家的孩子怎么个个都有出息呢?"

"四姑的那个孩子可会收拾家务了,做饭也拿手,哪像你就知道吃,啥也不会干!"

……

当父母拿其他孩子来和我们做比较时,可能会让我们感

到自己不如别人，毫无价值，这种心情可能让我们失去动力，也会影响我们对自我的评价。

此时，我们要知道，父母比较行为背后的真相是什么。

其实，父母比较是源于他们内心的自我投射，心理学上将其称为"自我投射理论"。根据该理论，人们往往将自己的内心感受和价值观投射到他人身上，将自己的成功或失败与他人进行比较。当父母觉得自己不如他人时，他们会通过其他比较来寻求一种心理平衡，从而就用孩子作比较。希望通过孩子的表现来弥补自己的不足。

当他们认为自己不如别人、没有价值时，他们也会觉得自己养的孩子不如别人养得好，甚至觉得自己的伴侣不如别人的好，家庭条件也不如别人的好……总之，他们会觉得自己在各个方面都不如别人。

所以，了解了这一点后，我们就不必把比较当真了。

学会提醒自己：父母的比较只是他们的困惑，与我们无关。我们的价值不需要任何人来定义。

二、带着觉知，给予父母肯定

根据心理学家的研究，童年时期经历过的创伤和压力，会对成年人的行为模式产生深远的影响。

比如，父母在童年时期经历了被比较、被否定或者被忽略的痛苦，可能会在成年后将这种行为模式带到自己的家庭中，从而对子女造成伤害。

所以，面对父母的比较，我们需要意识到父母的比较行为往往源于他们自己的童年经历，而非对我们的真实评价。

我们要认识到父母也是一个平凡人，也有平凡人的缺点，他们或许没有办法和自己和解，但我们可以采取一些方法来帮助父母摆脱内心的无价值感，同时也让自己变得更加有力量。

找到父母身上真实存在的独特之处，并向他们反馈。

例如，肯定父母的能力和对家庭的付出，"妈妈，你今天做的煎蛋非常嫩，蛋黄的这个软硬程度刚刚好，你的厨艺超棒"。

这样的肯定与赞美会让父母感到被重视和受到认可，从而减轻他们内心的焦虑和不安。

请带着发现的眼光去欣赏你的父母，你会发现，这既增加了父母的自信，也增强了亲子关系。

三、邀请父母一起来纵向比较，获得力量

《非暴力沟通》一书中提出了四种语言暴力，其中一种就是作比较。

它是利用自身价值观做评判。比如,妈妈用她的价值观认为亮亮比你好。而她不知道她说的只是她的观点,而绝非事实。因为人无完人,你不可能事事都比亮亮差,亮亮也不可能事事都比你强!

所以,我们不要被这样的一些"比较"所吓倒,更不要因此自暴自弃而否定自己。另外,我们也要理性地看到父母"比较"行为中积极的一面。

父母最成功的教育不是强迫孩子从一株树苗长成一棵大树,而是接纳孩子的不完美,尊重孩子的意愿,尽力帮助孩子成为最好的自己,让每个孩子都成为这世上的独一无二。

父母有时难免会因为"望子成龙"的心态而频频地将我们与他人进行比较,虽然那些比较的话有些难听,让人很不舒服,但是,我们冷静地想一想,会发现他们在一定程度上,也指出了我们的一些不足:确实有同学比我上进,值得我学习。

接受自己的不足需要勇气,但这也是让你变得更加优秀的必经之路。

在心理学上,有两种比较方式:一种叫"横向比较",意思是把自己和同龄人比;另一种叫"纵向比较",就是拿自己的现在和过去比。

基于以上两点,我们可以和妈妈谈一谈,袒露出自己的心声:

"妈妈,如果我是孙悟空,如果我会七十二变就好了,您想让我变成谁我就可以变成谁!"

"妈妈,如果我总是拿您和亮亮妈妈做比较,您会开心吗?我想您肯定会难过吧!所以,我不喜欢您总是拿我和亮亮比较。"

"妈妈,我知道人最终是要战胜自己,所以,请您放下和他人的比较,我们拿现在的自己和过去的自己比较不好吗?我也会拿自己的现在和过去比,随着一点点进步,我们会越来越有力量的!"

今天,我的行为习惯有进步吗?

今天我的词汇量增加了吗?

今天我的计算速度提高了吗?

……

第三部分

03

扩展爱的维度

10 我已经 13 岁了,但非常依恋妈妈,怎么办?

虽然我已经 13 岁了,但仍然对妈妈极度依恋。每当和妈妈分开,我都会感到非常的不安和孤独。

有一次放学的时候,妈妈说好了要来接我去补习班。可当我走到大门口的时候,竟然没有发现妈妈。那一刻,我的内心无比的焦急和失落,感觉糟透了。

有一年放暑假,妈妈带我去旅游,我们来到旅游景点,进入园区大门的时候,我突然发现妈妈并没有跟上来,边上到处都挤满了游客,我顿时感觉一阵恐慌,不知所措。幸好在保安的带领下,我平安地找到了妈妈。那次的经历让我现在回想起来还心有余悸。

每当与同学去郊游时,我看着其他同学无拘无束地玩耍、讲笑话,而我则远离人群。我感到异常的孤独和无措,有一种无形的隔阂笼罩在我和他们之间。

为什么我不能像别人那样自由自在地和同龄人交往?我感到非常困惑,可是我不知道该怎么办。

——林洋

一、摆脱父母的依恋,学会从生活上独立

依恋妈妈的林洋,就像是一只小鸟,早就应该展翅高飞,却迟迟不愿离开鸟巢,一直躲在妈妈的羽翼下寻求安全感。

也许是因为一直以来受到妈妈的精心照顾,而失去了自主性和独立思考能力,林洋就像是一个没有长大的孩子,不敢离开也不敢探索新事物。可是,没有哪一个人永远都是孩子,也没有人会永远站在家庭的屋檐下。踏入社会,离开父母的庇护,是每个孩子的必经之路,每个男孩子都需要学会独立。

父母是我们的依靠,给我们带来安全感,尤其在面对陌生环境、新挑战或情绪困扰时。随着年龄的增长,我们终究要面对一个现实:离开父母的庇护,独立生活。我们需要学会自己照顾自己。在精神层面,我们需要学会如何独立解决问题和面对挑战,遇到困难时积极寻求解决方案,保持乐观的心态,同时培养自己的兴趣爱好,丰富自己的精神世界。

晓龙是一名初中生,有一次妈妈下班回家,已经晚上 8 点了,他坐在沙发上等妈妈做饭,等着等着就睡着了。等他醒来的时候,发现已经是半夜 12 点了,饿的肚子咕咕叫,妈妈起来给他热饭吃。在晓龙的眼里,妈妈是无所不能的战斗士。

可是,随着年龄的增加,晓龙渐渐地认识到自己不能什么都依靠妈妈,什么都要等着妈妈做,这样的话,自己永远都长不大。

当意识到这一点后,晓龙开始学着处理日常生活中的事务,渐渐地,晓龙变得越来越独立了,也收获了劳动带来的成就感和掌控感。

独立,既是能力的提高,也意味着心灵的成长。小海燕终究会长大,脱离父母宽大的羽翼,独自面对前方的风雨。

二、超越依恋关系,培养独立意识

英国心理学博士西尔维娅·克莱尔说:"这个世界上所有的爱都是以聚合为最终目的,唯有一种爱以分离为目的,那就是母子之爱。"对妈妈的依恋把握好度是很重要的,这样可以保持健康而平衡的关系。

一个有着安全依恋的孩子,如果在幼年时期被爱过,他就知道如何去爱自己的母亲,在将来,他才有足够的能力去爱和接纳他人。而一个情感荒芜,没有与母亲建立好情感联结的孩子,他将来很可能不懂得如何去爱和接纳他人。

依恋,是孩子最初的社会性联结。而母亲和孩子的关系,也会成为孩子与他人关系的原型。并且,在将来的亲密关系里,很多都会带有这个最初原型的影子。所以,孩子和母亲的关系,决定了他未来的发展和命运,也会很大程度上被什么样的人所吸引。

要改变过度依恋的问题,让我们来探索一下具体应该怎么做吧!

首先,可以主动承担一些适当的家务,比如整理房间、管好自己的零用钱、洗碗和打扫卫生。通过做这些事情,我们可以获得成就感和价值感。还可以鼓励自己从小事开始做决策。不论是选择衣服还是日常的学习安排,我们都要给自己选择的机会。

真正懂得教育孩子的家长,给予孩子的绝不是万贯家财,而是一笔独立自强的精神财富。

其次,培养我们的沟通能力和独立解决问题的能力,例如,一个人睡觉、一个人上学、自己定闹钟、自己安排上学的时间、自己做早饭,制定全家旅游的出行攻略。

根据自己的节奏,循序渐进,相信我们在一件件小事的积累下一定会成为一个自信、独立的少年。

三、培养积极的注意力方向,寻找内心真正的自由

12岁的男孩王峰,他从小总是很害怕和父母分开,有一次,他参加了一个独立夏令营。起初,王峰感到很紧张,陌生的环境让他感到不安,后来他得到了营地辅导员的支持,并鼓励他结识新朋友,与新朋友一起参加活动。渐渐地,他

开始喜欢上了与伙伴们的互动和玩耍,并体验到了与朋友相处的乐趣。经过这次的训练营,王峰发现,与同伴们在一起玩要比天天和妈妈在一起更有乐趣。

回家后,他发现自己对父母的依赖减少了很多,而且能够勇敢地面对生活中遇到的一些问题。

要知道,越独立的孩子越会早早"抛弃"父母,因为他们要去更远的地方,遇见更多志同道合的人,要创造一个自己的世界,一定就会离父母越来越远。

我们可以这样做:

关注自己的情绪和情感需求,并学会放松自己。

每天列出几个我们所感激的事物,意识到周围值得珍惜的美好事物。

遇到问题告诉自己"我能行",营造积极的心理暗示。

与积极乐观的朋友交往。

与家人分享我们的想法和感受。

……

学习并实践这些技巧,可以逐渐改变我们的思维方式,培养积极的心态。

生活就像一首美丽的诗,既有激情又有从容,既有感性又有理性,让我们在这个世界中找到自己的生命价值和意义,从而获得内心真正的自由。

11 爸爸总在妹妹面前数落我,怎么办?

最近我陷入了一个困境,让我觉得很无助。那就是,每当我和妹妹在一起时,爸爸总是会数落我,指责我做错了什么事情,而妹妹做得多么优秀。这让我感到很尴尬,也让我觉得很无奈。

有一次,我和妹妹在客厅里玩耍,爸爸走进来,看到我没有完成学校布置的作业,就开始大声地责备我。他甚至批评我的学习成绩、行为举止和人际关系。

这时,妹妹在一旁听着,脸上露出鄙夷的表情,我瞪了她一眼,但爸爸却没有注意到。

这种情况并不是第一次发生,每当我和妹妹在一起时,感觉爸爸总是会找我的茬,好像我做什么事情都做不好。我感到很委屈,为什么爸爸总是这样对待我?

每当爸爸在妹妹面前数落我时,我就会感到非常自卑和无助。我开始害怕和妹妹在一起,因为我不想再受到爸爸的责备了,我不知道该怎么办才好。

——晓明

一、主动与父亲对话，建立亲和关系

美国著名人际关系学大师戴尔·卡耐基曾说过："如果你想改变别人的行为，最好的方法就是改变自己的行为。"与其抱怨父亲的行为，不如从自身做起，主动改变沟通方式。

在我们的成长过程中，与父亲的沟通是必不可少的。都说父亲的爱是沉默的，那么如何与父亲沟通呢？可以分为三步来做：

1.学会主动打破沉默。

任何交流都需要一方先走出一步：打开话题，打破沉默，开始说话。

两个男人，都不善于表达，可作为年轻的一辈，似乎我们更容易打破沉默，去开启话题。

打破沉默的方式有很多，轻轻拍一下父亲的肩膀，就可以开启话题了。

2.沟通要真诚有耐心。

不要因为父亲不理解自己的想法就放弃沟通，不妨耐心地抓住机会多多表达自己的想法。你可以这样说："爸爸，每当我做错事情时，你总是在妹妹面前数落我，这让我感到非常尴尬和无助。我也希望成为妹妹的榜样，成为您值得骄傲的儿子，希望您用更温和的方式与我沟通。"

"爸爸，我想和您做一个关于批评的特殊约定……"然后，和爸爸一起讨论这个约定的具体内容，达成共识。

3. 正视自己的身份和责任。

在一个健康的家庭关系中，每个人必须明确自己的身份，承担自己的责任，遵守自己的边界。

在沟通过程中，除了言语行为，非言语行为也可以表达自己。

积极的非语言互动，可以让沟通的双方时刻感受到彼此的情绪，让沟通变得更加具有奖励意义，从而使整个沟通过程流畅而愉快地进行下去，形成良性循环。

非语言行为其实是人类的本能，只要沟通双方都仔细看、耐心听、用心感受，他们在非语言沟通上就一定能达成共识。

在亲密关系中，非语言行为要比在普通人际交往中更加重要，也更有意义。

一句"爸爸，我爱您""爸爸，我想让您看到我的努力"，配合积极的眼神交流、笑容和一个大大的拥抱，远比单纯的语言更有感染力。

二、独立思考，并寻求其他支持

每个人都是独立的个体，却不是独立的存在。

每个人都需要社会支持，即使你是一个独立自主的人。这句话体现了人们对于支持的需求。人际支持有助于我们调节身心的压力反应，预防与心理健康相关的疾病。

在经济学中，有一个名词叫作"社会资本"。它指的是人们在社会交往中所形成的相互信任和合作的网络。

这个网络可以带来诸多好处，如增加机会，提高收入，刺激创新能力等。所以，与他人建立良好的人际关系，不仅会带来情感上的满足，也是经济上的智慧选择。我们可以在积极的社会支持系统中获得温暖、爱、归属和安全感，因为这是我们内心深处最需要的慰藉。不管遇到什么困难，你都能获得最有力的支持。

"三人行，必有我师。"这句话告诉我们，每个人都值得我们借鉴和学习。

卡尔·波普尔曾说过："真正的教育应该是培养人的思考能力，而不仅仅是灌输知识。"遇到问题，独立思考是发展自己和寻找真理的关键。

只有通过自己的努力和思考，加上外部力量的支持，我们才能找到真正的答案和方向，实现个人的成长和进步。

三、积极树立自信，展示自己的优点和特长

古希腊有这样一句格言："天上的繁星数得清，自己脸上的煤烟却看不见。"可见，这世上最困难的事情就是认识

自己。

常言道:"人贵有自知之明。"把人的自知称为"贵",可见人是多么不容易自知;把人的自知称为"明",又可见自知是一个人智慧的体现。

人之不自知,正如"目不见睫",即是说,人的眼睛可以看见百步以外的东西,却看不见自己的睫毛。

贝聿铭曾说:"你要相信你自己是独一无二的,你有着别人所没有的独特才能。"每个人都有自己独特的优点和特长,关键在于我们是否相信并勇敢展示出来。

就像一朵花儿在花丛中绽放,我们也可以在各种课外活动和演出中展示自己的才能。无论是舞蹈、音乐、绘画、体育或者其他任何领域,我们都可以找到属于自己的位置,像星星一样独特而闪耀。

自信心不仅可以帮助我们发现自己的优点,还可以增强我们的抗挫折能力和应对困难的勇气。当我们通过展示自己的才能得到他人的赞赏和支持时,我们的自信心将得到进一步加强。

就像一棵树需要阳光和水分来茁壮成长,展示自己的优点和特长也需要适当的环境和机会,与个人兴趣相关的课外活动或演出,可以提供展示自己才能的平台,让我们有机会与他人交流和互动,收获更多的认可和支持。

正确认识自己并发挥个人优势,智慧由此产生。

12 被爸爸打了一顿后,我想离家出走,怎么办?

那是一个周六的早晨,因为我考试成绩不理想——数学没及格,爸爸非常生气。

看着试卷上的红色大叉,爸爸一遍遍地数落我:"是这道题你不会,还是这道题你不会?这么简单的题都能做错?"

"这里,就不该丢分,这纯粹是你马虎,不用心!"突然,爸爸指着一道大题,看着其他的步骤我都做对了,可最后算数却错了,他气急败坏。

"我也不想马虎,我也想考满分啊,可是我做不到!"被他说烦了,我脱口而出。"你还顶嘴!"爸爸听到我这样说,一时情绪失控,竟然动手打了我一顿。

我关上房门,蜷缩在角落里,泪水无声地流淌下来。

我想离开这个家,离开这个高压的环境。

门打开了,妈妈出现在我眼前,她拦下了想出走的我。

可是,这些天,我心里还是很难受,我不知道如何面对爸爸,想离开家的念头一直在脑海中浮现,我到底该怎么办呢?

——南南

一、用真诚与善意，开启有效沟通

我们是社会性动物，当人与人之间产生联系，就需要沟通。

在沟通的过程中，会产生各种各样的问题。沟通不畅不但会造成误解、引发冲突，而且会丧失信任、使学习和工作效率降低等。

有效沟通对于我们的意义和帮助有哪些？

通过有效沟通，我们可以更好地了解他人的想法和需求，化解矛盾和误解，从而建立更加和谐的人际关系。

美国前总统奥巴马在竞选期间，通过与选民进行互动和交流，听取他们的意见和需求，而获得大批选民的支持。

具体到我们和父亲之间的沟通，如何做呢？

首先，找一个自己和父亲都感到舒适的场所，确保环境安静且无干扰。

我们可以提前准备一下想要表达的内容，但也要注意在交流过程中保持真诚和自然。可以试着采用"我"开头的句子，比如"我觉得有点失落，因为我没有达到自己的期望"，这样能够更好地表达自己的感受。

其次，试着理解父亲的观点和立场。可以试着问他，"爸爸，你对我有什么期望？"或者"我怎样才能更好地达到你的期望？"这样能够让他感到被尊重和被理解。

最后，提出解决方案。我们可以试着和父亲一起制订一个计划,比如"我们可以设定一些小目标,每达到一个目标,你就给我一些奖励"。这样可以既增加学习的动力,也可以让父亲看到你的努力和进步。

二、离家出去,绝不是解决问题的办法

一个 15 岁的少年,因与父母争吵而离家出走。他身上仅有的 50 元用完后,无法购买车票,因为没有身份证,也无法找工作,只能在火车站流浪。

后来,少年被警察发现并送往救助站,他也结识了一些同龄人,但仍然感到孤独和无助。慢慢的,他开始想念家人和学校,但不愿意回家面对父母。

最终,这位少年通过警方找到了自己的父母并被带回家,但离家很长一段时间了,他错过了很多东西,因此感到非常后悔。

青少年离家出走的做法不可取,为什么?

首先,离家出走会给青少年的心理健康带来负面影响。离开家庭和学校,缺乏支持和帮助,可能会导致孤独、焦虑和抑郁等情绪问题。

其次,离家出走可能会导致学业受到影响。离开学校和家庭,可能会失去学习的机会和环境,从而影响学习成绩和

未来的发展。

最后,离家出走还可能给家庭和亲人造成恐慌和害怕。

离家出走的背后,究其原因无非是因为青少年不满父母的态度,希望自己能够独立,但他们对家长的处理方式不满,得不到平等的交流和沟通。最后,孩子对家长产生失望和不满,从而选择离家出走来表达自己的不满。同时,青春期的叛逆心理,家庭内部不和谐,逃避学习压力,人际关系紧张也是引发他们离家出走的重要因素。

当面对离家出走的负面情绪时,记住要做两件事来消除负面心理:

第一件事,把消极的想法写下来,这样它们就可以远离我们的脑海。

第二件事,扪心自问,这些都是真的吗?学会质疑,敢于直面自己的负面情绪,从而远离它。

中国有句古语:"舍是为了得。"有时候,我们舍弃一些固执己见,换来的是与亲人朋友的和谐相处、真诚沟通。

三、善用自己的力量,构建积极的家庭环境

杨绛先生在《回忆我的父亲》一文中曾提到了自己的家庭关系:"我父母好像老朋友,我们子女从小到大,没听到

他们吵过一次架。

旧式夫妇不吵架的也常有,不过女方会有委屈闷在心里,夫妻间的共同语言也不多,我父母却无话不谈。

他们谈的话真多,过去的、当前的、有关自己的、有关亲戚朋友的、可笑的、可恨的、可气的,两个人一生长河一般的对话,听起来甚至好像在阅读拉布吕耶尔的《人性与世态》。

后来我父亲辞职做了律师,他把每一件受理的案子,都会详细地向母亲诉述,比如为什么事,涉及什么人等等。他们俩还会一起分析、一起讨论,现在想来,那些案件都可补充《人性与世态》作为生动的例证。"

这种家庭亲人的相处之道,后来深深影响了杨绛,以至于她在自己的婚姻中也营造这种积极的家庭环境。

构建积极的家庭环境可以帮助我们形成积极的人生观和健康的心理状态,同时也有利于家庭成员间的相互理解和信任。

构建积极的家庭环境有哪些方法呢?

1. 设立家庭日:每周设定一天为家庭日,在这一天,家庭成员们可以一起做一些有趣的活动,如烹饪、户外探险,或者一起看电影。

2. 学会倾听,互相尊重:学会尊重彼此的观点和决定,如果有不同的意见,可以坐下来好好谈谈,寻找共同的解决方案。

聆听长者的教诲,能让我们少走弯路;倾听朋友的诉说,能让友谊历久弥坚;倾听父母的心声,能让亲情愈加稳固。

3.经常表达爱意:不要吝啬对家人爱意的表达。经常对家人说"我爱你""我想你"等,可以让家人感到被爱和被关注。

一个幸福的家庭,是人生最宝贵的财富。

13 超市里，爸爸妈妈为给我买哪款牛奶吵起来了，怎么办？

爱有很多种，它们代表着不同的含义：父母对儿女的爱，是无私的；朋友之间的爱，是纯洁的；祖辈对晚辈的爱，是宠溺的……但是我觉得最难忘的爱是父母给予的爱。

我知道爸爸妈妈是很爱我的，可是他们的爱有时也会充斥着矛盾和争吵，这常常让我不知所措。

一次，我们一家人去超市买牛奶。爸爸手里拿了一瓶草莓味的牛奶，对我说："然然，你过来，这种口味你一定喜欢。"

"别听他的！这个有营养！"妈妈争辩道。

爸爸理直气壮地说："光知道有营养，不好喝，孩子也不喝有什么用。"

"孩子现在学习压力这么大，营养跟不上怎么办？"妈妈当仁不让，"你负责啊！"

这时，我真想帮爸爸说上几句，可他们都是为了我好。我也不想让他们中的任何一个伤心。

类似的争吵还有很多，每次看着他们为这些事争执，我都会陷入矛盾，不知道怎么办才好。

——李然

一、尊重差异，求大同存小异

这世界，万物相同是相对的，差异是绝对的。

若我们看到的天空只有蓝色这一种，那么夕阳西下的黄昏和五彩缤纷的晚霞我们将无缘看到；若我们看到的花儿全都是一种颜色，那么春意盎然、姹紫嫣红的鲜花我们将无缘看到；若我们看到的人群全都是一种肤色、一种相貌，那我们应如何分辨呢？这个世界也将因此而失去活力和生机。

海纳百川，有容乃大；壁立千仞，无欲则刚。

面对差异，学会包容并尊重是成长的第一步。

还记得三季人的故事吗？

孔子的弟子子贡曾与绿衣人辩论，子贡问他："一年有几个季节？"绿衣人回答："三季。"

子贡说："你错了，应该是四季才对。"但绿衣人坚持是：三季。后来子贡问师父孔子："师父，一年不是应该有四季吗？为什么绿衣人一定要说是三季呢？"

孔子说："你看到的是四季，但绿衣人他从来没能活到第四个季节，所以他以为一年就只有三季。你们俩都没有错，只是看到的事物不同而已。"

知识与道理的对错从来都是相对的，我们都只是从自己的立场和角度看到了我们认为对的东西。因此，不可偏执一己之见，更不能试图用自己的观点和立场去匡正别人，从这个角度来说，我们每个人都是"三季人"。

那么，我们在面对父母的争吵时可以持怎样的心态呢？

首先，接纳差异是普遍存在的，人与人之间不一样，父母也不一样。很多时候，我们对事情的评价，都是从自己的认知和视角出发，容易陷入僵化而不自知。

其次，学会调整对与错的绝对化观念。我们不要因为别人和自己不一样，就认为自己是对的，别人是错的。

最后，很多问题没有对与错，只是立场不同而已。很多时候，我们如果不争论对错，而是接纳彼此的不同，不再想着控制和改造对方，那么冲突就会少很多。

对于李然来说，在父母的争吵中，要看到父母的差异，"爸爸是对的，妈妈是对的，他们只是角度不同，考虑问题的出发点不同而已"，其实父母对自己的爱都是一样的，学会求同存异，这也有助于李然成长为一个健康的个体。

二、勇于尝试，才能和而不同

19世纪末，美国发明家托马斯·爱迪生创造了许多伟大的发明，对世界产生了极大的影响。

有一天，他的助手向他汇报，他所设计的电机无法正常运转。爱迪生走进实验室，花了整整两天的时间来解决这个问题。最终,他找到了一种简单的解决方案,仅仅是把一颗螺丝拧紧了而已。

当问到为什么会对这个小问题如此重视时,爱迪生回答:"也许这个小问题代表着我们在其他地方的失败。我需要亲自做一次,确认一下。"

对于李然来说,父母的争吵也许让他害怕,然而,在成长的路上学会正确地面对分歧,善于处理分歧,像爱迪生一样,在问题中找到解决方案,才能柳暗花明又一村。

还记得陆游的名句吗?"纸上得来终觉浅,绝知此事要躬行。"

尝试,是成功秘诀中最管用的一种方法,是连接人们和成功之间的一条纽带,它会带我们迈进新的辉煌。

李然可以向父母表达:"爸爸妈妈,牛奶也不是很贵,既然你们都是为了我好,那何不各买一瓶,让我来试一试,让我来告诉你们我的选择呢,这样你们也就知道哪种牛奶更适合我了。"

与人沟通,始终保持理智并不容易,但"和而不同"不会像魔术一样发生。它需要努力、练习和勇气。我们不能控制别人,我们不能决定谁在什么时候,在任种程度上必须同意我们。但我们可以架起沟通桥梁,而不是引燃战火。

三、寻找"外援",用科学的知识来解决争端

有这样一则新闻报道,在南京,有个 13 岁的女孩瞒着父母报了警。据了解,辅导孩子作业时,因为爸爸对孩子太过严厉,妈妈很不满,二人就争执起来,于是,情急之下,爸爸对妈妈动了手。

女儿非常害怕,赶紧偷偷报警。

看到爸妈为了自己这样"开撕",试想她该有多么的惊恐、难过!

由此可见,面对自己解决不了的问题,寻找外援支持是多么重要。

知乎上有位妈妈说,她 6 岁的儿子痴迷于电子产品。她认为,孩子自控力有限,所以必须限制他看平板电脑的时间。

孩子爸爸却说,无须限制,孩子开心就看,看腻了自然就不看了。两人谁也说服不了谁,互相各执一词,争执不下。

其实这对父母所面临的问题本质上和李然父母是一样的,只是因为李然年龄更大一些,所以会通过寻找外援的方式解决家庭的争吵。

"爸爸妈妈,你们都是为了我好,只是观点不同,如果谁也说服不了谁,我们可否试试找一个能令大家信服的'第三方',去听听他们的意见如何?"

"比如,我们一起去找教育专家、营养师、心理咨询师

等专业人士,用他们的观点来作为'佐证',或许,这能够让你们从各自的观点中看到并非绝对客观的那部分。"

所以,问题本身不是问题,我们如何看待才是关键。

第四部分

04

NAN HAI, QING CHUN QI NI YAO DONG DE SHIER

重建心灵的对话

14 与父母话不投机,怎么办?

我是一名初三的学生,学习成绩偏上,兴趣爱好广泛,喜欢参加各种比赛,且都取得了不错的成绩。但在家中,我却经常与父母产生冲突,其中最令我感到困惑的是:妈妈一直不支持我的爱好,导致我们话不投机半句多。

我热爱科学,梦想成为一名科学家。然而,我的父母却坚持认为,只有学习成绩好,以后考上医学院,成为医生才是最好的职业选择。他们对我热爱的科学一直持否定态度,这让我倍感受挫。

有一天晚上,我在房间里阅读关于科学实验的书籍,爸爸突然闯入房间,看到我手中的书,他顿时严厉地说:"天天就知道看这些乱七八糟的东西,这些能让你考上好大学吗?"妈妈也在一旁说道:"我们是为了你好!"

我沉默了片刻,解释道:"我就是喜欢科学,我想成为一名科学家,怎么了。我认为……"我的话被爸爸无情地打断了。"你觉得你能比我们更了解你的未来吗?我们都是为你好,你知道吗?……"又是一阵唠叨。

听到这些话,我的心中充满了无奈。我觉得他们都不理解我,他们只是盲目地追求着"好成绩"。

我开始尝试把自己封闭起来,周末情愿在小区楼下跟朋友一起消磨时间,也不愿意回家。可是堵在我心口的压抑和憋屈久久无法散去,我该怎么办?

——振一烔

一、话不投机的背后,是不同的顾虑点和需求点

由于自己的兴趣点和父母的期待产生冲突,而与父母话不投机,确实令人苦恼。但是因为父母的不支持而使我们逐渐地关闭自己的心门,也许这并不是最好的选择,我们是否可以尝试用其他办法来面对?

沟通大师吉拉德说:"当你认为别人的感受和你自己的一样重要时,气氛才会融洽。"

了解彼此的顾虑点和需求点是解决问题的根源。我们可

第四部分 重建心灵的对话

以找一个时机,和父母沟通,找准父母的顾虑点。

父母担心的核心问题,是希望我们可以平衡爱好和学业。通过学业目标的达成,从而赢得父母的信任。在沟通中,表达自己的感受往往比只表达想法更能得到理解和支持。

为了达成目标,我们需要学会合理分配时间、精力,学会分辨任务的轻重缓急。

在心理学中,沟通原则对于解决家庭矛盾具有重要意义。以下是一些沟通原则:坦诚相待、尊重、倾听、清晰表达、避免情绪化和建立信任。

阿桦是一名高中生,一直以来都很喜欢打篮球,而且很有天赋。他经常在学校的篮球比赛中获得好成绩,并因此成为学校的明星。然而,阿桦的妈妈并不支持他打篮球,认为这会耽误他的学习,而且担心他会受伤。

阿桦对此感到很烦恼,他希望妈妈能够理解并支持他的爱好。于是,他决定与妈妈进行坦诚沟通。

阿桦选择了一个适当的时机,与母亲坐下来谈心。他首先感谢妈妈一直以来对他的关心和支持,然后表达了自己对篮球的热爱和自己的梦想。他向妈妈保证,打篮球并不会影响自己的学习,而且这是他实现自己梦想的方式。他还向妈妈展示了他在篮球比赛中的照片,让她看到自己的进步和取得的成绩。

阿桦还跟妈妈分享了自己在篮球比赛中遇到的一些挑战和困难,以及自己是如何克服的。在表达自己对篮球的热爱时，他眼里充满了激情，最终用真诚说服了妈妈，赢得了妈妈的理解和支持。

二、改变沟通方式，做到有效沟通

父母是我们最亲近的人，但是有时候会因为沟通不畅而产生一些误会和矛盾。

研究表明，沟通缺失是导致家庭冲突的主要原因之一。

有位名人曾说："沟通就像呼吸和心跳一样，是人际关系生存的必备条件。"

我们可以尝试运用"55387定律"来提升沟通效率。"55387定律"强调了沟通中非语言因素的重要性，其中肢体动作占55%，语气、语调占38%，说话的内容占7%。因此，我们需要注意自己的姿势、表情、眼神等身体语言，从而能更好地表达自己的意思。

首先，注意调整自己的语气和语调，以更好地表达自己的情感和态度。

其次，注重倾听对方的话，理解对方的观点和感受，以建立良好的沟通和信任关系。同时，注意观察对方的反应，包括面部表情、肢体语言等，以更好地了解对方的想法和感受。

最后，注重沟通氛围，在沟通中，要注意营造良好的氛围，包括保持适当的距离、保持微笑等，以增强沟通的效果。

沟通中"55387定律"的实践方式包括注重身体语言、调整语气和语调、倾听对方、观察对方的反应以及注重沟通氛围等。

电视剧《少年派》中，主角林妙妙是一个热爱摇滚乐的高中生，她希望能通过音乐表达自己，追寻梦想。

然而，林妙妙的父母并不理解她，他们更希望女儿专注于学业，考上好的大学。林妙妙在追求自己爱好的过程中，与父母产生了激烈的冲突。

后来，父母看到妙妙对音乐的热爱和追求，选择支持她，最终林妙妙找到了自己的方向和目标。

所以，我们要保持积极的心态来面对父母。通过自己的行动来证明自己，并和父母进行有效的沟通，这样既可以增进彼此的理解和信任，也能得到父母更好的支持。

三、构建沟通平台，让家庭会议成为桥梁

在家庭生活中，有效沟通的重要性不可低估。无论是夫妻、父母和子女之间，或是同学老师之间，良好的沟通是维系亲密关系、促进家庭和谐的基石。它不仅仅是简单地传达

信息,更是建立情感联系、解决问题、增进理解和支持的桥梁。

家庭会议,是一个非常实用的方法。

通过家庭会议,可以大大减少误会和猜疑,并且可以有效地缓解紧张的关系。

正如这句话所说:"沟通的前提是理解,而不是反驳或辩论。"其实自己的世界也可以被爸爸妈妈理解,和爸爸妈妈也可以进行有效的沟通,有共同的爱好和话题。

在召开庭会议前,准备一份会议笔记,列出要讨论的话题和问题,以保证会议的高效进行。家庭会议的具体流程是:

1.家人轮流担任会议的主持人,开启本次会议主题以及营造气氛。

2.主持人维持会议的秩序,并使会议按流程进行,讨论每个主题。

3.每个家庭成员都有机会发表自己的意见和观点。

4.在讨论结束时,总结讨论的结果,并制订行动计划,确定实施方案。

通过坦诚的对话,家庭成员可以相互支持、理解和共享彼此的内心世界。这种彼此倾听和回应的互动能够增强情感联系,加深亲密度,并为和谐的家庭关系打下坚实的基础。

通过家庭会议共同制定家庭规则和价值观,可以促进家庭成员之间的理解和合作,增加家庭凝聚力和归属感。

15 妈妈一唠叨我就想开启屏蔽模式，怎么办？

每当回到家，我总是会不可避免地面对妈妈的唠叨。妈妈对我的作业、学习情况以及饮食习惯等各个方面都颇为关注。不管我做得再好，也总能听到她的批评和建议。

这种唠叨给我带来了巨大的困扰。我感到妈妈对我的控制过于严格，而我即将是成年人了，应该拥有自己的决策权。每当妈妈开始唠叨时，我都感到压力倍增，我们之间的关系也变得紧张起来。

明明我第二天已经和同学安排好了活动，妈妈又自作主张地为我安排了很多事情，她甚至连商量的机会都没有给我，这让我非常生气。

我愤怒地转身回房间，仿佛自己是一个无意识的人偶，任由别人摆布，完全失去了主动权。我感到很压抑，也很无奈，但又不知道该如何面对。

——李夏林

一、父母唠叨的背后,只是因为爱

在我们成长的路上,妈妈会用不同的方式来照顾我们。唠叨或许就是一种最明显的表现。当妈妈开始唠叨的时候,我们可能会觉得烦躁,甚至想躲开她。但你知道吗,开启"屏蔽模式"可能并不是最明智的选择,妈妈的唠叨其实是她对我们关心和爱意的表达。就像河水在山间奔流一样,她的言语承载着对我们的美好愿望。

父母的唠叨是出于对我们的关心和保护。他们希望我们安全和幸福,所以通过持续唠叨来传达他们的关怀。比如,当妈妈看到我们没有按时回家时,她会担心我们是否安全,是否遇到什么麻烦,这种关心就化作了她的唠叨。

在我们成长的过程中,妈妈的唠叨也让我们形成了更好的生活习惯。比如,早上按时吃饭,多喝水,过马路要注意看红绿灯等。这些唠叨虽然让我们觉得多余,但不知不觉间会让我们形成良好的生活习惯并受益终身。

此外,父母还希望通过唠叨来培养我们良好的习惯、价值观和道德观念。

也许有些唠叨源自家庭传统和文化观念。父母认为这些观念对我们的成长和成功至关重要,所以通过唠叨来传承和强调这些价值观。

我们可以试着倾听和理解父母的担忧,向他们展示我们已经独立自主，有些事情可以独立完成，并表达我们自己的观点和需求，这将有助于建立互相理解和尊重的关系。

我们每个人都需要被爱，同时也需要发现和表达爱。父母对我的唠叨，是她表达爱的方式，这种爱是无私的，是真挚的。在那些听似啰嗦的语言背后，每一句话都饱含着父母对我们深深的爱。

二、积极对待父母的唠叨，学会一致性的沟通和表达

有时候，父母的唠叨可能会让我们感到烦躁，但其实，他们的唠叨是出于关心和爱意，希望我们能够成长为更好的人。

父母的唠叨无非体现在关注我们的学习、生活、社交等方面。我们可以从以下几个方面应对。

1. 理解他们的动机：为什么他们这么关心？

2. 积极采取沟通：告诉他们我们的感受，也听听他们的想法。

3. 制订行动计划：为了满足他们的期望，我们打算怎么做？

4. 实施计划：按照计划去做，不断调整，让他们看到我们的进步。

这样,我们就能更好地理解父母的唠叨,跟他们建立更好的关系。

例如,当妈妈开始在客厅唠叨时,我们可以试着理解她的用心良苦,然后关上房门,让自己能专心做自己的事情。当我们完成手头的事情后,再打开房门,用专注的眼神倾听她的话语。

这样,我们就可以真诚地回应她的关心,告诉她我们会控制好时间,平衡好学习和娱乐。通过这样的沟通和表达方式,我们可以与妈妈建立互相理解的关系。

在这个过程中,我们还要注意观察妈妈的非语言信号。如果我们发现她的眉头微微皱起,手指无意识地敲击着桌子时,就要主动提出我们的想法和感受。我们可以告诉她:"妈妈,我知道你很在意我的学业,我理解你的担心。我会更加努力学习,不让音乐影响我的学习成绩。"

通过这种一致性的沟通和表达方式,我们和妈妈的交流会变得更加顺畅。在这个过程中,我们不仅展现了自己的理解和尊重,也坚定地表达了自己的想法和感受。

三、设立界限,爱和自由不冲突

妈妈的唠叨,有时候如嗡嗡作响的蚊群般,不断在耳边响起,让人难以忍受。

孩子长大了,要有自己的世界。这样,他们才能有自己的时间和空间,去做自己喜欢的事,去思考自己的未来。其实,这也是为了让妈妈们知道,我们正在成长,需要一些自由和空间。

有时候,妈妈可能会觉得我们做得不够好,或者担心我们走错路。但我们要知道,这是我们自己的生活,我们选择自己的路并为自己的选择负责。我们也可以向妈妈解释,这对我们的成长很重要。

当然,设定了界限,就要守住它。有时候,妈妈可能想突破我们的界限,但我们要坚定地告诉她:这是我的决定,这是我自己要走的路。我们要尊重自己,相信自己。同时,也要理解妈妈的担忧和期望。这样,我们才能更好地与妈妈沟通。

此外,我们要感谢妈妈为我们所做的一切。她为我们付出了很多,我们要学会尊重她、理解她、关心她和爱护她。

具体来说我们可以这样做:

首先,要时刻保持内心的坚定,保持思路清晰,清楚地知道哪些事情是自己的底线,哪些事情是可以协商的。

其次,在面对妈妈的唠叨时,我们可以适当地解释自己的想法和立场,同时尊重妈妈的意见和感受。

总之,我们要学会为自己设立界限,为自己的行为负责。这样,我们才能更好地成长,更好地与家人相处,成为一个更加独立、有担当的人。

16 妈妈不让我和同桌交朋友,怎么办?

妈妈常常告诫我不要与成绩差的同学来往。

我曾经请求过妈妈,让我和很要好的同桌晓雨一起玩,虽然他的成绩不好,但他还是很努力。可妈妈就是不同意。

那天,我带晓雨回家,我俩正在一起写作业,妈妈下班回家后,前一秒她还很高兴地叫着我:"宝贝,我回来了。"走进屋里,看到晓雨也在的那一刻,妈妈的脸就不声不响地拉下来了,刹那间,空气都凝固了,这让我们都很害怕。

晓雨走后,妈妈再次严肃地告诉我,她不希望我和同桌交朋友。她的理由是同桌的成绩不好,会带坏我。

现在晓雨很少来我家玩了。平时,我们经常偷偷一起玩,但总是提心吊胆,久而久之,我们的心里都很压抑。

我很难受,我真的不想放弃这段友谊,可我该怎么办呢?

——小念

一、展示同桌的优点和潜力,期望和赞美能产生奇迹

皮格马利翁是希腊神话中的塞浦路斯国王,善雕刻。他不喜欢凡间女子,决定永不结婚。

他用神奇的技艺雕刻了一座美丽的象牙少女像,在往后的日子中,皮格马利翁把全部的精力、全部的热情、全部的爱恋都赋予了这座雕像,并向神乞求让她成为自己的妻子。爱神阿芙洛狄忒被他打动,赐予雕像生命。

皮格马利翁效应是指当我们去期望某件事情会发生的时候,这件事情就会真的发生,又叫"自我实现的预言"。

心理学家罗森塔尔和雅各布森通过对学生教学得出人们会不自觉地接受自己喜欢、钦佩、信任和崇拜的人的影响和暗示,对期望的心理暗示可以促使人们的认知和行为同向改变,进而使期望得以实现。

每个人都有优点和潜力,只是需要被看到。

面对妈妈对同桌的不理解,何不定期向妈妈展示同桌的优点和潜力,以取得妈妈的信任和支持呢?

"您别看他成绩不怎样,可是社交技能却是满分,创新思维犹如开了挂,实践能力更是不用多说,跟这样的朋友一起玩耍,有助于我的全面发展,解锁各种新技能!"

为了更加具体明确地展示同桌的优点,我们不妨向妈妈

提供一些具体案例和细节。

比如,我们可以描述同桌在课堂上勤奋学习、乐于助人、心态积极乐观。他还参与各种课外活动,如加入志愿者组织,并贡献了许多有意义的想法,付诸了很多行动。

时不时在妈妈耳边赞美同桌的优点和潜力,一方面改变妈妈固有的认知;另一方面,如果我们身边的人都相信同桌是一个有潜力的人,那么这种信任可能会激发他成为一个更好的自己。

二、书写表达,向妈妈说明自己的交友规则

俗话说:"无规矩不成方圆",正是规则给予了世界秩序和意义。通过规则,我们理解了世界的规律,分辨了真假、善恶、美丑,找到了生活的方向。

规则,宛如砥砺的磨石,静默而坚定,以其力量塑造并维系着世界的秩序。

规则的存在,如同山川湖海中的坐标,标记出我们人生的位置和方向。它赋予我们自由的同时,也给予我们责任和担当;它既是我们行动的指南,也是我们自我约束的尺度。

我们可以向妈妈提出建立一些规则来化解她的担忧和我们的需求。

建议给妈妈写一封信来表达我们的交友规则：

"亲爱的妈妈，我理解你的担忧和对我的爱。你担心我的同桌成绩较差，会对我产生负面影响，这是出于对我的关心。我知道你是为了保护我，但我在成长的过程中需要朋友，需要交流，需要了解不同的观点和经验。

我有提案，希望能平衡您的担忧和我的需求。我们可以制订一个友谊维护计划，明确规定我们只能在课余时间交流，并且保证不会影响我的学业。同时，我们也可以设定一些规则，比如不讨论与学习无关的话题，不互相传递负能量等。

我知道您可能会担心我无法坚持这些规则，但我想让你知道，我已经长大了，我能理解这些规则的重要性，并且我会尽力去遵守。

这段时间通过与同桌的交流，我可以从他身上学到一些优点，比如他的独特视角和解决问题的方法。同时，我也可以帮助他提高学习成绩，实现共同进步。

最后，我想告诉您的是，无论在什么时候，您都是我最亲爱的妈妈，我会永远听从您的建议和指导。我只是希望能够在保证学业不受影响的情况下，拥有自己的朋友和社交生活。请您相信我，我会做出最好的选择。"

将这样的一封信递给妈妈，会不会改变她的决定呢，试试看！

三、保持耐心，用行动证明自己的成长

行动，不一定能带来最满意的结果，但却是一个人成长中最好的见证。同样地，想要维护和争取属于自己的友谊，我们也需要付出耐心和努力。

如果妈妈发现我们和同桌交朋友之后，成绩不降反而提高了，她会不会改变观点？

如果妈妈发现我们和同桌交朋友之后，自我管理能力越来越强了，她会不会改变观点？

如果妈妈发现我们和同桌交朋友之后，创新能力越来越强了，她会不会改变观点？

当我们把属于自己的事情做好，功课不拖沓，成绩稳步提升，为人正直诚信，你觉得妈妈会不会改变她最初的想法呢？

人与人之间的距离，往往取决于努力的程度有多大。

珍贵的友谊，要通过自我努力来得到，每一步，都需要我们足够用心。

"行动是无声的言语。"

与同桌共同制订一个互相鼓励、互相帮助的学习计划吧，再不折不扣去践行。

好的友谊，必定让彼此互相提升，而这也是破解妈妈心结的关键。

17 多次考试成绩不理想,妈妈总怪我没努力,我该怎么办?

我的成绩总是不尽如人意,这让我非常郁闷。每次考试前,我都会认真复习每一个知识点,没有掌握的想办法去弄懂。每天早上我都是最早来到学校,想尽一切办法努力学习。因为我知道爸爸妈妈上班不容易,我希望能通过自己的努力让他们开心。

可是,每次考试的时候,成绩总是与自己所期望的相差甚远。平时会做的题目,考试时就是反应不过来,等我把卷子交上去的时候,解题思路突然又冒出来了。

更令我痛心的是,妈妈总是责备我没有努力,并在我面前夸耀她朋友家孩子的成绩优异。这让我很受打击。

我内心非常渴望改变,却不知道怎么办。我希望妈妈能够理解我,并给予我一些支持和鼓励,而不是指责和批评。

我希望能够找到一些好的方法,取得更好的成绩。我能做点什么呢?

——黄雷

一、运用"情绪垃圾桶",调整好学习状态

我们所遇到的每一个挑战都是成为更好自己的机会。相信自己,勇往直前,我们将超越自己的想象。

不要把自己包裹起来,要让情绪流淌出来。由于多次考试成绩不理想而感到沮丧和困惑,这说明我们非常懂事上进,希望自己成为父母的骄傲。妈妈对我们的期望和责备会给我们带来很多的压力和挫败感。因此,我们首先需要调整自己内在的情绪,从而以更加轻松的状态来面对今后的学习。

这样的方法有很多,其中最简单有效的方法就是"情绪垃圾桶"。具体步骤如下:

1. 认识到自己的情绪,包括负面情绪。通过写日记、冥想、自我反思等方式来实现。

2. 找一个物品作为"情绪垃圾桶",如一个空瓶子、一个旧箱子或者一个笔记本,专物专用。

3. 当我们有负面情绪时,如愤怒、焦虑、沮丧等,将这些情绪写在纸上,把写好的纸条放入"情绪垃圾桶"中。这个行为象征着我们把负面情绪"扔掉",从而减轻我们的心理压力。

一旦我们有了"情绪垃圾桶",我们就可以定期处理掉内心的负面情绪。在这个过程中,我们可以更好地理解自己的情绪,并找到情绪的根源。

通过自我激励、鼓励自己、培养自信心等方式来培养积极心态，可以帮助我们应对负面情绪，拥有更加主动的学习状态，从而提高学习效率。

使用"情绪垃圾桶"清除负面情绪是一种有效的方法，这个方法不仅可以帮助我们释放负面情绪，还可以更好地理解自己的情绪和思维模式，从而找到最佳的解决方案。

有这样一句话："成功的秘诀在于不断地重复着正确的事情。"通过这些方法，我们可以更好地应对自己的情绪和学习中遇到的挑战。

二、运用"成长型思维"放下负担，学习成绩并非唯一的衡量标准

对于孩子的学习成绩，父母都很关注。好成绩让父母喜笑颜开，孩子更是一蹦三跳；倘若成绩不理想，父母愁眉苦脸，孩子也成了霜打的茄子。

每一次考试成绩都是学生一个阶段的学习总结和反馈，成绩是一种衡量学生的重要标准，并不是评判我们价值的唯一标准。多关注我们努力的过程，而不仅仅是考试成绩这个结果。

运用心理学中的"成长型思维"，调整自己的心态，就

像有一位智者为我们指引前进的方向。

"成长型思维"让我们相信自己的能力不是固定的,而是可以通过不断的学习和实践来改善的。

与之相对应的"固定型思维"就像是一个深不可测的黑洞,认为我们的能力和智力是固定不变的,无法通过努力来改变。在"固定型思维"中,我们会认为自己的努力是无效的。

"成长型思维"就像是一股清新的风,吹拂在我们的脸上。相信自己的能力是可以发展的,从而会更有动力去面对挑战和克服困难。

关注当下时刻,集中注意力,可以通过冥想、深呼吸和注意力训练来达成,并保持开放的心态。

制订合理的学习计划,包括学习目标、内容和时间安排。

专注于当前的学习任务,就像是一位弓箭手专注于目标。将注意力集中在当前的学习任务上,学会放下杂念,上课保持专注。

学习结束后,及时对自己的表现进行总结。找出不足之处并分析原因,制订改进措施。

养成定时复习、做笔记、整理错题集等好习惯。

同时,放松心态,保持良好的作息习惯和饮食习惯,保证身心健康。这就像是一颗种子在悄然生长,终将开花结果。

三、运用"费曼学习法",提升学习效能

当我们的考试成绩与家长的期望相差甚远时,我们会感觉很沮丧。那么,如何在困境中保持积极的心态呢?

把每次考试成绩不理想都看作一次宝贵的学习机会,就像是在学习滑板时摔倒了一样。爱因斯坦曾说过:"我没有失败。我只是找到了一千种不行的方法。"

我们可以通过反思,寻找自己需要改进的地方。此外,要保持积极、乐观的心态,不要让负面情绪将我们带入恶性循环中,相信自己的潜力,积极的心态将赋予我们前进的动力。

找到学习的价值和意义,而不仅仅只是为了考试成绩。

"费曼学习法"是一种非常有效的提升学习成绩的方法,它的核心思想是通过将学习内容教给别人来加深我们对知识的理解和掌握。

"费曼学习法"的具体步骤如下:

第一步:确定学习目标,先学习,学到我们认为已经充分掌握的程度。

第二步:运用简洁明了的语言和通俗易懂的例子讲出来,确保对方完全理解。如果中间有卡壳或者遗漏的地方也无妨,这很正常。

第三步:发现困难,把自己所描述的知识重新学习一遍,

把前面讲不透的知识点补上，修正和完善我们对知识的理解。

第四步：再次讲述，这次讲述力求精简，抓住知识点的核心和内在逻辑。如果再次被卡住，没关系，再继续补漏知识点，重复以上步骤，直到我们能够用简单明了的语言清晰地解释该知识点。

第五步：回顾和补充，回顾整个学习过程，进行必要的补充和修正，并在实际应用中反复练习。

"费曼学习法"的关键在于通过教授的方式把知识表达出来，这样可以帮助我们在学习过程中查漏补缺，加深对知识的理解。

我们可以运用"费曼学习法"来面对学习中遇到的困难和挫折。相信自己就像是一幅绚丽的画卷，可以展现出无限的可能性。

第五部分 05

NAN HAI, QING CHUN QI NI YAO DONG DE SHIER

开启青春的航程

18 我的压岁钱一直由妈妈保管，可我想学习理财了，怎么办？

从我小的时候开始，妈妈就帮我保管着压岁钱，说是等我将来上大学或者有需要的时候才拿出来。我一直听从妈妈的安排，觉得这种决定没有什么不好。然而，最近一次偶然的机会，我关注了理财方面的知识，发现钱其实是可以规划的。

于是我想把压岁钱拿出来用于理财，而不是让钱一直沉睡在妈妈手里。我希望通过自己理财，让这些压岁钱变得更加有价值。

"妈妈，我想和您谈谈我的压岁钱。"我走到妈妈身边，小心翼翼地对她说。妈妈看了看我，微微一笑，问："怎么了，有什么想法吗？"我开始向妈妈坦诚地表达了自己的想法，希望能够自己来管理这笔钱，学习理财知识，让钱为我所用。

妈妈听完我的话，沉默了一会儿，她既没有答应也没有拒绝，这让我感觉有点纳闷，我应该怎么办？

——王哲翔

一、培养财商思维,拥有健康金钱心态

"善治财者,养其所自来,而收其所有余,故用之不竭,而上下交足也。"

压岁钱,是中国传统文化中不可或缺的一部分,随着时代的变迁和社会的发展,如何合理地管理和使用它,已经成为我们每个家庭所面临的新课题。

孩子金钱观的萌芽期是 6 岁以前,形成期是在 6~12 岁,12~18 岁是发展期。对孩子的金钱教育是父母避不开的课题。

《富爸爸,穷爸爸》一书的作者罗伯特·清崎的亲生父亲和朋友的父亲对金钱的看法截然不同,这使得他对认识金钱产生了兴趣,最终他接受了朋友父亲的建议,也就是书中所说的"富爸爸"的观念,即不要做金钱的奴隶,而要让金钱为我们工作,并由此成为一名极富传奇色彩的成功的投资家。我们作为新一代的青少年,树立正确的财富观念非常重要。

与妈妈沟通自己的想法,寻求妈妈的同意,并学习如何树立健康的财富观、建立正确的理财心态,这两点非常重要。

以下是一些具体的建议,可以帮助我们建立正确的理财观:

首先,我们应该认识到金钱并不是万能的,金钱并不能

买来幸福。因此，我们应该理性看待金钱，不要被金钱等外在的因素所迷惑，而是要注重提升自身的价值，并将积累的各方面知识运用于实践，从而帮助我们提高能力。

其次，珍惜每一分钱，不要随意浪费。将每一分钱用在必要的地方，如购买学习用品、支付额外兴趣拓展费用等。同时，我们也可以通过储蓄和投资来让每一分钱发挥它最大的价值。

再次，避免被贪婪所迷惑，根据自己的实际情况来选择合适的理财方式，切记不要贪心冒险。

最后，学会控制自己的消费欲望，培养自己的精神追求。保持冷静和理性，根据自己的理财计划和目标来做出决策，不情绪化操作。

拥有健康的理财心态有助于实现个人财务规划和人生目标。金钱不是万能的，也不是万恶的，最重要的是从小培养他对美好事物的追求和向往，这样长大的孩子，将会拥有内心富足安定的一生。

二、像富人一样思考，感恩离财富更近

感恩之心，可以让我们对财富有更深刻的认识。我们不是为了财富才活着，而是财富为我们的生活带来便利和改善。

正是因为有了财富,我们才能够更加舒适、自由的生活。

学习像富人一样思考,并学会感恩:

首先,教会孩子分清什么是生活中需要的,什么是生活中想要的。在一次次的选择和取舍中,帮助孩子树立正确的消费观。

其次,通过学习财务知识,更好地理解金钱的重要性及如何合理支配金钱、储蓄和投资,从而更好地管理自己的压岁钱,例如,可以教导孩子把钱分成三份,一份存起来,一份备用,另一份自由支配,可以用来买学习用品、零食或自己喜欢的物品。

通过体验劳动获得金钱,就会更懂得父母的辛劳,学会感恩。通过零花钱管理,学会思考金钱的合理使用。有正确金钱观,又懂得感恩的孩子,财商自然也高。

最后,关注社会责任。富人往往非常关注社会责任,通过慈善事业回馈社会。这种经历可以培养我们的同理心和责任感,让我们明白感恩并不仅限于个人成就,更包括对他人和社会的回馈。

总之,要像富人一样思考并学会感恩。我们可以逐步培养出感恩的心态,学会正确看待金钱和培养正确的财富观,为自己的财富思维打下良好的基础。

三、让财富思维成为一种习惯

孔子曰:"君子爱财,取之有道。"这句话告诉我们理财的重要性,也提醒我们要正确地对待金钱,并将其用于有益的地方。

理财不仅是一种金钱管理,更是一种思维习惯。通过学习财务管理技巧和投资策略,我们可以更好地学习如何管理自己的金钱。

作为青少年,我们可以运用 KISS 原则、游戏和画图的方式轻松快乐地学习财务知识。

首先,我们可以设计一系列财务游戏,通过这些游戏,我们能够亲身体验和理解预算、消费决策以及投资的重要性。

我们也可以自由描绘属于我们自己的理财故事,用绘画的方式展示我们对财务知识的独特理解。

为了挑战自己储蓄的能力,我们可以制定一个储蓄挑战,就像是在一块块拼图上涂上色彩。每个月,我们都要努力攒下一定金额的钱,并在储蓄罐里存起来。

另外,我们可以设计一个预算板游戏,在游戏中,学会制定预算、控制开支和管理财务。

我们可以与小伙伴一起组建一个财务学习小组,定期举办关于理财心得分享的活动,分享彼此的成果和经验,在小伙伴们的共同支持下,互相鼓励、互相启发,共同树立更完善的财富思维。

告诉孩子,努力工作和努力学习可以带来更多的机会和选择,而金钱和物质只是其中的一种回报。

告诉孩子,金钱和物质并不能买到幸福,幸福来自家庭、友情、爱情、健康等更重要的事情。

告诉孩子,为了获得金钱和物质,我们需要诚实、勤奋和耐心,而不是不择手段和牺牲自己的道德和价值观。

总之,要建立正确的财富思维观,提高自己的理财能力,通过早期的积累和经验,为未来的财务健康奠定良好的基础。

第五部分 开启青春的航程

19 我已经上初中了,爸爸还在外人面前喊我宝贝,怎么办?

周末的时候,我去爸爸的公司看望他们。

当我刚走进公司大厅,就听到爸爸对一个同事自豪地说:"这是我的宝贝!"

我有些尴尬地低下了头,感觉爸爸同事的目光都聚集到了我身上。我虽然知道爸爸这么称呼是出于对我的疼爱,但在外人面前被称为"宝贝"让我有些不自在。更何况我已经是一个快一米八的大小伙子了。

还有一次,爸爸去学校参加家长会,当着老师和同学的面,他远远地叫着:"宝贝,过来。"

这一次我觉得更加尴尬,真想找个地缝钻进去。

同学们都用异样的眼光看着我,我有一种难以言喻的羞愧和无助感。

这两件事让我开始对父母对我的称呼产生了矛盾的情绪。一方面,我知道父母对我的称呼是出于对我的关爱和呵护;另一方面,这种称呼在特定场合下给我带来了尴尬和不适。

> 我开始觉得自己的独立性和尊严受到了挑战,我渴望能够在外人面前展现自己更加成熟和自信的形象。我想和父母谈谈,可是我又怕他们伤心,我该怎么办呢?
>
> ——欧冠林

一、建立沟通,表达内心矛盾

在魔法世界中,哈利·波特对于自己特殊身份的认同和家庭关系一直充满矛盾和困扰。然而,正是通过与朋友、导师以及家人的坦诚沟通,他逐渐接受了自己的命运,并找到了内心的平衡。

心理学家阿德勒曾指出,个体在家庭关系中的地位和角色对个体心理发展有着重要影响,而通过良好的沟通和理解可以构建健康的家庭关系。

在不同的年龄阶段,孩子对父母的称呼会有不同的需求。在幼儿时期,孩子更喜欢被称呼为乳名或昵称,以表达家庭的温暖和亲密；到了小学时期，孩子更希望被称为昵称或全称，以展现自己的身份和地位；到了初中时期，孩子则更希望被称呼为全名或英文名，以体现自己的独立性和成熟感。但在特定场合下称呼昵称却让我们感到尴尬，这种内心的矛盾让我们很难受。

我们可以向父母说明，在成长过程中，我们希望在外人面前展现自己更加独立和成熟的形象，而父母的昵称在特定场合下给我们带来了困扰；同时，要强调自己对父母的理解和感激之情，并表达希望能够得到父母的理解和支持。

二、寻找替代称谓，传递成熟形象

成熟形象对初中生非常重要。

首先，成熟形象代表着一个人的自信和独立，能够提高周围人对自己的信任和尊重。

其次，成熟形象能帮助我们更好地适应学校和社会生活，提高自己的人际交往能力。此外，随着年龄的增长，成熟形象变得越来越重要，能够让自己在未来的职场和社交场合中更加令人信服。

在《纳尼亚传奇》中，四个小主人公都是非常成熟的青少年形象。他们在面对各种困难和挑战时，展现了智慧、勇气和团结等特质,他们勇敢地与邪恶的魔法师战斗,并最终拯救了纳尼亚王国。

心理学认为,个体在成长过程中需要建立自我认同和成熟形象,而合适的称谓可以对个体的自我认同和社会形象起到积极作用。

特定场合下,一个合适的称谓可以传递成熟和自信,何不与父母一起寻找这样的称谓?

我们可以和父母说:"爸爸妈妈,我已经上初中了,也是一个大男孩了,我希望在外人看来我是稳重和成熟的,所以我希望你们在外对我的称呼能够支持我这种成熟和自信的形象。"

此外,还可以和父母一起探讨、寻找一个在特定场合下,能够传递成熟形象的称谓。这样的称谓既能表达父母对我们的关爱,又能使我们在外人面前展现出更加独立和成熟的形象。

三、成熟从大处着眼,小处着手

成熟的人不是因为年龄的增长而自然出现的,而是因为自我管理和自我提升而形成的。自信是成熟的敲门砖,而自律则是成熟的试金石。

第五部分 开启青春的航程

当我们见到一个人时,映入眼帘的就是对方的第一印象。印象是由形象影响的,好的形象才有一个好的印象,就像我们在大街上会对那些仪表端庄的人产生好感,而对于那种不修边幅、邋里邋遢的人就没什么好印象。

那么,好的形象塑造应从哪里入手呢?

《弟子规》中给出了答案:"冠必正,纽必结。袜与履,俱紧切。置冠服,有定位。勿乱顿,致污秽。"也就是说,我们要注重服装仪容的整齐清洁,戴帽子要戴端正,衣服扣子要扣好,袜子穿平整,鞋带应系紧,否则容易被绊倒,一切穿着以稳重端庄为宜。

回家后,衣、帽、鞋、袜都要放置在固定位置,避免脏乱。我们要学会从大处着眼,小处着手,养成良好的生活习惯。

东汉时期,有一少年名为陈藩,自命不凡,一心只想干大事业。一天,其友薛勤来访,见其独居的院内龌龊不堪,便问他:"孺子何不洒扫以待宾客?"他答道:"大丈夫处世,当扫天下,安事一屋。"薛勤当即反问道:"一屋不扫,何以扫天下?"陈藩无言以对。后陈藩改过,成就一番伟业。

"一室之不治,何以天下国家为?"试想,一个人如果连一个家都管理不好,怎么可能去治理天下国家呢?

成熟的形象也体现在一个人处理问题和解决问题的态度上。比如,在学校主动承担责任,积极参与社团活动;住宿期间,主动帮助同学解决问题;日常主动关心同学,如每天帮助同学打热水等，主动帮助有困难的同学补习功课，等等，这些都有助于成熟稳重形象的建立。

用自己的努力赢得他人的认可，时间终会给出答案。

20 我想独自旅行，爸妈不同意，怎么办？

去年，我表哥20岁生日过后，独自完成了旅行。

他去了浙江绍兴，绍兴是一个人文景观很丰富的水乡小城，天空高远而湛蓝，气温炎热，饮食偏甜，他非常喜欢。他还先后参观了鲁迅故居、书圣故里、八字桥、沈园、东湖等。

我听了后，心里也按捺不住了，经过几天的思考，我下定决心：今年独自去旅行一趟！向自由宣言！

然而，当我把这个决定告诉爸妈时，他们两个人不约而同地表示了反对。

妈妈否定的语气不容我反驳，我的热情一下子被浇死了。

"不，这个决定对我很重要，旅行是一种生活方式，是对世界的探索和对自己的挑战。我相信，只有通过旅行，我才能更好地了解自己和这个世界。"

"你还太年轻，独自旅行存在很多危险。"爸爸用严肃的语气说道。妈妈也附和着："我们担心你在外面会遇到麻烦，我也不放心让你一个人去。"

可是，我会注意安全，并做好充分的准备工作，他们怎么就不能理解我呢？

——志明

一、客观看待旅行和父母的观点,发现自己的心声

诗人北岛说:"一个人行走的范围,就是他的世界。"

走出自己熟悉的圈子,去欣赏更多的美景,去听听更多的故事,去结交更多的朋友,在旅行中重构自我,会让人不断成长。

旅行的好处非常多,然而父母的担心有没有道理呢?当然有一定的道理。

独自旅行必然有很多不便的地方,比如,在人头攒动的车站,一个人带着行李不便去厕所;看见美景却只能拍风景照;想分享时却没有人在身边……

任何事物都具有两面性,能够客观地看待旅行,客观地看待父母的观点,这本身也是一种成长。

回头来看,我们真正想要独自旅行背后的心声是什么呢?

是不是想要自己做一回主?想要彻底地听从内心的声音?想要在这片辽阔的天地里找到真正的自己,活出自己的勇敢和自信,想要向父母宣言:"我们长大了!"

其实,旅行的意义不仅在于看不同的风景,更在于在路上可以看见各种各样不同的人和发生在他们身上的故事,在这些故事中可以发现自己、感受自己,让我们得以脱离原本的轨道,改变一成不变的生活,在陌生的地方过不一样的日子。

二、做好充分的准备工作，让父母看到自己的能力和信心

旅游前的准备工作至关重要，它能确保你的旅程顺利并充满乐趣。所以，制定一份详尽的攻略是必不可少的。如果让你来做独自旅行的准备工作，你会罗列哪些事项呢？

1. 详细的旅行计划和安全预防措施。考虑行程、交通、住宿、饮食等方面的细节，确保每一个环节都有周全的安排。

2. 一些基本的生存技能和应急处理方法。这将帮助我们在紧急情况下保持冷静和应对困难。

3. 购买必要的旅行保险。旅行保险可以在紧急情况下为我们提供经济和法律保障，让我们更加安心地踏上旅途。

……

充分的准备工作是成功旅行的关键，它能够让我们更加自信和从容地面对旅途中的任何挑战。

然而，很多时候，父母会因为对我们的关心和担忧而对此抱有保留态度。

在与父母沟通时，向他们展示这些准备工作，让他们看到你已经做好了充足的准备和规划，有能力独自旅行。

根据马斯洛的需求层次理论，个体在满足了生理、安全、社交和尊重的需求后，会追求更高层次的自我实现和自我发现的需求，而旅行正是满足这种需求的好方式。

通过独自旅行，我们可以探索未知的领域，发现自己的潜能和独特之处，实现自己的价值和目标。

约上朋友一起旅行也是很好的选择。不仅能增进彼此的感情，还能在旅途中互相照顾和帮助。在制订旅行计划时，要确保与朋友的期望值和预算相符，以避免不必要的误会和矛盾。

旅行是一种学习，也是一种冒险。

因此，在做好充分准备工作的基础上，何不向父母传达这种探索和成长的愿望，让他们理解我们内心深处的渴望呢？

三、实现目标和价值的途径，远不止一个

美国一座教堂的墙上刻着这样一句话：

"在这世界上你是独一无二的一个，生下来你是什么，这是上帝给你的礼物，你将成为什么，这是你给上帝的礼物。"

生成什么样，我们无法选择，但我们将成为什么样的人，则由我们自己创作。

当我们和父母沟通以后，如果父母还是不同意，此时，学会等待，学会接纳父母的观点是非常重要的；同时，我们也应该寻找其他途径来实现自己的目标和价值。

旅行只是一种方式，而不是达到自我成长和价值的唯一途径。

《旅行的艺术》中写道："一个人从旅行中得到多少，不在于他去过多少美丽的地方，而在于他在一个美丽的地方，发现了多少美丽的故事。"

在现有的环境下，我们可否实现自我价值？可否发现美丽的故事？

答案当然是可以的。

业余时间，多参加志愿者活动、课外活动、加入社团或组织，通过这些方式来积累自己的力量和经验，这些活动都可以帮助我们发展自己的技能和兴趣，并且与其他有共同兴趣的人交流和互动。此外，通过阅读、学习、探索新事物等方式，也可以拓宽我们的视野和知识范围。

最重要的是，以积极的态度来面对自己的生活和挑战，并不断探索自己的潜力和可能性。当我们以开放和乐观的心态来看待生活时，我们就会发现，在日常生活中，无论是参加活动、学习还是与朋友家人交往，都有机会去实现自我价值和成长。

这个世界，不缺美和自由，缺的是发现它们的眼睛。

21 我想约喜欢的女生看电影,要和父母说吗?

我,一个沉浸于文学的高中生,热爱写作,笔下的文字是我与世界对话的方式。在学校的文学社团里,我遇到了她,那个让我心跳加速的女生——小雨。

小雨是文学社团的一道亮丽风景,每次她微笑时的酒窝,都让我为之倾倒。我默默关注着她,却始终没有勇气迈出那一步。

终于,在一个周末,我鼓起勇气约小雨去公园散步。阳光洒在湖面上,波光粼粼,树叶随风摇曳。我向小雨倾诉了自己的心意。小雨听后,眼中闪过一丝惊讶,随后她微笑着回应:"你的文学才华让我很欣赏。我们可以从朋友做起,在文学社一起成长。"听到这样的回答,我知道自己已经迈出了第一步,也看到了希望的曙光。

我想约小雨去看电影。可是,我要不要告诉妈妈,那天,我带着自己挣扎的心情回到了家里,我有些不好意思,我需要跟父母说吗?

——李阳

一、青春期的情感萌芽,锻炼社交能力

青春期是一个充满探索和成长的阶段,青少年对情感和异性产生了好奇,这是非常正常的事情。

在这个阶段,青少年的情感意识正在逐渐深入发展。青少年开始意识到自己对别人的吸引力,并对异性的世界产生了好奇。

同时,青春期也是青少年自我认同的重要时期。他们开始形成自己的身份和价值观,而与异性的互动也许会成为他们探索自己的一部分。他们可能会通过与异性的交往来了解自己的身份和价值观,从而产生一些懵懂的情感。

不过这些懵懂的情感并不是成熟的爱情。它们可能只是对异性的好奇和冲动,需要青少年理性对待。不要轻易陷入情感的漩涡,要学会保护自己和他人。

以下是一些具体的建议,希望能帮助你更好地处理关系:

1. 保持开放的心态,接受自己的情感变化,并逐渐适应这种变化。

2. 积极的沟通,了解彼此的想法和感受,但也要注意尊重对方的意愿和感受。

3. 保持适度的距离。不要过于追求同异性建立亲密关系,以免给自己和他人带来不必要的困扰。

4. 培养自己的兴趣爱好,丰富精神生活。

青春期是一个美好的阶段,也是一个充满挑战的阶段。但只要我们保持开放的心态,积极面对生活中的变化和挑战,我们一定能够安然度过这个阶段,成长为一个更加强大和自信的人。

一段好的异性关系,是双方可以互相支持、鼓励和激励,促进彼此的学习和成长。两个人可以一起面对学业上的挑战,分享学习经验和知识,互相帮助解决问题,还可以帮助我们更好地管理时间,平衡学习和社交,懂得合理安排时间。

当然,与异性相处也会带来一些负面的影响。例如,过度投入可能导致分心,影响学业;可能过度依赖对方,减少了自主学习和个人发展的机会;关系出现问题导致分开,可能会对双方的心理产生负面影响;等等。

因此我们需要注意平衡,确保学业和个人发展不受过多干扰。根据自己的情况和目标权衡利弊,合理安排时间和精力。

二、守护边界,保持客观理性的态度

青春期总是充满了新奇和挑战,不过,和父母坦诚相待其实是一件很了不起的事情。能够和父母分享我们的生活,让父母更深入地了解我们的想法和感受，父母一定会感到很开心，因为父母始终支持我们，关心我们的成长。

与异性交往，我们需要注意的是要保持底线和设立边界。

在和异性约会时一定要保证自己和对方的安全。因为父母最关心的就是我们的安全。而且，不管我们做出什么决定，父母都相信我们一定能够明智地处理。我们永远要记住，尊重对方的意愿和边界是非常重要的。

约会是一种体验，但不要让它成为我们生活的全部。同时，我们可以享受这段约会时光。无论发生什么，始终保持警惕和具有自我保护意识，及时得到父母的支持才是最重要的。

心理学中有一种现象叫光环效应，也叫晕轮效应。就是人的认知和判断往往只从局部出发，扩散而得出整体印象，也即常常以偏概全。如果一个人被认为是好的，就会被一种积极肯定的光环笼罩，并被赋予一切都是好的品质，相反也是一样的。

在处理情感的时候，保持适当的理性可以在社交的过程中促进学业进步。其实，淡淡的喜欢，把她藏在心里，不乱于心，不困于情，不畏将来，一起好好学习，将来在顶峰相见才是最有意义的一段关系。

三、建立有效的沟通,学会换位思考

在向女生表达感情之前,建立友谊和信任的基础是非常重要的。我们可以通过共同参加活动或一起学习等方式增加彼此的了解和接触,从而建立深厚的友谊。

心理学告诉我们,在我们追求情感和友谊的路上,常常会经历起伏和挣扎,这是很正常的,因为人类的感情世界就是这么复杂多变。我们需要理解并接纳这种起伏,同时要学会应对和处理。

在与父母沟通的过程中,我们必须保持开放和理解的态度,让父母感到安心,也让自己更加自信和从容地面对当前的挑战。

如果与父母沟通的过程中遇到卡点或者问题,我们可以尝试通过换位思考来与父母进行有效的沟通。

那么,如何做到换位思考呢?

1.先找一个安静的地方,一个人坐下来,调整自己的呼吸,让自己的心平静下来。

2.想象自己坐在对方的位置上,假设父母说的是对的,请帮他找出三个理由,如果你能很快地找出三个理由,也就能做到换位思考。

3.接下来想自己可以做哪三件事来改善与父母的关系,想到了就马上写下来,然后去行动。

第五部分 开启青春的航程

人与人之间的相处最本质的就是沟通和谅解。在相处的过程当中,既要学会真诚地表达自己的想法,又要学会适当宽容,学会换位思考,站在对方的角度考虑问题。

只要我们勇往直前,坚持不懈,我们就一定能够迎来属于自己的友情,让友谊陪伴我们的学业生涯,一起向着更美好的未来努力前行。

22 身体很不舒服，妈妈却让我坚持上学，怎么办？

今天早上醒来，我就感觉不对劲，但是妈妈坚持要我去上学。我试图说服她，告诉她我真的不行，可她却认为我在撒谎。

"妈妈，我真的生病了，我现在头疼得厉害，全身无力，怎么去上学呢？"我拼命强调自己的不适，然而妈妈似乎听不进去。

"别耍花样了，你只是不想上学而已。忍一天，明天就会好的。"妈妈冷冷地回答道。

我继续努力说服妈妈，试图让她看到我真实的情况。我紧握着妈妈的手，希望她能够感受到我发热和虚弱的身体，然而她只是皱起了眉头。

"别再耍小聪明了，你没事的。快去上学吧！"妈妈的语气中充满了无奈。

我病怏怏地拖着身子来到了学校，坐在课桌前，无精打采地盯着课本，看不进一点内容。

妈妈为什么不相信我呢？我该如何与妈妈沟通呢？

——小高

一、面对沟通不畅,学会温和坚定地表达自己

在与他人交流时,要温和而坚定地表达自己的感受,这是一项看似简单却相当具有挑战性的任务。

通过温和而坚定的语气来传达自己的观点,不仅能够增进理解和共情,还能够促进更深层次的交流。

我们要清楚地知道,我们的身体语言和面部表情也在传递着信息,这一点非常重要。如果我们想有效地沟通,就要注意非语言信号,同时也要学会观察对方的身体语言和面部表情。

具体我们该如何运用呢?

首先,在表达自己的感受时,我们可以使用温和而平静的语调来传递安全和信任的感觉。我们还需要注意说话的速度和节奏,让对方更容易理解我们。

其次,身体语言和面部表情也在传递着我们的情感。例如,微笑可以传递友好和愉悦的感觉,而紧握拳头则会让人感到紧张和不安。

再次,在沟通中,我们需要注意对方的反应,观察他们的身体语言和面部表情。这可以帮助我们更好地理解对方的感受,并在需要时做出调整。

总之,我们不要低估非语言沟通的重要性。通过注意自己的声音、身体语言和面部表情,我们可以更好地传递信息,

理解对方的感受,并建立更加深入的人际关系。

我们可以这么说:"妈妈,我真的很不舒服,头疼得仿佛有成千上万只小蚂蚁在我的脑海中跳舞,身体也弱得像是一张纸,风一吹就能倒。我了解你希望我去上学,但我恳请你能理解我的身体很难受,真的需要休息和照顾。"

这种表达方式不仅能使你的需求得以传达,还向妈妈传递了你对自己身心健康的重视。通过真诚的对话,相信你们之间的关系将更加牢固。

二、学会倾听,才能更好地和父母沟通

理解妈妈的内心需求是建立亲密关系的重要一环。除了表达自己的情感外,我们需要深入倾听妈妈的想法,这有助于增进彼此之间的理解和信任。

心理学家卡尔·罗杰斯曾言:"真诚的倾听是建立更深入认识和坦诚回应的基石。"这说明倾听的价值远高于简单的传达信息。当我们聆听妈妈的心声后,我们可以运用一种积极的方式来回应她的话语。

心理学研究表明,透过倾听和理解他人的观点,我们能够建立更深入的联系和亲近感。这种沟通方式不仅传递了我们对亲子关系的重视,还在寻找共同解决方案的过程中,增

加了彼此的理解和认同。

例如，我们可以说："妈妈，我明白你希望我去上学，是你关心我的学业和未来。但现在我真的感到身体很不舒服，我需要休息来恢复健康。我们能不能找到一个折中的解决方案，既能满足我的身体需求，又能保证学习进度？"这样的回应不仅表现了对母亲的理解，也为共同寻求解决方案打下了基础。

总之，与父母妈妈沟通需要双方的努力。要保持冷静，尊重对方，表达自己的想法和感受，并选择适当的沟通方式。这样，才能建立良好的家庭关系。

三、学会用"我语"沟通，提升学习效能

奥普拉·温弗瑞是英国著名脱口秀主持人，她利用"我语"与观众建立起了深厚的情感纽带。在她的节目中，她经常倾诉自己的人生经历和感受，如一位智慧的导航员引领观众穿越情感的海洋："我曾感到孤单无助，但我深信自己有力量能够走出困境。"通过这种方式，奥普拉传递了她真实的情感和需求，同时为观众树立了一个积极的榜样。

如何更好地运用"我语"？

将注意力集中在自己身上。在使用"我语"时，我们应

该关注自己的感受和需求,而不是责备他人。例如,我们可以说:"我感到很疲惫,需要放松一下",而不是:"你让我感到疲惫,我需要放松一下。"

肯定和积极的语言可以增强沟通的效果。我们可以说:"我需要更多的时间来完成这个任务。"而不是说:"我完成不了任务。"因此,我们需要避免过度使用"你语"。过度使用"你语"可能让对方感觉受到抨击和攻击,令冲突加剧。

通过沟通,让妈妈明白自己的感受和想法,为了让妈妈放心,我们需要掌握一定的高效学习方法,妈妈的信任是自己成长过程中最坚强的后盾,先把身体调养好,才能有更好状态投入到紧张的学习中去。

只有拥有健康的身体才能让我们的学习事半功倍,健康的身体加上学习效率的提升才是帮助我们解决问题的关键,有一种非常高效的学习方法叫"番茄钟学习法"。

一个番茄钟分为 30 分钟,其中包括 25 分钟的学习时间和 5 分钟的休息时间。每完成 4 个番茄钟,就进行一次休息,一般为 15~30 分钟。

一个番茄钟是不可分割的,一旦开启就必须坚持到底,如果打断,就视为此番茄钟作废。如果一项任务估值大于 5~7 个番茄钟,那就必须将这项任务分割为更小的任务单元。

"身体是大脑的仆人,只有保持身体的健康,大脑才能充分发挥作用。"我们还可以向家人求助。拥有健康的体魄，同时使用"番茄钟学习法"，这样就可以帮助我们更好地管理时间，提高学习效率，逐步形成良性的学习习惯。